와인

소주처럼 마셔라!

[제2판]

와인 소주처럼 마셔라!

[제2판]

지구문화
JIGU CULTURE

| 머 리 말 |

와인이 소주처럼 편안하게 즐기는 대중문화로 자리잡기를 바라며 ....

2009년 11월 많은 사람들의 성원과 관심으로 '와인, 소주처럼 마셔라'가 처음 출간된 후 10년 이상 와인관련 사업과 교육에 일하면서 와인에 대한 열정과 애정을 담은 이 책은 출간하기까지 많은 시간이 걸렸습니다.

국내 와인 대중화를 무엇보다 간절히 원하고 있는 나에게 '와인, 소주처럼 마셔라'라는 책 제목에서처럼 간곡한 소망이 담겨져 있음을 알 수 있을 것입니다. 특히 세계경기 불황과 국내소비 침체로 인해 와인시장이 퇴보하고 있는 것에 대한 안타까움을 2009년 당시 책을 통해서라도 와인과 소비자들이 만나기를 바라는 필자의 애절한 외침이었습니다. 그럼에도 불구하고 이 책에 대해서 와인관련업계와 일반 소비자들 사이에서도 많은 논란이 되기도 했지만 건강한 주류의 대중화를 바라는 필자의 소망은 여전히 변함이 없으며, 결국 이 논란도 국내 와인시장이 발전하기 위한 긍정적 현상이라고 봅니다.

'와인, 소주처럼 마셔라'는 필자의 와인 대중화에 대한 의지를 표현한 것이다. '소주'라는 대중적인 술처럼 와인도 한국에서 편하게 마실 수 있는 술로 자리잡길 바라는 꿈의 상징적 표현입니다. 특히 소주에 대한 부정적 측면 때문에 와인과 어울리지 않는다는 의견도 있지만 소주의 부정적 측면은 일부 소주를 마시는 사람들의 잘못된 음주 습관이 문제된다고 봅니다.

'소주' 자체는 서민의 술로 애틋한 이야기와 따뜻한 정이 담겨진 가장 대중적인 상징물로 오히려 긍정적인 부분이 많습니다. 따라서 책 제목에 대한 논란은 있을 수 있으나 이 책에 대한 오해는 없었으면 합니다.

'와인, 소주처럼 마셔라'는 편안하고 즐겁게 마시라는 뜻이지 거침없이 과음해도 좋다는 이야기는 아닙니다. 그것이 가격이 높은 와인을 마시는 상황이든 저렴한 와인을 마시든 그 순간만큼은 마시는 절차와 방법에서 벗어나 편안하게 즐기라는 것입니다.

이 책에 소개된 일부 고가 와인들을 어떻게 소주처럼 마시나요? 에 대한 질문에 답이 되었으면 합니다. 천천히 마시고 대화하면서 즐길 수 있는 웰빙 와인문화를 우리나라 주류문화에 정착시킨다면 그것이 와인이든, 소주든 상관이 없을 것입니다. 그렇다면 어느 독자의 말처럼 '소주, 와인처럼 마셔라'가 될 수도 있을 것입니다. 즉, 와인을 마시는 방법과 형식에 너무 집착할 필요가 없으며 기본적인 예의를 지키며 즐겁고 재미있게 마시는 것이 더 중요하다고 할 수 있습니다. 와인을 마시는 건전함과 소주를 마시는 편안함이 같이 한다면 이보다 더 좋은 술문화는 없을 것입니다.

이 책은 와인을 처음 시작하는 사람에게 와인에 대한 어려움, 두려움을 없애고 재미와 흥미를 가지고 시작할 수 있도록 알기 쉽게 쓰려고 노력했습니다. 많은 내용을 담으려는 필자의 욕심이 반영된 것도 있지만 인터넷이나 지인들을 통해 잘못 전달된 와인 상식과 지식에 대한 올바른 이해를 돕기 위해 노력했습니다.

2015년 필자는 '와인, 소주처럼 마셔라'를 바라보는 애정이 더욱 간절합니다. 이 애정은 최근 웰빙식품을 선호하는 바람이 와인의 건강한 측면을 볼 수 있으면 해서 입니다. 아울러 우리나라 와인시장이 수입와인과 더불어 국내에서 제조된 와인 역시 소비자들에게 많은 사랑을 받았으면 합니다. 특히 국내 와인관련 종사자들이 자신감을 가지고 소비자들에게 신뢰감을 주었으면 합니다. 단순히 눈앞에 이익을 바라보며 제품의 품질보다 일회성 가격 파괴로 상업성을 내세워 소비자들에게 실망을 주기 보다는 미래 대한민국 와인시장의 발전을 위한 진정성을 보여 주었으면 합니다.

필자 역시 국내 와인 대중화를 위해 더 많은 와인 연구와 인재양성으로 새롭게 노력할 것을 여러분들께 약속드립니다.

을미년 새 봄에

이 정 창

| 추천인의 말 |

소주 대하듯 편하게 와인을 즐겨라

에펠탑과 세느강, 그리고 와인의 나라 프랑스에서 16년을 살았다. 식도락을 즐기는 것으로 유명한 프랑스 사람들의 식탁에서 항상 빠지지 않는 것이 바로 와인이다. 가족들과 저녁식사를 할 때나 연인과 대화를 나눌 때, 요리를 할 때, 가족끼리 오붓한 시간을 보낼 때도 프랑스 사람들은 와인을 즐긴다. 프랑스인들이 소비하는 주류의 70% 이상이 와인이라고 하니 프랑스인들의 와인 사랑을 더 말해 무엇 할까. 그래서인지 파리에는 조그만 슈퍼에도 와인 코너가 따로 있고, 단돈 몇 천 원짜리 저가 와인부터 고급 와인까지 갖춰진 와인 전문점을 어디서든 쉽게 찾아볼 수 있다. 덕분에 프랑스 본토 와인에 대해 막연한 환상을 갖고 있던 나도 다양한 종류의 와인을 맛볼 수 있었다.

1991년 가을, 프랑스에서 처음 맛본 와인맛은 그간의 나의 기대와는 사뭇 달랐다. 당시 내가 다니던 프랑스 교회에서는 예배가 끝나면 모든 사람이 교회에 쭉 둘러서서 성배에 담은 와인을 한 모금씩 마셨다. 문학작품이나 노랫말에 나오는 달콤한 와인, 어린 시절 어머니가 설탕 넣고 담갔던 포도주의 달콤한 향기를 기대했던 나는, 교회에서 처음으로 맛본 본토 와인의 떫은맛이 무척 실망스러웠다.

어릴 때 맛보았던 달짝지근한 맛은 어디에도 없었으니 황당하기까지 했던 기억이 난다. 그러나 리옹에서 1년간 사는 동안 입맛이 차차 프랑스 와인에 길들여져 갔고, 지역별로 맛이 다른 와인의 특성도 조금씩 알게 되었다. 집에서 식사할 때마다 습관처럼 와인을 곁들여 마시고, 유학생 모임이나 프랑스 지인들과의 모임에서도 바비큐와 함께 와인을 곁들여 마시는 일이 잦아지면서 와인은 점점 나를 매료시켜 갔다.

이렇게 프랑스 와인의 참맛을 조금씩 알게 되자, 몇 년에 한 번씩 한국에 나와 한두 달 머물 때마다 프랑스 와인이 그리워지곤 했다. 지금은 프랑스 와인을 찾는 사람들이 꽤 많지만, 불과 몇 년 전만 해도 국내에서 프랑스 와인을 찾는다는 것은 상당한 호사로 치부되었다. 외국에서 수입된 값비싼 와인은 일부 상류사회에서나 주고받는 고급 음료로, 와인 예절까지 완벽하게 알아야만 마실 수 있는 사치품이라는 인식이 강했던 것이 사실이다.

와인이 명절 선물이나 윗사람에게 인사를 갈 때, 고마운 사람에게 감사를 표하고 싶을 때 주는 사람이나 받는 사람 모두에게 만족을 주는 반가운 선물인 것만 봐도 알 수있다. 그러나 이제는 편의점에서도 쉽게 구할 수 있을 정도로 와인이 우리 생활 깊숙이 들어와 자리 잡고 있다. 몇 년 사이에 국내에 와인이 급속하게 보급된 이유 역시 와인의 수요가 늘어났기 때문인데, 소득 수준이 높아짐에 따라 건강 식품에 대한 관심이 높아진데다가 적정량의 와인은 심장병 발병을 억제한다는 '프렌치 패러독스' 가 알려지면서 와인에 대한 수요를 더욱 증폭시켰다.

특히 최근 와인의 세계화 추세에 따라 미국, 칠레, 호주 등 값싸고 품질 좋은 신세계 와인의 생산이 급증하면서 와인의 수요와 공급이 대폭 늘어났다. 여기에 더해 와인이 더 이상 고급 기호품이 아닌, 대중적인 술로 인식되면서 와인 수요는 더 늘어나게 되었다. 세계적으로 선풍적인 인기를 끌면서 와인 붐을 일으켰던 보졸레 누보가, 신세계 와인의 확산으로 계절 상품으로만 머물지 않고 연중 세계 곳곳에서 생산하게 된 것도 와인 확산을 부추겼다.

한때 열대 과일인 바나나가 엄청난 고급 과일로 대접받다가 수입이 늘어나면서 사철 내내 쉽게 구할 수 있는 친숙한 과일이 된 것처럼, 와인의 수요와 공급이 늘어남에 따라 편의점에서도 구할 수 있을 정도로 와인의 보급이 확산되었다. 젊은 층에서는 커피나 담배처럼 즐기는 기호품이 되었고, 이제는 생일이나 결혼기념일 등에 빠지지 않는 아이템으로 우리 생활 곳곳에서 만날 수 있는 친근한 주류 중 하나가 되었다. 그런데 아직도 우리나라에는 와인에 대한 몇 가지 편견이 남아 있는 듯하다. 와인은 어딘지 접근하기 어렵고 마시기 까다롭다는 색안경을 끼고 보는 시선이 여전히 많다는 얘기다.

먼저, 이런 편견은 와인을 술 자체가 아닌 지식의 척도로 삼으려는 일부 그릇된 생각에서 비롯된 것이 아닌가 싶다. 많은 사람들이 와인을 마시려면 기본적인 에티켓을 지켜야 하고 와인 상식을 모두 알아야만 한다는 부담감을 가지고 있다. 발음도 어려운 복잡한 이름에 포도 품종까지 외우려면 보통 신경 쓰이는 일이 아닐 수 없다.

여기저기 검증되지 않은 와인 이야기가 넘쳐나고, 심지어는 외국의 포도밭 몇 군데 둘러보고 와인 전문가 행세를 하는 기이한 현상까지 더해 종종 와인에 대한 본질이 왜곡되기도 한다. 와인은 남에게 보여주기 위해 마시는 허례가 아니라 편하게 즐기기 위한 주류일 뿐이다.

또 하나, 문화사대주의에 대한 편견이 뿌리 깊이 남아 있다는 것이다. 그러다 보니 무조건 비싼 와인, 가령 그랑 크뤼에만 집착한다거나 유럽인들도 잘 따지지 않는 빈티지에 집착하는 경향이 많다. 와인은 그리스, 이탈리아 등 남부 유럽에서 시작하여 프랑스, 스페인 등으로 건너가 꽃을 피웠지만 세월을 따라 그 지역에 어울리는 고유의 음식들과 조화를 이루며 각자의 색깔을 만들어갔다. 굳이 외국 사람들의 흉내를 내가며 요리하기도 어려운 외국 음식까지 그대로 식탁으로 옮겨와 와인과 곁들여 먹을 필요는 없다. 우리의 고유 음식과 와인을 접목시켜 우리에게 맞게 와인을 즐기면 될 일이다.

이 책은 누구나 쉽고 유쾌하게 와인을 마시기를 바라는 마음에서 시작되었다. 와인은 유쾌하게 마시는 음식이자 건강 식품으로 다른 알코올과는 조금 다른 특징을 갖고 있는 것이 사실이다. 건강을 위해 하루 한 잔 정도의 와인을 마시면 좋다는 것이 의사들의 연구 결과로 이미 나와 있고, 여전히 많은 전문가들이 그렇게 권하고 있다. 역사적으로 보더라도 와인은 약으로 사용된 적이 많았고, 지금도 프랑스에서는 감기에 걸렸을 때 와인을 데워먹는 민간요법이 남아 있다.

그런가 하면 와인은 단순한 술 이상인, 나라의 문화 전도사 역할을 한다. 외국인을 접대하면서 우리나라 한식에 와인을 한번 곁들여보라. 와인과 한식은 어울리지 않을 것이라는 편견과는 달리, 한식과 와인은 천상의 궁합을 이룬다. 한식과 와인은 '최고의 한불합작' 이라는 우스개가 있을 정도이다. 김치찌개와 와인을 같이 마셔보라. 김치가 발효식품이어서인지 와인 안주로 김치찌개는 의외로 잘 어울린다. 물론 요리연구가들도 이런 점을 잘 알고 있기에, 몇 년 전 파리의 코르동 블루에서는 김치를 주재료로 튀긴 음식을 와인 안주로 개발하여 재불 한인들에게 소개한 적이 있었는데 사람들의 반응이 뜨거웠다.

최근 한류와 더불어 한식의 세계화에 대한 논의도 활발하다. 건강식으로서 한식의 우수성을 알리기 위해서는 이미 세계적으로 보편성을 얻은 와인과 한식을 곁들이는 방법을 적극 활용할 만하다. 가령 김치찌개와 같이 매운 음식에는 레드 와인 중에서도 좀 가벼운 것이 어울리고, 기름기가 많은 전이나 불고기 등에는 묵직한 레드 와인이 잘 어울린다.

와인은 장점이 많은 술이다. 회식자리나 모임자리에 빠지지 않는 단골 메뉴인 맥주나 소주처럼, 와인도 그렇게 부담 없이 곁들여 마실 수 있었으면 하는 바람이다. 와인을 마시고 싶을 때 일부러 와인바를 찾아가지 않아도 일반 식당에서 언제든 와인을 마실 수 있는 여건이 우리나라에도 만들어졌으면 좋겠다.

특별한 날에만 마시는 술이 아니라 일상에서 간단한 음료를 마시듯 즐기는 날이 오기를 고대하며, 지금까지 나온 어떤 와인 책보다 쉽고 재미있게 와인에 접근하고자 이 책을 독자들에게 선보인다. 왠지 답답하고 우울한 날, 문득 길을 가다 포장마차에 들러 나누는 소주 한 잔의 깊은 마음처럼, 와인 역시 항상 친숙한 속내를 털어놓을 친구 같은 술로, 누구나 기댈 수 있는 술로 다가오길 기대해 본다.

김 영 우

Contents

와인상식 더도 말고 딱 6가지만

와인 문외한도 맛 좋은 와인 고를 수 있다

와인도 소주처럼 부담없이 마시자!

마시는 데는 지장없지만 궁금한 와인상식

와인 스토리 Wine Story

와인상식 떠도 말고 딱 6가지만

세계 술의 패러다임의 변화와 한국와인 시장

나는 와인을 만들 사람인가? 마실 사람인가?

8000개 포도품종 중 딱 6개만 알면 끝!

와인을 둘러싼 6가지 논란

6만 종류가 넘는 와인, 6가지로 압축하기

신이 내린 선물, 와인 탄생 6가지 비화

230개국에 와인을 보급하는 여섯 나라

와인맛을 환상적으로 표현하는 6마디 프랑스말

세계 술의 패러다임 변화와 한국와인 시장

전세계적으로 술은 다양성과 유행성을 가지고 각 나라의 문화와 결합되어 발전되어 왔다. 술의 다양성과 유행성은 세계 술 소비자들의 선택에 영향을 미치며 매 시기마다 술의 패러다임(Paradigm)에 변화를 주고 있다. 최근 세계 술의 패러다임(Paradigm)은 저알코올, 저비용, 저위험(=웰빙, Wellbeing)을 특징으로 하는 3저 현상을 보여 주고 있다.

저알코올은 세계적으로 가장 많이 소비되고 있는 맥주를 비롯하여, 칵테일, 와인 등의 소비가 점차적으로 늘고 있으며 이 술 중에서도 알코올이 낮을수록 선호도는 높아지고 있다. 이 부분은 저위험과 관련지어 생각할 수 있다. 건강을 생각하는 웰빙이 대두되고 사람의 수명이 연장되면서 저알코올을 찾고 몸에 좋은 술을 선택하고 있는 것이다. 특히 맥주, 와인 등의 성분이 몸에 좋다는 의학적인 논문과 보고서들은 저위험의 술을 소비하는 소비층을 증가시키는데 일조하고 있다고 볼 수 있다.

저비용 측면에서 볼 때 맥주, 와인 등은 많은 소비자들이 가격이 저렴한 쪽을 선택하고 있다. 와인의 경우 영국 유명 와인컨설팅 업체 IWSR(The International Wine & Spirits Record, 2012)에 의하면 전세계 가격별 소비량 1위가 5달러 이하라고 발표하고 있다.

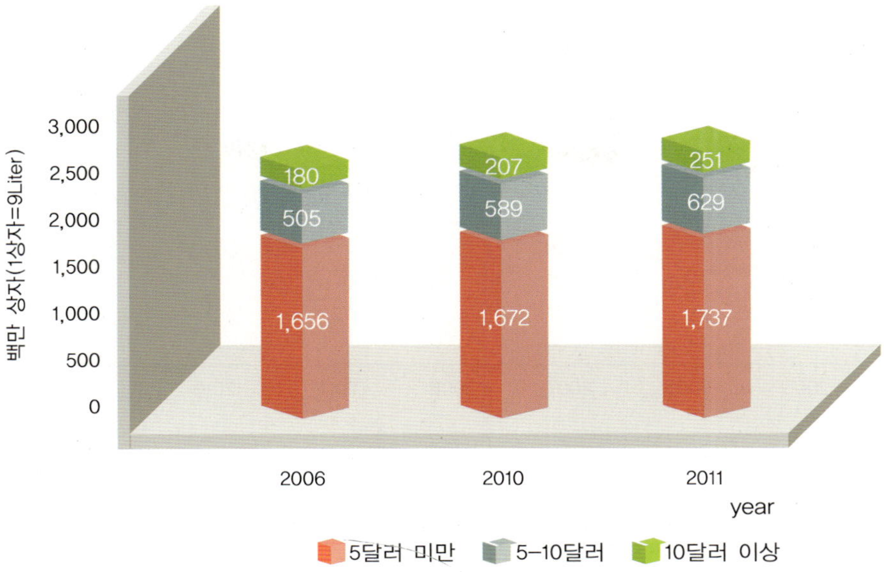

자료 : The International Wine & Spirits Record(2012)

그림 1 전세계 일반적인 와인의 가격별 소비량

가격대별 와인 소비량을 보면(〈그림 1〉참고 2011년 기준) 750mL 병당 5달러 이하의 저가 와인이 스파클링 와인을 제외한 전체 와인소비의 66.4%로 가장 많은 비중을 차지하였다. 5~10달러 사이의 와인은 24%, 10달러 이상의 와인은 9.6%를 점유하고 있다. 전반적으로 5달러 이하의 저가 와인이 많이 소비되고 있는 것은 유럽 등 전세계인들 사이에서 와인이 대중적으로 소비되는 성향을 보여주고 있다고 볼 수 있다.

세계 술의 패러다임에 맞춰 한국와인 시장도 건전하게 발전하고 있으며 와인 대중화를 위한 자체 노력도 보이고 있다. 즉, 국내에서 와인을 직접 생산하여 판매하려는 제조업체도 늘고 있으며 소비자들도 국내생산 와인에 대한 관심이 높아지고 있다.

국내 와인생산 제조업체수(〈그림 2〉참고)는 2005년부터 2011년까지 146개 업체가 증가하여 173% 비율로 폭발적인 성장을 보였다.

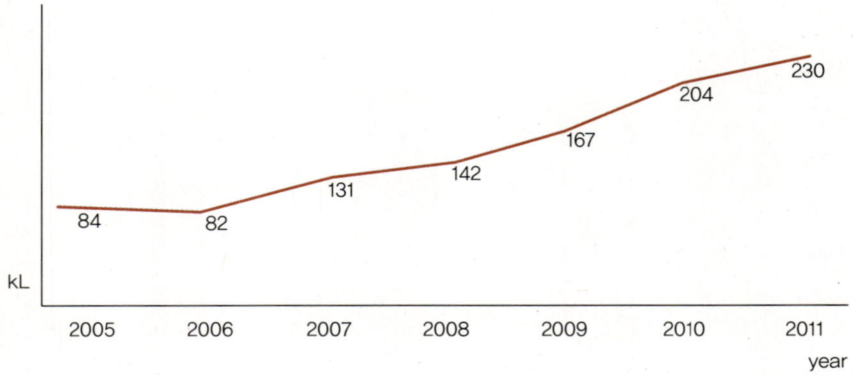

자료 : 국세청 국세통계 연보(2013)

그림 2 국내 과실주 제조업체수 추이

주목할 만한 것은 수입와인의 소비량과 국내 제조와인의 소비량은 큰 차이를 보이지 않고 있다는 것이다. 〈표 2〉에서 2006년부터 2011년까지 보여주고 있는 수입와인 6년간 평균 소비량은 약 26,061kL이며 〈표 1〉에서 나타나고 있는 과실주 평균 출하량은 23,864kL로 수입와인 소비가 약 2,200kL 정도 많을 뿐이다.

이것은 국내산 전체 주류의 수치가 많은 것에 비해 수입 전체 주류의 수치가 적기 때문에 나타나는 통계적 현상으로 그 동안 수입와인이 국내 제조와인에 비해 많이 소비되고 있다는 것은 통계적 착오인 것으로 풀이된다.

2011년 기준 수입주류를 포함한 국내 전체 주류량은 3,821,697kL이며 국내 과실주 점유율은 0.53%, 수입와인 점유율은 0.68%로 큰 차이가 없는 것으로 나타났다. 다만 수입와인은 순수하게 포도를 원료로 한 것이고 국내 제조와인은 사과, 감, 복분자 등을 포함한 것으로 포도를 기준으로 했을 때는 차이가 날 것으로 보인다.

이렇듯 국내 와인시장은 수입와인 시장과 국내생산와인 소비시장이 균형을 이루면서 발전하고 있으며 세계 술의 패러다임인 3저에 보조를 맞추기 위한 노력들을 와인소비자와 와인생산자를 통해 확인할 수 있었다. 이제 한국의 와인 대중화는 아무 이유없이 와인을 그냥 마시는 순간이며 그날은 와인 수입업자, 국내 와인 생산자, 국내 소비자가 이루어낸 성공적인 결실일 것이다.

표 1 년도별 국내 총 주류 출고량과 과실주 출고량

구 분	국산주류 총 출고량 (kL)	과실주 출고량 (kL)	과실주 점유비 (%)
2005	3,245,363	20,408	0.63
2006	3,389,579	23,027	0.68
2007	3,482,278	28,872	0.83
2008	3,593,497	27,091	0.75
2009	3,522,600	22,633	0.64
2010	3,610,113	21,519	0.59
2011	3,696,289	19,866	0.53
총 계	24,539,719	163,416	4.65

자료 : 국세청 국세통계 연보(2013)

표 2 국내 수입주류 대비 와인 소비현황

구 분	수입금액 (1,000USD)			수입량 (kL)		
	주류전체	와인	비율(%)	주류전체	와인	비율(%)
2006	387,131	88,816	22.9%	81,522	21,864	26.8%
2007	461,138	150,472	32.6%	106,829	32,154	30.0%
2008	498,460	166,589	33.4%	112,550	28,770	25.5%
2009	384,381	112,402	29.2%	101,872	23,009	22.5%
2010	435,534	112,888	26.0%	113,469	24,568	21.6%
2011	469,915	132,075	28.0%	125,408	26,003	20.7%
총 계	2,636,559	763,242	172.1%	641,650	156,368	147.1%

자료 : 한국주류수입협회(2012)

나는 와인을 만들 사람인가? 마실 사람인가?

소주나 맥주를 마시면서 어느 지방 보리, 어느 지방 곡식으로 만들었는가를 따져가며 마시진 않는다. 그저 맥주는 맥주잔에, 소주는 소주잔에 편하게 따라 마시면 그뿐, 마시기 전에 격식 차리느라 고심할 이유가 없다. 와인도 물론 어느 지방의 포도로 만들었는지 일일이 따져봐야 맛을 아는 건 아니다. 보관을 잘못해서 와인맛이 상하지 않은 이상, 소주나 맥주처럼 그냥 술로 대접해 주면 될 일이다.

와인을 어렵게 느끼는 데는 이유가 있었군!

기원전 1000년경까지만 해도 와인은 특별한 음료였다. 와인을 만드는 복잡한 절차, 만드는 데 걸리는 시간, 특이한 양조 방법, 그로 인해 높이 매겨질 수밖에 없는 가격에 희소성을 띤 와인은 일부 계층을 위한 특별한 것으로 취급되었다. 고대 사회(메소포타미아, 이집트)에서 와인은 특정 소수의 지배 계급만 누릴 수 있는 문화적 혜택과 상징의 하나였다.

귀족적 성격이 강하던 와인도 고대 그리스 시대로 넘어오면서 와인 재배가 늘어나고 거래가 활발해지면서, 일부 계층만이 누릴 수 있는 특수 문화라는 상징적 의미도 조금씩 퇴색되었다.

와인 생산이 지중해와 유럽 전역으로 확산되면서 와인의 시장성은 종교적, 문화적 의미로까지 연결되었고, 다양한 계층이 와인을 소비할 수 있는 '와인 민주화'가 이루어졌다.

신에게 와인을 바치는 제례의식이 메소포타미아, 그리스, 로마, 이집트 등에서 관례화되면서 와인은 종교계에도 파고들었다. 와인은 노예들에게도 퍼졌는데, 고대 로마의 정치가이자 장군인 카토(BC 234~BC 149)는 사슬에 묶인 노예라도 1년에 10암포라(고대 그리스 로마 시대 때 와인을 담았던 긴 항아리, 5L)의 와인을 마실 자유를 주어야 한다고 주장했다. 그는 노예들이 일을 더 잘 할 수 있도록 격려하기 위해 와인을 나누어 주었는데, 아파서 일을 못한 노예에게는 건강한 노예의 절반을 배급했다.

하지만 사회 계층과 빈부 격차에 따라 즐길 수 있는 와인의 질이 달랐기 때문에 여러 나라의 사회 문화적 차이에 따라 와인 문화도 상대적일 수밖에 없다. 실제로 고대 그리스와 로마 사회에서는 계층에 따라 와인의 질과 가격, 마시는 자리와 방법까지 달랐다. 가난한 사람들이나 계층이 낮은 사람들은 마지막 짜고 남은 포도 찌꺼기에 물을 넣고 발효시킨 피케트(piquette)라는 저질 와인을 마셨고 상류층은 달콤하면서 맛과 향이 풍부한 값비싼 와인을 즐겼다.

그리스 상류층 남성들은 개인 저택에서 만찬을 끝낸 뒤 와인을 마시며 좌담하는 자리를 정례적으로 가졌다. 좌담회에 모인 남성들은 와인에 물을 섞어 마시며 와인으로 게임을 즐겼다. 와인을 넣은 가죽 주머니 안에 공기를 가득 넣고 기름을 바른 뒤 밟고 서서 누가 오래 버티는가를 겨루는 게임이었다.
또한 막대 꼭대기에 올려놓은 청동 원반을 향해 와인이나 와인 찌꺼기를 던져 원반이 떨어지면서 막대기 가운데 꽂혀 있는 원반을 맞춰 종소리를 내는 사람이 이기는 코타보스라는 게임도 즐겼다. 특권층의 와인 소비가 얼마나 헤펐는지 단적으로 알 수 있는 대목이다.

역사적으로 내려오는 와인과 관련된 이런 이야기가 오늘날까지 전해오면서 와인이 귀족의 전유물이라는 인식도 함께 자리한 것이 아닐까.

와인을 마시기 전에 알아야 할 것이 너무 많다?

와인이 어렵다, 까다롭다는 편견을 갖고 있는 사람도 매실주나 복분자주에는 꽤 관대하다. 포장마차에 들어가 곱창구이, 달걀말이를 놓고는 '건강을 생각해 복분자로 할까?'라며 과실주를 곁들여 마신다. 와인 역시 발효시켜 만든 매실주나 복분자주와 다를 것이 없다. 안주든 식사든 술과 곁들여 마시면 음식 맛을 돋워준다. 적절한 식탁 매너만 지켜가며 마신다면 문제될 것이 없다. 와인도 복분자주처럼 어디서든 편하게 마실 수 있는 술일 뿐이다.

프랑스 사람들에게 와인은 우리의 막걸리나 소주, 매실주, 복분자주처럼 일상적으로 편하게 자주 마시는 술이기 때문에 그만큼 와인의 맛을 더 즐길 줄 안다. 그런데 우리는 왜 와인을 특별한 술로만 생각하는 것일까? 종종 와인맛보다는 와인 이름이나 배경에 관심이 더 많은 사람들을 보는데, 와인에 대해 이론적으로 너무 많이 아는 것이 오히려 와인맛을 즐기는 데 방해가 되는 것은 아닌지 안타까울 때가 있다.

와인을 맛보기도 전에 두꺼운 와인 서적부터 들춰봐야 하는 한국의 와인 문화라면, 와인에 거리감을 느낄 수밖에 없을 테니 말이다.

와인 전문가들은 '와인잔의 몸통을 잡으면 예의에 어긋나니 다리 부분을 잡고 잔을 돌려서 먼저 향을 음미하라, 그리고 천천히 조금씩 흘려 넣고 입안에서 굴리면서 향과 맛을 음미하라.'고들 말한다. 와인을 마시기 전에 챙기고 지켜야 할 것들이 한두 가지가 아니다.

물론 틀린 설명은 아니지만 와인의 제조 과정부터 따르는 법, 마시는 매너, 와인의 빈티지, 와인에 얽힌 이야기까지 줄줄이 읊어대며 와인을 마셔야 한다니 와인이 술인지 포도인지, 목으로 넘어가는지 코로 넘어가는지 분간조차 힘들다. 돌이켜보면 프랑스 친구들에게서 와인을 마실 때 잔의 볼을 잡지 말라는 말을, 한 번에 다 마시지 말라는 말을 한 번도 들은 기억이 없다.

와인 상식을 읊어댈 사람은 와인 전문가로도 족하다

주변에서 와인 상식을 줄줄 읊어댈 사람은 와인 전문가나 소믈리에만으로도 충분하다. 와인을 마시려면 이 정도는 알고 있어야 한다는, 와인에 대한 지식이라는 것이 사실 와인을 마시는 입장에서 굳이 몰라도 되는 것들이 대부분이다. 서양에서도 이런 까다로운 '와인 상식과 교양'은 와인 전문가나 하는 시음법일 뿐이다.

와인 업계에서 일하는 극히 일부의 소믈리에나 와인 감정사에게나 필요한 테크닉이지 필수 교양은 아니다. 그런데 이런 전문적인 부분까지 와인을 마시는 사람이 알아야 할 기본 교양으로 둔갑한 우리의 현실이 안타깝다. 프랑스나 칠레, 미국 등 어떤 와인 산지에서도 소비자들에게 '이렇게 마셔라'라고 텍스트를 제공하고 있지 않은데도 말이다.

길거리 포장마차나 학교 앞 허름한 술집에서 와인을 즐기는 젊은 세대를 보면 와인이 바로 이런 건데 싶은 생각이 든다. 그들은 와인을 특별 취급하지 않는다. 순대와 떡볶이에 곁들여 와인을 마시고, 와인을 팔지 않는 고기집에서도 스스럼없이 마신다.

나는 회식이 있으면 종종 그날 분위기에 맞는 와인을 한 병 들고 회식자리에 참석한다. 와인잔은 없지만 아무 잔이나 마시면 어떤가. 소주를 마시고 싶은 사람은 소주를 마시고, 맥주를 마시고 싶은 사람은 맥주를, 또 와인이 끌리면 와인을 마시라고 말한다. 그러면 앞에 놓인 빈 잔에 격식 없이 와인을 따라 원샷을 하기도 하고, 잔을 돌려 옆 사람에게 권하기도 한다.

와인은 이처럼 편하게 마시는 술이다. 외국 친구들과 와인을 마셔보면 의외로 격식을 차리지 않는다. 우리나라에선 기둥 없는 일반 글라스에 와인을 부어 마시면 큰일 날 것처럼 생각하지만 실제로 기둥 없는 와인잔도 많다. 우리 머릿속에서 지금까지 뿌리 깊게 학습되어 온 '까다로운 와인'이란 사실 존재하지 않으며 우리가 만들어낸 불편한 격식 그 이상도 이하도 아니다. 있는 잔으로 있는 안주에 언제든 편하게 와인을 곁들이는 것만으로 충분하다.

눈을 가리고 어떤 와인인지 정확하게 알아맞히는 사람은 60억 세계 인구 중 10만 명도 안 될 것이다. 나머지 대부분의 사람들은 '와인이니까 마시는' 정도다. 와인을 많이 아는 것이 나쁘다는 이야기는 물론 아니다. 다만 부담없이 와인을 즐기면서 혀끝으로 자연스럽게 느끼는 감흥이 훨씬 가치가 높다는 것을 이야기하고 싶었다.

술은 스트레스를 풀고 즐거워지기 위해 마시는 것이므로, 와인 전문가의 길을 갈 사람이 아니라면 전문 지식은 알아도 그만, 몰라도 그만이다. 여럿이 정장 입고 둘러앉아 와인 품평회라도 하는 것처럼 쉼 없이 잔을 돌리며 테이스팅 하는 사람들 속에 끼어 있으면 와인 마시는 자리가 가시방석이다. 격식을 따져가며 우아하게 따라야 와인맛이 좋아지는 건 아니다. 와인은 마음 맞는 친구들과 어울려 이야기를 나누거나 가족들과 둘러앉아 삼겹살을 구워먹는 자리에선 즐거움을 안겨주고, 일이 잘 풀리지 않아 기분전환이 필요할 때는 말없이 위로해 준다.

와인은 머리가 아닌 가슴으로 마시는 술, 책을 덮어라

흔히 술 하면 동서양을 따지지 않고 부정적으로 정의하는 경향이 있다. 술은 '악마의 피' 라는 영국 속담이 있는가 하면 탈무드에서는 '악마의 선물' 이라고 하고, 불교 경전에는 술은 '번뇌의 아버지요, 더러운 것들의 어머니' 라는 구절이 나온다. 나는 이 말을 전적으로 긍정한다거나 부정한다거나 둘 중 하나를 선택하고 싶은 마음은 없다. 술은 때로는 악마의 유혹으로, 때로는 천사의 축복으로 다가오기 때문이다.

나는 가까운 사람들과 술잔을 기울이다 기분 좋을 정도로 거나해지면 서로 조금은 풀어진 모습으로 평소 하지 못하던 속내들을 털어놓는 그 맛에, 그 분위기에 취해 술자리를 즐긴다. 그런데 유독 와인을 마시면 술자리가 학구적으로 돌아가는 경우가 많다.

와인을 좀 안다는 사람이 와인 지식을 늘어놓으면 와인에 대해 잘 모르는 사람들은 멀뚱멀뚱 어색해질 수밖에 없다. 와인이 물론 음미하는 방법을 알아야 제대로 즐길 수 있는 술인 것은 분명하지만, 가슴보다 머리로 먼저 술을 마시는 분위기에서는 목으로 와인을 넘기기가 편치 않다.

프랑스의 와인 메이커나 애호가들이 우리나라 사람들의 와인에 대한 호기심과 해박한 지식에 감동받았다고 말한 적이 있다. 자신들도 잘 모르는 와인 전문 지식을 훤히 꿰고 있어 당황스럽기까지 하단다. 그러나 그들의 평가를 역설적으로 생각해 보면 '한국 사람들은 와인을 머리로만 마시는 것 같다.' 는따가운 지적으로도 들린다.

와인은 시험이 아닌데, 마치 시험공부 하듯이 와인 책을 들여다본다는것은 왠지 씁쓸하다. 공부가 아닌 '마시는' 것 자체를 즐기는 사람들이 늘어났으면 하는 바람은 그래서 여전히 마음속에 진행형으로 남아 있다. 와인에대한 지식과 소소한 정보는 와인이 좋아서 가슴속에 차근차근 쌓아둬야 맛이다. 오랜 친구를 대하듯 친구와의 추억과 그 친구의 가족과 과거까지 가슴속에 차곡차곡 쌓아두는 것처럼 말이다.

이 책은 와인이라는 소중한 친구에 대해 꼭 알아둬야 할 정보를 가볍고 쉽게 다루려고 노력했다. 책을 읽어가면서 자연스럽게 느끼겠지만 와인의 매력에 빠지다 보면 포도 품종이 궁금해지고, 와인 산지가 궁금해지고, 빈티지가 궁금해지고, 생산자가 궁금해지기 시작할 것이다. 그때가 되면 어렵고 복잡해 보이던 와인도 재미있고 흥미진진해질 것이다.

이 책을 꼭 첫 장부터 볼 필요는 없다. 궁금한 곳부터 들춰보면 된다. 포도 품종이 궁금하면 포도에 관한 부분을 먼저 봐도 좋고, 빈티지 보는 법이 궁금하면 빈티지 부분을, 어떻게 와인이 만들어졌는지 궁금하면 해당 부분부터 찾아 읽으면 된다. 우리는 '와인을 마실 사람' 이지 '와인을 만들 사람' 은 아닌 것이다.

8000개 포도품종 중 딱 6개만 알면 끝!

맥주를 마실 때 어느 지방의 보리로 만든 것인지, 언제 만들어진 것인지, 어떤 잔에 따라 마셔야 하는지 따져가며 마시는가. 와인도 마찬가지다. 어느 지방의 포도로 만들었는지 일일이 따져봐야 맛을 알 수 있는 것은 아니다.

더러는 소주나 맥주를 마실 때 어디서 만든 소주인지 고향을 따져가며 깐깐하게 마시는 사람들이 드물게 있기는 하다. 알고 마시면 술 맛에 정취가 더해지는 부분도 있을 것이다. 이국의 정취를 어느 정도 알고 느끼면서 와인을 마시는 것, 물론 나쁘지 않다. 어디 태생의 와인인지 알고 마시는 것만으로도 가본 적 없는 이국의 정취가 더해질 수 있다면 말이다.

꿀은 하나같이 달고 끈적끈적하지만 어디서 채취한 꿀인가에 따라 그 향과 맛이 다르다. 아카시아꽃에서 나온 꿀은 아카시아향이 나고 밤꽃에서 나온 꿀은 밤꽃의 향이 나는 것처럼, 와인 역시 어느 지방 어떤 포도 품종으로 만들었는가에 따라 향과 맛이 다르고, 더해지는 와인의 정취도 다르게 느껴진다.

포도 품종 8000종, 그걸 다 외우려고?

포도는 재배지의 기후와 풍토에 따라 조금씩 맛의 차이가 나지만, 같은 포도 품종은 기본적으로 공통적인 맛과 향을 지니고 있다. 와인의 신맛, 단맛, 떫은맛 등 맛의 차이를 결정하는 것이 바로 포도의 품종인데, 예를 들어 카베르네 소비뇽은 신맛이 강한 반면 피노 누아는 부드러운 맛, 샤르도네는 단맛이 강하지 않은 깔끔한 맛이 특징이다.

프랑스를 비롯한 유럽의 구세계 와인에는 와인을 생산한 지역, 포도원의 명칭을 라벨에 표시하지만, 미국과 칠레 등 대부분의 신세계 와인에는 어떤 품종의 포도로 만들어졌는지 포도 품종을 표시한다.

예를 들어 카베르네 소비뇽(Cabernet Sauvignon), 메를로(Merlot), 피노 누아(Pinot Noir), 시라(Syrah), 진판델(Zinfandel) 등은 우리 귀에도 그다지 낯설지 않은 포도 품종들인데, 그로 인해 와인 라벨에 표시된 포도 품종만 보고도 와인의 맛과 향을 어느 정도 짐작할 수 있는 것이다.

유럽이 원산지인 비티스 비니페라(Vitis vinifera, 카스피해 연안의 코카서스가 원산지)라는 최초의 포도 품종에서 갈라져 나와, 지금은 세계적으로 수천 종이 퍼져 있다. 포도 품종은 각 지역마다 독특한 지역의 토종이 있는가 하면, 어느 곳에서나 뿌리를 잘 내려 전 세계적으로 널리 재배되는 품종들이 있다.

와인을 만들 때도 단일 품종의 포도로 특색 있는 와인을 만들기도 하고, 프랑스 보르도 지방처럼 여러 가지 포도 품종을 블렌딩해서 만들기도 한다. 그런데 와인을 만드는 포도 품종만도 전 세계적으로 무려 8000종에 이르고, 그 중 와인 제조가 가능한 품종은 150여 종에 달한다.

포도품종 6개만 알면, 와인 정복 절반은 성공!

와인 하면 레드 와인과 화이트 와인이 떠오르는데 레드는 적포도 품종으로, 화이트는 백포도 품종으로 만든다. 적포도 품종에는 카베르네 소비뇽, 카베르네 프랑, 가메이, 산지오베제, 네비올로, 말벡, 진판델, 메를로, 피노 누아, 피노 뫼니에, 쉬라즈(시라) 등이 있다.

백포도 품종으로는 샤르도네, 쇼비뇽 블랑, 콜롱바르, 게부르츠트라미네르, 뮈스카델, 피노 그리, 리슬링, 세미용, 실바네르, 위니블랑, 뮬러-투르가우, 폴 블랑슈, 마카베오, 트레비아노 등이 있다.

같은 품종의 감나무도 자라난 환경에 따라 크기와 맛이 다르듯이, 재배지의 기후와 풍토에 따라 같은 품종의 포도라도 각기 다른 맛이 난다. 그 중 카베르네 소비뇽, 메를로, 피노 누아, 쉬라즈(시라), 샤르도네, 모스카토 등 6가지 포도 품종 정도만 알아도 와인을 즐기는 데는 충분하다.

01 카베르네 소비뇽 Cabernet Sauvignon

매끈한 근육질 느낌의 남성적 포도

가장 많이 들어봤을 카베르네 소비뇽은 대표적인 적포도 품종으로, 프랑스 보르도의 메독(Medoc)이 원산지다. 프로방스(Provence), 랑그독(Languedoc)을 비롯하여 미국, 남미, 남아프리카공화국, 호주 등 대부분의 와인 생산국에 널리 퍼져 있다. 추위에 약한 품종이어서 날씨가 추운 독일에서는 재배하지 않지만, 극동지역과 일본에서 생산을 시도하고 있다.

포도 생김새는 사진에서 보듯이 알맹이가 작은 편이며 깊고 어두운 색에 껍질이 두껍고 씨가 많다. 두꺼운 껍질이 포도의 부패 속도를 늦춰주어 오랜 기간 숙성시킬 수 있으며, 타닌(Tannin) 성분이 풍부하게 들어 있어 약간 떫고 쓴맛이 난다.

떫고 쓴맛은 숙성되는 과정에서 부드럽게 순화되기 때문에, 카베르네 소비뇽은 오크통과 병에서 오래 숙성시켜 마시는 와인을 만드는 데 적합하다.

카베르네 소비뇽은 블랙베리와 건포도, 계피, 민트, 유칼리나무, 삼나무, 자두향 등의 다채로운 향취를 가지고 있는데, 오래 숙성될수록 한데 어우러져 놀라운 와인맛을 만들어낸다.

레드 와인의 대표주자인 카베르네 소비뇽은 다른 포도 품종과도 잘 어울려 여러 포도 품종의 블렌딩 파트너로 인기가 높다. 이름과 맛에서 남성적인 이미지가 강하기 때문에 매끈한 근육질의 남성적 느낌을 주는 와인을 찾는다면 카베르네 소비뇽을 고르는 것이 좋다.

02 메를로 Merlot

부드럽고 가냘픈 여성성을 지닌 포도

메를로는 보르도 지역에 널리 퍼져 있는 포도 품종으로, 가장 유명한 재배지는 보르도의 포므롤(Pomerol)과 생테밀리옹(St. Emilion)이다.
메를로의 생김새는 카베르네 소비뇽과 비슷하지만 알맹이가 더 통통하고 물기가 많으며 단맛이 강하다.

카베르네 소비뇽보다 빨리 숙성되면서 순하고 향긋하기 때문에, 다른 포도 품종의 거친 맛을 부드럽게 만들기 위해 혼합해서 사용하기도 한다. 프랑스 보르도와 남쪽 지방, 칠레, 남아프리카, 이탈리아, 헝가리, 불가리아산의 포도 품종이 인기가 좋다. 특히 샤토 페트뤼스, 르팽 등은 100% 메를로(경우에 따라 다른 품종이 10% 이내 들어감) 품종을 사용해서 만든 와인으로 블랙베리, 자두, 계피, 초콜릿, 모카, 가죽 등을 연상시키는 향취가 있다.

카베르네 소비뇽이 터프하고 야성미 넘치는 남성을 상징하는 포도 품종이라면, 메를로는 부드럽고 가냘픈 선이 느껴지는 여성을 상징하는 품종으로 비유할 수 있다. 그래서 메를로로 만든 와인은 카베르네 소비뇽보다 떫은맛이 덜하고 약간 단맛이 나며 부드럽다. 뿐만 아니라 자두, 체리, 딸기, 라즈베리 등의 과일향과 장미향 같은 향긋한 꽃냄새가 입안에서 오래 머물면서 상쾌하고 부드러운 느낌을 준다.

메를로는 카베르네 소비뇽만큼 타닌 성분이 풍부하지 않고 비교적 빨리 익으며 숙성이 빠르다. 따라서 카베르네 소비뇽의 장점이 메를로를 보완할 수 있어 두 가지 품종을 섞어 블렌딩하는 경우가 많다. 카베르네 쇼비뇽 이외에 카베르네 프랑, 말벡 등의 품종과 혼합해서 절묘한 조화를 이끌어내기도 한다.

03 피노 누아 Pinot Noir

타닌 함량이 적은 밝은 색깔의 포도

피노 누아는 프랑스 부르고뉴 지방에서 생산되는 고급 포도 품종으로, 부르고뉴를 비롯하여 미국의 오리곤, 뉴질랜드, 캘리포니아 중남부, 소노마 해안에서 재배된다.

피노 누아는 보르도 지방의 카베르네 소비뇽이나 메를로보다 타닌 성분이 적고 포도 색깔이 더 밝은 매력적인 품종으로, 프랑스 부르고뉴 지역에서는 로마네 콩티와 같은 명품 레드 와인을 만드는 주품종으로 이용되고 있다.

피노 누아는 남성적이고 강한 카베르네 소비뇽과 여성적이고 부드러운 메를로의 장단점을 보완한 조화가 잘 이루어진 와인으로, 숙성되지 않은 상태에서는 과일향이 나지만 여러 해 숙성시킨 후에는 야생 고기향이 나고 훈제향이 나기 때문에 프랑스 와인 제조자들은 피노 누아로 만든 와인을 'Animal(동물적)'이라고 부르기도 한다.

피노 누아는 특히 포도껍질이 얇고 섬세한 품종이어서 수확기에 이르러 소량의 우수한 피노 누아들만 살아남는다. 그래서 희소성이 더 높은 품종인 피노 누아는 엷고 투명한 자줏빛, 신선한 미네랄향과 장미향, 비단처럼 부드러운 촉감이 혀를 통해 그대로 느껴진다. 딸기, 체리, 바이올렛, 숲의 향기가 나며 다른 품종에 비해 타닌이 적은 편이다. 또한 자두, 흙, 송로버섯, 초콜릿, 낙엽 등의 향미를 느낄 수 있다.

04 쉬라즈 Shiraz(Syrah)

매콤하고 쌉싸름한 과일맛 풍부한 포도

쉬라즈는 호주산 와인을 대표하는 포도 품종으로 진한 남적색을 띠며 빵 굽는 냄새, 블랙베리, 커피향 등을 느낄 수 있다. 호주 쉬라즈(시라)만큼이나 많이 사용되고 있는 또 한 곳은 프랑스 북부의 론 지역으로, 이곳의 쉬라즈는 호주산에 비해 당도가 낮아 전체적으로 정교하게 다듬어진 느낌을 준다.

쉬라즈는 연기와 풀 감초 냄새, 블랙커런트, 가죽향이 강하게 나며 타닌이 많아 카베르네 소비뇽 못지않게 매콤하고 쌉쌀한 동시에 과일맛이 풍부하다. 특히 호주산 쉬라즈는 맛이 진하며 과일맛이 더 많이 나고, 론 지역의 쉬라즈는 타닌이 많고 풀 향기가 강하며 산도가 높다.

쉬라즈로 만든 와인은 진보랏빛을 띠며, 와인맛이 자극적이고 알코올 도수가 높은 편이다.

론 지역의 와인은 남성적이면서 우아한 느낌이 나고, 오스트레일리아와 캘리포니아 지역의 쉬라즈 와인은 걸쭉한 시럽 같은 진한 맛을 경험할 수 있다.

05 샤르도네 Chardonnay

마른 과일향이 우러나는 섬세한 화이트 와인의 여왕

샤르도네는 유명한 부르고뉴 화이트 와인을 만드는 청포도 품종이다. 미국, 오스트레일리아, 프랑스의 부르고뉴 등에서 생산되는 샤르도네는 오크통에서 짧은 기간 숙성시킨다.

샤르도네는 미국의 캘리포니아, 롱아일랜드, 오리건, 텍사스, 버지니아, 프랑스 부르고뉴와 샹파뉴, 이탈리아 베네치아와 토스카나, 아르헨티나, 칠레, 오스트레일리아, 뉴질랜드, 남아프리카공화국 등 재배 지역이 넓게 분포되어 있다.

카베르네 소비뇽이 적포도 품종의 왕이라면 샤르도네는 청포도 품종의 여왕에 비유된다. 샤르도네 품종으로 만든 와인은 마른 과일향이 우러나 향이 좋고, 청포도 품종의 여왕답게 품질이 뛰어나고 맛이 섬세하다. 바닐라, 버터, 버터 바른 토스트, 커스터드(Custard), 풋사과, 열대과일, 레몬, 파인애플의 향취가 어우러져 맛이 깊다.

샤르도네는 재배 지역에 따라 맛이 천차만별이어서 같은 샤르도네로 만든 와인이라도 맛과 향이 제각각이다. 캘리포니아산은 꿀과 열대과일향이 진하고, 프랑스 샤블리산은 바다 냄새가 물씬 느껴진다.

화이트 와인은 보통 1차 발효(알코올 발효)만 하지만, 샤르도네는 예외적으로 2차 발효(젖산발효, 레드와인 양조과정에서 거치는 단계임)를 거치는 화이트 와인 품종으로 와인의 부드러움을 더해 준다. 이 때문에 전문가들 사이에서도 화이트 와인의 진수를 맛보고 싶다면 샤르도네로 만든 와인을 마시라고 할 정도로 탁월한 포도품종이다.

06 모스카토 Moscato(Muscat)

달콤한 꽃향기를 풍기는 다양한 품종의 포도

모스카토는 한 가지 특정 품종이 아니라 100가지가 넘는 변종을 가지고 있다. 가장 오래된 포도 품종으로 식용, 건포도, 와인용 등 다양한 용도로 쓰이는 여러 가지 품종을 묶어서 표현한다. 모스카토는 프랑스 보르도 지역의 청포도 품종인 뮈스카델(Muscadelle)과는 구분된다.

뮈스카델은 프랑스 보르도 지역의 소테른에서 귀부 와인을 만들 때 소량 첨가된다. 프랑스 루아르 지역의 뮈스카데(Muscadet) 화이트 와인은 모스카토 품종이 아닌 믈롱 드 부르고뉴(Melon de Bourgogne) 품종으로 만든 루아르의 유명한 화이트 와인이다.

대표적인 변종으로 뮈스카 아 프티 그랑(Muscat Blanc a Petits Grains), 뮈스카 카넬리(Muscat Canelli), 브라운 머스캣(Brown Muscat), 모스카토 비안코(Moscato Bianca), 리큐르 뮈스카(Liqueur Muscat) 등이 있다.

포도알맹이가 풍부한 모스카토는 산도가 낮고 독특한 꽃향기를 지니고 있으며, 변종에 따라 색깔도 다양하다. 여러 나라에 널리 퍼져 있기 때문에 기후에 따라 개성 있는 다양한 와인이 만들어진다. 따뜻한 지역에서는 스위트 와인을, 추운 지역에서는 드라이 와인을, 이탈리아에선 스파클링 와인을 만든다.

모스카토는 사향(Musk)과 비슷한 특이한 냄새를 공통적으로 가지고 있는데, 이 냄새는 포도와 와인에서 모두 맡을 수 있다. 모스카토로 만든 와인은 약간의 청량감을 주는 달콤함 때문인지, 함께 술을 마신 상대방도 매력적으로 보이게 한다. 상대방이 누구든 호감을 갖게 해주는 로맨틱한 와인으로 연인들이 마시기에 그만이다.

와인을 둘러싼 6가지 논란

개인적으로 술잔을 돌리는 우리의 술 문화를 썩 좋아하지는 않지만, 술자리를 하다보면 자의 반 타의 반으로 술잔을 돌리게 된다. 때로는 서로의 마음이 통하는 사람이나 정이 가는 사람에게는 자연스럽게 잔을 건네게 되는 것이 사실이다.

소주나 맥주를 한 잔 들이켜고 손으로 살짝 입댄 부분을 닦은 후, 앞에 있는 사람에게 잔을 건네는 것은 애주가들 사이에서는 친밀감을 나타내는 하나의 척도라는 생각도 든다. 이런 나의 생각에 반대하는 사람들도 분명 많을 것이다. 이렇듯 술 문화를 놓고 서로 견해가 다른 것처럼 와인을 따라다니는 여러 논란거리 역시 견해의 차이일 뿐이라고 생각한다.

와인이 세계적인 주류이다 보니 나라마다 다른 문화의 차이에서 오는 크고 작은 논란을 비롯하여, 때론 잘못된 와인 상식으로 둔갑해 버린 이야기 혹은 지나친 관심으로 인해 과대 포장된 와인 이야기 등등 나라마다 사람마다 관점이 다양한 만큼 논란거리도 분분하다. 문화적인 차이 외에 와인을 다루는 에티켓, 와인이 건강에 좋다는 속설, 와인의 맛을 떨어뜨리는 잘못된 상식 등 여러 가지 와인에 얽힌 논란들은 과연 근거가 있는 것일까?

논란 *01*

와인과 건강

와인이 건강에 좋다는 건 어디까지 믿어야 할까?

와인 매장을 운영하면서 자연스럽게 와인 외의 다른 술에도 관심을 갖게 되었다. 그때부터 식사 중에 반주를 즐기기 시작했는데 한두 잔으로 끝낸다는 것이 마시다 보면 분위기에 취해, 이야기에 취해 어느새 식사 자리가 술자리로 바뀌는 것이었다. 그것이 습관이 되었는지 술이 없으면 밥맛이 없을 정도가 되었다. 이러다 술병이 나지 싶었는데 마침 와인이 건강에 좋다는 신문기사를 접하고는 스스로 위로하며 가슴을 쓸어내렸다.

15년 전쯤이다. 와인과 건강에 대한 정보들이 신문, TV, 잡지 등에 등장하기 시작했다. 와인을 적당히 즐기면 건강에 도움이 된다는 다큐멘터리와 기사들이 방송되었고, 특히 와인 시장에서 80%가 넘는 점유율을 과시하는 레드 와인이 심장병 예방에 좋다는 연구 결과는 레드 와인의 인기에 날개를 달아주었다.

와인과 건강의 상관관계를 분석한 자료 중 가장 유명한 것이 바로 프렌치 패러독스(French paradox)다. 프렌치 패러독스는 1819년 아일랜드의 새뮤얼 블랙 박사가 주장한 내용으로, 육류를 많이 섭취하는 프랑스인이 특별한 건강식을 먹지 않음에도 불구하고 영국이나 독일 등의 북유럽 사람들보다 후두염과 심장병 발병률이 현저하게 낮은데, 그 이유가 바로 식사 때마다 곁들이는 와인 때문이라는 것이다.

와인과 건강에 대한 또 다른 연구는 J커브 곡선이다. 매일 마시는 와인의 양을 가로축으로 하고, 사망 위험률을 세로축으로 하여 둘 사이의 상관관계를 그래프로 그리면 J자 모양의 곡선이 그려진다.

J곡선의 의미는 적당한 양의 와인을 매일 마시면 전혀 마시지 않을 경우에 비해 사망 위험률이 낮아지지만, 과다하게 마시면 오히려 더 높아진다는 것이다.

와인 애호가로서 마음에 쏙 드는 곡선이 아닐 수 없다. 건강 때문에 와인을 마시는 것은 아니지만 과음하지 않는 이상 건강에도 좋다니, 그야말로 꿩먹고 알 먹는 일이 아닌가. 그러나 와인과 건강의 상관관계에 대한 논란은 아직 명확하게 규정된 것은 아니다.

와인과 건강에 대한 논란은 예나 지금이나 끊임없이 이어져 왔다. 이집트에서는 와인이 유해 박테리아를 비롯한 장티푸스균, 기생충 제거나 천식을 치료하는 데 쓰이는 등 의학적인 처방에 사용되었는가 하면, 지나친 와인 섭취가 건강에 해롭다는 이유로 바빌로니아 함무라비(기원전 1750년)는 선술집의 와인 판매를 통제하기도 했다.

유스티니아누스 법전에는 물과 시큼한 와인을 섞은 포스카를 병사들에게 배급하여 병에 걸리거나 부상을 입었을 때 치료하게 했다는 기록이 나온다. 성경에서도 사도 바울이 위장병과 잔병치레로 고생하는 제자 디모테오에게 와인을 조금씩 마시라는 내용의 편지를 보냈다고 전해진다. 특히 현대 서양 의학의 아버지인 히포크라테스는 와인이 열을 내고 건조시키는 정화 성분을 가지고 있어, 대소변 배설이 잘 되게 소화기능을 돕는다는 약효를 인정하고 의사 처방전에 사용하도록 하였다.

프랑스 국회는 1903년 와인을 건강식품으로 공식 지정했으며 유럽의 많은 병원들이 와인을 치료제로 활용했다. 실제로 1898년 프랑스 파리 병원에서 한 해 동안 소비한 와인이 300만 리터에 달했다고 한다.

의학이 발달하지 못한 시절, 이렇게 의학적 효과를 인정받았던 와인은 그러나 20세기에 들어와 아스피린을 비롯한 다양한 의학 약품들이 등장하면서 공식적인 조제 대상에서 멀어졌다.

최근 국내에 수입된 일부 와인에서 발암 물질인 에틸카바메이트(Ethylcarbamate)가 검출되어 문제가 되기도 했으나 큰일 아닌 것으로 일단락되었다. 이보다 앞선 1996년 캘리포니아 데이비스대학(UC Davis)의 린다 비슨(Linda F. Bisson) 교수는 와인 속의 여러 가지 페놀 화합물이 해독 메커니즘을 활성화시켜 실제로 암 위험을 감소시킨다는 연구 결과를 내놓은 바 있다.

와인과 건강에 관한 다양한 논란은 앞으로도 계속될 것이다. 하지만 아무리 의학적으로, 과학적으로 연구 결과가 좋게 나온다고 해도 지나치게 마시면 아니 마신 것보다 못한 법이다. 모든 술이 다 그렇지만 와인도 적당히 마시는 것이 정석 아니겠는가.

논란 02 코르크 마개

와인은 꼭 코르크 마개로 닫아야 하나?

폼 나게 와인 코르크 마개를 따는 것도 와인을 마시는 소소한 재미가 아닐까 싶다. 손으로 칙 돌려 따는 소주나, 오프너로 시원하게 따는 맥주와는 달리 와인은 스크류라고 하는 와인 따개가 없으면 맛 좋은 와인을 앞에 두고도 마실 도리가 없다.

나는 와인을 판매하는 사람이다 보니 특별히 와인을 오픈하고 막아두는 데는 크게 신비감을 갖고 있지는 않지만, 가끔씩 특별한 날에만 와인을 즐기는 주변 친구들을 보면 와인을 마시기 전부터 와인 뚜껑, 코르크 마개에 대한 환상이 적지 않은 듯하다.

천연 코르크 마개는 코르크 참나무의 외피로 만든 것으로 가볍고 깨끗하며, 재질이 부드러울 뿐 아니라 밀폐가 잘 되어 온도 변화에도 쉽게 부패하지 않는다.

코르크 마개는 특히 신축성이 뛰어나 압축해서 병 입구에 넣기 쉽고, 병 입구에 끼우면 곧바로 팽창하여 밀착되기 때문에 이상적인 병마개로 오랫동안 사랑을 받아왔다. 그러나 사실 불편한 점도 없지 않은데, 와인 따개가 없으면 와인을 딸 수 없고 자칫 잘못 따면 와인병 속으로 코르크 마개가 빠지기도 한다. 그런데 요즘 나오는 와인을 보면 천연 코르크 마개 대신, 인공 코르크나 일반 음료수처럼 손으로 마개를 돌려서 따는 트위스트 캡이 상당히 많아졌다.

와인 따는 재미라고도 생각했던 코르크 마개가 인공 코르크나 트위스트 캡으로 바뀌면서 꽤나 실망하는 사람도 있고, 더러는 혹시나 하며 와인의 질도 한 번쯤 의심해 봤으리라.

와인 시장에 인공 코르크와 트위스트 캡이 등장하게 된 배경은 비용, 기능성, 환경적 변화, 과학적인 이유 등 다양하다. 비용 면에서 인공 코르크나 트위스트 캡이 천연 코르크 마개보다 저렴한 것이 사실이다. 하지만 단순히 비용으로만 따질 수 없는 것이, 질이 떨어지는 코르크를 사용할 경우 코르크 마개가 제 기능을 다하지 못해 와인이 변질될 우려가 높아진다. 저질 코르크를 쓰느니 차라리 인공 코르크나 트위스트 캡이 더 낫다는 얘기가 된다.

보통 와인병의 정상적인 코르크 마개는 미량의 산소를 통과하는데, 심한 온도 변화로 병입된 와인이 새어 나오면 저장 첫해에 정상적 상태보다 더 많이 산소가 들어가게 된다. 물론 이 정도의 산소 유입은 와인의 맛에 큰 영향을 주지는 않는다. 문제는 코르크 자체의 결함에 있다. 최근 문제가 되기도 했던 코르크 결함으로 인해 자극적인 화학 물질인 트리클로로아니솔(Trichloroanisole, TCA 주로 곰팡이)의 좋지 않은 냄새가 나는 와인(일반적으로 Corked Wine)이 눈에 띄게 늘어났다. TCA는 아주 적은 양으로도 와인의 향을 치명적으로 훼손시키는 물질이다.

이처럼 코르크 마개의 결함이 드러나는 이유는 무엇일까. 코르크를 제조하는 과정은 노동력과 인건비가 많이 들어가는 수작업이 대부분이어서, 제조할 때마다 코르크의 질이 일정하지 않아 품질 좋은 코르크를 생산하는 데 많은 어려움이 따른다. 코르크의 결함이 심하면 코르크 원형이 파괴되면서 산소 침투량이 많아져 와인을 변질시킬 수 있다.

이런 문제를 보완하기 위해 인공 코르크와 트위스트 캡 등의 대체품이 나오게 되었다. 천연 코르크 마개의 치명적인 결함을 보완해 주기 위해 등장한 것이 인공 코르크와 트위스트 캡이라고 생각하면 예의 거부감은 버려도 될 듯하다.

논란 03 와인 침전물

와인 침전물, 불량품을 골랐어요!

매장에서 와인을 사간 손님이 다음 날 정색을 하며 들어와 반품을 요구한 적이 몇 번 있었다. 와인을 따랐더니 와인잔에 침전물이 보이고 와인병 안에도 침전물이 가라앉아 있다는 것이다. 그럴 때면 나는 고객에게, 와인 침전물은 오래된 와인이나 상한 와인에서 나오는 것이 아니라고 여러 번 설명하곤 한다.

많은 사람들이 와인병에 가라앉은 침전물을 보고 불량 와인으로 오해하는데, 사실 와인병 아래 부분이나 코르크 침전물은 주로 와인을 오랜 기간 보관했을 때 생기는 주석으로 반짝반짝 빛나는 결정체 모양을 하고 있다 하여 크리스털이라고도 부른다.

이 주석은 포도의 떫은 맛을 내는 타닌과 색소 화합물인 안토시아닌이 화학 작용으로 결합한 인자가 바닥으로 가라앉은 것이다. 온도가 낮고 알코올 농도가 증가할수록 칼슘, 칼륨 등의 침전물이 많이 형성돼 주석산의 농도는 감소한다. 보통 발효 중이나 숙성 중에 냉각 처리로 결정을 만들어 일부를 제거하는데, 남은 성분들이 와인에 들어 있다가 와인 온도가 서서히 내려가면 결정으로 변해 와인통이나 와인병에 가라앉게 된다.

주석산(Tartaric acid)은 와인의 신맛을 내는 성분인 유기산 중 하나다. 와인에서 신맛을 내는 유기산은 포도 자체에서 나온 주석산, 사과산, 구연산과 발효 중에 나온 호박산, 젖산, 초산으로 구분된다. 유기산은 특히 화이트 와인에서 미생물학적, 물리화학적 안정성을 증가시켜 와인의 보존성을 높여준다. 특히 박테리아 분해 작용에 대한 저항성이 강하며 와인의 유기산 중에 1/4~1/3을 차지하는 주석산은 온대지방에서 나오는 과일 중 포도에만 존재하는 산이다. 어떤 와인에서 주석산이 찌꺼기로 생성되었다는 말은 그 와인이 포도원액만으로 만들어졌다는 증거가 되기도 한다. 그러니 앞으로 와인에서 침전물을 발견하더라도 놀랄 필요가 없다.

주석산은 와인에 찌꺼기가 생기거나 변질된 것 같은 느낌을 주어 외관상 품질에 대한 논란이 되는 경우가 종종 있지만, 인체에 유해하지 않을 뿐 아니라 오히려 의약품으로 사용될 정도로 안전하다. 1989년 5월 영양학연구지(Nutrition Research)에는 주석산이 요로결석을 예방한다는 내용이 실리기도 했고, 2002년 한국원자력연구원에서는 주석산이 친환경 육묘 인공토양 제조기술에 이용되기도 했다. 신맛을 내는 주석산은 와인에 반드시 필요한 유기산으로 와인의 안정성과 보존성을 높이는 데 큰 역할을 한다.

논란 04
와인 에어레이션

와인을 마시기 전에 꼭 오픈해 둬야 할까?

'와인이 숨을 쉰다' 라는 낭만적인 표현이 있는데 와인과 공기의 접촉을 시도한다는 에어레이션을 뜻하지만 실제로 와인이 숨을 쉰다는 것은 아니다. 디캔팅과 같은 맥락으로 와인을 마시기 전에 와인병을 몇 시간 동안 오픈하는 것을 말한다.

사실 와인병의 좁은 입구를 통해 와인이 공기와 접촉한다는 것은 과장된 표현이다.

차라리 와인을 잔에 따라놓고 기다리는 편이 공기 접촉을 시도하는 데 더 효과적일 것이다. 하지만 이렇게 와인을 공기 속에 오래 노출시키면 와인의 오염을 불러올 뿐, 와인의 맛과 향을 좋게 만들어줄 것이라는 기대감은 버리는 것이 좋다. 상식적으로 와인의 양조 과정이, 산소가 없는 상태에서 발효시킨 후 병에 넣어 공기가 들어가지 않게 밀봉해야만 완성된다는 것을 생각하면 이해하기 쉬울 것이다.

와인의 숙성은 산소가 없는 상태에서 완벽하게 이루어진다. 따라서 코르크나 와인 캡슐의 구멍을 통해 산소가 유입되는 것이 와인의 숙성을 돕는다고 것 역시 잘못된 생각이다. 와인병에 들어가는 산소는 1년에 0.02~0.03cm^3 정도의 극히 적은 양으로, 와인 숙성에 전혀 영향을 미치지 못한다.

저명한 외국 전문가들 역시 병 속의 와인이 숨을 쉰다는 것은 거의 불가능하다고 진단한다. 코르크 속에는 벌집과 같은 방이 수천만 개씩 밀집해 있어 일정한 온도 상태로 눕혀서 팽창되도록 보관하면 공기가 드나들지 못한다는 것이다. 만약 레스토랑에서 소믈리에가 코르크 마개를 건네주며 확인을 부탁하면 냄새만 맡기보다는 젖어 있는 쪽이 말랑말랑한지 눌러보는 편이 더 현명하다. 세워 보관했으면 코르크가 딱딱하게 굳어 있을 것이고, 코르크 틈이 벌어져 와인이 산화됐을 가능성이 크기 때문이다.

와인병의 숙성은 산화의 반대인 환원과정이나 질식을 통해 병 속에서 이루어진다. 병 속에서 몇 달이 지나면 산화환원전위(Oxidation-Reduction Potential)가 최소가 되면서 와인의 부케(아로마는 포도 자체의 향, 부케는 와인의 발효 또는 숙성 과정에서 생기는 복합적인 향)가 생성된다. 이처럼 와인의 부케는 환원 상태에 있는 방향 성분에서 좋은 향이 나오는 것으로, 와인과 산소의 접촉이 이 같은 부케의 정교함을 빼앗아갈 수 있다는 주장을 뒷받침해 준다.

예외적으로 만약 와인이 미흡하게 제조되어 일반 와인에 탄산가스, 이산화황이 많이 만들어진 경우 또는 미생물에 의한 오염으로 나쁜 냄새가 나는 경우, 나쁜 냄새를 외부로 날려버리기 위한 방편이라면 와인병을 미리 오픈시켜두는 것도 이해할 수 있다.

한편 오래된 와인은 디캔팅(다른 용기에 와인을 옮기는 일)을 통해, 와인을 개봉하고 몇 시간 정도 호흡을 시키면 잠자고 있던 독특한 향기가 되살아난다고들 한다. 물론 15~20년 된 올드 와인의 경우 침전물 제거에 디캔팅이 필요하나, 디캔팅한 상태로 오래 놔두면 와인의 힘이 약해지는 단점이 있다.

영 와인을 디캔팅할 경우 신선한 풍미는 감소할지 모르나 타닌의 거친 맛을 부드럽게 바꿀 수는 있다. 그러나 이것은 숙성 중에 생긴 미생물의 변화와 알코올 화합물의 작용으로 만들어진 나쁜 향취가 탄산가스와 함께 날아가는 효과로 봐야 할 것이다.

논란 05 와인 구멍

와인병의 밑바닥이 깊게 파인 와인이 좋은 것일까?

와인 매장을 찾는 고객들의 행동을 유심히 보면, 와인병 밑바닥의 움푹 들어간 부분을 만져보는 경우가 많다. 와인병 밑바닥이 깊게 들어간 것이 좋은 와인으로 알고 무조건 구멍이 깊은 와인을 선택하는 고객들이 대부분이다. 그런데 고가 와인이면서 밑바닥이 편평한 경우도 있는데 이건 어떻게 설명할 것인가?

어떤 사람들은 와인병 밑바닥의 움푹 들어간 구멍 부분이 와인의 침전을 돕는 기능이 있다고 말하기도 하는데 이 역시 진실은 아니다. 와인 구멍이 침전 기능을 강화시켜준다는 항간의 이야기 또한 와인병의 밑바닥 구멍과는 관련이 없으니 말이다. 오히려 침전 기능은 굴곡이 심한 병목 부분과 더 관련이 깊다. 병목 부분에서 와인의 침전물이 걸러질 확률이 높기 때문이다.

그렇다면 왜 와인병 밑바닥이 움푹 들어가 있는 것일까? 아직 정확하게 밝혀진 바는 없지만 재미난 추측들을 얘기하자면, 우선 손으로 병을 만들던 시절부터 이어져온 습관이 와인병을 제조하는 데 그대로 적용되었다고 짐작할 수 있다. 샴페인병의 경우 제조할 때 병 속에서 발생하는 탄산가스에 의한 포화 압력으로 병이 깨지는 것을 방지하기 위해 일부러 병 밑바닥을 움푹 들어가게 만들었다고 한다.

병 밑바닥으로 전달되는 압력을 감소시키기 위해 안정적인 곡선 형태로 바닥을 만든 채로 와인병이 생산된다는 것이다. 그러나 오늘날 병을 만드는 최첨단 기술이 등장하면서 탄산가스가 많은 스파클링 와인도 병 밑바닥이 움푹 들어가게 만들지 않아도 압력에 잘 견딜 수 있게 되어, 탄산가스의 압력 때문에 병 밑바닥에 변화를 주었다는 것도 별 의미가 없어졌다.

한 마디로 기존의 침전 기능 역할이라든지 고급 와인의 유무를 판단하는 기준으로써, 병 밑바닥이 얼마나 움푹 들어갔는지 들여다보는게 별 의미 없는 행동이라는 것이다.

논란 06 와인과 가격

비싼 와인이 맛있다?

와인의 8~16%는 알코올 성분이고 나머지 80%는 수분이다. 와인의 맛과 향을 좌우하는 성분은 고작 2~5%에 지나지 않는다는 얘기다. 그런데도 와인 가격은 수천 원에서부터 수천만 원까지 그야말로 천차만별이다.

미세한 맛의 차이를 느끼기 위해 거액을 지불하기를 주저하지 않게 만드는 것이 와인만의 매력이라는 사람들도 있는데, 대체 2~5%의 맛과 향취가 어떤 매력을 지니고 있기에 수백, 수천만 원의 돈을 척척 지불하는 것일까? 과연 비싼 와인은 비싼 값만큼 더 맛이 있을까?

서울의 한 와인 매장에서 3천 원, 3만 원, 30만 원짜리 와인을 놓고 와인 가격만 알려주는 블라인드 테이스팅(blind tasting : 테이스팅 대상 와인에 대한 정보 없이 상표를 가리고 색깔, 향, 맛을 보고 와인을 객관적으로 평가하는 것)을 했는데, 참가자 30명 가운데 절반 이상인 20명이 가장 맛있는 와인으로 3만 원짜리 와인을 골랐다고 한다.

더 재미있는 사실은, 이 시음회에는 한 가지 함정이 있었는데 가격대가 다르다고 제시한 와인이 사실은 같은 와인이었다는 것이다. 시음회 참가자들이 같은 종류의 와인을 두고 각기 다르게 평가한 셈인데, 1년 이상 경력의 와인 애호가들이 상당수 섞여 있었음에도 불구하고 세 가지 와인이 같은 와인이라고 지적한 사람은 단 한 명도 없었다.

시음 전에 가격 정보를 들은 것이 무의식적으로 작용하여, 와인맛의 차이를 구별하는 데 결정적인 걸림돌이 된 것이다. 이 시음회 결과에서도 알 수 있듯이 많은 사람들이 자신의 혀보다는 귀나 머리로 와인을 마시는 셈이다.

누군가 "몬테스 알파 100병을 마시겠나, 아니면 페트뤼스 1병을 마시겠나?"하고 묻는다면 와인맛을 아는 애호가들은 페트뤼스 1병을 택할것이다. 그것이 바로 사람들을 끌어 모으는 와인의 매력이다. 와인 애호가들이 한 병에 몇 백만원 혹은 몇 천만원씩 하는 고가의 와인을 기꺼이 선택하는 이유는, 단지 맛과 품질이 뛰어나서뿐만 아니라 와인의 생산연도와 생산지의 유명세 때문이다.

와인맛은 포도의 작황에 영향을 많이 받게 되는데, 날씨가 유독 좋은 해에 생산된 빈티지 와인은 숙성 기간이 오래될수록 비싸다. 그리고 특정 포도원과 와인 공장에서 생산된 와인 역시 비싼 가격이 매겨진다. 전통과 개성을 자랑하는 작은 포도원에서 생산된 인기 와인들은 물량이 적어 희소성의 가치가 높을 뿐 아니라, 전통적인 공정으로 와인을 만든다는 점에서 신뢰도가 높다. 그러나 다행히도 유명세가 있고 오래되고 비싼 와인이, 싼 와인보다 월등하게 더 맛있다는 보장은 없다.

어쩌면 와인가격을 책정하는 기준인 와인 브랜드, 생산지, 빈티지 등은 와인의 품질과 관계없이 마케팅에 의해 좌우되는 것이 클 수도 있다고 본다.

다이아몬드가 엄청나게 비싸다고 모든 사람들이 다 루비나 사파이어보다 다이아몬드를 더 아름답게 느끼는 건 아니라는 것이다.

사실 우리나라 대부분의 와인 소비자들은 가격 차이가 나는 만큼 와인의 맛 차이를 실감하지 못한다. 그렇다면 결론은 한 가지다. 무조건 비싼 와인을 고르기보다는 자신의 입맛에 맞는 적정 가격의 와인을 찾아내 자주 맛보는 편이 더 낫다는 것. 와인 전문점이나 와인바에 가더라도 표시된 가격 앞에 주눅 들 이유가 없다. 소믈리에나 다른 사람이 권하는 와인에 압도당하지 말고, 주머니 사정에 맞는 맛있는 와인을 당당하게 고르면 될 일이다.

와인과 관련된 여러 가지 논란이나 속설, 정보들이 여전히 쏟아지고 있다. 물론 잘못된 정보를 수정하고 정확한 지식으로 무장하여 좋은 와인을 골라 마시는 것도 나쁠 건 없지만, 나는 개인적으로 와인에 대해 너무 많이 알고 마셔서인지 가끔 불편하다고 느낄 때가 있다. 오히려 모르고 편하게 마실 때가 더 즐겁고, 행복했다고 느껴지는 이유는 무엇일까. 나 역시 아직도 와인을 머리로 마시고 있는 건 아닐까.

프랑스에서 온 와인향기 1

와인 거품

십수 년을 외국에서 살다 서울로 돌아와 놀란 것 중 하나는 모두들 고급 와인만 찾는 분위기였다. 하긴 와인의 본고장인 프랑스의 작은 슈퍼마켓에서 주말마다 사던 저렴한 와인을, 서울 한복판의 와인 전문점과 비교할 수는 없을 것이다. 이런 점을 감안하더라도 놀랍기는 마찬가지다. 특히 식당에서 파는 와인은 값 차이가 너무 나서 여간 부담스러운 것이 아니다.

프랑스에서는 한 병에 5유로면 마실 만하고 특별히 귀한 손님이 올 경우 20유로 정도의 와인을 준비한다. 다른 집을 방문할 때도 그 정도면 충분하다. 와인을 선물 받은 주인은 초대한 사람들 앞에 그 와인부터 먼저 내는데 와인을 선물한 손님에 대한 배려라고 생각한다. 그런데 서울은 어떤가. 하나같이 너무 비싸고 유명한 와인에만 집착하는 것 같다. 와인 좀 마신다는 사람들이 모두 그랑 크뤼나 크뤼 부르조아를 찾으니 수입업체들도 이런 고급 와인에만 신경을 쓰고 수입에 열중하는 모양이다.

지난 여름 네덜란드 동서가 방문하여 동네 편의점에서 2만 5000원을 주고 보르도산 와인을 한 병 산 적이 있다. 와인을 따랐을 때 보랏빛 거품이 많이 일어나기에 보르도산 와인답지 않다는 생각을 하며 한 모금 마셨는데 아니나 다를까? 상하지는 않았으나 이상하게 머리가 아파왔다. 멀리서 온 손님 대접도 중요하지만 나는 그날 2만 5000원짜리 보르도산 와인을 과감하게 버렸다. 괜히 마시고 탈나는 것보단 버리는 편이 더 나을 것 같았다. 그렇게 슈퍼마켓에서 구입한 와인을 두 번씩이나 버린 기억이 있다.

칠레산 와인이 품질 대비 가격이 좋다는 말을 듣고 몇 번 구입한 적도 있었다. 한-칠레 FTA 체결 후 칠레 와인의 수입가가 낮아진다는 말을 들었는데 체감할 정도로 가격이 싸다는 생각은 들지 않았다. 한국에서 유통되는 와인값이 현지 가격과 소득 수준을 감안할 때 너무 비싸다는 생각을 지울 수 없다. 와인을 마시는 일은 새로운 문화를 즐기는 것이 아닌가. 그런데 문화를 즐기는 것도 도가 지나치게 비싸면 할 수 없는 것이다.

정부에서도 와인에 대한 세금을 차등적으로 매길 필요가 있다고 생각한다. 고급 와인을 즐기는 사람들은 좀 더 많은 세금을 내도 무방하지만, 중급 · 저급 와인에도 같은 비율로 세금을 매기는 것은 문제가 있다고 본다. 한-칠레 FTA 체결 후 5년이 지났지만 와인값이 내리는 속도는 느리기만 하다. 이런 문제들이 빨리 해결되어 많은 사람들이 편하게 와인을 즐길 수 있기를 기대해 본다.

6만 종류가 넘는 와인, 6가지로 압축하기

와인 종류가 얼마나 되느냐는 질문을 많이 받아봤는데, 와인 전문가인 나 역시 이 질문에 선뜻 답하기가 힘들다. 와인은 재배 지역이 방대할 뿐 아니라, 포도 품종과 와인 생산지가 다양하여 전 세계적으로 무려 6만 종류가 넘는 와인이 출시되고 있기 때문이다. 그런데도 사람들은 자신이 좋아하는 와인이 어떤 종류의 와인인지 무척 궁금해 한다.

나 스스로도 전문가 입장에서 항상 사람들에게 와인을 좀 더 쉽게 구분하는 방법을 알려줘야 한다는 사명감을 가지고 있다. 날고 기는 전문가라도 6만 가지가 넘는 와인을 다 알 수는 없는 법. 딱 6가지만 기억하면 웬만한 와인 종류는 쉽게 구분할 수 있다.

어떤 색깔인가?

레드 와인, 화이트 와인 정도는 기본적으로 다들 알 것이다. 여기에 로제 와인까지 더하면 와인을 색깔별로 구분한 것이 된다. 적포도 품종으로 만든 붉은 색깔의 레드 와인, 백포도(청포도) 품종으로 만든 맑고 투명한 색깔의 화이트 와인, 레드 와인과 화이트 와인의 중간인 분홍 색깔을 띠는 로제 와인으로 크게 구분한다. 이렇게 와인 색깔이 다른 이유는 포도 품종, 양조 방법, 숙성 기간의 차이에 따른 것이다.

거품이 나나 안 나나

와인에 거품이 생기느냐 안 생기느냐에 따라 발포성 와인과 스틸 와인으로구분한다. 우리가 보통 샴페인(프랑스 샹파뉴 지방에서 나온 발포성 와인) 또는 스파클링 와인이라고 부르는 것이 발포성 와인이고, 따랐을 때 거품이 생기지 않는 일반적인 와인을 스틸 와인이라 한다.

알코올을 첨가했나 안 했나

와인의 종류를 알코올을 첨가한 것과 첨가하지 않은 것으로 구분하기도 한다. 이것은 와인을 만드는 방법, 즉 양조 방식의 차이로 와인을 만들 때 브랜디 같은 알코올을 첨가하는 것을 주정강화 와인이라고 하는데, 양조 과정 중간에 알코올을 첨가하기 때문에 다른 와인에 비해 알코올 도수가 높은 것이 특징이다. 이에 반해 알코올을 첨가하지 않은 것은 주정이 강화되지 않은 와인으로 보면 된다.

단맛이 나느냐 안 나느냐

와인 애호가들 사이에서 종종 '이 와인은 드라이하다'거나 '이 와인은 꽉 찼다'라는 표현을 듣게 되는데, 이것은 와인의 맛에 대한 감탄사 정도로 받아들이면 된다.

단맛이 얼마나 나느냐에 따라 드라이 와인, 미디엄 드라이 와인, 스위트 와인으로 구분한다. 드라이 와인은 와인을 만드는 과정에서 포도의 당이 모두 발효되어 단맛이 거의 나지 않고, 미디엄 드라이 와인은 드라이와 스위트의 중간 정도로 약간의 단맛이 난다. 스위트 와인은 발효 과정에서 천연 과당(포도의 당은 포도당과 과당으로 구성되는데, 과당은 포도당보다 단맛이 2배 정도 강하며 발효가 끝난 후 대부분 잔당으로 남음)을 완전히 발효시키지 않아 단맛이 많이 나는 와인이다.

드라이 와인에 설탕을 가미하기도 하는데, 주로 품질이 낮은 달콤한 와인이 이렇게 만들어진다. 이 외에도 발효 과정에서 이스트(Yeast, 효모)가 포도의 당분을 소모시키기 전에 이스트 죽이기(anesthesize)를 위해 아황산염(sulfites)을 추가하거나 원심분리기 또는 스테릴 필터로 이스트를 제거하는 방법으로 스위트 와인을 만들기도 한다. 즉, 부분발효 후 발효정지를 통해 잔당이 남도록 하는 것이다. 이렇게 만든 스위트 와인은 드라이 와인에 설탕을 첨가하여 만든 것보다 품질이 더 낫다. 양조 중인 포도에 브랜디를 추가해서 스위트 와인을 만들기도 하는데 포트(Port), 셰리(Sherry), 말라가(Malaga), 마데이라(Madeira), 마르살라(Marsala), 프랑스 남쪽 지방에서 만들어지는 뱅 두 나투렐(vins doux naturels) 등이 있다. 이 스위트 와인들은 강렬하면서도 달콤한 특성을 가진 품질 좋은 와인으로 유명하다.

혀를 건드리는 무게감, 와인의 바디에 따라

와인의 떫은맛, 신맛, 단맛 등 전체적인 맛과 향이 알코올 강도와 함께 입안에서 감지되는 무게감을 바디(Body)라고 한다. 따라서 흔히 레드 와인의 맛의 밸런스를 표현할 때 당도(sweetness), 산도(acdity), 타닌(tannin) 3가지 요소에 바디를 포함시키는 것은 중복된 표현임을 기억하자.

바디로 와인을 구분할 때는 크게 풀 바디 와인(Full-body wine), 미디엄 바디 와인(Medium-body wine), 라이트 바디 와인(Light-body wine)으로 나눈다. 풀 바디 와인은 입안에서 무겁게 채워주듯 진한 맛으로, 오래 숙성시켜 특유의 우아한 향과 부드러운 타닌의 풍미를 제대로 즐길 수 있는 와인을 말한다. 미디엄 바디 와인은 입안에서 적절한 무게감을 느낄 수 있는 와인을 말하며, 라이트 바디 와인은 가볍고 경쾌한 맛을 느낄 수 있는 와인으로 프랑스 보졸레 지역의 와인, 특히 보졸레 누보가 대표적이다.

와인의 용도에 따라

와인은 용도에 따라 식전에 마시는 식전주(Aperitif), 식사를 하면서 마시는 테이블 와인(Table Wine), 식후에 마시는 디저트 와인(Desert Wine), 축하할 때 마시는 축하용(Other Wine)으로 나눌 수 있다. 식전주로는 달지 않은 셰리나 산뜻한 화이트 와인, 샴페인 등이 적당하고, 식사 중에는 레드나 화이트 메인 와인을 마신다. 식사를 마무리하는 단계에서 마시는 디저트 와인으로는 주로 달콤한 아이스 와인, 셰리, 포트 와인, 귀부 와인 등을 곁들인다. 축하하는 자리에서는 물론 스파클링 와인이 제격이다.

한편 캘리포니아의 달콤한 핑크빛 와인을 블러쉬 와인(Blush Wine)이라고 부르듯이, 지역 특유의 와인에 별도로 이름을 붙인 경우도 있다.

> 블러쉬 와인(Blush Wine)
>
> 로제 와인의 종류에 따른 양조방법은
>
> ① 적포도를 화이트 와인 양조방식대로 직접 압착하여 즙을 발효시키는 방법(뱅 그리, Vin Gris).
>
> ② 레드와인 양조방법을 적용한 것으로 포도를 으깨고 3일 정도 침용 후 색이 엷게 물들게 하여 껍질 없이 발효시키는 방법(짧은 침용방식).
>
> ③ 포도를 으깨지 않고 줄기만 제거 후 12~24시간 동안 둔다. 즙이 나온 후 껍질과 접촉없이 발효시키는 방법(세뇌에 방식, Saignée Method)

와인 전문가가 아니라면 6가지만 알아도 OK!

와인의 종류가 수천수만에 이르다보니 와인을 나누는 방법도 다양하다. 앞에서 본 것처럼 나누는 방법이 있고, 또 다른 분류 기준을 만들어서 나누는 것도 얼마든지 가능하다. 그만큼 많은 종류의 품종으로 각양각색의 맛을 내는 술이 바로 와인이기 때문이다. 그러나 와인 전문가가 아니라면 다음에 소개하는 6가지 종류의 와인만 알아도 충분하다.

01 와인의 리더, 레드 와인 Red wine

과학저널 네이처(Nature)는 포도게놈 프로젝트 연구를 통해 '청포도가 적포도의 안토시아닌을 만드는 유전자가 고장을 일으킨 돌연변이체'임을 증명함으로써 포도의 원조가 적포도라는 사실을 밝혀냈다.

동서고금을 막론하고 사람들이 가장 많이 찾는 와인이 바로 레드이다. 와인 하면 '레드'를 떠올릴 정도로 레드 와인은 보편화되었다.

강렬한 붉은빛을 띠는 레드 와인은 적포도를 껍질째 으깨어 높은 온도에서 발효시킨 것으로, 껍질 속의 안토시아닌과 타닌 성분이 어울려 떫은맛을 내는 붉은색이 우러나게 된다. 숙성의 정도에 따라 적보라색, 붉은 벽돌색, 자주색, 루비색, 적갈색 등 다양한 색이 나는데, 유명한 적포도 품종으로는 카베르네 소비뇽(Cabernet Sauvignon), 메를로(Merlot), 시라(Syrah), 바르베라(Barbera) 등이 있다.

레드 와인의 적정 온도는 12~18℃이며, 화이트 와인보다 종류가 더 다양하다. 레드 와인은 육류를 비롯한 모든 종류의 음식과 두루 잘 어울리며, 와인을 마시고 싶은 어떤 상황과도 잘 어울린다.

02 여름의 여왕, 화이트 와인 White wine

여름에 와인 매장의 매출을 책임지는 것이 화이트 와인이다. 바다나 산으로 휴가를 떠나는 시즌에는 피크닉용으로 구매하는 고객이 상당수에 이른다.

화이트 와인은 깨끗한 포도 주스만을 발효시킨 것이다. 레드 와인과 달리 제조 과정에서 백포도(청포도) 품종의 씨와 껍질을 제거한 후, 12~16℃의 적정 온도(20℃를 넘지 않아야 함)에서 발효시켜 만든 화이트 와인은 순하고 상큼한 맛을 낸다.

와인을 처음 대하는 사람들에게 적당한 와인으로 숙성 정도에 따라 엷은 노란색, 연초록색, 볏짚색, 황금색, 호박색 등의 다양한 색을 띤다. 이 밖에 황색 와인이나 금빛 와인, 물처럼 맑은 와인들도 모두 화이트 와인에 속한다.

화이트 와인은 과일향이 풍부하고 청량감이 뛰어나 상쾌하고 부드러워 주로 식욕을 돋우는 식전주로 마시거나 생선, 과일, 야채 등 담백한 요리에 곁들이면 좋다.

세계적으로 유명한 백포도(청포도) 품종으로는 샤르도네(Chardonnay), 리슬링(Riesling), 소비뇽 블랑(Sauvignon Blanc), 세미용(Smilion) 등이 있다. 화이트 와인의 맛은 크게 쓰고 신선한 맛, 쓰고 깊은 맛, 중간 정도의 쓴맛, 달콤한 맛 등으로 구분한다.

단맛이 없는 쓰고 신선한 맛의 화이트 와인으로는 소아베(Soave), 피노 그리지오(Pinot Grigio) 등 대부분의 이탈리아 화이트 와인과 상세르(Sancerre), 샤블리(Chablis) 같은 몇몇 프랑스 화이트 와인을 들 수 있다.

쓰고 깊은 맛의 화이트 와인은 오크의 특성을 함께 지니고 있으며, 값비싼 캘리포니아산 샤르도네와 프랑스 부르고뉴에서 나는 대부분의 화이트 와인이 이에 해당된다. 중간 정도의 쓴맛을 가진 화이트 와인에는 리프라우밀히처럼 값싼 독일 화이트 와인이나 미국 와인들이 있다.

03 연분홍 치마폭에 빠진 사랑, 로제 와인
Rosé wine

로제는 사랑의 감성을 자극하는 매혹적인 색을 지닌 와인이다. 어느 노래 가사처럼 화창한 봄날에 연분홍 치마를 입은 여인의 치마폭에 흠뻑 빠지고 싶은 느낌을 갖게 하는 와인이 바로 로제다. 그래서인지 매장에서 로제 와인을 찾는 사람들도 대부분 젊은 연인이거나 프러포즈용으로 선택하는 경우가 많다.

옅은 분홍색, 진분홍색의 장미를 연상시키는 로제 와인은 적포도 품종의 포도를 껍질까지 통째로 발효시켰다가, 어느 정도 색이 우러나면 껍질을 제거하고 과즙만으로 만드는 와인이다. 오래 숙성시키지 않고 마시기 때문에 보존 기간이 짧다. 색은 화이트 와인과 레드 와인의 중간이지만 맛은 화이트 와인에 가깝다.

담백하고 달콤한 맛을 내며, 생선과 고기를 함께 먹을 때 혹은 떫고 신 레드 와인이 부담스러울 때 마시기 좋은 와인이다.

로제 와인은 단순히 레드 와인과 화이트 와인을 혼합하여 만드는 것이 아니라, 레드 와인용 포도에 화이트 와인 양조 방식 또는 부분추출 기술을 접목시킨 와인 양조 기술의 결실이라고 할 수 있다.

샴페인의 주요 품종

① 피노 누아
② 피노 뫼니에
③ 샤도네이

04 축제와 파티의 술, 스파클링 와인 Sparkling wine

와인을 따랐을 때 발포성 거품이 생기며 기포가 떠오르는 와인을 스파클링 와인이라고 한다. 스파클링 와인은 이미 발효가 끝난 와인에 효모와 당을 첨가하여 병 속에서 2차 발효를 거치는 과정에서 생긴 거품을 와인 속에 스며들게 한 것이다.

이 발효법은 원래 프랑스 상파뉴(Champagne) 지방에서 사용했던 제조 방법으로, 스파클링 와인의 대표주자인 샴페인은 상파뉴를 영어식으로 발음한 것이다. 샴페인은 발포성이 있어 주로 축제나 파티 때 많이 마시기 때문에 오랫동안 축제의 술로 불리며 결혼식이나 약혼식, 명명식 등의 자리를 빛내왔다.

샴페인을 처음 개발한 사람은 상파뉴 지방에 있는 오빌레 수도원의 돔 페리뇽 수사이다. 수사는 묵은 포도주와 새 포도주를 섞는 과정에서 우연히 탄산가스가 가득 찬 톡톡 쏘는 독특한 와인맛을 알게 되었고, 연구 끝에 탄산가스 때문에 병 안의 압력이 높아지는 문제를 해결하기 위해 강한 압력에도 견디는 병마개와 저장법을 개발했다.

샴페인은 적당한 단맛과 신맛이 균형을 이루는 와인으로, 좋은 샴페인은 포도의 신선함과 특유의 맛을 지니고 있다. 술이 약한 사람들도 편하게 마실수 있으며, 식욕을 좋게 하고 소화를 돕기 때문에 식전에 마시면 좋다.

05 강한 와인의 다른 이름, 주정강화 와인
Fortified wine

필자는 강한 와인에 취하고 싶을 때면 위스키나 브랜디 아니면 주정강화 와인을 선택한다. 주정강화 와인은 발효 중이나 발효가 끝난 후에 브랜디를 첨가한 것으로, 와인이나 포도를 증류시켜 얻은 알코올인 브랜디를 첨가하기 때문에 다른 와인보다 알코올 도수가 높다.

셰리(Sherry, 스페인), 포트(Port, 포르투갈), 마데이라(Madeira, 포르투갈), 마르살라(Marsala, 이탈리아, 시칠리아), 뱅 드 리퀴르(Vin de liquore, 프랑스, 랑그독 루시옹) 등이 대표적인 주정강화 와인이다.

포트 와인은 프랑스인들이 식전주로 즐겨 마시고, 미국 · 이태리 · 포르투갈에서는 치즈와 케이크를 곁들여 디저트 와인으로 마신다. 주정강화 와인은 칵테일 베이스로도 사용하고, 음식의 풍미를 높이기 위해 요리에도 사용되는 등 다양하게 쓰인다.

브랜디로 알코올 도수를 높인 주정강화 와인과 달리, 와인을 발효하기 전후에 과실즙, 쑥, 꿀 등의 천연향을 첨가한 가향 와인(Flavored wine)은 향취를 더 해주기 때문에 마티니 등의 칵테일용으로 많이 쓰인다. 대표적인 가향 와인으로는 이탈리아의 버무스(베르무트, Vermouth), 스페인의 상그리아(Sangria)가 있다.

*셰리
발효 종료 후 알코올 첨가방식

*포트와인과 마데이라
발효 중간에 알코올 첨가방식

프랑스 랑그독 루시옹의 VDN과 VDL

① VDN (Vin Doux Naturel, 뱅 두 나투렐)
발효 도중 알코올을 첨가하는 것으로 주품종은 뮈스카(Muscat)이며 레드 와인도 있으나 화이트 와인이 ⅔를 차지한다.

② VDL (Vin de Liqueur, 뱅 드 리쿼르)
알코올 발효 전의 포도과즙에 알코올을 첨가하여 만든 리큐르를 말한다.

06 겨울에 태어난 와인, 아이스 와인
Ice wine(Eiswein)

디저트 와인으로 인기가 좋은 아이스 와인은 영하 6~14℃로 온도가 떨어져 포도가 얼 때까지 기다렸다가 수확한 포도로 만들어진다. 추운 겨울을 잘 견딘 소량의 품질 좋은 포도만이 아이스 와인으로 탄생되는 것이다. 포도를 얼려도 당분은 얼지 않고 물만 얼기 때문에, 무르익은 언 포도를 꽉 눌러 얼음을 제거하면 당분이 농축된 매우 단 포도주가 된다.

디저트 와인의 맛은 압착 기술에 달렸다 해도 과언이 아닌데, 너무 세게 누르면 얼음이 녹아 수분이 섞이면서 당도가 떨어지고, 약한 힘으로 누르면 제대로 압착되지 않기 때문에 적당한 압력으로 눌러 짜는 기술이 필요하다. 그러다 보니 시간과 비용이 많이 들 수밖에 없다. 이처럼 아이스 와인은 소량으로 수확한 포도에서 소량의 즙이 나오기 때문에 그만큼 고가의 와인으로 인식되고 있다.

아이스 와인은 원래 18세기 독일에서 처음 개발되었지만 지금은 독일 북부, 미국 북부, 뉴질랜드 등지에서도 생산되며 대부분의 아이스 와인은 리슬링 포도 품종으로 만들어진다. 캐나다 온타리오(Ontario)에선 포도껍질이 두꺼운 하이브리드(hybrid) 포도인 비달(Vidal) 품종으로 아이스 와인을 만드는데 과일맛이 강하고 살구, 과일 샐러드, 열대 과일향이 난다. 온타리오의 아이스 와인 당도는 45브릭스(brix, 당도측정단위 : 물 100g에 녹아 있는 당분의 g수) 수준으로 일반 테이블 와인보다 2배 이상 당도가 높은 주스로 만든다.

브릭스 수준이 낮은 영(Young) 아이스 와인은 늦은 수확기에 딴 얼지 않은 포도로 만든 것으로, 향은 아이스 와인과 비슷하지만 와인의 농도와 맛, 향이 떨어지고 가격도 훨씬 저렴하다. 일부 겨울이 춥지 않은 지역에서는 포도를 냉동고에 얼려서 인공적으로 아이스 와인을 만들기도 하지만, 포도가 자연스럽게 무르익지 않은 탓에 와인 품질이 떨어진다.

한 번쯤 꼭 마셔볼만한 아이스 와인으로는 매그노타 비달 아이스 와인(Magnotta Vidal Ice wine), 브라더후드 비달 아이스 와인(Brotherhood Vidal Ice Wine), 킹스 코트 비달 아이스 와인(King’s Court Vidal Ice Wine), 블루 넌 아이스바인(Blue Nun Eiswein), 이바치 비달 아이스 와인(Ibaci Vidal Ice wine) 등이 있다.

신이 내린 선물, 와인 탄생 6가지 비화

'인생은 내게 술 한 잔 사주지 않았다, 내가 술을 못해서'도 아니지만 '그래까짓것 내가 인생에게 술 한 잔 사주려고, 인생에게 술 한 잔 하자고 전화를 걸었다'고 노래하는 시인(정호승 〈인생은 나에게 술 한 잔 사주지 않았다〉 중에서 발췌)의 말처럼 내가 나의 인생에게 사주는 술이 있다면 바로 와인이 아닐까. 누군가와 함께 마셔도 좋고, 혼자 생각을 곱씹으며 마셔도 좋은 와인을 꼴깍꼴깍 넘길 때마다 종종 '와인 없으면 무슨 재미로 사나.' 싶기도 하다.

플라톤은 와인을 '신이 인간에게 준 최고의 선물'이라고 했으며, 파스퇴르는 '한 병의 와인에는 세상의 어떤 책보다 더 많은 철학이 들어 있다.'라고 표현할 정도로 와인은 고금을 따지지 않고 찬사를 받아왔다. 오랜 세월 인류의 역사와 함께 해온 와인은 다양한 시대상을 반영한 역사적 · 문화적 산물이라 해도 과언이 아니다.

당당하게 식탁의 한 자리를 차지하고 앉아 때로는 음식의 맛을 돋우기도 하고, 분위기를 근사하게 만들어주기도 하고, 때로는 마음의 상처를 달래주기도 한다. 와인은 정말 신이 내린 선물일까?

01 역사 속, 와인을 처음 마신 사람들

와인이 최초에 어떻게 만들어졌는지 지금까지 여러 역사적 문헌과 과학적 접근을 통해 연구한 사람이 많았음에도 불구하고 '이것이 바로 와인의 시초'라고 누구도 단언하지 못하고 있다. 와인의 역사를 투명하게 밝혀내기 위해 많은 학자들이 연구에 뛰어들었지만, 최초의 와인을 만든 사람이 누구이며 최초에 어떻게 제조되었는지는 밝혀지지 않고 있다.

사람들이 언제부터 와인을 마시기 시작했는지 정확한 기록은 없지만, 다마스쿠스에서 기원전 6000년경에 사용된 포도와 과일 압착기가 발굴되었다.

메소포타미아 지역의 기원전 4000년경 유물 중에는 와인 항아리의 마개로 추측되는 물건이 나왔고, 고대 이집트의 벽화와 아시리아의 유적을 보면 기원전 3500년에 와인을 마시고 있었던 것을 알 수 있으며, 중국에는 기원전 2000년경에 와인이 만들어졌다는 기록이 있다. 기원전 3000년경에는 이집트 파라오들이 와인을 만들어 마셨고, 1400년 이집트 중기 왕조의 절세미인 네퍼티티 왕비는 와인을 향수로 사용했다고 전해진다.

이 외에도 와인의 역사를 유추해 볼 수 있는 기록들은 많다. 함무라비 법전에는 술버릇이 나쁜 사람에게는 와인을 팔지 말라는 조항이 있는가 하면, 성서에는 와인 이야기가 165번이나 나온다. 창세기 9장에는 '노아가 농업을 시작하여 포도나무를 심었더니 포도주를 마시고 취하여 그 장막 안에서 벌거벗은지라'라는 구체적인 내용도 담겨 있다.

와인에 관한 학자들의 주장이나 전해지는 이야기들은 공통적으로 와인이 우연히 탄생된 이후 이것을 맛본 사람들이 적극적으로 생산에 들어갔다고 한다. 와인을 만들기 위해서는 포도나무가 필요하므로 와인의 시초는 일단 포도의 재배 흔적이 남아 있는 곳이 확실할 터이다. 결론적으로 고고학적, 생물학적인 근거를 토대로 판단할 때 포도가 최초로 재배된 곳은 중동 지역이며, 재배 시기는 기원전 6000~4000년경 사이로 보고 있다.

02 오래된 이야기 속에 등장하는 와인

페르시아의 잠시드 왕과 후궁 '그루나르라'의 와인에 얽힌 재미있는 이야기가 있다. 잠시드왕은 포도를 무척 좋아해서 저장실에 포도를 쌓아놓고 먹었다. 그런데 보관 중에 터진 포도가 상하면서 포도알맹이들이 항아리 안에서 자체적으로 발효되었고, 그 과정에서 발생한 가스 때문에 노예 몇 명이 기절을 했다. 왕은 상한 포도에서 나온 액체를 나쁜 물질로 결론짓고 항아리에 '독약'이라고 써 붙이게 했다.

그러던 어느 날 평소 두통을 심하게 앓던 후궁 '그루나르라'는 왕의 노여움을 크게 산 뒤 비관하여 차라리 죽는 게 낫다며 '독약'이라고 표시된 항아리의 액체를 마셨다. 그런데 마시고 죽으려고 했던 후궁은 오히려 기분이 좋아져서 흥겨운 노래를 부르며 춤까지 추었다. 그렇게 술에 취해 잠이 들었다가 깨어나니, 죽기는커녕 머리 두통이 말끔히 사라지고 오히려 컨디션이 더 좋아졌다.

그 일로 인해 왕은 이상한 포도즙이 사람의 기분을 좋게 하는 힘을 가지고 있다고 믿고, 포도 음료를 많이 만들어서 신하들에게 시음하도록 했다. 시음 결과 으깨진 포도즙이 변해서 된 액체가 사람에게 해를 끼치지 않는다는 확신을 얻었고, 이후 적극적으로 신비한 음료인 와인을 만들도록 했다. 이것이 바로 와인의 시초라는 것이다.

충분히 일어났을 법한 에피소드가 아닌가. 다만 이런 일들이 페르시아 왕뿐만 아니라 민간의 많은 사람들에게도 발생했을 것으로 판단된다. 와인의 대략적인 역사만 보더라도 한곳에서 시작되어 퍼진 것이 아니라, 포도나무가 있던 지구상의 여러 곳에서 이런 일이 발생한 후 비슷한 과정을 거쳐 대량 생산으로 변천했을 것으로 짐작된다.

03 수도원이 낳은 아이스 와인

아이스 와인(Ice Wine)은 추운 겨울철 포도가 넝쿨째 얼어 당분과 산이 농축된 포도를 따다가 얼음을 제거해 내고 만든 스위트한 와인이다. 자연이 만들어낸 향취와 달콤함이 입안에 부드럽게 녹아드는 고급 와인인 아이스 와인은 중세 수도원에서 우연히 탄생하게 되었다.

아이스바인(Eiswein)은 1794년 독일 프랑코니아(Franconia) 지방에서 처음으로 생산되었다. 중세 독일에서는 포도주 생산을 수도원이 독점하고 있었기 때문에 수도원장의 허락이 떨어져야 포도를 수확할 수 있었다.

그 해는 하필 수도원장이 포도를 수확해야 할 시기에 중요한 회의에 참석하는 바람에 수도원을 비우게 되었다. 수도원장이 돌아왔을 때는 이미 수확 시기를 넘긴 포도가 추위를 이기지 못하고 쭈글쭈글해졌다. 어쩔 수 없이 그 포도를 가지고 와인을 만들었는데, 예상 밖으로 오히려 포도의 신맛은 줄어들고 당도는 더 높아져 그전까지는 맛보지 못했던 맛있는 와인이 탄생하게 되었다.

아이스 와인의 주요 생산지인 독일의 라인 계곡을 겨울철에 방문하면 주렁주렁 열린 포도송이 위에 하얀 눈이 덮여 있는 아름다운 진풍경을 볼 수 있다. 이 포도들이 바로 중세 수도원에서 유래된 아이스 와인의 원재료들이다.

아이스 와인의 제조에 관한 국제 규정을 보면 물리적 장치 없이 자연의 순리에 따라 언 포도를 발효한 와인으로, 포도 수확은 기온이 영하 6도 이하로 떨어져야 가능하다고 명시되어 있다.

04 펑 뚫고 태어난 샴페인

마개를 딸 때 펑 하는 소리와 함께 거품이 일어나는 발포성 와인인 샴페인은 어느 나라에서 처음 만들어졌을까. 영국과 프랑스에서는 서로 최초 생산지라고 주장하고 있는데, 두 나라의 주장에 모두 일리가 있다.

1600년대 영국의 문학 작품에는 샴페인에 관한 내용이 여러 번 나오는 것으로 보아, 그 당시 이미 발포성 와인을 마시고 있었음을 알 수 있다. 게다가 발포성 와인에 든 탄산가스의 압력을 잘 견딜 수 있는 병과 단단한 마개가 절대적으로 필요한데, 16세기 당시 프랑스보다 영국의 요업 기술이 훨씬 앞섰기 때문에 유리병과 기포 구멍이 작은 코르크를 만들 수 있었다는 것이 영국측 주장이다.

프랑스측은 1531년 프랑스 남부의 생 힐레어(St.Hilaire) 수도원의 수사들이 블랑켓 드 리뮤(Blanquette de Limoux)라는 이름의 발포성 와인을 처음 만들기 시작해 지금도 만들고 있다는 것을 근거로 내세우고 있다.

그런데 발포성 와인의 대명사로 쓰이는 샴페인(champagne)이란 용어는 프랑스 상파뉴 지방의 발포성 와인이 너무 유명한 데서 유래되었다. 상파뉴는 원래 포도주 산지로 유명했으나, 기원후 92년 로마 황제가 이탈리아산 포도주를 보호하기 위해 상파뉴 지역의 포도밭을 없애 버렸다. 그랬다가 200년 후에 다시 포도가 재배되고 와인을 생산하게 되었는데, 17세기 후반에 오빌레 수도원의 돔 페리뇽 수사가 코르크 마개와 그것을 조이는 쇠붙이를 개발하고 유리병 모양을 새롭게 연구하여 본격적인 샴페인 생산에 들어갔다.

05 둘도 셋도 넷도 없는, 슈퍼 투스칸 와인

레드 와인 중 와인 애호가들이 가장 좋아한다는 이탈리아의 슈퍼 투스칸 와인. 슈퍼 투스칸 와인은 한정된 수량만 생산되는데다 국가별로 일정한 양만 수출하기 때문에 전 세계적으로 희소성의 가치를 인정받고 있다. 슈퍼투스칸 와인은 이탈리아 토스카나 지방에서 생산하는 와인으로, 이탈리아 와인의 품질체계인 DOC법에 통제받지 않고 외국 품종과 블렌딩하는 혁신적인 제조법으로 만들어진다.

이탈리아는 기나긴 전쟁과 수난의 시대를 겪은 탓에 오랫동안 싸구려 와인 생산국이라는 오명을 쓰고 있었다. 그런데 1948년 '마리오 인치사 델라 로케타'후작이 보르도의 특1등급 샤토인 라피트 로쉴드(Lafite Rothschild)에서 카베르네 품종을 들여와 토스카나의 지중해 연안에 포도밭을 조성했다. 그리고 토스카나의 포도 품종인 산지오베제를 전혀 넣지 않고, 카베르네 소비뇽과 카베르네 프랑만을 사용하여 만든 최초의 슈퍼 투스칸 와인 사시카이아(Sassicaia)를 생산했다.

이후 1971년 후작의 처조카인 피에로 안티노리 후작이 카베르네 소비뇽과 산지오베제를 블렌딩한 티냐넬로(Tignanello)를 생산했고, 1979년에는 카베르네 소비뇽을 주로 한 솔라이아(Solaia)를 생산했다. 피에로 안티노리 후작이 자존심 강하고 배타적인 토스카나에서 산지오베제에 카베르네 소비뇽을 블렌딩한 것은 그야말로 혁신적인 일이었다. 토스카나 토종 품종을 사용해야 고급 등급을 받을 수 있는 이탈리아 와인 등급 체계의 규칙을 위반했기 때문에, 당시 이 와인들은 제일 낮은 등급으로 세상에 선보이게 되었다. 하지만 시간이 가면서 뛰어난 품질을 인정받으며 미국 시장에서 '슈퍼 투스칸'이라고 불리게 되었고, 이제는 이탈리아 토스카나에서 보르도 품종을 블렌딩하여 만든 고가의 와인으로 인식되고 있다.

06 포트 와인의 탄생 비밀

오 헨리의 단편소설 〈마지막 잎새〉를 보면 폐렴으로 의기소침해진 존시에게 수가 위로하는 말 속에 포트 와인이 등장하는 구절을 찾을 수 있다. "...... 자, 그러니 신경 쓰지 말고 수프라도 조금 먹어봐. 그래야 나도 그림 그릴 마음이 생길 것 아냐. 그림을 빨리 그려다 주고 돈을 받아야 해. 그래야 아픈 너한테 포트 와인을 사줄 수 있지……."

포트 와인이 얼마나 대중적인 인기를 끌었는지 짐작할 수 있다. 포트 와인(Port wine)은 발효 중에 브랜디를 첨가해 알코올 농도를 높이고 단맛을 강화시킨 것으로 17세기 말에 등장했다. 당시 영국에서는 식탁에 와인이 빠지지 않을 정도로 인기였는데, 프랑스와 관계가 악화되고 100년 전쟁이 터지자 프랑스 와인의 수입이 중단되기에 이르렀다.

와인이 없는 식탁은 생각할 수 없었던 영국의 와인 상인들은 스페인과 포르투갈에서 와인을 수입했으나, 수송 과정에서 와인이 상해 버려 손해를 보는 일이 잦았다. 그래서 알코올 도수가 높은 브랜디를 첨가했는데, 뜻밖에도 수송 중에 오크통에서 와인이 숙성되어 원래 맛보다도 더 맛있는 와인으로 변했다.

브랜디를 첨가함으로써 보관성은 물론 맛과 향이 월등히 좋아져 영국 사람들로부터 선풍적인 인기를 끌게 되자, 상인들은 포르투갈의 와인 수송항인 포르토(Porto)의 이름을 따서 포트라는 와인 이름을 붙였다. 오늘날에도 포트 와인은 바닐라, 오크, 초콜릿 등 묵직한 느낌의 향취에 달콤한 맛, 높은 알코올 도수 때문에 최고 품질의 와인으로 평가받고 있다. 포트 와인은 자극적인 한국 음식과도 잘 어울려 국내에서도 지속적으로 수요가 늘고 있다.

프랑스에서 온 와인향기 2

보르도의 의미

와인으로 유명한 프랑스 보르도 지방에는 원래 켈트의 한 부족이 살았는데, 기원전 4세기에 로마군이 진출하면서 로마인들은 이 지방을 부르디갈라(Burdigala)라고 부르기 시작했다.

로마군이 물러난 후에 인근 지역에 살던 가스콘(Gascon) 부족들은 이 지역을 보르되(Bordeu)라고 했는데, 이것이 변형되어 오늘날 보르도(Bordeaux)에 이른다. 보르도는 프랑스어로 물가의 마을(Bord des eaux)이라는 뜻으로 '항구'의 의미로도 짐작해 볼 수 있다.

보르도 지방은 로마 시대에 이미 포도 재배가 왕성했다. 4세기 집정관을 지낸 보르도 출신의 오소니우스(Ausonuis, 310~395, 프랑스식 표기는 Ausone)가 기록한 것처럼, 생산된 와인은 대부분 같은 지역에서 소비되었다.

보르도 와인이 유럽에서 명성을 얻게 된 것은 상징적으로 1152년 5월 18일로 거슬러간다. 당시 가론느 강을 중심으로 한 서남부 아키텐 지역의 엘레아노르(Eleanor of Aquitaine)가 영국의 헨리 2세와 결혼하면서 이 지역이 영국령에 속하게 된다. 이때부터 그곳에서 생산된 모든 와인이 영국으로 수출되었는데 영국인들은 이 포도주를 클라렛(claret)이라고 불렀다. 다른 지역에서 나는 포도주는 약간 노란색이 섞인 붉은빛이었는데 비해, 보르도의 포도주는 짙은 적색을 띠었기 때문이다. 라틴어의 클라라툼(claratum)에서 유래한 클라렛은 '밝은(clear)'을 뜻한다.

그러나 1855년 파리 엑스포 이후부터 보르도는 지명만이 아니라 와인색을 나타내는 것으로 클라렛을 대체하여 쓰고 있다. 오늘날 짙은 붉은색을 나타내는 용어로는 클라렛보다는 보르도가 일반적이 되었고 보르도는 색을 나타내는 용어로도 널리 쓰인다. 국내 모 기업의 보르도 냉장고 광고를 보면 수긍이 갈 것이다.

230개국에 와인을 보급하는 여섯 나라

오랜 세월 세계인들의 와인 입맛을 책임져 왔던 프랑스, 이탈리아, 독일 등의 구세계 와인은 2006년 세계식량 농업기준에 의하면 미국, 칠레, 호주 등의 신세계 와인의 가파른 상승에 1위 자리를 위협받고 있다. 그러나 구세계든, 신세계든 변함없이 세계인의 사랑을 받고 있는, 와인을 대표하는 6개의 나라가 있다.

와인 시장을 흔히 프랑스, 이탈리아, 스페인, 독일 등 유럽을 중심으로 한 구세계 와인과 미국, 호주, 칠레 등을 중심으로 한 신세계 와인으로 구분한다. 주로 와인의 역사와 양조 방식의 차이로 구분한 것인데 최근에는 프랑스랑그독처럼 구세계 지역에서도 신세계 방식으로 와인을 생산하는 곳이 있는가 하면, 미국의 컬트 와인의 경우나 호주처럼 신세계 지역에서도 구세계의 양조 방식을 따르는 경우가 많아졌다. 이런 변화를 의식한다면 구세계니 신세계니 구분하는 것 자체가 절대적인 것은 아니다. 그럼에도 불구하고 와인 생산 지역을 구세계와 신세계로 구분하는 편이 세계 와인 시장의 흐름을 쉽게 알 수 있다는 점에 이의를 제기할 사람은 없을 것이다.

2006년 세계식량농업기구(FAO, Food and Agriculture Organization) 기준에 의하면 세계 와인 생산량은 2,777만 2,000톤으로 그 중에 구세계 와인이 49%, 신세계 와인은 17%를 생산하고 있다. 이 수치만 보면 구세계 와인이 차지하는 비율이 신세계 와인보다 3배 가까이 많다.

하지만 생산량의 내용을 들여다보면 1960년에 56%에 달했던 구세계 와인의 생산량이 2006년에 49%로 하락한 것이고, 6%에 불과하던 신세계 와인은 2006년 17%까지 성장한 것이다.

국내 와인 수입 시장에서도 최근 몇 년간 칠레, 호주, 미국 와인의 양이 대폭 늘어났다. 한국무역협회 자료에 의하면 프랑스에 이어 칠레 와인의 수입규모가 국내에서 계속 2위를 차지하고 있다.

이런 결과는 예견된 것인지도 모른다. 구세계 와인이 오랜 전통을 내세우며 까다로운 법적 규제, 품질 규정을 강조하는 어려운 와인 라벨 등을 고집하는 사이, 소비자들의 소비 트렌드는 와인을 편하고 즐겁게 마시자는 쪽으로 빠르게 옮겨갔다. 반면에 신세계 와인은 과학적인 와인 생산 관리 체제에서, 실용적이고 편한 와인을 대량으로 신속하게 생산하여 현대인들의 소비성향과 입맛을 사로잡았다.

생산량과 시장 점유율에서 신세계 지역, 특히 호주와 칠레 와인의 성장이 두드러지는데 프랑스, 이탈리아 와인을 따라잡으려는 계속적인 추격이 예상된다. 실제로도 유럽의 와인 소비에서 호주, 칠레, 미국 등의 와인이 차지하는 비중이 해마다 증가하고 있다. 매년 높은 성장을 보이고 있는 세계 와인시장의 판도는 서서히 구세계 와인에서 신세계 와인으로 옮겨가고 있는 것이다.

구세계 와인은 이러한 세계 시장의 추이를 바꾸기 위해 와인 전쟁을 선포하고 개혁을 시도하고 있다.

국가별 와인의 특징을 알려면 세계 지도와 친해지는 것이 좋다. 포도 재배지의 지리적 위치를 눈으로 보면서 각 나라마다 포도 재배에 영향을 주는 자연적 요소들(테루아, Terroir)이 와인의 맛과 향취에 어떤 의미를 갖는지 확인하는 것이 필요하다. 물론 와인 지도를 반드시 알 필요는 없지만, 와인이 생산되는 지리적 위치를 알아둔다면 새로운 와인을 접할 때마다 그 와인 생산지가 연상될 것이다.

나의 경험에 비춰볼 때 와인 생산지의 자연환경과 위치를 떠올리면서 마시는 와인이 무턱대고 마시는 것보다 확실히 더 맛있게 느껴졌다. 그렇다고 머리를 싸매가며 모든 와인 생산지를 외우느라 스트레스 받을 필요는 없다. 그러나 적어도 구세계 와인의 주요 생산지인 프랑스, 이탈리아, 스페인을 비롯하여 신세계 와인의 주요 생산지인 미국, 호주, 칠레에 대해서는 알아두는 것이 여러모로 와인을 이해하는 데 도움이 될 것이다.

전통과 품격이 느껴지는 와인의 최고봉 프랑스

프랑스 와인의 명성은 하루아침에 생긴 것이 아니다. 프랑스는 수백 년간 최고급 와인을 만들기 위해 와인의 품질을 엄격히 관리해 왔다. 뿐만 아니라 고급 와인의 명성에 걸맞게 뛰어난 마케팅 전략으로 프랑스산 와인을 세계무대에 진출시키며 오랫동안 와인 무역을 이끌었다. 프랑스 와인은 와인의 교과서라고 할 수 있는 와인양조와 품질, 역사를 지닌 대표적 와인생산 국가이다. 프랑스 와인을 이해하면 다른 유럽국가들과 신세계 와인에 대한 이론을 좀더 쉽게 접근할 수 있다.

프랑스 와인에 대한 전반적 이해를 위해서는 주요 생산지, 주요 포도품종, 와인 품질체계를 기억하는 것이 중요하다. 프랑스 와인의 주요 재배지는 크게 서남부 지역의 보르도(Bordeaux), 중동부 지역의 부르고뉴(Bourgogne), 동남부 지역의 론(Rhone), 론 밑으로 연결되는 프로방스(Provence), 중서부 지역의 루아르(Loire), 북동쪽 끝 지방의 알자스(Alsace), 정남쪽의 랑그독 루시옹(Languedoc Rossillon), 발포성 와인으로 유명한 북동부 지역의 샹파뉴(Champagne), 남서 프랑스(Sud Quest)로 나눌 수 있다.

주요 레드 와인 포도품종은 카베르네 소비뇽, 메를로, 피노누아, 쉬라, 가메 등이 있으며 화이트 와인 포도품종은 샤르도네, 소비뇽 블랑, 세미용, 슈냉블랑, 리슬링 등이 있다. 프랑스 와인의 품질체계는 AOC(Vins D'Appellation D'Oridine Controlee, 원산지통제명칭)통제를 받으며 INAO(Instiut National Des Appellations D'Origine, 국립원산지명칭관리위원회)가 정기적으로 수정한다.

프랑스 대표 와인 생산지

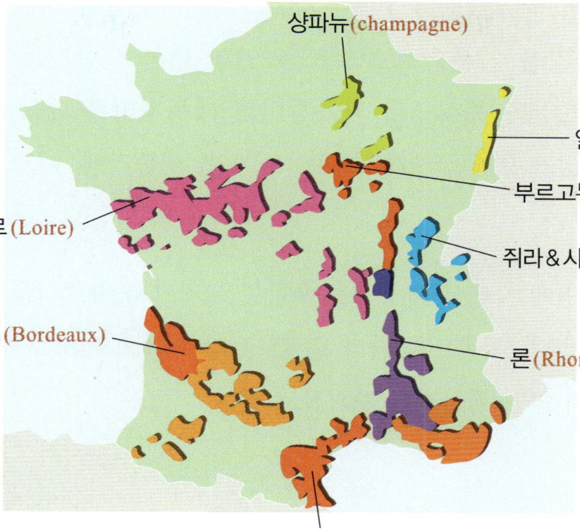

프랑스 최고의 와인 명산지, 보르도(Bordeaux)

보르도는 부르고뉴 지역과 함께 쌍벽을 이루는 프랑스 와인의 상징이다. 세계에서 가장 많은 고급 포도원과 와인들을 보유하고 있으며 이 와인들은 세계 와인애호가들의 마음을 설레게 한다.

보르도라는 이름은 'Bord De L'Eau'에서 파생된 것으로 '물가'라는 뜻이 있다. 따라서 보르도는 이름의 유래에서 보듯이 다음 3개의 강을 기준으로 주요 생산지를 구분해서 이해하면 된다.

보르도의 주요 강으로 지롱드(Gironde)강, 도르도뉴(Dordogne)강, 가론(Garonne)강을 구분해서 기억하는 것이 중요하다.

보르도 주요 생산지는 메독(오메독–생떼스테프, 포이약, 생줄리엥, 마고), 그라브(페삭–레오냥), 소테른, 포므롤과 생떼밀리옹 지역으로 구분해서 특징을 이해하면 쉽게 접근할 수 있다.

강을 중심으로 보르도를 구분하자

보르도는 위에서 언급했듯이 3개의 강을 기억해야 한다. 즉, 지롱드강, 도르도뉴강, 가론강을 기준으로 보르도 와인의 핵심 생산지를 구분할 수 있다. 먼저 지롱드강을 중심으로 좌측강변의 메독지역은 메독 북부(메독 AOC=Bas-Medoc)와 오메독(생떼스테프, 포이약, 생쥴리엥, 마고)으로 구분할 수 있다.

가론강 좌측 강변에는 페삭 레오냥을 포함한 그라브와 바르삭을 포함한 소떼른이 위치하고 있다. 지롱드를 따라 도르도뉴강 위쪽으로 포므롤과 생떼밀리옹이라는 핵심적 와인 생산지가 자리잡고 있다.

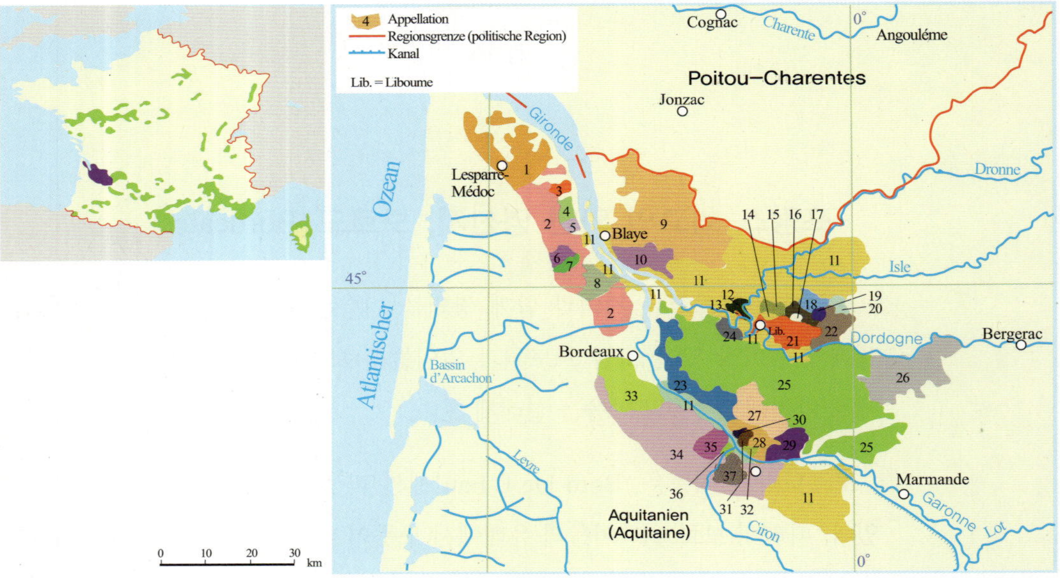

1. Médoc
2. Haut-Médoc
3. Saint-Estéphe
4. Pauillac
5. Saint-Julien
6. Listrac-Médoc
7. Moullis
8. Margaux
9. Côtes und Premáéres Côtes
10. Côtes de Bourg
11. Bordeaux und Bordeaux Sup
12. Fronsac
13. Canon-Fronsac
14. Pomerol
15. Laiande-de-Pomerol
16. Montagne-Saint-Emilion
17. Saint-Georges-Saint-Emilion
18. Lussac-Saint-Emilion
19. Puisseguin-Saint-Emilion
20. Bordeaux-Côtes de Francs
21. Saint-Emilion
22. Côtes de Castillon
23. Premiéres Côtes de Bordeaux
24. Graves-de-Vaynes
25. Entre-Deux-Mers
26. Sainte-Foy-Boreaux
27. Bordeaux Haut-Benauge und Entre-Deux-Mers Haut-Benauge
28. Cadillac und Premiéres Côtes de Bordeaux
29. Côtes de Bordeaux-Saint-Macaire
30. Cadillac
31. Loupiac
32. Sainte-Croix-du-Mont
33. Pessac-Léognan
34. Graves
35. Cérons
36. Barsac
37. Sauternes

메독(보르도 좌안, 지로드강 좌측, 카베르네 소비뇽 주품종)의 북부와 오메독

메독 북부(바메독, Bas-Medoc) 메독의 북쪽으로 과거에는 '메독 AOC'라고 했으며 바메독(Bas−Medoc)이라고도 한다. '바(Bas)'는 원래 '저지대' 또는 '낮다'라는 의미를 가지고 있어 와인품질에 대한 인식에 민감한 영향을 줘서 지금은 '바메독'이라는 단어를 사용하지 않는다. 메독 북부는 생테스테프의 북쪽으로 오메독 북쪽 마지막 코뮌(Commune−자치행정구역)인 생쇠랭(St−Seurin)을 지나면서 시작된다.주요지역은 생티장(St−Yzans), 생크리스톨리(St−Christoly), 쿠케크(Couqueques, 뷔(By), 발레냑(Valeyarc), 생제르맹 데스퇴이유(St−Germain−d'Esteuil), 오르도냑(Ordonnac), 블레냥(Blaignan) 등이다. 메독북부는 그랑크뤼는 없으나 크뤼부르주아(Cru Bourgeois, 2007년 법원 무효로 인정되지 않고 있음, 크뤼부르주아 엑셉시오넬〉크뤼부리주아 쉬페리외〉크뤼부리조아로 구분됨) 등은 뛰어나다.

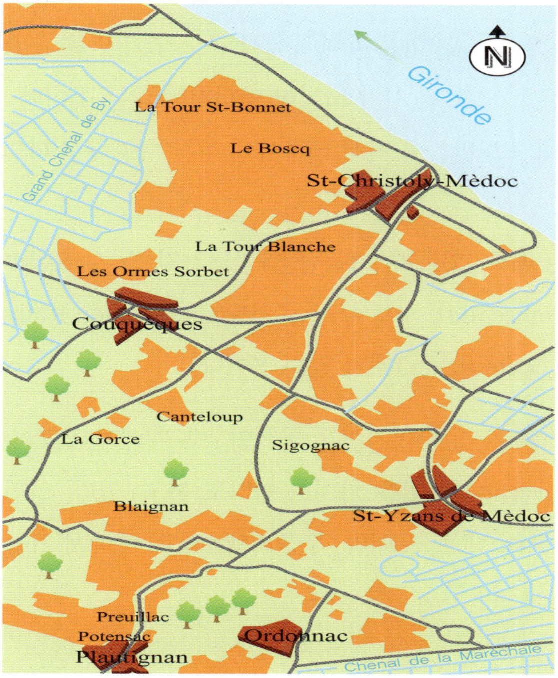

메독 북부와인의 특징은 숙성초기에는 오메독과 크게 차이가 없으나 숙성기간이 오래될수록 부드러워지면서 깊은 맛이 적고 구조감을 잃는 아쉬움이 있다. 국내유통되는 메독 북부지역의 와인으로 샤토 블레냥과 샤토 포탕샤을 추천할 수 있다.

① 오메독

바메독(Bas-Medoc)과 반대로 메독의 위쪽을 뜻하며 자갈 토양이 특징이다. 주요지역은 생떼스테프(St-Estephe), 포이약(Pauillac), 생쥘리앙(St-Julien), 마고(Margaux) 등 4곳이 핵심지역이다.

생테스테프(Saint Estéphe)는 자갈이 줄어들면서 진흙이 많고 배수가 느리다. 따라서 포도나무가 무더운 여름을 잘 견딘다. 생떼스테프 와인들은 전반적으로 거칠며 골격이 튼튼한 건장한 남자 느낌이 든다. 대표적 와인으로 샤토 몽로즈(Ch. Montrose), 샤토 라퐁로쉐 (Ch. Lafon-Rochet), 샤토 깔롱 세귀르(Ch. Calon Segur), 샤토 코스 데스투르넬(Ch. Cos D'estournel)등이 있다.

포이약 (Pauillac) 마을은 메독에서 규모가 가장 큰 곳으로 신선한 과실향과 은은한 오크 및 시가 느낌이 잊혀지지 않는 곳이다. 메독의 다른 지역에 비해 포도밭들이 커서 테루아에 따른 다양한 스타일의 와인들이 존재한다.

이곳은 메독 그랑크뤼 1등급 와인 5가지 중 샤토 라피트 로쉴드(Ch. Lafite Rothschild), 샤토 무통 로쉴드(Ch. Mouton Rothschild), 샤토 라투르(Ch. Latour) 등 3개가 있는 곳이다.

생줄리엥 (St-Julien) 전역은 최적의 포도재배지로 포이약의 화려함, 마고의 우아함과 섬세함을 가지고 있다고 볼 수 있다. 와인 생산량은 메독의 빅4(생떼스테프, 포이약, 생줄리엥, 마고) 중에서 가장 적다.

지형은 강과 가깝고 경사도가 급한 남향의 비탈이라 배수가 좋다.

생쥴리엥의 대표적 와인은 강변쪽의 레오빌(Leoville) 마을과 남쪽의 베슈벨(Beychevelle) 마을로 구분된다.

마고 (Margaux)는 메독 1등급 중에 하나인 샤토 마고(Ch. Margaux) 와인이 있는 곳이다. 마고의 토양은 메독에서 가장 자갈이 많은 편이며 아름다운 여인의 향기처럼 향기롭고 세련된 우아함이 존재한다. 마고 와인은 한마디로 외유내강으로 부드러움과 강인한 파워가 같이 느껴진다.

마고지역의 유명와인으로는 샤토 로장 세글라(Ch. Rausan-Segla), 샤토 팔머(Ch. Palmer), 샤토 브란 캉트냑(Ch. Brane-Cantenac), 샤토 라스콩브(Ch. Lascombes) 등이 있다.

② 지롱드와 도르도뉴강 상단에 속하는 포므롤과 생테밀리옹

포므롤 (Pomerol)은 작은 포도밭이 촘촘하게 붙어 있으면서 전체적으로 면적은 크지 않지만 품질이 우수한 와인들은 메독의 1등급 와인들보다 좋게 평가 받고 있다. 지형적으로 굴곡이 있지만 전체적으로 평탄하고 자갈 언덕이 많다.

포므롤 와인은 실크 같이 부드러운 촉감과 붉은 과실향의 여운이 잔잔함을 느낄 수 있다. 포므롤 와인은 소규모의 샤토들이 많고 소유주의 잦은 변동으로 등급체계가 없는 것이 특징이다.

포므롤 와인은 메를로가 주품종이며 부셰(Bouchet)로 불리는 카베르네 프랑(Cabernet franc)이 보조품종으로 사용된다.

포므롤 최고의 와인은 세계 명품와인인 샤토 페트뤼스(Ch. Petrus)이며 샤토 트로타누아(Ch. Trotanoy)와 비외 샤토 세르탕(Vieux Chateau Certan, VCC)도 매우 훌륭한 와인이라고 할 수 있다.

생테밀리옹은 어린 시절 동화속 시골 마을을 연상시킬 정도로 아름다운 마을이다. 지형적으로는 모래와 자갈의 고지대, 석회암 언덕을 이루고 있다. 생테밀리옹 와인은 메를로와 카베르네 프랑이 주품종이며 맛과 향이 아름다운 요조숙녀처럼 점잖고 향기롭다.

생테밀리옹 와인 등급은 10년마다 등급조정이 이루어지기 때문에 메독보다 더 엄격하다고 할 수 있다.

보르도 지역 전체에서 유일하게 AC체계와 통합되어 있으며 등급은 일반 생테밀리옹, 그랑 크뤼(일반 생테밀리옹보다 알코올 0.5% 높음), 46개 그랑 크뤼 클라세, 15개 프르미에르 그랑 크뤼 클라세로 구성되어 있다. 생떼밀리옹 와인중 가장 유명한 것은 프르미에르 그랑크뤼 클라세 중 메독 1등급에 해당하는 샤토 오존(Ch. Auson)과 샤토 슈발 블랑(Ch. Cheval Blanc 1947년 빈티지 6리터가 22만 4천 유로에 거래됨)이다.

③ 지롱드강(Gironde) 남쪽과 가론강(Garonne) 하단의 그라브와 소테른느

그라브 (Graves)는 가론강 하단에 위치하고 있는 그라브는 페삭-레오냥(Psssac-Leognan)이 가장 핵심지역이다. 페삭-레오냥에서는 메독 1등급이지만 메독지역에 위치하고 있지 않는 샤토 오브리옹(Ch. Haut-Brion)이 생산되고 있는 곳이다.

그라브는 흰 석영의 자갈토양을 이루고 있으며 샤토 대부분에서 레드 와인(카베르네프랑, 메를로, 카베르네 소비뇽)과 화이트 와인(소비뇽 블랑, 세미용)을 생산하고 있다. 페삭-레오냥의 대표적 와인은 샤토 오브리옹 이외에 샤토 파프 클레망(Ch. Pape Clement)과 샤토 오-바이(Ch. Haut-Bailly, 레드 와인만 생산) 등이 있다.

소테른 (Sauternes) 지역 와인은 황금빛깔을 가지면서 달콤하지만 질리지 않는 신선한 꿀을 마시는 듯하다. 소떼른은 지형적으로 가론강과 시롱(Ciron)강이 있어 저녁부터 새벽까지 안개가 끼어 포도에 수분이 맺히는 현상이 일어난다.

일조량이 좋은 낮에는 보트리티스 시네리아(Botrytis cinerea)가 번식하여 포도의 수분을 증발시키고 포도의 당분을 올리도록 한다.

보트리티스 시네리아에 전염된 포도는 건포도처럼 쪼글쪼글 마르게 된다. 이를 위해 9월부터 11월까지 10회에 걸쳐 곰팡이에 잘 익은 포도를 수확한다.

이렇게 고귀하게 부패한 와인을 문인들은 귀부병(Noble rot) 와인이라고 한다. 보트리티스 시네리아는 포도 내 산도의 구조에 변화를 일으키지만 와인이 되었을 때 산도 수준은 감소시키지 않는다. 소테른의 주요 품종은 세미용(Semillon)과 쇼비뇽블랑(Sauvignon Blanc)이다. 대표적 와인은 샤토 디켐(Ch. d'Yquem)이며 프르미에르 그랑크뤼(메독 1등급 수준)이다.

미국 경제잡지 '포브스(Forbes)'는 최근 세계에서 가장 비싼 와인으로 1985년 런던의 크리스티스 경매장에서 팔린 1787년산 '샤토라피트 로쉴드'라고 했다. 즉, 이 와인은 750mL 사이즈로서 기네스북에 등재된 현존 최고가격으로 평가되고 있음을 주장했다. 이 와인은 16만 달러에 팔렸으며 병 표면에는 '토머스 제퍼슨(Thomas Jefferson, 미국 3대 대통령)'의 이니셜 'Th.F'가 새겨져 있다고 전해진다.

5개 등급으로 구분되는 메독의 그랑 크뤼 클라세 (Grand Cru Classe)

1855년 파리 만국 박람회에서 5개 등급, 61개 그랑 크뤼 클라세로 구분했다. 메독 1등급으로 불려지고 있는 프르미에르 크뤼(Premiere Crus) 5개는 반드시 기억할 필요가 있다. 샤토 오브리옹(Ch. Haut-Brion), 샤토 라뚜르(Ch. Latour), 샤토 라피트 로쉴드(Ch. Lafite-Rothschild), 샤토 무똥 로쉴드(Ch. Mouton-Rothschild), 샤토 마고(Ch. Margaux)가 숙지해야될 5개의 1등급 와인들이다. 이중 샤또 무똥 로쉴드는 1973년 2등급에 1등급으로 승격되었으며 샤또 오브리옹은 그라브 지역에서 생산되는 것으로 유일하게 메독 이외의 지역에서 생산된다.

2등급은 14개 샤또 두지엠므 크뤼(Deuxiemes Crus), 3등급은 14개 샤또 트루와지엠므 크뤼(Troisiemes Crus), 4등급은 10개 샤또 캬트리엠므 크뤼(Quatriemes Crus), 5등급은 18개 샤또 생뀌엠므 크뤼(Cinquiemes Crus)로 구성되어 있다.

보르도의 주요 품종들

보르도 레드 와인 품종에서 가장 먼저 기억해야 될 품종은 카베르네쇼비뇽(Cabernet Sauvinon)과 메를로(Merlot)이다. 카베르네 소비뇽(Cabernet Sauvinon)은 메독지역에서 가장많이 재배되며 블렌딩의 3/4을 차지한다. 보르도 적포도 수확량의 29%정도 되며 블랙커런트향과 나무향이 지배적이다.

메를로(Merlot)는 보르도 전체 수확량의 절반이며 메를로 품종 자체만으로는 와인의 특징이 약해서 카베르네 소비뇽 또는 카베르네 프랑과 블렌딩을 많이 하므로써 타닌, 색상, 과실향 등이 보완된다. 석회질 토양의 생테밀리옹과 포므롤 지역의 주요 품종으로 사용되고 있다. 카베르네 프랑(Cabernet Franc) 품종은 생테밀리옹 지역에서 주로 재배되며 메독과 그라브 일부지역도 재배된다. 바디가 가볍고 섬세하며 수확량은 카베르네 소비뇽보다 많다.

풀냄새(Herbaceous)나 포도줄기, 잎(Stalky)같은 풍미가 느껴지며 배수가 잘되는 따뜻한 자갈토양에서 잘자란다.

말벡(Malbec) 품종은 코트 드 부르그(Broug)나 코트 드 블라이예(Blaye)처럼 숙성이 필요 없는 레드와인 제조시 사용된다. 열매를 맺지 못하는 쿨뤼르(Coullure) 현상으로 와인생산에 도움이 되지 못해서 수확량이 감소하고 있다. 말벡은 현재 아르헨티나 와인산지에서 만들어진 것이 유명하다.

프티 베르도(Petit Verdot) 품종은 기후가 매우 더운 해만 완전히 익으며 색이 진하고 타닌이 강하다. 품종의 특징이 강해서 블렌딩의 역할보다 최고급 와인에 스파이시 향, 색상, 타닌을 보완하기 위해 소량으로 첨가 된다.

보르도의 화이트 와인 품종에서 가장 대표적인 세미용(Semillon)은 보르도에서 가장 많이 재배되는 화이트 와인 품종이다. 감미적인 특징을 많이 가지고 있어서 스위트 와인(귀부 와인의 소테른느 와인)을 생산하는데 주품종으로 쓰이고 있다. 황금빛 색상과 풍부한 바디가 매혹적이다.

소비뇽 블랑(Sauvignon Blanc)은 야채류, 잔디, 풀잎향이 지배적이며 스위트 와인(귀부 와인의 소테른느 와인)양조에 사용된다. 단일품종의 드라이 화이트 와인을 만들때도 사용되며 소테른느 와인에서는 높은 산도로 세미용의 밋밋함을 보완하는 블렌딩의 역할을 한다. 뮈스카델(Muscadelle)은 뮈스카(Muscat)의 풍미가 느껴지며 스위트와인에 조금 사용된다. 위니블랑(Ugni blanc)은 가격이 저렴한 화이트 와인에 블렌딩용으로 사용된다.

와인의 선물(先物), 엉 프리뫼르(En Primeur)

와인업계의 재고 물량으로 인한 자본문제를 해결하고 유동성 확보를 위해 개별 와인에 대한 비평가들의 평가를 거친 후 병입되기 전에 판매(병입하는 과정까지 포함해 가격 결정함)하는 것을 말한다. 엉 프리뫼르는 주로 최상급 보르도 와인의 투자를 목적으로 하기 때문에 트랑쉬(Tranches: 와인을 사고 파는 행위, 단위) 횟수가 많아질수록 와인 가격은 높아진다.

세계 최고의 컬트 와인을 향하여! 가라쥬 와인 (Garage Wines)

보르도 강 우안(주로 생테밀리옹과 포므롤 지역)의 소규모 땅에서 양조시설 없이 메를로를 주품종으로 소량생산 되어 최고급 와인의 가격을 상회한다. 대표적인 와인으로는 포므롤 지역의 샤토 르팽(Ch. Le Pin)과 생테밀리옹 지역의 샤토 발랑드로(Chateau Valandraud)가 유명하다.

일반적으로 등급구분에 포함되지 않으며 프랑스산 새 오크통으로 숙성하여 고알코올, 풀바디, 부드럽게 농축된 타닌이 특징적이다.

포도밭의 소유 구조가 복잡한 최고급 와인 생산지, 부르고뉴(Bourgogne)

부르고뉴는 작은 면적에서도 테루아가 다양한 세계적 와인 명산지로 보르도와 양대 산맥을 이루며 세계 최고급 와인이 분포한 생산지로 유명하다.

북대륙성 기후로 겨울이 매우 춥고 여름은 몹시 더우며(디종 평균 강우량 : 605m ,보르도 : 890mm), 작은 면적의 같은 밭에서도 경사의 정도, 경사의 방향, 토양의 깊이, 배수, 열 보존력, 미네랄 함량 등이 다르기 때문에 다양한 와인이 생산된다.

부르고뉴의 주요 포도품종을 살펴보면 화이트 와인은 석회질이 많아서 샤르도네가 주품종이며 마코네 등 일부지역에서는 알리고떼(Aligote) 품종을 사용하여 스파클링 알리고떼를 생산하기도 한다. 기타 삐노블랑(Pinot Blanc)이 사용되기도 한다.

레드 와인의 대표적 품종은 이회토와 점토에서 잘 자라는 피노누아(Pinot Noir)가 주품종이며 보졸레 지방에서 가메(Gammay)품종이 주로 사용된다. 부르고뉴 와인은 일반인 뿐만 아니라 와인전문가들로 어려운 영역이다. 그것은 부르고뉴 포도밭의 소유 구조가 매우 복잡하기 때문이다.

강의실 또는 건물 안에 위치한 여러분 자리가 개별 포도밭의 주인이라고 생각해보자. 나폴레옹 당시 유산상속법에 의하여 부르고뉴 포도밭이 프랑스에서 가장 잘게 나눠짐으로써 복잡한 소유 형태를 이루고 있다. 또한 역사적으로 수도사들이 지형과 테루아를 바탕으로 경계를 구분했다. 한 포도밭에 각기 다른 테루아의 경우의 수에 따라 2개 이상, 심지어 10개 이상으로 구분하여 소유주도 수십명 이상의 복잡한 구조를 이루게 되었다.

예를 들어 동일한 코뮌(행정 자치구)의 동일 구획(클리마, Climat)에서 생산된 와인들이 생산자와 와이너리가 10여개 이상이 될 수 있다. 예를 들어 부조 마을의 그랑크뤼 포도밭인 클로 드 부조(Clos de Vougeot) 포도밭의 소유자는 90명 이상이다. 쉽게 이야기하면 한 강의실 안에 앉은 각각의 의자와 책상자리에 위치한 학생들이 개별적인 포도밭 주인이라고 비유할 수 있다. 또한 포도밭의 소유자 또는 와인 생산자들은 한 개 마을에서 다양한 등급의 포도밭을 동시에 소유할 수도 있다.

쉬운 예로 도멘 르루아라는 이름을 가진 생산자가 쥬브레-샹베르탱 마을에서 여러 등급의 포도밭을 소유하면서 빌라쥐, 프르미에 크뤼, 그랑크뤼 와인의 세 가지 와인을 만들 수도 있다는 것이다.

결국 부르고뉴 마을의 포도밭은 풀리지 않는 미로처럼 복잡한 소유구조를 이루고 있어 와인공부에 있어 이해하기가 쉽지 않은 지역이다.

부르고뉴는 복잡한 포도밭의 소유구조로 네고시앙(Negociant, 포도 또는 와인을 구매/제조하여 유통하는 업자)이 발달되어 있다. 복잡한 포도밭의 소유구조로 일관된 품질의 지역 대표 와인을 만들기 위해 네고시앙 또는 조합에서 와인을 벌크채 사들여 블렌딩 한다.

최근에는 포도밭의 소유자가 직접 와인을 생산하고 유통하는 역할까지 하고 있어 포도밭을 소유하지 않고 단순히 와인을 벌크채 구매하여 유통하는 네고시앙의 영향이 약해지고 있다.

부르고뉴 와인 품계
(지역, 마을, 프르미에 크뤼, 그랑 크뤼)

부르고뉴 와인 품계를 완벽하게 이해하기 위해서 다음 소개하는 단계별 내용을 주의해서 숙지하자.

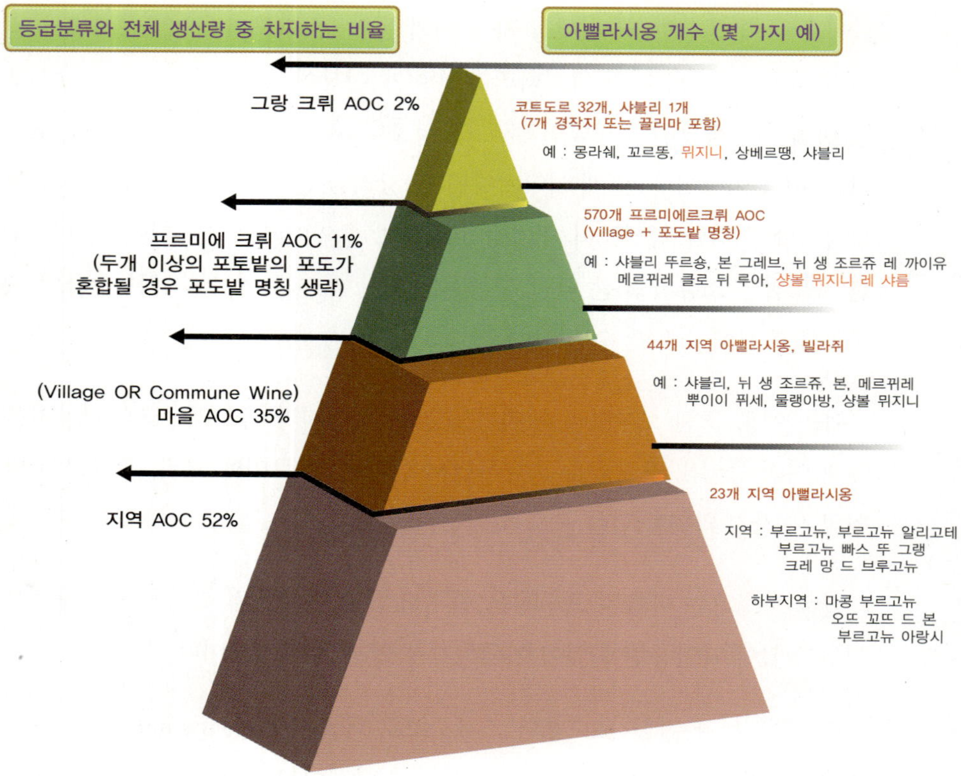

Check point

지역 AOC는 부르고뉴 표시만 체크해도 충분하다.

부르고뉴 지역 내에서 생산되는 것을 의미하는 넓은 의미로 대개 '부르고뉴'라고 표시된다.

Check point

마을 이름에 하이픈이 붙는 빌라쥐 표시를 숙지하자

마을 AOC로 행정구역을 의미하는 코뮌(Commune)을 표시하며 마을 이름은 주로 하이픈이 붙는다.

예 샹볼–뮈지니(Chambolle–Musigny)와 쥬브레–샹베르탱(Gevery–Chambertin)등 이라는 코뮌은 빌라쥐로 표시할 수 있다.

유의할 것은 단일 포도밭에서 생산된 경우 포도밭 명칭을 표현할 수 있으며 마을 명칭보다 작은 글씨로 상표에 표시한다.

*하이픈이 없는 마을로는 샤블리(Chablis), 뫼르소(Meursault), 포마르(Pommard), 본(Beaune), 볼네(Volnay) 등이 있다.

Check point

프르미에 크뤼(Premier Cru) 2가지를 기억하자

코뮌 이름 뒤에 포도원 명칭을 붙인다.

예 쥬브레 샹베르탱(Gevery−Chambertin, 코뮌) + 클로 생자크(Clos St.−Jacques, 프르미에 크뤼 포도밭)
→ 쥬브레 샹베르탱 클로 생자크

2곳 이상의 프르미에 크뤼 밭에서 나온 경우, 코뮌 이름 뒤에 '프르미에 크뤼'만 붙인다.

(2곳 이상의 포도밭의 포도가 혼합될 경우 포도밭 명칭 생략)

예 쥬브레 샹베르탱(Gevery – Chambertin) + 1er Cru(Premier)
→ 쥬브레 샹베르탱(Gevery−Chambertin) 1er Cru(Premier)

Check point

그랑크뤼는 마을 표시를 제외한 포도밭만 표시한다.

코뮌의 구성은 마을과 포도밭으로 구성된다.

예 쥬브레 샹베르탱(Gevery Chambertin) → 쥬브레(Gevery, 마을) 샹베르탱(Chambertin, 포도밭)

예 샤펠 샹베르탱(Chapelle−Chambertin), 샤름 샹베르탱(Charmes−Chambertin), 마지 샹베르탱(Mazis−Chambertin) 등

그랑크뤼는 마을이 삭제되고 최종 포도밭만 표시해준다.

예 쥬브레 샹베르탱의 그랑크뤼 포도밭은 샹베르탱(Chambertin)이다.

예 샤펠 샹베르탱(Chapelle−Chambertin), 샤름 샹베르탱(Charmes−Chambertin), 마지 샹베르탱(Mazis−Chambertin) 등

즉, 쥬브레를 제외하고 샹베르탱(Chambertin)포도밭이 표시되면 그랑크뤼로 볼 수 있다.

부르고뉴의 주요 명산지

부르고뉴의 주요 명산지는 화이트 와인의 명산지 샤블리, 최고급 와인 생산지 코트 도르, 가격대비 품질이 우수한 코트 샬로네즈, 샤블리를 대체할 수 있는 마코네, 햇와인으로 유명한 보졸레가 유명하다.

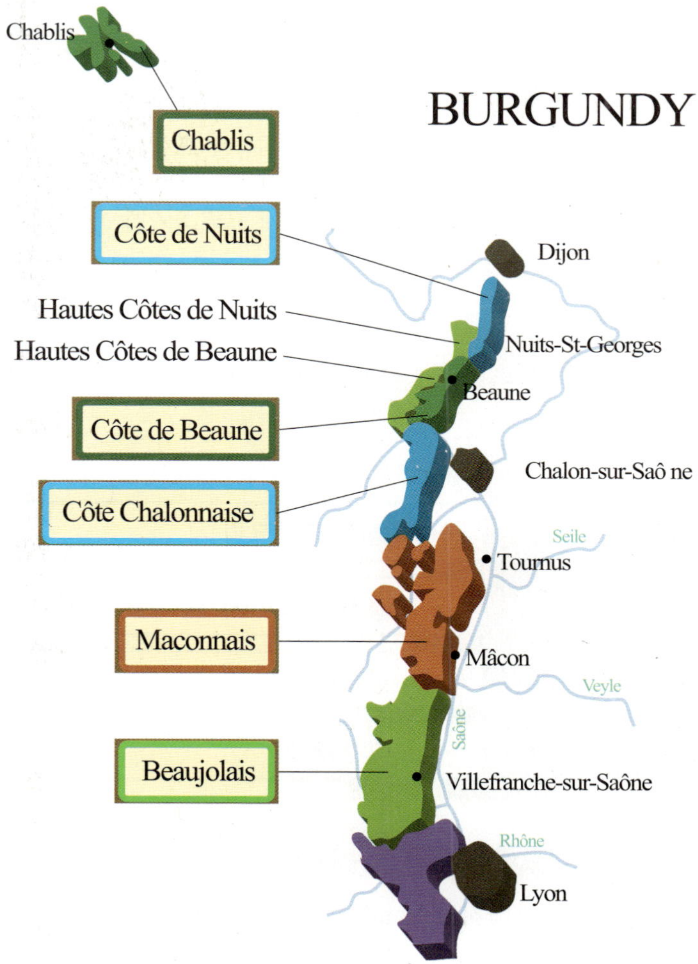

화이트 와인의 명산지, 샤블리(Chablis)

파리와 가깝고 부르고뉴 최북단에 위치한 샤블리는 날씨가 춥고 습해서 산도가 느껴진다. 샤블리는 화이트 와인만 생산하며 키메르지안 점토(바다화석 풍부)와 석회암이 섞인 토양으로 최근 포트랜디안식 점토(점토와 백악질 성분)의 확대적용을 통해 와인이 생산되고 있다.

최상급 포도밭에는 화석화된 작은 굴껍질이 토양의 일부를 이루기도 한다. 샤블리 와인들은 바다화석의 석회질과 점토의 영향으로 쇠, 미네랄, 돌의 독특한 풍미를 보이며 이를 통해 '부싯돌'이라는 향을 표현하기도 한다.

샤블리의 품질 좋은 그랑크뤼 또는 프르미에 크뤼 와인들은 독특한 부싯돌 풍미위에 달콤한 꿀 향이 조화를 이루며 긍정적인 느낌을 선사한다.

샤블리의 와인품계는 밑에 그림처럼 가장 낮은 단계부터 높은순으로 쁘티 샤블리, 샤블리, 샤블리 프리미에 크뤼, 샤블리 그랑크뤼로 구성된다.

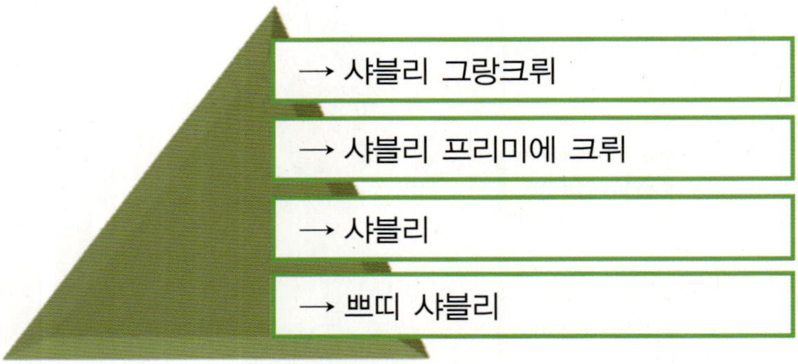

7개의 샤블리 그랑크뤼(Chablis Grands Crus)는 부그로(Bougros), 레 프뢰즈(Les Preuses), 보데지르(Vaudesir), 그르누이(Grenouilles), 발뮈르(Valmur), 레끌로(Les Clos), 블랑쇼(Blanchots)가 있다.

최고급 명산지, 코트 도르(Côte d'or)

코트 도르는 30개의 그랑크뤼 포도밭이 존재하는 부르고뉴 최고의 명산지로 이름에 맞게 황금의 언덕이라고 불려지고 있다. 북쪽의 코트 드뉘와 남쪽의 코트 드본으로 구성된 코트 도르는 급경사 지역으로 훌륭한 포도원들은 좁은 면적에 위치하고 있다.

가장 고급와인을 생산하는 코트 도르 지역의 세계 명품 포도밭을 구분하고 등급을 부여하는 것은 복잡한 설계도면을 수행하는 정교한 작업만큼 어렵다고 할 수있다. 따라서 앞에서도 설명했듯이 한 포도밭에서 여러명의 소유자들이 있어 다양한 제품과 품질의 와인이 생산될 수 있다는 것을 명심해야 한다.

먼저 북쪽의 코트 드 뉘 (Côte de Nuit)는 레드 와인 명산지(레드 와인 90% 이상)로 주로 그랑크뤼 포도밭을 기억하는 것이 도움이 많이 될 것이다. 특히 그랑크뤼 포도밭에 다른 스타일의 와인을 언급되지 않았다면 레드 와인만 생산한다는 의미로 보면 된다.

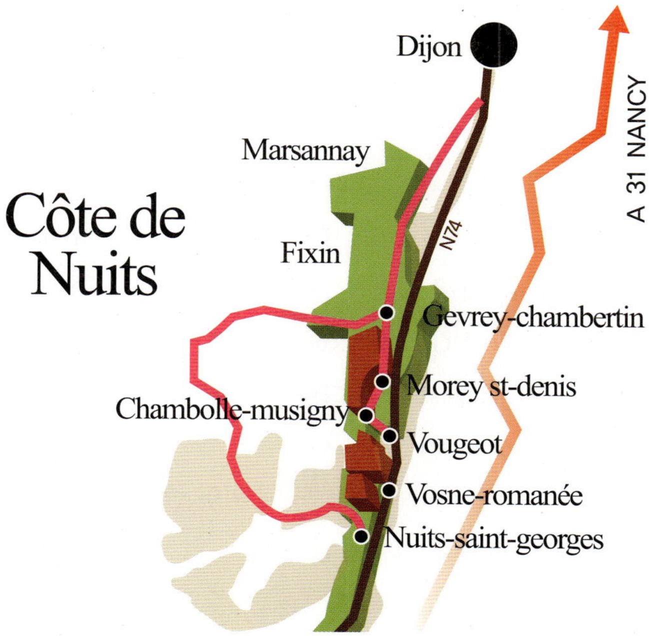

① 마르사네(Marsannay)는 레드 와인은 진한 색깔, 블랙베리, 블랙커런트 향의 느낌이 많고 화이트 와인은 파인애플과 복숭아향이 특징이지만 그랑크뤼는 없다.

② 픽생(Fixin)은 마르사네와 비슷한 스타일로 그랑크뤼는 없다.

③ 쥬브레 샹베르땡(Gevery-Chambertin)은 전쟁에서 싸우는 강한 전투병사처럼 진한 색깔과 강한 힘이 특징이다.

그랑크뤼는 샹베르탱 클로 드 베즈, 샤펠 샹베르탱, 샤름 샹베르탱, 그리오트 샹베르탱,라트리시에르 샹베르탱, 르 샹베르탱, 마지 샹베르탱, 뤼쇼트 샹베르탱이 있다.

④ 모레이 생드니(Morey st-Denis)는 쥬브레 샹베르탱과 샹볼뮈지니의 느낌을 동시에 경험할 수 있으며 그랑크뤼는 본 마르(일부가 모레이 생드니에 포함됨), 클로 드 라 로셰, 클로 데 라 랑브레, 클로 드 타르, 클로 생드니가 있다.

⑤ 샹볼 뮈지니(Chambolle-Musigny)는 화려하고 우아한 여성을 상상할 수 있게 하는 섬세한 향기가 느껴진다.

그랑크뤼는 본 마르(대부분이 샹볼 뮈지니에 포함됨), 르 뮈지니(화이트 와인을 일부 생산함)가 있다.

⑥ 부조(Vougeot)는 튼튼한 골격과 강한 농축미가 느껴지며 그랑크뤼는 클로 드 부조(Clos de Vougeot)가 있다.

⑦ 본느 로마네(Vosne-Romanee) : 본느 로마네와 이웃한 플라제 에셰조를 포함한다. 그랑크뤼는 Romanee-Conti(로마네 콩티), 라 로마네(La Romanee), 로마네 생 비방(Romanee-St-Vivant), 라 타슈(La Tache), 리슈부르(Richebourg), 라 그랑드 뤼(La Grande-Rue)가 있다.

⑧ 플라제 에셰조(Flagey-Echezeaux) : 그랑크뤼는 그랑 에셰조(Grands Echezeaux), 에셰조(Echezeaux)가 있다.

⑨ 뉘생 조르쥬(Nuit-Saint-Georges) : 코트 드 뉘 와인 중에 타닌의 지배력이 가장 강하다고 볼 수 있으며 그랑크뤼는 없다.

코트 드 본느(Côte de Beaune)는 레드와인과 화이트 와인을 모두 생산하지만 화이트 와인이 많고 화이트 와인 명산지로 알려져 있다. 따라서 코트 드 본의 그랑크뤼 포도밭은 다른 와인의 종류가 특별히 표시되지 않으면 화이트 와인만 생산하는 것으로 이해하면 된다.

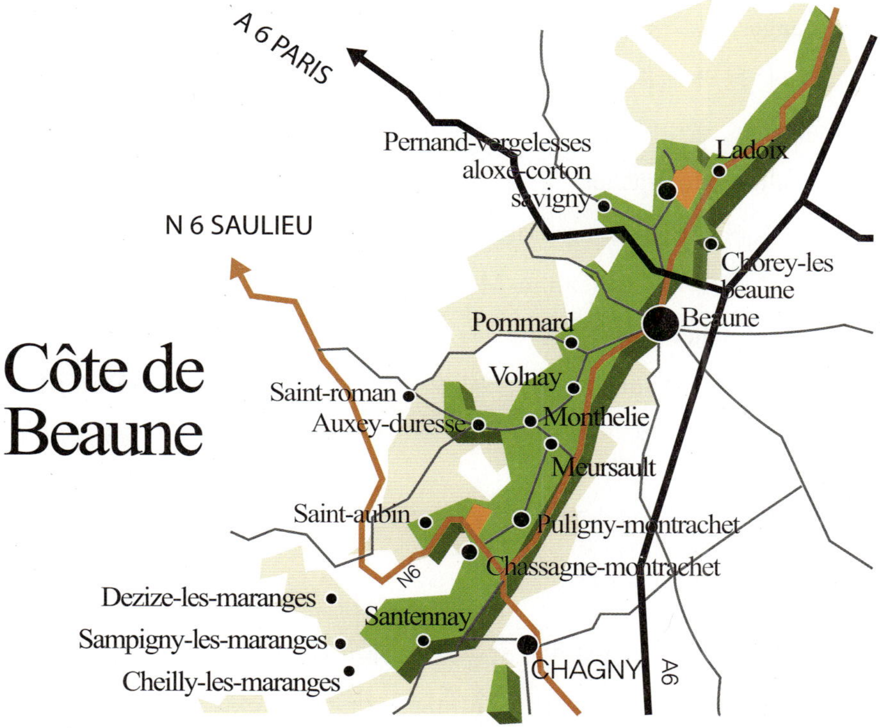

① 알록스 코르통(Aloxe-Corton)의 그랑크뤼(Grand Cru)는 르 코르통(Le Corton), 코르통 샤르마뉴(Corton-Charlemagne), 샤르마뉴(Charlemagne)가 있다.

② 라두아(Ladoix, 알록스 코르에 포함되어 언급되기도 함)의 그랑크뤼(Grand Cru)는 르 코르통(Le Corton), 코르통 샤르마뉴(Corton-Charlemagne)가 있다.

③ 페르낭 베르쥴레스(Pernad-Vergelesse)의 그랑크뤼(Grand Cru)는 르 코르통(Le Corton), 코르통 샤르마뉴(Corton-Charlemagne), 샤르마뉴(Charlemagne)가 있다.

④ 샤비니 레 본(Savigny-Les-Beaune), 쇼레 레 본(Chorey−Les−Beaune, 프르미에르 크뤼 없음), 본(Beaune), 포마르(Pommard), 볼네(Volnay), 몽텔리(Monthelie), 옥제 뒤레스(Auxey−Duresses), 생로맹(Saint−Romain, 프르미에르 크뤼 없음), 뫼르소(Meursault), 블라니(Blagny, 프르미에르 크뤼는 뫼르소에 포함), 생오뱅(Saint−Aubin), 상트네(Santenay), 마란주(Maranges)는 그랑 크뤼가 없다.

⑤ 풀리니 몽라셰(Puligny-Montrochet)의 그랑 크뤼는 르 몽라셰(Le Montrachet, 풀리니 몽라셰와 샤사느 몽라셰로 분할됨), 슈발리에 몽라셰(Chevalier−Montrachet), 바타르 몽라셰(Batard−Montrachet), 비앵브뉘 바타르 몽라셰(Bienvenue−Batard−Montrachet)가 있다.

⑥ 샤사느 몽라셰(Chassagne-Montrochet)의 그랑 크뤼는 르 몽라셰(Le Montrachet, 풀리니 몽라셰와 샤사느 몽라셰로 분할됨), 바타르 몽라셰(Batard−Montrachet), 크리오 바타르 몽라셰(Criots−Batard−Montrachet)가 있다.

가격대비 품질이 우수한 코트 샬로네즈 (Côte Châlonnaige)

지형은 코트 드 본과 같이 철분이 풍분한 쥐라기의 석회질 토양으로 그랑크뤼가 나오지 않지만 여러 곳에서 프리미에 크뤼가 생산되어 가격대비 품질이 우수한 와인을 많이 만날 수 있다.

주요 빌라쥐는 5개의 유명 마을산지가 있다.

① 지브리(Givry)와 ② 메르퀴레(Mercurey)는 화이트 와인을 생산하고 있지만 레드 와인이 더 유명하며 특히 메르퀴레의 레드 와인은 향기로운 검붉은 베리향이 가득하다. ③ 몽타니(Motagny)는 코트 샬로네즈에서 가장 남쪽에 위치하며 샤르도네 품종 1가지만 재배하여 화이트 와인만 생산한다(부르고뉴 화이트 와인 중 가격대비 품질이 우수한 와인으로 알려져 있다).

④ 륄리(Rully)는 샴페인 방식의 스파클링 와인인 크레망 드 부르고뉴와 고품질의 화이트 와인이 유명하다.

⑤ 부즈롱(Bouzero)은 코트 샬로네즈에서 가장 북쪽에 위치한 마을로 알리고테(Aligoté)가 주품종이며 프랑스 최상품의 알리고테 와인이 생산된다.

Check point

크레망 드 부르고뉴의 의미

크레망은 병내에서 2차 발효하는 샴페인 방식으로 만든 스파클링 와인을 말한다. 법규정상, 크레망드 부르고뉴의 블렌딩 30%는 피노누아, 샤르도네, 피노 그리 품종을 사용하며 나머지는 알리고테 같은 덜 알려진 품종을 사용한다.

샤블리를 대체하는 화이트 와인의 명산지, 마코네 (Mâconnais)

마코네는 대부분 화이트 와인을 생산하고 있으며 샤블리 와인을 대체할 수 있는 화이트 와인의 명산지로 부르고뉴 화이트 와인의 반이상을 차지하고 있다. 마코네 와인들은 샤르도네가 주품종이며 재미있는 것은 마코네에 샤르도네라는 이름의 마을이 존재하고 있다는 것이다. 하지만 샤르도네 마을 이름 때문에 샤르도네 품종이 생긴 것인지 샤르도네 품종 때문에 샤르도네 마을이 존재하는지에 대해서는 확실치 않다.

마코네 와인은 그랑크뤼나 프르미에 크뤼는 없으며 품질이 일정치 않고 기복이 많다. 주요 빌라쥐 AOC와 지역 AOC는 다음과 같이 구분할 수 있다.

마을 AOC(빌라쥐, Village)는 푸이이 퓌 세(Pouilly-Fuisse), 푸이이 뱅젤(Pouilly-Vinzelles), 푸이이 로셰(Pouilly-Loche), 생 베랑(Saint-Veran)이 있다.

특히 푸이이 퓌 세(Pouilly−Fuisse)는 베르지송, 솔뤼트레 푸이, 퓌세, 생 트레라는 네 곳의 마을에서 생산되며 가격이 저렴하고 많이 마시는 와인 으로 알려져 있다.

주의할 것은 소비뇽 블랑을 주품종으로 하는 루아르 지역의 푸이 퓌메 (Pouilly−Fume)와 구분해야 된다.

생 베랑(Saint−Veran)도 가격이 저렴하며 많이 마시는 와인으로 마을 이름은 Saint−Verand로 뒤에 d가 더 붙는다.

지역 AOC는 마콩 슈페리에(Mâcon Superieur), 마콩 빌라쥬(Mâcon Village, 화이트 와인만 생산, 43개 마을에서 나옴), 푸이이 로셰 마콩 (Pouilly Loche Mâcon), 피노 샤르도네 마콩(Pinot Chardonnay Mâcon)이 있다.

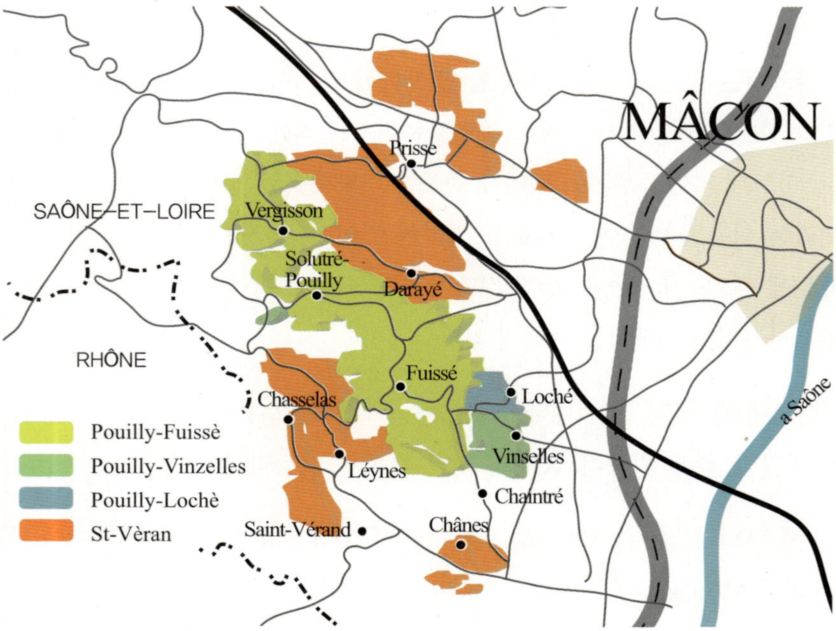

햇와인으로 유명한 보졸레(Beaujolais)

보졸레 지역은 점토 토양인 남쪽의 바(Bas)보졸레와 화강암 기반으로 모래가 많고 다양한 표토들이 덮고 있는 북부의 오(Haut)보졸레로 구분된다.

바(Bas)보졸레는 평범한 보졸레 와인이 나오며 북부의 오(Haut)보졸레 와인은 38개의 코뮌이 보졸레 빌라쥐 AOC를 붙인다.

일반 보졸레 와인과 구분되는 보졸레 누보(Nouveau)는 매년 11월 3주 목요일에 출시되는 햇포도주 와인으로 가볍고 신선한 레드와인이지만 화이트와인의 느낌을 가지고 있는 것이 특징이다.

포도품종은 가메(Gamay)가 주품종이며 부르고뉴 와인의 60%이상을 차지하고 있다.

보졸레 및 보졸레 누보(Nouveau) 제조방법 (카보닉 마세라시옹, Carbonic Maceration)

보졸레 와인과 보졸레 누보는 탄산가스 침용방식(카보닉 마세라시옹, Carbonic Maceration)을 이용한다.

탄산가스 침용은 줄기를 제거하지 않고 포도송이채 탱크에 넣어 알코올 발효가 진행되면서 생성되는 탄산가스가 포도 알맹이를 부드럽게 으깨며 산소를 제거하는 방식을 말한다.

탄산가스 침용 방식은 가메 품종이 가지고 있는 과실향이 최대한 반영될 수 있는 양조 방법이라고 할 수 있다. 참고로 보졸레 와인의 종류별 알코올 발효기간은 누보는 4~5일, 빌라쥬는 7~8일, 크뤼는 7~13일 정도 된다.

보졸레 AOC의 종류

보졸레(Beaujolais) AOC는 보졸레, 보졸레 쉬페리에, 보졸레 빌라쥐, 보졸레 크뤼로 구분할 수 있으며 누보는 별도의 AOC가 아니다.

보졸레는 알코올 도수 10도 이하와 59개 마을로 구성되어 있다. 보졸레 슈페리에(Beaujolais Supérieur)는 알코올 도수 10도 이상을 말하며 보졸레 빌라쥐(Beaujolais Village)는 39개 마을에서 생산되는 고급와인으로 각 마을 와인들과 블렌딩 되므로 상표에 지명을 표시하지 않는다.

보졸레 크뤼(Beaujolais Cru)는 보졸레 와인중에서 등급이 가장 높은 것으로 병 라벨에 생산자와 크뤼 명칭을 표기하며 보졸레라는 단어는 표기되지 않는다. '크뤼'의 의미는 프랑스 다른 지역처럼 특정 포도밭을 의미하지 않고 특정 10개 마을을 뜻한다.

보졸레 AOC, 보졸레 슈페리에, 보졸레 빌라쥐 등은 누보(Nouveau)와 프리뫼르(Primeur)를 만들어 판매할 수 있지만 최상급 와인을 생산하고 있는 10개 크뤼 마을에서는 누보와 프리뫼르를 만들지 않고 있다.

10개의 크뤼중에서 브뤼이(Brouilly, 생산량이 가장 많고 가장 큰 크뤼), 모르공(Morgon, 남성적이며 무거운 느낌), 물랭아벙(Moulin-a-Vent,풍차를 의미하며 가장 품질이 우수한 크뤼), 플뢰리(Fleurie, 대중적 선호도가 강하며 여성스럽고 섬세한 크뤼)의 4개 마을에서 75%를 생산하고 있다.

그밖에 코트 드 브뤼이(Cote de Brouilly, 가볍고 과일맛이 강함), 생 타무르(Saint-Amour, 성스러운 사랑을 의미함), 쉬루블르(chiroubles, 보졸레에서 가장 고도가 높은 곳에 위치), 셰나(Chenas, 크뤼 중에 가장 작음), 쥴리아나(Julienas), 레니에(Regnie, 가장 늦게 생긴 크뤼) 등이 있다.

참고로 프리뫼르(Primeur)와 누보(Nouveau)는 구분해서 이해할 필요가 있다 프리뫼르 표시 와인은 수확한 해 11월 15일 판매 가능(일반 AOC와인은 12월 15일 이전 판매 불가)하며 다음해 1월 31까지만 판매한다. '누보' 와인은 수확후부터 판매가 가능하며 다음해 8월 31일 까지 판매한다.

부르고뉴의 유명 도멘(Domaine, 생산자)

도멘 드 라 로마네 콩티(Domaine de la Romanee Conti)

프랑스뿐만 아니라 세계에서도 유명한 양조장인 도멘 드 라로마네 콩티(Domaine de la Ramanee Conti, DRC)는 7개 그랑크뤼 포도밭을 가지고 있으며 드 빌렌과 르루아 가문이 소유하고 있다.

7개 그랑크뤼 포도밭의 구성은 레드와인을 생산하는 로마네 콩티와 라타슈(2개의 포도밭 모두 DRC가 독점 소유하는 모노폴임), 리슈부르, 로마네 생비방, 에세조, 그랑 에세조의 6개 포도밭과 화이트 와인을 생산하는 르 몽라셰의 1개 포도밭이다. 참고로 로마네 콩티의 1년 총생산량은 400~500상자로 적은 양을 생산하지만 와인 가격은 세계 최고의 가격을 매번 갱신하고 있다.

루이자도 (Domaine Louis Ja Dot)

"루이자도 와인을 빼고 부르고뉴 와인을 논하지 말라" 라는 말이 있을 정도로 훌륭한 프리미에 크뤼와 그랑크뤼를 주로 생산한다. 가장 유명한 양조장 '라 샤블리에르'를 소유하고 있으며 보졸레 지역의 물랭아방에 샤또 데 자크, 모르공에는 샤또 드 벨뷔를 보유하고 있다.

부샤르 페르 에 피스 (Bouchard Père et Fils)

1731년 직물 사업을 하던 미쉘 부샤와 그의 아들에 의해 설립 되었으며 가장 오랜 역사와 당시의 건축양식의 성을 유지하며 샤블리 와인 전문 도메인인 윌리엄 페브르사를 인수했다.

루이 라투르 (Louis Latour)

200년 이상의 가족 경영회사로 혁신적 농사기법과 환경보전의 선두주자로 명성을 얻고 있다.

죠르쥐 뒤뵈프 (George Duboeuf)

보졸레의 창시자이며 보졸레의 황제로 와인의 세계화에 발맞춰 어려운 프랑스 와인 라벨을 지양하였다. 특히 누구나 알아보기 쉬운 꽃 라벨로 차별화를 시도하면서 가격대비 우수한 품질의 와인을 생산함으로써 와인 대중화에 이바지 했다.

와인 사업으로 얻은 이익으로 보졸레 지방의 와인 박물관 건립하여 사회에 환원하는 공헌을 하고 있으며 관광의 명소로도 알려져 있다.

돔 피에르 페리뇽(Dom Pierre Perignon)이 유명한 샹파뉴(Champagne, 샴페인)

샹파뉴는 파리에서 북동쪽에 위치하고 있으며 마른(Marne)강을 중심으로 백악질 평원을 이루고 있다. 샹파뉴(Champagane)라는 이름은 이탈리아 캄파니아(Campagnia)지역 이름에서 유래한 것으로, 로마 북부의 시골이라는 라틴어를 뜻한다.

오늘날의 샴페인은 17세기 말, 추운 샹파뉴 지역의 특징 때문에 정지된 발효가 이듬해 봄에 효모가 다시 활동하면서 일어나는 거품을 베네딕토회 수도사이자 오비예 수도원의 와인양조 책임자였던 돔 피에르 페리뇽(Dom Pierre Perignon)이 발견했다.

샹파뉴에서는 주요산지와 포도품종, 샴페인 분류, 양조방법(이 책의 마지막 파트에서 다룸), 명품 샴페인을 생산하는 주요 샴페인 하우스들을 기억하는 것이 중요하다.

샴페인의 주요 생산지

샴페인의 주요 생산지를 구분하기 위해서는 먼저 마른(Marne)강을 중심으로 북서쪽의 엔(Aisne, 피노뫼니에 주품종)지역, 엔(Aisne) 바로 밑에 랭스(Reims, 피노누아 주품종), 랭스(Reims) 밑에 에페르네(Epernay-코트 데 블랑과 코트 드 세란으로 구분, 샤도네이 주품종), 남쪽에 오브(Aube, 피노누아 주품종)를 기억하도록 하자.

샴페인 주요 포도품종 (3가지)

샴페인으로 명칭을 받기 위해서는 피노 누아(Pinot Noir,레드), 피노 뫼니에(Pinot Meunier,레드), 샤도네이(Chardonnay, 화이트) 3가지 범위내에서 사용해야 한다.

피노 누아(Pinot Noir)는 랭스와 오브지역에서 재배(샹파뉴 전체 포도 재배량의 38%)되며 무겁고 강하다.

피노 뫼니에(Pinot Meunier)는 랭스와 마른계곡에서 재배(샹파뉴 전체 포도 재배량의 34%)되며 독일에서는 '뮐러레베'라고 하며 피노 누아와 비슷하게 힘있는 와인을 느낄 수 있다.

샤도네이(Chardonnay, 화이트)는 에페르네(Epernay)의 꼬트 데 블랑, 코트 드 세잔에서 재배(샹파뉴 전체 포도 재배량의 28%로 증가 추세임)되며 신선한 크림향이 지배적이다.

고급 샴페인을 구분하는 샴페인 분류 방법

샴페인은 샴페인의 품종별 양조 방법에 따라 부르는 명칭이 다르다. 화이트 품종인 샤르도네 품종만 사용하면 블랑 드 블랑(Blanc de Blancs)이라고 하며 레드와인 품종인 피노누아, 피노 뫼니에로 양조할 경우 블랑드 누아(Blanc de Noirs)라고 한다.

로제 샴페인(Rose Champagne)은 고급 샴페인으로 주로 빈티지 샴페인이다. 로제 샴페인 양조방법은 피노 누아를 사용하여 색깔이 덜 우러나오는 방식과 피노누아 품종으로 만든 스틸와인(Still wine, 발포성 없는 일반와인)을 2차 발효전에 샴페인 병에 소량 첨가해서 만드는 2가지 방법이 있다.

샴페인은 논빈티지(Non Vintage) 샴페인이 대부분이며 상급 포도밭에 있는 포도를 사용하며 상급 와인을 소량 블렌딩한다.

기본적으로 다른 빈티지 와인을 30~60가지 이상 블렌딩 하기도 하며 병속에서 15개월 숙성한다.

빈티지 샴페인(Vintage Champagne)은 상급 포도밭의 포도를 사용하며 가장 좋은 한 빈티지를 선택해서 30~60가지 와인을 블렌딩 한다. 숙성기간은 병속에서 3년 정도 걸린다. 고급샴페인의 상징으로 로제 샴페인이 주를 이룬다.

프레스티지 샴페인(Prestige Champagne, 프레스티지 퀴베, 퀴베 스페시알)은 최고급 생산지에서 최고의 포도인 프리런 주스(Free-run juice, 압착하지 않고 자연적으로 흘러 나온 즙)로 만들며 최상급 와인만을 블렌딩에 사용한다(대부분 빈티지 샴페인이며 장기숙성이 가능함).

샴페인 당분 농도의 구분으로 달콤한 샴페인 고르는 방법

샴페인을 개인의 취향에 맞게 잘 고르기 위해서는 샴페인 병에 표시되어 있는 샴페인의 당분 농도를 이해하고 숙지해야 한다.

샴페인 병에 표시되어 있는 당분 농도는 쉬운 단어들이 아니다. 하지만 여기서는 당분 농도의 함량을 암기할 필요는 없다. 당도가 있는 샴페인 섹(Sec)과 당도가 약한 샴페인 브뤼트(Brut) 정도만 구분하면 다른 농도 표시는 쉽게 이해할 수 있다.

엑스트라 브뤼트(Extra Brut)은 설탕농도 0~0.6%로 가장 드라이하며 브뤼트(Brut)는 설탕농도 0.6~1.5%로 엑스트라 브뤼트 다음으로 드라이하며 식사 전이나 식사 중에 마시면 좋다.

엑스트라 드라이(Extra dry)는 설탕농도 1.2~2.0%, 섹(Sec)은 설탕농도 1.7~3.5%로 당도가 많이 느껴지며 드미 섹(Demisec)은 설탕농도 3.3~5.0%로 섹보다 더 달콤하다. 두(Doux)는 설탕농도 5.0% 이상으로 가장 달콤한 샴페인이라고 할 수 있다.

참고로 전혀 설탕물을 넣지 않은 것은 브뤼트 압솔리(Brut Absolu), 엥테그랄(Integral, Zero), 울트라 브뤼트(Ultra Brut), 브뤼트 100%(Brut 100%)라고 부른다.

발포성 와인 제조방법의 분류

아래의 표는 샹파뉴 양조방법의 이해를 돕기 위해 다른 발포성 와인 제조방법의 장 · 단점과 특징을 비교 설명한 것이다. 가장 중요한 것은 샹파뉴 방법의 특징과 동의어가 핵심이다.

제조법	특 징	동의어
Methode Champenoise	병 내에 당분과 효모를 넣어 2차 발효시키는 방식 • 장점 : 기포가 좋고, 향이 강함. • 단점 : 고가	• Methode Traditionelle • Methode Classico • Fermented in this bottle
Carbonation	고압하에서 와인에 탄산가스를 주입하는 방식. • 장점 : 비용 저렴함. • 단점 : 기포가 쉽게 사라짐.	
Methode Charmat (독일인 샤르마)	큰 탱크 내에 와인, 당분, 효모를 넣고 2차 발효시킴. • 장점 : 온도 조절로 발효속도 조정하여 노동력 절감 • 단점 : 기포 나쁨, 와인 · 효모 접촉면 적어 샴페인향 부족.	• Cuve Close • Tank Method
Transfer Method (샴페인 방식과 탱크방식 절충)	2차 발효는 샴페인 방식과 동일, 병 내에서 하지만 이것을 대형탱크로 옮겨서 찌꺼기 제거 후 다시 병입하는 방식 (병돌리기와 입구의 침전물 제거 비용 절감을 위해) • 장점 : 노동력 절감 • 단점 : 설비비용이 높고 탱크로 옮기면서 효모와 접촉하여 품질의 약화와 탄산가스가 손실되기 쉬움.	• Bottled Fermentation
Methode Rurale	1차 발효 후 발생한 탄산가스 그대로 병 내 보존하는 방식 • 장점 : 비용절감 • 단점 : 기포가 매우 약함.	• Methode ancestrale

국가별 발포성 와인의 명칭

국가별 발포성 와인의 명칭을 자세하게 표로 구분한 것은 우리가 생일, 기념일, 축하 등 행사에서 사용하는 샴페인 중 미국, 이탈리아, 독일 등에서 생산된 제품도 샴페인으로 잘못 알고 있기 때문이다. 정확하게 샴페인은 프랑스 샹파뉴 지방에서 샹파뉴 양조방법의 법적 규정을 갖춘 와인을 말하는 것임을 이 표를 통해 이해했으면 한다.

국가명	명 칭	기압	설 명
프랑스	샴페인 (Champagne)	5~6 (4~5)	샹파뉴지방에서 병내 2차발효로 제조된 것
	크레망(Cremant)	3~4	Ctemant은 '크림' 의미, 과거 샴페인보다 가스압이 낮은 와인을 지칭함. 샴페인 지방에서도 3.6기압의 크레망이 있으나 현재는 거의 없으며 1975년 부터 부르고뉴, 르와르, 알자스에서 샴페인 방식을 크레망이라고 부름.
	무쉐 (Vin Mousseux)	3 이상	무쉐(Mousseux)는 거품을 의미 하는 스파클링와인으로 샴페인도 크레망도 아닌 것으로 어떤 방식이든 상관 없음.
	페티양(Petillant)	2.5 이하	약발포성 와인
독일	젝트(Sekt)	고압	고급 발포성, 샴페인방식도 있으나 샤르마방식, 신맛, 리슬링 품종이 최고 상품
	샤움바인 (Schaumwein)	3 이상	독일의 중저가 정도의 발포성 와인
	페를바인(Perlwein)	2.5 이하	

(계속)

국가명	명 칭	기압	설 명
이탈리아	스푸만테 (Spumante)		롬바르디아나 토렌티노 등 샴페인 방식의 고급품도 있지만 대부분 샤르마법으로 제조됨. 피에몬테지역의 아스티스푸만테는 샤르마법으로 제조됨. (중저가, 알코올 도수 낮고 단맛이 나서 식전주나 식후주로 애용됨)
	프리잔테 (Frissante)	2.5 이하	
스페인	카바 (Cava)		카탈루냐지방에서 샴페인 방식으로 제조되는 스파틀링와인
	에스푸모소 (Espumoso)		광의로는 스페인의 스파클링 의미, 까바 이외의 중가의 발포성 와인 의미
미국, 호주	Sparkling wine		돔페리뇽을 생산하는 모에샹동사도 캘리포니아 · 호주에서 발포성 와인을 제조함. 샴페인 방식(Classic method, Fermented in this bottle)등이 기재 됨.

주요 유명 샴페인 하우스와 프레스티지 샴페인

랭스 지역에서 유명한 샴페인 하우스와 고급 프레스티지 샴페인은 다음 9가지 정도만 알고 있어도 충분하다.

① 멈(G.H.Mumm & Cie)의 프레스티지 샴페인은 르네 랄루(Rene Laliu), 그랑 코르동(Grand Cordon)가 유명하다.

② 크뤼그(Krug)의 프레스티지 샴페인은 클로드 메닐(Clos du Mesnil), 그랑퀴베 NV(Grande Cuvee NV)가 많이 알려져 있다.

③ 뵈브 클리코 퐁사르댕(Veuve Clicoquot Ponsardin)은 라 그랑드 담(La Grande Dame) 제품이 유명하다. 뵈르 클리코 퐁사르댕은 클리코 여사가 1805년 27세에 과부가되어 평생 샴페인 제조에 성공한 여성 사업가다. 샴페인 제조과정중 르뮈아주 단계에서 찌꺼기 모으는 방법인 A자형 퓌피트르(Pupitre) 발명한 것으로도 유명하다.

④ 루이 뢰드레(Louise Roederer)는 크리스털(Cristal) 제품이 1876년 러시아 황제를 위한 샴페인으로 특별히 제조되었으며 샴페인 지방 최초 퀴베 스페시알로 알려져 있다.

⑤ 테탱제(Taittinger)는 콩트 드 샹파뉴(Comtes de Champagne)가 유명하다.

⑥ 앙리오(Henriot)는 바카라(Baccarat), ⑦ 자카르(Jacquart)는 퀴베 노미메(Cuvee Nominee), ⑧ 뤼나르(Ruinart)는 동 뤼나르(Don Ruinart), ⑨ 브랑캉 포메리(Vranken−Pommery)는 퀴베 루이스 포메리(Cuvee Louise Pommery)가 유명하다.

에페르네 지역은 세계적으로 유명한 ① 모에 상동(Moet & Chandon) 샴페인 하우스가 알려져 있다.

모에 샹동은 1743년 마른 계곡(Vallée De la Marne)에 끄로드 모에(Claude Moët)는 메종 모엣(Maison Moet) 창시했으며 1832년 사위 피에르 가브리엘 샹동(Piere−Gabriel Chandon)이 물려 받으면서 회사 이름을 모엣 샹동으로 변경했다.

1921년 퀴베 스페시알로 '돔 페리뇽(Dom Perigon)' 출시되었고 현재까지도 그 명성을 이어가고 있다.

② 페리에-주에(Perrier-Jouet)는 플뢰르 드 샹파뉴(Fleur de Champagne), 블라송 드 프랑스(Blason de France) 제품이 유명하다.

③ 폴 로저(Pol Roger)는 1849년 설립되었으며 1908년 처칠 경이 폴로저 샴페인을 처음 마셔 보고 좋은 평가를 내렸다. 그후 처칠은 그가 소유한 경마주 이름까지 폴로저라고 칭할 정도로 폴로저를 좋아했으며 마침내 1947년 빈티지를 마시고 평생 마실 2만병을 주문 했다.

1965년 처칠경 사망 후 폴 로저 회사는 영국시장에 출시되는 모든 샴페인에 검은 리본을 달아 25년간 애도의 뜻을 표했으며 처칠의 사후 10주년 추모 와인으로 '뀌베 서 윈스턴 처칠'을 탄생 시켰다.

신세계 와인의 인기를 꺾고 세계 와인 소비자를 매료 시킬 수 있는 론(Rhone)

론은 보르도에 이어 프랑스에서 두 번째로 많은 와인을 생산하는 곳으로 태양이 가장 뜨겁게 내려쬐는 프랑스 내륙에 위치하여(북위 45도) 천혜의 좋은 기후 조건으로 당도와 알코올 도수가 높은 지역이다. 역사적으로 코트 뒤 론 포도원은 매우 오랜 역사를 자랑하는 포도원으로서, 그리스인들에 의해 처음 개발되기 시작하여 로마인의 지배하에서 발전하였다.

가장 처음으로 각광 받기 시작한 것은 비엔느(코트 로티, Cote Rotie) 포도원이었고, 그 후에는 기원전 1세기부터 일구기 시작한 에르미타쥐(Hermitage) 포도원이 명성을 얻었다.

론 지역 와인의 성격을 쉽게 표현하면 신세계 와인과 구세계 와인의 특징이 섞여 있는 듯하다. 필자가 볼 때 제3의 파리심판이 다시 열린다면 론 지역 와인이 출품되어 미국와인과 경쟁하여 이길 수 있는 가능성이 크다고 생각한다. 왜냐하면 론지역 와인은 프랑스 전통적인 특징과 세계 와인 소비자들이 원하는 신세계 성향의 느낌을 줄 수 있는 유연한 와인이기 때문이다. 프랑스 와인의 향후 세계 와인 소비 시장의 점유는 프랑스가 론지역 와인을 얼마나 관심을 가지고 성장시키느냐에 달려 있다고 본다.

론 지역의 핵심은 북부 론 지역과 남부 론 지역으로 구분하여 주요 품종, 주요 생산지, 생산지별 유명 와인과 유명 브랜드의 특징을 숙지하는 것이 좋다.

등급제도가 없는 론 지역의 AOC 제도

1937년에 코트 뒤론 지방의 AOC가 처음 도입 되었으며 특별한 등급제도 없이 다음과 같이 포괄적/차별적 3가지 품계제도를 시행하고 있다.

① AOC 코트 뒤론 레지오날 (AOC Cotes du Rhone Regionales)은 6개 지역내의 163개 마을에서 생산하며 생산량은 이 지방 와인의 80%를 점유 하고 있다.

② AOC 코트 뒤론 빌라쥐 (AOC Cotes du Rhone Village)는 엄격한 품질관리로 AOC 레지오날에 비해 한 단계 질 좋은 와인이라고 할 수 있다.

③ AOC 코트 뒤론 크뤼 (AOC Cotes du Rhone Cru)는 13개 마을로 공식적인 정부 차원에서 수용된것이 아니라 지역 차원에서만 인정 받으며 코트 뒤론 와인 가운데 최상급 와인으로 평가받고 있다.

시라(Syrah) 품종과 에르미타쥐(Hermitage)가 유명한 북부 론(산악지대)

북부 론 지역은 비엔느 마을에서 발렁스까지가 경계이며 준 대륙성 기후와 화강암질 토양이 주성분이다. 북부 론은 론 전체 와인 중에 대부분의 고급와인을 생산하고 있는 곳이기도 하다. 이곳은 여름과 가을은 덥고 강의 영향으로 습도가 매우 높은 곳이다.

북부 론에서 기억해야 될 주요 레드 와인 품종은 시라이며, 화이트 품종은 마르산느, 루산느, 비오니에이다.

크뤼급의 주요산지는 코트 로티(레드 와인), 콩드리외(화이트 와인), 샤토 그리에(화이트 와인), 생조제프(레드 와인+화이트 와인), 에르미타주(레드 와인+화이트 와인), 크로즈 에르미타쥐(레드 와인+화이트 와인), 코르나스(레드 와인) , 생 페레(화이트 와인) 8곳이다.

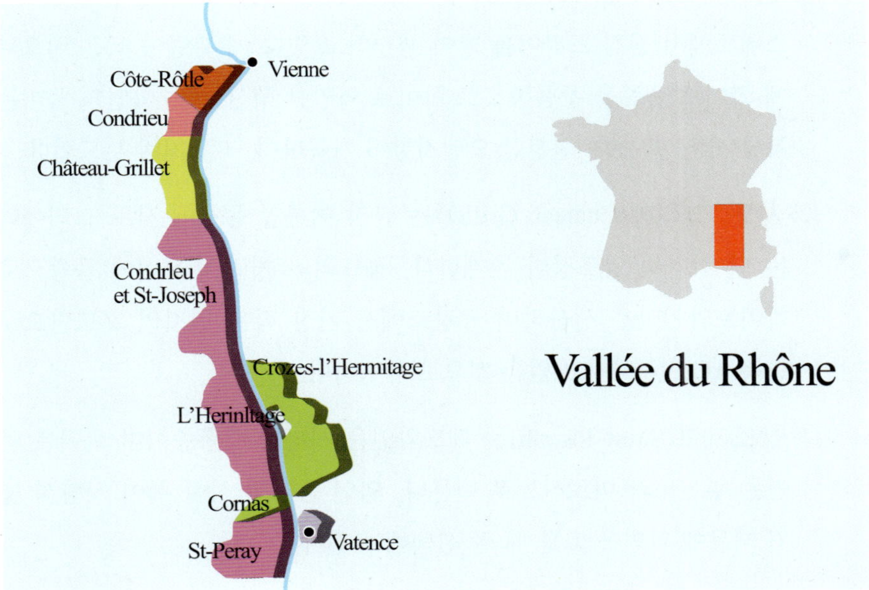

북부론의 크뤼(Cru)급 생산지

① 코트 로티(Cote Rotie)는 론의 가장 북쪽지역에 위치하며 남향 언덕의 계단식으로 조성되어 있다. 코트 로티의 와인은 색깔이 진하고 자극적이며 시라를 주품종으로 레드 와인만 생산한다. 정확하게 표현하면, 레드 와인의 주품종인 시라 포도밭 사이에 화이트 품종인 비오니에를 심어서 법적으로 20% 이내를 레드 와인 만드는 데 사용할 수 있다. 현실적으로 코트 로티 생산자들은 비오니에 품종을 5% 미만 범위에서 사용하고 있다.

코트 로티의 최상위 주요 포도밭들은 라 물린(La Mouline), 라 랑돈(La Landonne), 라 가르드(La Garde), 라 슈발리에(La Chevaliere), 라 튀르크(La Turque)가 있다.

위에 최상위 포도밭을 배경으로 코트 로티 와인은 에르미타쥐 와인과 함께 북부론 와인중에 최고급 와인으로 인정 받고 있다.

② 콩드리유(Condrieu)는 론 최고의 화이트 와인으로 평가 받고 있으며 스위트에서 점점 드라이를 많이 생산하고 있다. 수확량이 적은 비오니에 화이트 품종을 주품종으로 화이트 와인만 생산한다. 와인의 풍미는 복숭아향, 살구향, 신선한 오렌지향이 가득하며 크림 처럼 부드럽다.

③ 샤또 그리에(Chateau Grillet)는 산지 이름인 동시에 샤토 그리에라는 단 하나의 양조장만 존재한다. 콩드리외 처럼 비오니에 품종으로 화이트와인만을 생산하며 프랑스에서 가장 작은 면적의 포도밭으로 단독 AOC를 가지고 있는 것으로 유명하다.

④ 생조제프(Saint-Joseph)는 레드와인은 시라가 주품종이며 화이트 와인은 루산느와 마르산느로 만든다. 와인 품질의 상하 폭이 상당히 넓기 때문에 와인을 고를 때 잘 선택해야 된다.

⑤ 에르미타쥐(Hermitage)는 론강 안쪽에 위치한 땡(Tain)구릉의 가파른 비탈에서 레드 와인과 화이트 와인을 생산한다. 남부 론의 샤토 네프 뒤 파프와 쌍벽을 이룰 정도로 북부 론의 대표적 산지로 훌륭한 품질과 명성을 가지고 있다.

레드 와인은 전부 시라를 사용하여 만들지만 화이트 품종인 루산느와 마르산느가 혼합(15% 이하)될 수 있으나 실제로 화이트 품종을 섞는 생산자는 거의 없다.

화이트 와인은 루산느와 마르산느 품종을 사용하며 말린 과일과 꽃향이 주를 이루나 개인의 성향에 따라 마르산느에 대한 향미는 화장품 냄새, 불쾌하지 않은 화학적 접착제 냄새 등 여러가지로 표현되고 있다. 이에 반해 루산느 품종은 복숭아, 모과, 라임 등의 향기로운 풍미로 소량 투입해 마르산느에 복합미를 더해주는 역할을 하고 있다.

에르미타쥐는 레뮈레(Les Murets－화이트 와인), 베싸르(Bessards－레드 와인), 그르피외(Greffieux－레드 와인)로 나뉘어지며 이 세곳에서 연간화이트 12,000, 레드 와인 40,000상자가 생산된다.

에르미타쥐 레드 와인은 맛이 진하고 복잡 미묘하며 풍부한 탄닌으로 빈티지에 따라 30년 이상 보관가능한 와인도 있다.

예를 들면 에르미타쥐 뱅 드 파이으(Hermitage Vin de Paille)가 대표적이다(루산느와 마르산느를 건조시켜 당도를 높이고 발효 시킨 스위트 화이트 와인).

⑥ 크로즈 에르미타쥐(Crozes-Hermitage)는 에르미타쥐 북쪽에 있는 마을로 가격이 저렴하며 에르미타쥐 대용품으로 인식되어 왔으며 폴 자불레 제품은 에르미타쥐만큼 품질이 뛰어나고 10~15년 숙성이 가능하다.

기본적으로 에르미타쥐보다 빨리 숙성되며 생산량은 에르미타쥐의 5배정도 된다. 레드 와인은 시라를 주로 재배하여 화이트 와인은 마르산느와 소량의 루산느를 섞어 만든다.

⑦ 코르나스(Cornas)는 코트 뒤 론 와인중 타닌 성분이 가장 많아 야성적이며 진한 후추향이 자극적인 와인이다. 숙성초기에는 강한 맛을 내지만 수년의 숙성기간을 거치면서 고급 가죽과 흙냄새를 띠며 20년까지 저장이 가능하다.

색이 진해서 일명 흑포도주라고도 불려지고 있으며 빈티지가 좋을 때는 에르미타쥐의 라이벌이 될 정도로 품질이 좋다.

⑧ 생 페레(St.-Peray)는 마르산느와 루산느로 만든 화이트 와인과 샴페인 방식의 스파클링 와인을 만든다.

그르나슈(Grenache) 품종과 샤토네프 뒤 파프 (Chateauneuf–du–Pape)지역이 유명한 남부 론 (해안지대, 블렌딩의 천국–23가지 품종 허용)

남부 론 지역의 경계는 몽텔리마에서 시작하여 남쪽 아비룡까지이다. 남부 론 와인역시 북부론 와인 지역과 비교하여 주요 품종과 크뤼급 생산지를 기억하면 쉽게 이해할 수 있다. 특히 남부 론 와인은 단일 품종을 사용하는 북부론 와인과 다르게 법 규정상 23가지 품종(레드 와인 품종 12가지, 화이트 와인 품종 11가지)을 와인양조에 허용하기 때문에 남부 론 지역을 블렌딩의 천국이라고 부른다.

북부 론에 에르미타쥐가 있다면 남부 론 와인은 교황의 새로운 성곽으로 불리는 샤토네프 뒤 파프가 가장 유명하며 대표적 와인 생산지라고 할 수 있다. 토양은 자갈이 많은 충적토와 백악질 모래로 이루어져 있으며 기후는 지중해 연안의 건조하고 찬 북서풍(mistral, 미스트랄)에 의해 기상급변이 일어나지만 포도의 생장기 동안 포도나무를 식혀주어 산도를 유지하고 수확기에는 건조기능으로 당분을 농축시킨다. 즉 탈수작용을 통해 포도 안의 당분과 산도를 농축시킨다고 볼 수 있다.

가장 중요한 남부 론의 주된 레드 와인 품종은 그르나슈이며 여기에 시라, 무르베드르, 생쇼, 카리냥 등이 첨가되며 화이트 와인 품종은 그르나슈 블랑, 클레레트, 부르블랑 ,마르산느, 루산느, 비오니에 등이 있다.

주요 크뤼급 AOC 5곳은 샤토네프 뒤 파프, 지공다스, 리락, 타벨, 바케라스가 있다.

남부 론의 크뤼(Cru)급 생산지

① 타벨(Tavel)은 아비뇽 서쪽, 샤토네프 뒤 파프와 5마일 떨어진 곳에 위치한다. 프랑스에서 가장 유명한 로제 와인을 생산하며 레드 와인 수준의 묵직함이 느껴진다. 타벨은 레드 와인 품종과 화이트 와인 품종을 모두 하나의 통해 넣고 맨 위에 있는 포도의 무게가 아래에 있는 포도를 누르면서 나온 즙이 붉은색 껍질과 서서히 접촉하면서 분홍빛이 나타난다. 참고로 타벨은 레드와인이나 화이트 와인은 만들지 않는다.

② 리락(Lirac)은 로제를 주로 생산했으나 최근 레드 와인이 증가하고 있으며 주품종은 그르나슈와 클레레트 품종을 사용한다. 참고로 리락은 유럽의 필록세라(포도나무 뿌리를 전염시키는 초소형 진딧물의 일종)가 1863년 샤토 드 클라리가 캘리포니아 포도나무 묘목을 심으면서 처음 시작되었다는 주장이 제기되는 곳이기도 하다.

③ 샤토네프 뒤 파프(Chateauneuf-du-Pape)는 교황의 새로운 성곽이라는 뜻을 가지고 있다. 14세기 교황 클레멘트 5세가 아비뇽으로 교황청을 옮긴 후 여름별장으로 사용하였고 6세기동안 인근 마을의 석회석 채석장의 이름을 따서 샤토네프 칼세니에르(Ch. neuf Calcernier)라고 불렀다. 따라서 샤토네프 뒤 파프는 20세기에 들어와서 불리워진 이름이다.

이곳의 포도밭은 갈레(Galets)라는 조약돌이 깔려 있어 낮동안 열을 저장하고 밤에 열을 발산하여 포도가 익는데 많은 도움을 주는 곳이다. 샤토네프 뒤 파프에 사용되는 품종은 13가지라고 하지만 실제는 레드 와인 품종인 그르나슈에 그르나슈 블랑이라는 화이트 품종을 추가하면 총 14가지가 된다. 따라서 레드 8종(그르나슈, 시라, 무르베드르, 생소,뮈스카르댕, 쿠누아즈, 바카레즈, 테레누아)과 화이트 6종(그르나슈 블랑, 클레레트 ,브루불랑, 루산느, 픽풀, 피카르당)으로 블렌딩 할 수 있다.

참고로 남부 론은 레드 와인의 주품종인 그르나슈 품종이 산소에 민감하여 다공성인 나무통은 적합하지 않아 오크통을 거의 사용하지 않는다.

따라서 샤토네프 뒤 파프도 오크통을 사용하지 않고 대형 시멘트 통을 사용해 양조함으로서 오크통에서 나오는 토스트나 바닐라향의 특징이 나오지 못한다. 대신에 포도밭의 돌과 토양의 풍미인 테루아 그 자체를 와인을 통해 느낄 수 있다. 90% 이상이 레드 와인인 샤토 네프 뒤 파프는 기본적으로 묵직하고 알코올 함량이 높으나 북부지방의 에르미타쥐나 코트 로티보다는 부드럽고 스파이시하며 숙성이 잘 된다. 소량의 화이트 와인과 로제 와인도 생산하고 있다.

④ 지공다스(Gigondas)는 아비뇽 서쪽, 샤또네프 뒤 파프와 5마일 떨어진곳에 위치하고 있으며 레드 와인과 로제 와인만 생산한다.

주품종은 그르나슈가 주를 이루며 카리냥 품종을 제외한 시라, 무르베드르, 생소 등의 품종도 혼합되기도 한다. 와인의 특징은 대체로 강건하고 거칠며 향신료의 자극적이 풍미가 남성적이다.

⑤ 바케라스(Vacqueyras)는 로제를 주로 생산했으나 최근 레드 와인이 증가하고 있으며 화이트 와인도 생산하고 있다. 레드 와인의 주품종은 그르나슈, 시라, 무르베드르, 생소이며 화이트 와인의 주품종은 그르나슈 블랑, 끌레레트, 부르불랑을 사용하고 있다.

코트 뒤 론과 코트 뒤론 빌라주

코트 뒤 론은 론 밸리 전체를 언급하기도 하지만 대부분 포도밭이 남부에 있기 때문에 남부 론 지역을 의미하기도 한다. 코트 뒤 론 빌라주라는 명칭은 이론적으로 코트 뒤 론보다 품질이 한 단계 높지만 절대적이지는 않다.

코트 뒤 론 빌라주는 케렌느(Cairanne), 사블레(Sablet), 세귀레(Seguret), 봄 드 베니스(Beaumes-De-Venise), 라스토(Rasteau)의 5개 최상급 마을이 유명하다. 특히 봄 드 베니스는 뮈스카 품종으로 만든 화이트 와인의 스위트 강화와인(뱅 두 나튀렐, Vin Doux Naturel)이 유명하며 라스토(Rasteau)도 그르나슈 품종으로 만든 스위트 강화와인(뱅 두 나튀렐, Vin Doux Naturel)이 알려져 있다.

론의 유명 생산자, M. 샤푸티에 (M. Chapoutier)와 이 기갈(E. Guigal)

① M. 샤푸티에 (M. Chapoutier)는 론 강 안쪽에 땡(Tain)에 위치하며 1805년 창립 하였으며 10년 동안 가장 좋은 와이너리로 8번 선정되었다. 엠 샤푸티에는 생태학적인 자연친화를 바탕으로 화학적 제조방법을 배제하여 프랑스 최대의 유기농 와인회사로 알려져 있다.

헥타르당 15헥토리터의 적은 양을 수확하여 품질 좋은 와인 생산에 중점을 두고 있다. 엠 샤푸티에의 특이한 점은 레이블에 점자 표시가 되어 있는데 이것은 프랑스의 한 장님 가수가 레이블을 읽을 수 없어서 또는 에르미따쥬 포도밭 주인이 사냥을 하다가 시력을 잃었기 때문에 점자 표시를 한다는 일화가 있다.

② 이 기갈(E. Guigal)은 2400년의 역사를 가지고 오늘날까지 로마 시대의 전형적인 낮은 담장들이 보존되어 있으며 1946년 에티엔 기갈은 코트 로티의 요람인 고대 도시 앙퓌(Ampuis)에 도멘을 만들었다.

1961년 현재 CEO 마르셀 기갈이 가업을 이어받아 1995년 샤또 앙퓌를 매입하여 기갈의 새로운 명품 와인인 코트 로티의 샤또 앙퓌 와인을 탄생시켰다. 현재 라 물린느, 라 랑돈느, 라 튀르크와 같은 유명 포도원을 직접소유하고 있으며, 론 계곡의 와인들 중에서도 가장 명망이 높은 크뤼 와인들을 선별해 3~4년간 새 오크통에 숙성시키는 전통적 방법을 고수하고 있다.

뱅 두 나튀렐과 뱅 드 리퀘르가 유명한 랑그독 루시옹

역사적으로 랑그독 루시옹은 두 지방으로 분리되어 있었는데 랑그독은 13세기말 프랑스령이었고 루시옹은 17세기 중엽까지 스페인령에 속했었다. 현재는 행정적으로 통합되었으며 한 낮에 태양이 작열하는 땅이라는 뜻으로 르 미디(Le Midi)라고도 불리며 종종 정남쪽에 위치해서 남프랑스(Sud de France)라는 말도 쓰인다.

지중해성 기후로 충적토(바다), 석회와 자갈토양이 특징적이며 프랑스 전체 와인의 1/3을 생산하고 있다. 투박하고 값이 저렴한 와인이 대부분이어서 뱅드 타블과 뱅 드 페이급이 70%를 차지하고 있다.

랑그독 루시옹에서 유명한 주정강화 와인은 뱅 두 나튀렐(VDN, Vin Doux Naturel)과 뱅 드 리퀘르(VdL, Vin de Liqueur)이다.

뱅 두 나튀렐은 주정강화 와인으로 당도가 높은 과숙한 포도를 수확하여 발효도중 알코올을 첨가시켜 16~17%의 알코올 함량을 유지한다. 잔당은 8~10% 정도로 소테른 잔당의 8~12%와 비교하면 당도가 어느 정도 수준인지 알 수 있을 것이다. 랑시오(Rancio)는 오크통에 넣은 와인을 햇볕에 2년 이상 노출시켜 산화된 특징의 와인을 말한다. 스위트 강화와인으로서 뱅 두 나튀렐은 뮈스카가 주품종이지만 다른 품종도 같이 사용할 수 있으며 아페리티프 또는 디저트 와인으로 이용된다.

뱅 드 리퀘르는 과즙에 알코올을 첨가하여 만든 리큐르(알코올 함량 15~22%) 종류이다.

랑그독 루시옹의 주요 포도 품종

랑그독 루시옹의 레드 와인 포도 품종은 카리냥(Carignan), 그르나슈(Grenache 강화와인 바뉠스에 사용), 무르베드르(Mourvedre), 생소

(Cinsault, 남부지방에서 잘 자라며 비싸지 않은 레드와 로제), 카베르네쇼비뇽 · 메를로(Vin de Pays d'Oc의 주품종), 시라(Syrah) 등이 있다.

화이트 와인 포도 품종은 샤르도네 · 소비뇽 블랑(Vin de Pays d'Oc의 주품종), 슈냉블랑(Chein Blanc), 픽풀(Picpoul), 클레레트(Clairette), 마르산(Marsanne), 롤(Rolle), 모작(Mauzac, 랑그독 토종으로 만생종), 뮈스카 블랑 아 프티 그랭(Muscat Blanc a Petits Granis, 최고의 뮈스카 포도로 VDN에 사용), 마카베오(Macabeo, 산도 낮고 껍질이 얇은 품종, 스페인은 비우라(Viura)라고 함), 부르블랭(Bourboulenc, 그리스에서 온 품종, 블렌딩용, 랑그독에서는 '말부지아'(Malvoise)라고 함) 등이 있다.

코르비에로 유명한 랑그독 AOC와 바뉠스로 유명한 루시옹 AOC

랑그독(Languedoc) AOC는 블랑케트 드 리무(Blanquette de Limoux), 코르비에르(Corbieres), 피투(Fitou), 프롱티냥(Frontignan), 미네르부아(Minervois)가 있다.

블랑케트 드 리무(Blanquette de Limoux) AOC는 모작(Mauzac='블랑케트') 품종만을 주원료로 샴페인방식 스파클링 와인이며 프랑스가 샴페인이 처음 생산된 곳임의 근거가 된 것이기도 하다. 블랑케트 드 리무와 구분하여 '리무' AOC는 샤르도네 · 모작 · 슈냉블랑으로 만든 화이트 와인(오크통 숙성)으로 일반 스틸 와인(발포성이 아님)이다.

참고로 크레망은 프랑스 전역에서 생산되는데 크레망 드 리무(Cremant de Limoux)는 리무 마을에서 생산되는 스파클링으로 모작 70%, 샤르도네와 슈냉블랑 30%을 사용하여 만든다. 고급 크레망은 크레망 달자스, 크레망 부르고뉴, 크레망 드 루아르, 크레망 드 리무 등을 말한다.

코르비에르(Corbieres) AOC는 랑그독 중 가장 크고 유명하며 피투(Fitou) AOC는 해양성기후(바다쪽)와 준 대륙성기후(내륙쪽)로 구분되고 강렬 · 자극적인 특징을 가지고 있다.

프롱티냥(Frontignan) AOC는 뮈스카로 만든 뱅 두 나튀렐(VDN)이 유명하다. 미네르부아(Minervois) AOC는 코르비에 북쪽으로 저렴하고 부드러운 와인 특징을 가지고 있다. 가벼운 로제 와인과 소량의 화이트 와인도 생산된다.

루시옹(Roussillon) AOC는 바뉠스(Banyuls)AOC, 모리(Maury) AOC, 리브잘트(Rivesaltes) AOC가 대표적이다.

바뉠스 AOC는 그르나슈를 주원료로 마카베오, 말부아지, 뮈스카를 혼합한 뱅 두 나튀렐(VDN)이며 바뉠스 랑시오(Rancio)는 바뉠스를 산화(오크통에 넣어 2년 이상 햇볕에 노출)시켜 만든 와인을 말한다.

모리(Maury) AOC와 리브잘트(Rivesaltes) AOC는 그르나슈, 마카베오, 말부아지, 뮈스카로 만든 뱅 두 나튀렐(VDN)을 말한다.

프랑스의 정원, 루아르 와인 (Loire Wine)

루아르는 리옹의 서쪽에서 대서양 연안의 낭트(루아르강 일대)에 위치하며 여름용 와인(Summer Wine)으로 값이 저렴하다. 프랑스의 정원(Jardin de La France)이라고 불려지고 있으며, 유럽의 왕족과 귀족의 별장이 많은 곳이다.

루아르 와인은 스틸 와인, 스파클링 와인, 스위트 와인과 드라이 와인, 레드 와인, 화이트 와인, 로제 와인 등 거의 모든 타입의 다양한 와인이 나오는 곳이라고 할 수 있다.

루아르는 북쪽 서늘한 곳에 위치하기 때문에 산도높고 신선한 화이트 와인을 주로 생산하는 명산지로 알려져 있다.

루아르의 지역구분은 페이낭테(Pays Nantais), 앙주 · 소뮈르(Anjou , Saumur), 투렌(Touraine), 중부지방 (Centre Nivernais)으로 나누며 날씨가 안 좋을 때 설탕을 첨가하여 알코올 농도를 높이도록 되어 있다.

루아르의 주요 화이트 품종은 소비뇽블랑과 슈냉블랑이 유명하며 레드 주품종은 카베르네 프랑이며 카베르네 소비뇽, 피노누아르, 가메 등이 섞인다.

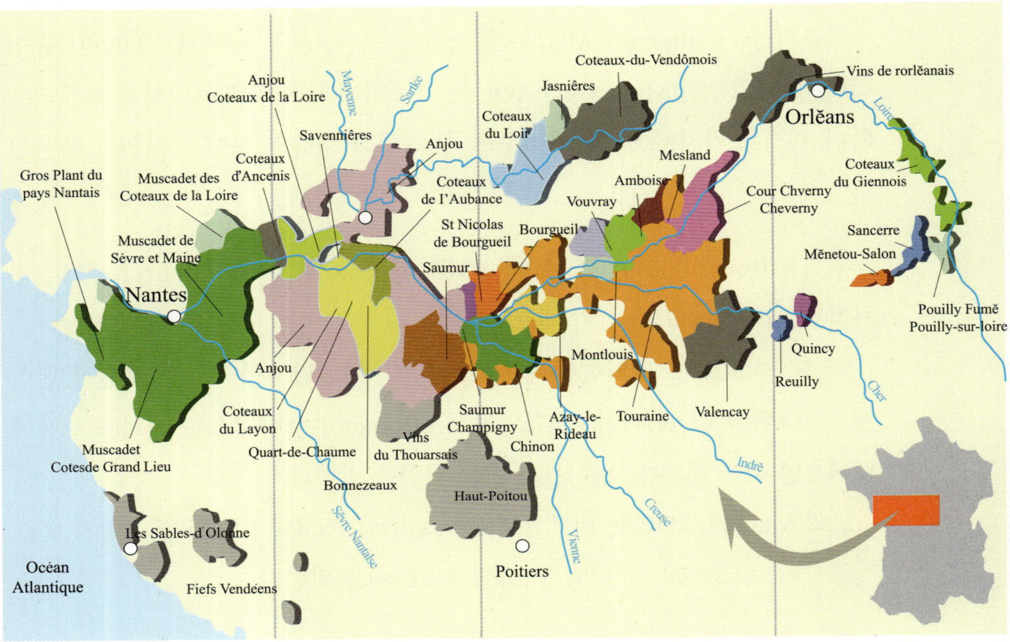

루아르의 주요 포도품종들

루아르의 레드 와인 품종 중에서 기억해야 될 것은 카베르네 프랑(Cabernet Franc)이다. 카베르네 프랑은 '브르통'(Breton)이라고도 하며 루아르 최고의 레드와인을 만드는 품종으로 다른 레드 와인, 로제 와인, 스파클링 와인에도 혼합된다.

가메(Gamay)는 앙주와 투렌지역에서 사용되는 품종으로 다른 레드 와인, 로제 와인, 스파클링 와인에도 혼합된다. 피노 누아(Pinot Noir)는 중부지방 성세르의 레드 와인에 사용되며 다른 레드 와인, 로제 와인, 스파클링 와인에도 혼합된다.

그롤로(Grolleau)는 루아르 토종, 앙주 로제의 주품종이며 다른 레드 와인, 로제 와인, 스파클링 와인에 혼합된다. 루아르의 화이트 와인 품종에서 가장 중요한 것은 슈냉 블랑(Chnin Blanc)과 소비뇽 블랑(Sauvignon Blanc)이다.

슈냉 블랑은 피노 들라 루아르'(Pineau de La Loire)라고도 하며 루아르 대표적 품종으로 드라이 · 스위트 · 스파클링 와인까지 다양한 타입의 와인을 만드는데 사용된다(앙주와 투렌지방 적합함).

소비뇽 블랑(Sauvignon Blanc)은 '성세르'(Sancerre), '푸이 퓌메'(Pouilly-Fume) 등 루아르 고급와인에 사용된다. 믈롱 드 부르고뉴(Melon de Bourgogne)는 뮈스카데의 주품종이며 17세기 브랜디용으로 사용되었다.

샤르도네(Chardonnay)는 다른 품종에 혼합하거나 스파클링 와인을 만드는데 이용된다. 아르부아(Arbois) 품종은 루아르 토종으로 블렌딩용으로 사용되며 점차 수요가 줄고 있다.

루아르 주요 AOC(페이 낭테, 앙주-소뮈르, 투렌, 중부지방)

① 페이 낭테(Pays Nantais) AOC는 해양성 기후(겨울 춥고 봄에 서리, 여름에 온화한 햇빛)로 강가 또는 언덕에 좋은 포도밭이 위치하고 있다. 뮈스카데(Muscadet, 믈롱드 부르고뉴 또는 가메 블랑이라는 포도품종이용, 머스캇 고유 냄새 없음)와인이 유명하다.

뮈스카데(Muscadet)AOC는 뮈스카데 와인 생산지역으로 믈롱드 부르고뉴 품종을 사용한다는 것을 기억해야 한다. 가끔 뮈스카데를 포도품종으로 표현하는 경우도 있으나 정확하게 표현하면 뮈스카데는 포도품종이 아니다.

② 앙주-소뮈르(Anjou-Saumur) AOC는 강우량이 많지 않은 온화한 대서양 기후로 레드, 화이트, 로제, 스파클링 다양하게 생산되며 화이트와인은 슈냉블랑 품종이 주를 이루고 있다.

앙주는 적포도 품종인 그롤로를 주품종으로 로제 덩주(Rose d'Anjou) AOC가 유명하며 햇와인으로 출하되기도 한다. 참고로 카베르네 프랑 또는 카베르네 소비뇽 품종으로 만드는 로제 카베르네 덩주(Carbernet d'Anjou)도 생산하고 있다.

앙주의 레드 와인인 앙주 루즈는 카베르네 프랑과 카베르네 소비뇽으로 만들며 앙주 빌라주(Anjou-Villages)와 소뮈르 샹피니(Saumur-Champigny)로 표기 되는 레드 와인은 앙주 루즈보다 우수하며 카베르네 프랑이 주품종이다.

기타 본조(Bonnezeaux)AOC와 카르 드 숌(Quarts de Chaume)AOC는 슈냉블랑 품종에 보트리티스 곰팡이를 이용하여 만든 고급 스위트 화이트 와인이며 사브니에르(Savennieres)AOC는 슈냉블랑으로 만든 최고의 드라이 화이트 와인으로 단위면적당 생산량이 루아르에서 가장 낮다.

③ 투렌(Touraine) AOC는 대륙성 기후로 부브레(Vouvray) · 몽루이(Montlouis)는 스위트 화이트 와인이 유명하며 과숙된 슈냉블랑을 사용한다. 부르괴이(Bourgueli) · 쉬농(Chinon)은 카베르네 프랑으로만 만든 레드와인 명산지로 루아르에서 가장 좋은 레드 와인을 생산한다. 부브레(Vouvray)AOC는 잔당에 의한 와인 분류를 알 필요가 있는데 드라이에서 스위트까지 다양한 화이트 와인 스타일이 있다.

당도에 따라서 섹(Sec)은 잔당 0.4% 이하, 드미섹(Demi Sec)은 0.4~1.2%, 무알뢰(Molelleux)는 1.2~4.5%, 두(Doux)는 4.5%이상을 표시한다. 샴페인과 다르게 부브레의 섹은 당이 거의 없는 쪽이며 무알뢰부터 달콤함이 많이 느껴지고 두(Doux)가 가장 달콤하다.

최고급 스위트 화이트 와인은 보트리티스 곰팡이가 낀 슈냉블랑 품종을 이용한다.

④ 중부지방(Centre Nivernais) AOC는 역사적으로 부르군디 공국에 속해 있어 부르고뉴 와인 스타일과 비슷하며 프랑스의 가장 중앙에 위치(루아르의 중부지방이 아님)하고 있다. 쇼비뇽블랑이 대표적 품종이며 성세르(Sancerre)AOC와 푸이 퓌메(Pouilly-Fume)AOC가 가장 많이 알려져 있다.

달콤하지 않은(드라이) 화이트 와인이 유명한 알자스(Alsace)

알자스는 드라이한 화이트 와인이 유명하며 특히 리슬링(Riesling, 22%)품종으로 만든 화이트 와인이 많이 알려져 있다. 독일 리슬링은 달지만 알자스는 드라이 성격으로 감귤향, 복숭아향이 지배적이며 가장 많이 재배되는 고급 품종이기도 하다.

게뷔르츠트라미너(Gewurztraminer, 19%)는 핑크빛 껍질과 장미 · 스모키 · 미네랄향이 지배적이며 리슬링과 함께 알자스의 주력 품종 중 하나다.

피노그리(Pinot Gris, Tokay Pinot Gris,15%)는 피노누아의 변종으로 화이트 와인이지만 양조방식에 따라 옅은 로제 색상을 보이는 와인이 있다. 중세 헝가리에서 도입한 품종으로 헝가리 토카이 와인과는 관계없다. 미국과 이탈리아 피노그리 품종에 비해 알자스 피노그리는 무겁고 진하다.

뮈스카(Muscat)는 동일한 향을 가진 여러 품종의 그룹을 일컫는 말로 지금은 품종으로 알려져 있다. 알자스의 뮈스카는 풀바디의 뮈스카 달자스(Muscat d'Alsace, 뮈스카 블랑 아 프티 그랭(Muscat Blanc a Petits Granis)이 정식명칭), 가볍고 신선한 뮈스카 오토넬(Muscat Ottonel) 2가지로 나누며, 둘 다 드라이 와인의 성격을 가지고 있다.

알자스의 레드 와인 품종은 피노누아(Pinot Noir)를 기억하자. 알자스의 대표 레드 와인 품종인 피노 누아르(Pinot Noir)는 최근 수율을 낮게 재배하여 품질을 높이고 있다. 와인의 특징은 전반적으로 오크통 숙성을 통해 색깔이 진하고 향미가 풍부하다.

알자스 와인은 포도 품종의 특징과 함께 기본적으로 토양 자체의 특성을 반영하려고 노력한다. 상업용 효모보다 포도 자체의 자연 그대로의 효모를 사용하며 새 오크통 보다 스테인리스나 시멘트통 또는 푸드르(Foudres, 오래된 오크통)를 사용하여 화학적 작용의 영향을 줄이려고 노력한다.

알자스의 방당주 타르디브와 셀렉시옹 드 그랑 노블

알자스 그랑크뤼(Alsace Grand Cru) AOC는 50개 포도원으로 구성되어 있으며 뮈스카, 리슬링, 게뷔르츠트라미네르, 피노그리 4개의 품종만으로 만들어야 그랑크뤼로 불려진다.

알자스 그랑크뤼는 전체 생산량의 5%밖에 안되며 방당주 타르디브와 셀렉시옹 드 그랑 노블이 대표적이다.

방당주 타르디브(VT, Vendange Tardive)는 늦게 수확한 와인으로 프랑스 AOC와인중 가장 엄격하여 작황이 좋은 해만 생산하기 때문에 어떤 해에는 시판이 되지 않는 경우도 있다. 따라서 방당주 타르디브는 5~20년까지 보관 가능한 고급 와인이다.

양조방법은 보트리티스 시네리아 포도(소테른 와인 양조에 작용하는 곰팡이균) 수확후 곰팡이가 끼지 않고 남은 포도를 11, 12월 수확하여 드라이에서 스위트한 타입까지 다양하게 만든다. 참고로 방당주 타르디브도 가끔 귀부균의 영향을 받는다.

셀렉시옹 드 그랑 노블(SGN, Selection de Grains Nobles)은 항상 보트리티스 시네리아 곰팡이가 낀 포도로 소테른 처럼 달콤한 스타일을 만들며 고급 방당주 타르디브 보다 먼저 수확하여 5~30년 보관이 가능하다. 방당주 타르디브처럼 엄격한 통제를 받기 때문에 가당 작업을 할 수 없으며 압착 후 포도 상태를 정부로부터 규제를 받는다.

크레망 달자스(Cremant d'Alsace)는 샴페인방식의 스파클링 와인으로 알자스와인의 10%를 차지하며 화이트와 로제 색깔 모두 생산 가능하며 9개월 이상 병숙성을 한다.

알자스 그랑크뤼, 크레망 달자스를 제외한 알자스의 모든 와인은 알자스(Alsace)/Vin d'Alsace(뱅 달자스)라고 하며 95%가 포도품종 이름으로 팔리고 있다.

독특한 와인 양조방법의 쥐라와 사부아(Jura-Savoie)

쥐라 사부아 지역은 대륙성 기후로 토양이 석회질과 점토성의 특징을 이루며 스위스 국경인 알프스 스키장과 근접 하고 있다. 쥐라 지역은 독특한 양조 스타일의 뱅푸, 뱅드 파이으, 뱅존, 뱅그리의 양조방법 4가지를 기억하는 것이 중요하다.

① 뱅푸(Vin Fou, Mad Wine)는 스파클링 와인, ② 뱅드 파이으(Vin de Paille, Straw Wine)는 건조 포도로 장기발효 후 4년 이상 숙성, ③ 뱅존(Vin Jaune, Yellow Wine)은 와인에 효모막을 번식시킨 후 6년간 산화시킨 와인이며 ④ 뱅그리(Vin Gris)는 색깔이 옅은 로제 와인을 말한다.

주요 레드 와인 품종은 풀사르, 트루소, 피노누아 등을 사용하며 화이트 와인 품종은 사바내앵 블랑(=Nature), 샤르도네(Melon d'Arbois), 피노블랑 등을 이용한다.

주요 쥐라 AOC는 아르부아(Arbois)/아르부아 퓌피앵(Arbois Poupillin), 샤토 샤롱(Ch.Chalon), 레투알(L'Etoile), 크레망 뒤 쥐라(Cremant du Jura), 막뱅(Macvin, Macvin du Jura) 등이 대표적이다.

아르부아(Arbois)/아르부아 퓌피앵(Arbois Poupillin) AOC는 파스퇴르의 고향으로 1936년 프랑스 최초 AOC로 가장 유명하며 뱅존, 뱅드 파이으, 뱅그리 등 다양한 스타일의 와인을 만들며 샤르도네 품종의 화이트 와인도 생산하고 있다.

샤토 샤롱(Ch.Chalon) AOC는 사바내앵으로 최고 품질의 뱅존을 생산한다. 사바내앵 포도로 와인제조후(알코올12~13%) 228L 통에 넣고 뚜껑을 열어 놓은 채 6년을 두면 와인 표면에 효모막(Flor)이 형성된다. 스페인 쉐리와 비슷하나 알코올을 중간에 첨가하지 않는 것이 다른 점이다.

셀라가 반지하 창고로 온도차가 심해서(8−18도) 여름에 효모막이 생성됐다가 겨울에 죽는 현상이 반복되며 최고 100년까지도 보관 가능하다고 한다.

레투알(L'Etoile) AOC는 화이트 와인으로 뱅존과 뱅드 파이으를 생산하고 크레망 뒤 쥐라(Cremant du Jura) AOC는 화이트 및 로제 스파클링 와인을 만들어 2차발효를 병에서 한다.

막뱅(Macvin, Macvin du Jura) AOC는 포도 찌꺼기로 만든 브랜디(Marc)를 발효중인 머스트에 첨가한 주정 강화와인으로 오크통에서 2년 숙성한다.

사부아(Savoie) AOC는 뱅드 사부아(Vin de Savoie) AOC가 전체 생산량의 45%(16개의 지명 지정)를 차지한다.

방돌로 유명한 프로방스와 코르시카 와인

프로방스는 유명 화가의 활동무대(고흐, 르누아르,피카소, 세잔 등)로 론지방 같은 북풍 미스트랄이 병충해를 예방하거나 포도나무에 상처를 주기도 한다. 해안가는 석회석과 편암, 석영 등 바위로 된 토양이며 내륙은 점토와 굵은 모래가 특징이다.

프로방스 AOC는 세계적으로 유명한 로제 와인인 방돌 AOC(무르베드르 품종으로 만든 강한 로제와인)와 레드 와인인 벨레 AOC를 기억하는 것으로 충분하다. 전반적으로 프로방스 와인은 약간 거칠면서 농축미 있는 레드와 화이트 와인을 생산한다.

로제 와인(프로방스 60% 이상)은 프로방스에서 가장 많이 생산되고 있으나 세계 와인 소비성향에 맞추어 레드 와인을 주력 생산으로 방향 전환 중이다.

코르시카는 Vin de Pays급 와인으로 유명하며 레드 와인이 주를 이루고 있다.

보르도 클론과 카오르로 유명한 남서쪽 프랑스

남서쪽 프랑스 와인은 보르도 스타일의 특징을 보이는 보르도 클론과 남서쪽 프랑스 와인의 특징만을 나타내는 남서쪽 와인을 구분해서 기억하면 좋다.

① 보르도 클론(Bordeaux Clones)은 베르쥐락(Bergerac, 레드와 화이트 와인 모두 생산), 몽바지약(Monbazillac, 귀부 와인), 코트 드 뒤라(Cote de Duras, 모작 품종으로 화이트 와인 생산), 코트 드 말망데(Cote de Marmandais), 뷔제(Buzet, 주로 레드 와인, 로제와 화이트 와인도 생산) 등이 있다.

② 남서쪽 프랑스(South-west wine)는 말벡(옥세루와(Auxerrois)라고도 함) 70%를 블렌딩 한 카오르(Cahor, 블랙와인이라는 별명을 갖고 있음)와 타나 품종으로 만든 강한 레드 와인인 마디랑(Madiran)이 유명하다.

기타 뱅 드 패이 드 꼬뜨 데 가스꼬뉴(Vin de Pays Cotes des Gascogne), 뱅 드 빼이 뒤 제르(Vin de Pays du Gers)가 있는데 아마냑(Armagnac)품종을 이용하여 향기롭고 산뜻한 초록사과의 신맛을 느끼게 해준다.

와인 양조의 절대 기교, 포도를 건조시키는 양조방법에 익숙한 이탈리아

이탈리아 대표 와인 생산지

이탈리아는 전형적 지중해성 기후로 포도의 당분함량이 높고 산도가 약하다. 국토의 대부분이 산악과 언덕으로 이루어져 있으며 지중해, 아드리아 해, 티레니아 해, 리구리아 해 등으로 둘러싸여 다양한 테루아 형성, 다양한 스타일의 와인을 생산하고 있으며 전국토가 와인생산지라고 할 수 있다.

이탈리아 와인양조는 포도를 건조시켜 다양한 스타일의 와인을 만드는 방법이 매우 특징적이다.

대표적 방법이 파시토(Passito)와 빈 산토(Vin Santo)이다.

파시토는 햇볕(몇 주)과 그늘에 몇 달동안 건조하여 당분과 향미를 농축시킨 스위트 와인을 만드는 것이다.

빈 산토(Vin Santo)는 말바시아, 트레비아노 품종을 사용해서 포도를 나무에 오래 매달아 놓거나 수확한 포도를 3~6개월 건포도처럼 건조 후 압착시키는 방법이다.

더 자세하게 표현하면, 압착된 주스를 전번 와인의 찌꺼기와 작은 통에 가득 채우지 않고 3~5년 동안 발효시켜 산화와 숙성을 반복한다. 반복된 산화와 숙성으로 갈색의 호두향이 느껴지며 다양한 향신료를 첨가하여 다양한 타입의 와인을 완성시킨다.

빈 산토는 알코올이 14~17%로 높으며 대부분 스위트한 와인이지만 드라이 와인도 있다.

참고로 이태리 와인도 프랑스의 보졸레 누보 스타일의 햇와인이 생산되는데 이 와인을 비노 노벨로(Vino Novello=Vino Giovane)라고 하며 주로 레드 와인을 생산하고 수확한 해 11월 6일부터 판매한다.

이탈리아의 얼굴 토스카나(Toscana)

이탈리의 대표와인인 키안티가 있는 토스카나 지역은 햇볕을 충분히 받을 수 있는 언덕과 높은 고도에 포도밭이 위치하고 있다. 토스카나에서 기억해야될 핵심 포인트는 주요 레드 와인 품종인 산지오베제와 대표 와인으로 키안티, 베르나차 디 산 지미냐노, 브루넬로 디 몬탈치노, 비노 노빌레 디 몬테풀치아노, 슈퍼 투스칸이다.

① 키안티 와인은 키안티 DOCG, 키안티 클라시코 DOCG, 키안티 클라시코 리제르바 등이 있다.

② 베르나차 디 산 지미냐노(Vernaccia di San Gimignano)DOCG는 베르나차(90%) 품종으로 만든 토스카나 유일의 화이트 와인 DOCG급 품질의 와인이다.

③ 브루넬로 디 몬탈치노(Brunello di Montalcino)DOCG는 바롤로와 함께 이태리 최고의 레드 와인이며 키안티 클라시코 남쪽, 산조베제 품종의 변종인 산조베제 그로소 중 하나인 브루넬로 품종으로 양조한다. 로소 디 몬탈치노(Rosso di Montalcino) DOC는 1년 숙성된 가볍고 신선한 와인으로 브루넬로 디 몬탈치노와 동일 지역에서 생산하며 어린 포도나무에서 수확한다.

④ 비노 노빌레 디 몬테풀치아노(Vino Nobile di Montepulciano)DOCG는 이태리 최초의 DOCG로 귀족과 시인이 즐겨 마시고 교황이 정기적으로 시음하여 'Nobile'라는 단어가 붙었다. 토스카나 남부지방의 점토가 섞인 모래토양에 위치하며 산조베제 변종인 '프루놀로 젠틸레'(Prugnolo Gentile)'품종 70%이상과 카나욜로 품종 10%이하, 기타품종을 혼합하여 2년 정도 숙성시킨다.

로소 디 몬테풀치아노 DOC는 비노 노빌레 디 몬테풀치아노와 동일한 지역과 동일한 프루놀로 젠틸레 품종이지만 어린 포도나무에서 수확하여 양조하는 것이 다르다.

브루넬로 디 몬타치노와 비노 노빌레 디 몬테풀치아노에서 언급되고 있는 몬탈치노(Montalcino)와 몬테풀치아노(Montepulciano)를 반드시 구분할 필요가 있다.

몬탈치노와 몬테풀치아노는 토스카나의 시에나 남동쪽에 있는 작은 마을이며 몬텔풀치아노는 가볍고 신선한 레드 와인 포도품종을 뜻하기도 한다. 그러나 비노 노빌레 디 몬테풀치아노에서 몬테풀치아노는 포도 품종을 뜻하는 것이 아니며 마을을 의미하는 것임을 주의해야 한다.

이탈리아 와인의 아이콘! 슈퍼투스칸(Super Tuscans)

이탈리아 품질체계 DOC 규정을 통제 받지 않고 독자적 품종을 선택하여 블렌딩 하는 독특한 고가 와인이다. 슈퍼투스칸 와인은 가장 유명한 제품인 사시카이야, 티냐넬로, 오르넬라야, 솔라야 4가지 정도만 기억하면 좋다.

사시카이야(Sassicaia)는 프랑스 1등급 와인인 샤토 라피트 로쉴드에서 카베르네쇼비뇽 묘목을 가져와 프랑스 오크통으로 숙성시켰다. 볼게리(Bolgheri) 지역에서 시작된 사시카이야는 1994년 DOC로 지정되었다.

티냐넬로(Tignanello)는 산조베제 품종 80%이상과 카베르네쇼비뇽 20%미만을 블렌딩한 것으로 피에로 안티노리(Piero Antinori)가 유명하며 IGT급으로 지정되었다.

오르넬라야(Ornellaia)는 카베르네쇼비뇽을 주품종으로 메를로, 카베르네 프랑을 블렌딩 했다. 2001년 Wine Spectator에서 이탈리아 와인 1위로 선정되기도 했다.

솔라야(Solaia)는 카베르네쇼비뇽(80%)이상과 산조베제(20%) 미만으로 블렌딩 한것으로 IGT로 지정되었다. 토스카나의 유명 메이커는 슈퍼투스칸 와인인 '티냐넬로', '솔라야' 를 소개한 안티노리(Antinori)가 잘 알려져 있다. 브루넬로 디 몬탈치노 유명한 비온디 산티(Biondi−Santi)도 기억해야 할 메이커다.

토스카나의 주요품종들

토스카나에서 레드 와인 품종은 산조베제를 기억하는 것이 핵심이다. 산조베제(Sangiovese)는 주피터의 피(Sangue di Giove)에서 유래되었으며 토스카나 지역의 대표 품종이면서 키안티 와인의 주품종이다. 산조베제는 환경변화에 민감해서 유전적 변종이 많다. 대표적 변종인 산조베제 그로소(Sangiovese Grosso)에는 '브루넬로(Brunello, 브루넬로 디 몬탈치노의 품종)', '푸루뇰로(Prugnolo, 비노 노빌레 디 몬테풀치아노의 품종)'가 있다.

카나욜로(Canaiolo)는 산조베제와 함께 사용하고 있지만 최근 수요가 감소하고 있다.

화이트 품종은 말바지아, 트레비아노, 베르나차가 주품종으로 주의해서 기억해둘 필요가 있다.

말바지아(Malvasia)는 디저트 와인을 만드는 품종으로 사용되며 트레비아노(Trebbiano)는 드라이 와인과 디저트 와인에 모두 사용된다.

베르나차(Vernaccia)는 토스카나 대표적 화이트 와인 품종으로 여러 품종을 묶어서 부르는 집합체 명칭이며 정식 명칭은 '베르나차 디 산지미냐노'(Vernaccia di San Gimignano)이다.

기타 토스카나 화이트 와인 품종으로는 샤르도네, 소비뇽 블랑, 알레아티코(Aleatico, 그리스에서 유입된 품종, 과일향이 강함) 등이 있다.

바롤로와 바르바레스코 와인의 명산지, 피에몬테

피에몬테(Piemonte)는 'Foot of mountain'이라는 별명처럼 알프스 산맥 아래 위치하여 가파르고 추워서 포도재배가 잘 안되는 곳이다.

이탈리아에서 가장 넓은 곳으로 테루아의 악조건을 극복하고 오늘날 세계 최고급 레드 와인 산지로 알려져 있다. 피에몬테 지역은 65% 이상이 레드 와인이며 대륙성 기후의 특징을 가지고 있다.

피에몬테 지역에서 가장 유명한 DOCG와인은 피에몬테 남동부 랑게(Lange) 지역으로 네비올로(Nebbiolo=Spanna)가 주품종인 바롤로(Barolo)와 바르바레스코(Barbaresco)와인을 기억해야 한다. 이탈리아 샴페인으로 알려진 아스티 지역의 남쪽 알바의 동쪽 카넬리(Canelli)에서 생산되는 '아스티(Asti)'와인은 약발포성 와인(프리잔테, Frissante)인 모스카토 다스티와는 구분된다.

피에몬테 유명 메이커는 안제로 가야(Angelo Gaja)로 '피에몬테의 왕자'로 불려지고 있으며 바르바레스코를 최고의 와인으로 만들었다. 더불어 네비올로 포도를 유행시킨 것으로도 유명하다.

피에몬테 주요 레드 와인 품종은 네비올로(Nebbiolo=Spanna)로이며 만생종으로 늦은 10월 수확기 때 끼는 안개(Nebbia)에서 유래했고 묵직한 성향을 갖고 있다. 기타 레드 와인 품종으로 바르베라(Barbera, 부드러운 타닌, 묵직함, 당도가 높음, 자홍색), 돌체토(Dolcetto, 산도가 낮고 타닌이 많지 않음), 브라케토(Brachetto, 스파클링 또는 파시토에 사용됨), 보나르다(Bonarda, 향이 좋아 바르베라와 혼합됨), 베스폴리나(Vespolina, 네비올로의 블렌딩용) 등이 있다.

화이트 와인 품종은 주로 모스카토(Moscato=Mascato di Canelli=Mascato Bianco)를 사용하며 프랑스의 '뮈스카 블랑 아 프티 그랭'과 같고 아스티에 사용된다. 기타 화이트 품종은 코르테제(Cortese), 아르네이서(Arneis) 등이 있다.

피에몬테의 아스티 스푸만테 DOCG와 모스카토 다스티 DOCG를 구분하자

위에서도 언급했듯이 피에몬테에서 이탈리아의 샴페인이라고 할 수 있는 아스티는 아스티 스푸만테라고도 불려진다.

아스티 지역 남쪽, 알바 동쪽의 카넬리(Canelli)라는 마을에서 생산되며 '아스티'라는 말이 더 많이 사용된다. 아스티의 제조방법은 샹파뉴 방식이 아닌 샤르마 제조법을 사용하여 대량 생산이 가능하다.

아스티의 샤르마 방법은 커다란 탱크 발효조에서 포도즙이 즉각적인 발효가 일어나지 않도록 냉각수준으로 차갑게 보관한다.

아스티에 사용되는 포도품종은 모스카토 품종이며 모스카토 카넬리 또는 모스카토 비앙코라고도 불려지며 프랑스에서는 뮈스카 블랑 아 프티 그랭이라고 한다.

아스티와 구분해야 될 모스카토 다스티(Moscato d'Asti)DOCG는 모스카토 품종을 이용한 약한 스파클링 와인으로 프리잔테(Frizzante, 약발포성 와인)라고 불리며 아스티 보다 알코올(5.5%)과 압력이 더 낮고 스위트하다.

로미오와 줄리엣의 와인, 레초토와 아마로네, 그리고 리파소가 유명한 베네토(Veneto)

이태리 북동쪽에 위치하고 있으며 베네치아와 베로나(로미오와 줄리엣의 무대, 매년 4월 와인전시회)가 유명한 곳이다. 주요 와인산지는 베로나시를 중심으로 서부에 있는 발폴리첼라(Valpolicella), 바르돌리노(Bardolino), 소아베(Soave) 3곳이 핵심 지역이다.

베네토의 독특한 건조방법의 양조방식인 레초토, 아마로네, 리파소 3가지는 구분해서 이해해야 된다.

① 레초토(Recioto, 베네토지방에서 불리는 명칭)는 파시토(Passito, 베네토 이외지방에서 쓰는 명칭)와 동일한 명칭으로 수확한 포도를 햇빛 또는 그늘에서 건조시켜 당분과 향미가 농축되도록 한다. 가끔 보트리티스 시네리아의 곰팡이가 끼는 경우도 있다. 레초토는 중간에 발효를 중단시켜 잔당을 남긴 달콤한 와인이며,

② 잔당이 거의 없이 완전히 발효시켜 드라이하며, 육중하고 농밀한 레드 와인은 '아마로네(Amarone, 씁쓸하다는 뜻의 amar와 크다는 뜻의 one에서 유래됨)'라고 한다.

참고로 이탈리아 3대 명품 와인이 토스카나(Toscana) 지방의 브루넬로 디 몬탈치노(Brunello di Montalcino), 피에몬테(Piemonte)의 바롤로(Barolo)와 더불어 베로나(Verona) 지방의 아마로네(Amarone)가 포함된다. 아마로네 와인중에서 로마노 달 포르노(Romano Dal Forno)의 아마로네는 이탈리아의 로마네 콩티라는 별명을 가질 정도로 품질이 우수하며 가격도 비싸다.

레초토는 아마로네보다 더 늦게 수확하고 건조기간도 더 길게 농축시켜 발효를 진행한다.

③ 리파소(Ripasso)는 아마로네를 만들고 남은 포도껍질을 발폴리첼라에 첨가하여 만든 것을 발폴리첼라 리파소(Valpolicella Ripasso)라고 한다.

④ 벨리니(Bellini)는 여름용 칵테일로 프로세코 스파클링과 복숭아주스를 섞은 것이다.

베네토의 주요 포도품종들

베네토에서 기억해야 될 레드 와인의 주요 품종은 아마로네 와인의 품종으로 ① 코르비나(Corvina) ② 론디넬라(Rondinella) ③ 몰리나라(Molinara)이다. 기타 피노 네로(Pinot Nero=Pinot Noir), 마르체미노(Marzemino) 등이 있다.

화이트 와인 품종은 그리스에서 건너온 품종으로 소아베 와인의 주품종인 ① 가르네가(Garganega), 가르네가와 품종과 소아베 와인을 제조하는데 사용되는 ② 트레비아노(Trebbiano=Ugni Blanc=Saint-Emilion)가 주품종이다.

참고로 스파클링 와인인 프로세코 와인에 사용되는 프로세코(Prosecco, 프리울리 베네치아 줄리아가 원산지)도 기억해두면 좋다.

기타 피노 그리조(Pinot Grigio=Pinot Gris), 피노 비안코(Pinot Bianco=Pinot Blanc), 베스파욜라(Vespaiola), 토카이 프리울라노(Tocai Friulano, 고급와인 블렌딩용) 등이 있다.

베네토의 주요 DOCG와 유명 메이커

베네토에서 기억해야 될 주요 DOCG는 바르돌리노 수페리오레(Bardolino Superiore), 레쵸토 디 소아베(Recioto di Sovae), 소아베 수페리오레(Sovae Superiore)가 유명하며 최고의 메이커는 발폴리첼라의 대표적 생산자인 알레그리니(Allegrini)이다.

참고로 발폴리첼라는 아마로네처럼 코르비나를 주품종으로 해서 론디넬라, 몰리나라 품종을 사용한다. 발폴리첼라는 숙성 시키지 않고 가볍게 마시는 일반 발폴리첼라와 일반 발폴리첼라보다 품질이 좋은 발폴리첼라 클라시코, 발폴리첼라 클라시코보다 품질이 높고 1년 숙성시킨 뒤 출시해야 하는 발폴리첼라 클라시코 수페리오레가 있다.

발폴리 첼라 리파소는 발폴리첼라 클라시코 수페리오레보다 품질이 우수하고 질감이 짙고 풍미가 강렬하다.

레쵸토 델라 발폴리첼라는 아마로네 방식처럼 가장 잘 익은 포도를 건조시켜 당분이 농축되도록 하는 방식이며 발효를 중간에 정지시켜 잔당을 남긴다.

그밖에 이탈리아 와인 생산지

이탈리아 중부에 위치하고 있는 움브리아(Umbria)는 가장 유명한 화이트 와인 오르비에토(Orvieto)가 유명하다.

움브리아의 유명한 레드와인은 토르지아노 로소 리세르바(Torgiano Rosso Riserva와 사그란티노 디 몬테팔코(Sagrantino Di Montefalco)로 알려져 있다.

아브루치(Abruzzi)도 이탈리아 중부에 위치하고 있으며 몬테풀치아노 품종으로 만든 몬테풀치아노 다브루초(Montepulciano d'Abruzzo)레드 와인이 저렴하면서 인기가 있다. 아브루치의 유명한 화이트 와인은 트레비아노 다브루초(Trebbiano d'Abruzzo)로 트레비아노 품종이 아닌 봄비노(Bombino)품종을 사용한다.

움브리아 남서쪽의 라치오(Lazio, Latium)는 로마제국부터 와인의 생활화 지역으로 화산, 호수, 바다, 등 다양한 테루아가 형성되어 있다.

라치오는 말바지아, 트레비아노 품종이 70%를 차지하는 화이트 와인 명산지로 Est! Est! Est! di Montefiascone(말바지아, 트레비아노 품종)라는 화이트 와인이 유명하다.

이탈리아 지도를 장화모양의 신발로 생각할 때 뒤굽의 풀리아(Puglia, Apulia)와 앞굽에 해당하는 시칠리아(Sicillia, Sicily)는 이탈리아에서 와인 생산성이 높은 지역이다. 특히 시칠리아는 이탈리아 대표적인 주정강화 와인으로 마르살라가 유명하다.

베르뭇(Vermouth, 주정강화, 가향와인)

베르뭇은 1,700년대에 피에몬테에서 처음 개발되어 상업적으로 판매 되었다. 베르뭇의 단어는 허브 중 하나인 웜우드의 독일어인 'Wermut(베르무트)'에서 유래되었다.

향료 성분이 들어 있는 식물을 알코올에 넣어, 미리 향료 성분을 추출하여 와인과 섞는다. 드라이에서 스위트까지 다양하며 100가지 이상의 향신료 중에 스타일에 맞는 것을 선택해서 사용한다.

한국 와인 대중화의 주역, 세계에서 가장 넓은 포도밭을 소유한 스페인

스페인 대표 와인 생산지

지중해성 기후와 내륙의 대륙성 기후를 가지고 있는 스페인은 세계 3위의 와인생산국으로 이베리아(에스파냐+포르투갈)반도에 위치하고 있다. 로마제국의 지배와 이슬람 세력으로 이질적 문화로 다양한 민족의 특징을 가지고 있다.

스페인에서 기억해야 될 주요 명산지는 리오하(Rioja, 스페인의 보르도), 페네데스(Penedes, 카바 명산지), 리베라델두에로(Ribera del Duero, 고급 와인의 명산지), 프리오라토(Priorato), 리아스 바이사스(Rias Baixas, 화이트 와인 명산지)가 유명하다.

스페인 와인 스타일에서 체크해야 될 와인들은 주정강화 와인으로 유명한 헤레스(Jerez)지역에서 생산되는 셰리와 샴페인 방식의 스페인 스파클링 와인으로 유명한 카바(Cava)이다.

참고로 스페인 전체의 숙성 기준은 크리안사(Crianza, 2년 숙성, 화이트와 로제 1년 숙성), 레세르바(Reserva, 3년 숙성, 화이트와 로제 2년 숙성), 그란 레세르바(Gran Reserva, 5년 숙성, 화이트와 로제 4년 숙성)로 구분 한다.

템프라니뇨 품종의 명산지, 리오하(Rioja)

리오하(Rioja)는 에브로강의 지류인 오하(Oja)강에서 유래되었으며 리오하 알타(Rioja Alta), 리오하 알라베사(Rioja Alavesa), 리오하 바하(Rioja Baja)의 세 구역으로 나누어진다.

최상급 포도밭으로 이루어진 리오하 알타와 리오하 알라베사는 농축된 풍미의 섬세한 와인이 생산되며 최고급 리오하 와인에 사용되지 못하는 포도밭의 리오하 바하는 알코올 함량이 높고 산도가 낮으면서 거칠다.

리오하 와인 스타일은 부드러운 맛이 부르고뉴와 비슷하지만 필록세라 이후, 보르도 업자들이 스페인 와인을 구매하고 스페인으로 이주하면서 스페인의 보르도로 알려지기 시작했다.

리오하는 템프라니뇨(Tempranillo) 포도로 만든 가장 우수한 레드 와인 생산지로 현대적 양조기술을 이용하여 숙성기간이 단축된 신선한 와인 제조방법을 사용하고 있다.

리오하의 주요 레드 품종 중에 템프라니뇨(Tempranillo)는 가장 핵심 품종이다. 템프라니뇨의 'Temprano'는 영어로 'Early'를 뜻하며 날씨가 더우면 수확기가 빠르다. 템프라니뇨는 산화효소 적어 오래 보관이 가능하며 프랑스의 피노누아나 이탈리아의 산지오베처럼 부드러운 질감을 가지고 있다.

지방에 따라 템프라니뇨의 명칭은 울 데 예브레, 센시벨, 틴토 피노, 틴토 델 파이스, 틴타 호스 등으로 다르게 불려지고 있다. 기타 가르나차(Garnacha=프랑스 남부론의 그르나슈), 마수엘로(Mazuelo=프리오라토 카리녜나, 프랑스의 카리냥, 타닌 풍부), 그라시아노(Graciano)가 있으며 화이트 품종은 비우라(Viura=Macabeo, 마카베오, 산도가 높아서 레드 와인에 혼합됨)가 유명하다.

리오하의 유명 브랜드는 보데가스 마스케스 데 무리에타(Bodegas Marques de Murrieta, '마르케스 데 무리에타 카스티요 이가이'와인 유명), '슈퍼 리오하'라는 별명을 가지고 있는 보데가스 무가 (Bodegas Muga), 비냐 톤도냐(Vina Tondonia)'라는 스페인 최고의 화이트 와인으로 유명한 로페스 데 에레디아(R. Lopez de Heredia)가 널리 알려져 있다.

스페인 고급와인의 명산지, 리베라 델 두에로(Ribera del Duero)

카스티야 레온(Castills–Leon)지방의 리베라 델 두에로는 두에로(Duero)강에서 유래하였으며 두에로 강은 포르투갈 도우로Douro, 포트로 유명) 계곡을 거쳐 대서양으로 간다.

연교차와 일교차가 크며 강우량은 400~600mm로서 건조한 편에 속한다. 리베라 델 두에로는 스페인 최고의 레드 와인 명산지로 템프라니뇨 품종의 변종인 틴토 피노로 무게감 있는 와인을 생산하고 있다.

리베라 델 두에로는 고급와인의 명산지이기 때문에 대표적인 유명 브랜드를 기억하는 것이 좋다. 리베라 델 두에로의 유명 생산자 중 하나인 알레한드로 페르난데스 (Alejandro Fernandez)는 '페스케라(Pesquera)' 제품이 유명하다. 페르난데스는 여과 방법을 사용하지 않는 것으로 유명하다. 즉, 포도를 으깨어 나무통에 둔 채 발효와 숙성을 하여 자연 그대로의 제조방법을 사용한다.

보데가스 노스 페레스 파스콰스 (Bodegas Hnos Perez Pascuas)는 교황청 납품와인으로 알려진 '비냐 페드로사(Vina Pedrosa)'가 유명하다.

도미노 데 핑구스(Domino de Pingus)는 '핑구스(Pingus)'제품이 유명하며 오래된 포도나무에서 소량 수확한 것을 사용한다. 스페인 최고의 와인 메이커인 피터 시섹(Peter Sisseck)이 제조한다.

스페인에서 가장 비싼 와인을 생산하고 리베라 델 두에로를 세계적 수준에 올린 선구자 역할을 한 베가 시실리아(Vaga Sicilia) 브랜드는 매우 중요하다. 베가 시실리아는 작황이 좋지 않으면 와인을 만들지 않고 포도를 팔아 버리며 가장 유명한 제품은 '우니코(Unico)'이며 '발부에나 NO 5(Valbuena NO5)'제품도 있다.

가르나차와 카리녜나 품종의 강렬한 와인! 프리오라토(Priorato)

프리오라토는 스페인어로 '수도원의 원장'을 뜻하는 프리오리(Priory)에서 유래했으며 카탈루냐 지방의 타라고나 서쪽에 위치하고 있으며 일교차가 큰 곳이다. 프리오라토 와인이 최근 더 두각을 나타내는 것은 세계 와인 전문가들의 평가 기준 또는 와인 소비자들의 성향이 진하고 구조감 있는 와인을 선호하기 때문이다.

프리오라토 와인은 스페인에서 알코올과 타닌 함량이 많으면서 가장 진하고 구조감 있는 와인이라고 할 수 있다.

주요 품종은 가르나차, 카리녜나(프랑스에서 카리냥)가 주품종이며 소량의 카베르네쇼비뇽, 메를로, 시라, 템프라니뇨를 블렌딩 한다. 기타 로제 와인과 비스 돌세스(Vis Dolces)라는 스위트 강화 와인도 생산하고 있다.

프리오라토의 대표적 유명 브랜드는 '알바로 팔라시오스(Alvaro Palacios)'로 100% 가르나차로 만든 '레르미타(L'Ermita)' 제품과 가르나차, 카리녜라, 카베르네 소비뇽, 시라, 메를로로 만들어 복합미가 있는 '핀카 도피(Finca Dofi)'제품이 유명하다.

카바의 명산지 페네데스(Penedes)

카탈루냐 지방의 페네데스는 샴페인 방식의 저렴한 스파클링 와인인 카바(연간 2억병 생산)를 기억하는 것만으로도 충분하다.

페네데스는 화가 피카소, 건축가 가우디, 오페라 가수 카레라스 등이 태어난 곳으로 스페인의 중심지이며 기원전 7세기에 고대 페니키아인이 포도를 도입하였다. 특히, 페네데스는 카탈루냐에서 유일하게 DO등급으로 지정된 와인 산지이다.

지중해성 기후와 내륙의 서늘한 기후 등 다양한 기후로 카바의 명산지 답게 2/3이상이 화이트 와인(대부분 스파클링 와인)이다.

페네데스의 유명 브랜드 토레스(Torres, 1870년 창업)가 잘 알려졌으며 검은색 라벨의 그란 코로나스(Gran Coronas, 카베르네쇼비뇽 주품종)제품이 널리 알려져 있다.

카바의 유명 브랜드인 코도르니우(Codorniu, 세계에서 가장 긴 인공 동굴(30Km)에 5단계로 1억2천만병 저장)와 프레이세넷(Freixenet)이 전체 카바 생산량의 80% 이상을 점유하고 있다.

카바는 샴페인 방식으로 만들지 않은 것은 카바라고 하지 않으며 페네데스에서 90%이상을 생산 한다. 카바의 주요 생산지는 페네데스, 아라곤, 알라바, 부르고스, 바다호스, 나바라, 리오하,

발렌시아 8곳에서만 생산 한다. 페네데스의 주요 레드 와인 품종은 울 데 예브레(Ull de Liebre, 템프라니뇨와 동의어, 페네데스 와인의 주종), 카리녜나(Carinena, 리오하 '마수엘로', 프랑스 '카리냥') , 모나스트렐(Monastrell, 프랑스 '무르베드르(Mourvedre)', 부드러운 맛), 가르나차(프랑스 '그르나슈'), 카베르네 쇼비뇽, 메를로가 있다.

화이트 와인품종은 파레야다(Parellada, 토종품종, 카바 제조에 이용되며 섬세한 아로마), 마카베오(Macabeo, 리오하에서 '비우라'로 알려진 토종 품종으

로 카바제조, 산도) , 사렐로(Xarel-lo, 토종품종으로 알코올 높이며 카바제조 이용됨), 샤르도네가 있다.

페네데스의 화이트 품종(파레야다, 마카베오, 사렐로, 샤르도네, 수비라트)은 카바 제조시에 다섯 가지 품종중에 한 가지 이상을 사용하도록 법적으로 규정하고 있다. 수비라트(말바시아)는 최근 중요성이 감소하여 거의 사용하지 않고 있다.

알바리뇨 품종의 화이트 와인 명산지, 리아스 바이사스(Rias Baixas)

스페인 북서쪽에 위치하고 있는 리아스 바이사스는 갈리시아라는 지방에 속해 있다. 갈리시아는 해산물로 유명한 곳이다. 이중에서도 리아스 바이사스는 해산물로 가장 유명한 곳이며 재래시장에서 화이트 와인과 해산물 음식으로 즐기는 사람들을 볼 수 있다. 특히 이곳은 해산물 시장이 정기적으로 열려 관광객들에게 재미있는 볼거리를 제공한다.

리아스 바이사스를 기억하기 위해서는 화이트 와인의 명산지라는 것과 알바리뇨(Albarino, 12세기 독일에서 유래) 품종으로 만든 화이트 와인이 세계 최고라고 할 수 있다.
스페인에서 가장 값비싼 알바리뇨 품종의 화이트 와인은 기존 샤르도네나 쇼비뇽블랑과 다르게 감귤류와 복숭아, 라임, 꿀, 키위 향이 지배적이며 나무통에서 발효 또는 숙성을 하지 않아서 신선한 상태를 유지하는 양조방법이 사용되고 있다. 따라서 숙성을 하지 않기 때문에 레세르바나 그란 레세르바 형태의 와인은 존재 하지 않는다.

습기가 많고 연간 강우량 1,200mm 이상이지만 거의 대부분 겨울비이며 포도 수확기에는 내리지 않는다.

리아스 바이사스는 DO 등급에 해당하며 발 도 살네스(Val Do Salnes, 최북단), 콘다도 데 테아(Condado De Tea, 산악지대), 오 로살(O Rosal, 어디서나 피는 장미) 세계의 주요산지가 흩어져 있다. 최상급의 포도밭은 배수가 잘 되는 모래와 화강암 토양, 석회석 점토가 혼합 되어 있다.

리아스 바이사스는 거의 대부분 알바리뇨 품종의 화이트 와인을 재배하지만 적포도 품종도 재배한다. 단지, 품질이 좋은 편은 아니다.

세계적 주정강화 와인, 셰리(Sherry-Jerez-Xeres)

셰리 생산지는 '헤레스 델 라 프론테라(Jerez de La Frontera)'의 헤레스(Jerez)가 변형되어 영어식으로 'Sherry'가 되었다. 프랑스에서는 'Xeres(세레스)'로 불려지고 있으며 현재 스페인 DO는 'Jerez-Xeres-Sherry'로 표기하고 있다.

셰리 와인이 탄생된 배경은 셰리 생산지의 건조하고 습한 기후 때문이다. 강우량이 500mm 이하로 300일 이상 맑고 매우 습해서 당도는 높지만 산도가 약해 무덤덤 한 와인이 만들어져서 주정강화 와인으로 산화 시키는 방법을 사용하게 되었다.

셰리의 주요 품종은 팔로미노(Palomino), 페드로 히메네스(Pedro Ximenez, 스위트 쉐리), 모스카텔 피노(Moscatel Fino, 스위트 쉐리)의 3가지 품종을 사용한다(셰리는 청포도 품종만 재배함).

플로르(Flor)라 불리는 효모막이 중요한 셰리 제조방법

셰리를 양조하기 위해 기본적으로 포도를 수확하여 건조시키며 산도 상승과 부패방지를 위해 석고(Yeso, 예소;주석침전 기능)를 첨가 한다. 작은 통에 3/4 정도 채우고 25−30도에서 발효 시킨 후 주정에 알코올을 첨가하여 강화시킨다. 알코올 발효가 끝나고 주정이 첨가 된 와인을 오크통에 옮겨 뚜껑을 오픈한 채 두면 백회색의 플로르(Flor, 효모막)가 형성된다.

플로르 형성으로 과도한 산화를 방지하면서 서서히 산화(갓 구어낸 따뜻한 빵 냄새)를 유도하기 때문에 아황산 농도와 타닌 함량이 낮고 당분이 없어야 된다.

셰리에 형성되는 플로르는 셰리 지역의 습한 기후에만 자연적으로 발생하는 야생 변종 효모이기 때문에 셰리 지역에서만 생존하고 번식한다. 따라서 세계 다른 와이너리로 스페인 셰리의 플로르를 가져가서 셰리를 만들려고 한다해도 플로르가 돌연변이를 일으키거나 모두 사멸하여 셰리를 만들 수가 없다.

마지막으로 셰리 양조과정에서 플로르 형성이 안 될 경우 또는 인위적으로 플로르 형성이 저지될경우(알코올 17% 이상이면 효모 또는 플로르 효모막 사멸) 올로로소(Olorso) 셰리를 제조할 수 있으며 크림 쉐리는 올로로소에 페드로히메네스를 첨가시키면 된다.

피노와 올로로소 타입의 셰리 종류

셰리는 가볍고 드라이한 피노(Fino) 타입의 셰리와 바디감이 무겁고 진한 견과류향의 드라이 스타일 또는 페드로히메네스의 첨가량에 따라 스위트한 올로로소 타입 두가지가 있다.

색깔이 옅은 피노 셰리는 프리런 주스(Free run juice, 압착하지 않고 나오는 주스)로 플로르를 번식시킨 기본적 타입이며 차게 해서 마시고 알코올 농도가 낮다. 피노(Fino) 셰리 타입의 종류는 아몬티야도(Amontillado), 만사니아(Manzanilla), 팔로 코르타도(Palo cortado)가 있다.

아몬티야도(Amontillado)는 프리런 주스의 피노 셰리를 주정강화하여 숙성시킨 형태이다. 효모막의 보호를 받지 않는 솔레라 시스템 적용으로 산화가 더 진행되어 진하고 호두향이 강하며 피노보다 알코올 함량이 더 높다. 아몬티야도는 페드로 히메네스를 첨가하여 대부분 스위트한 타입을 만들며 드라이 타입은 많지 않다.

만사니아(Manzanilla)도 프리런 주스의 피노 셰리를 산루카르 데 바라메다(습도 78%) 마을의 바닷가에서만 숙성시켜 생산한 것을 말한다. 만사니아는 바다의 영향으로 짠맛이 있으며 가볍고 섬세하여 주문을 접수후 주병하는 것이 특징적이다.

팔로 코르타도(Palo cortado)는 아몬티야도를 아주 오랫동안 숙성시키면 풍부한 농축미와 무게감의 올로로소 풍미를 느낄 수 있다.

올로로소(Oloroso) 셰리는 크림(Cream) 셰리와 페드로 히메네스(Pedro Ximenez) 셰리가 있다. 올로로소는 프레스 주스(Press juice, 압착해서 나온주스)로 플로르가 형성되지 않거나 형성될 수 없을 만큼 주정강화하여 장기간 숙성시킨다. 알코올은 17~20%까지 조절하여 깊고 진한 캐러멜 풍미가 나오도록 하며 드라이 와인이 되어서 병입할 시점이 되면 올로로소에 솔레라 시스템 적용을 중단한다.

스타일에 따라 페드로 히메네스 주스를 첨가하여 스위트한 타입을 제조 하기 때문에 드라이 타입은 많지 않다.

크림(Cream) 셰리는 올로로소에 페드로 히메네스 첨가(당도는 메이커에 따라 다름) 페드로 히메네스(Pedro Ximenez)는 페드로 히메네스 포도 수확후, 2~3주 건조시켜 얻은 주스를 완전 발효시키지 않기 때문에 감미료 이상의 리큐르와 같은 단맛을 내는 셰리(디저트 와인)로 알려져 있다. 모스카텔로 스위트한 쉐리를 만들 수도 있다. 페드로 히메네스 셰리는 다른 셰리의 단맛을 내기 위해 사용되며 바닐라 아이스크림을 얹어서 먹기도 한다.

셰리의 독특한 블렌딩 과정, 솔레라(Solera)

와인 저장창고는 지하 또는 동굴이나 셰리는 너무 건조하여 신선한 공기가 필요하기 때문에 지상 창고에 보관한다.

셰리 보관이 건조한 지상창고에서 이루어져 많은 와인이 증발(하루 약 7,000병 증발)하기 때문에 셰리 지역 사람들은 '산소와 셰리로 숨쉰다' 말이 있다.

셰리는 매년 순서대로 통을 쌓아 두고 위치차에 의해 맨 아래 통을 따라내면 위에 있는 통에서 차례로 흐르도록 만든 반자동 블렌딩 방법의 솔레라(Solera, 스페인어로 바닥이라는 뜻의 수엘로 Suelo에서 기원)시스템을 적용 한다.

맨 위층(현재 빈티지 와인의 아냐다(anada))은 최근 와인, 순서대로 맨 아래층은 솔레라라고 하여 오래된 와인이 위치 한다. 그리고 각 단은 크리아데라(Criadera)라고 한다.

솔레라의 반자동 블렌딩 방법은 품질의 균질화로 일정한 맛을 유지하며 법적으로 셰리에는 빈티지가 없다(솔레라가 시작된 연도 표시 가능). 솔레라 시스템은 오크통마다 다양한 빈티지의 와인이 들어 있으며 오크통이 완전히 비워지는 일이 절대 없기 때문에 맨 아래층의 와인이 얼마나 오래되었는지 판단할 수 없다. 따라서 맨 아래층의 와인은 평균 100년정도로 심지어 200년 된 와인도 포함되어 있다.

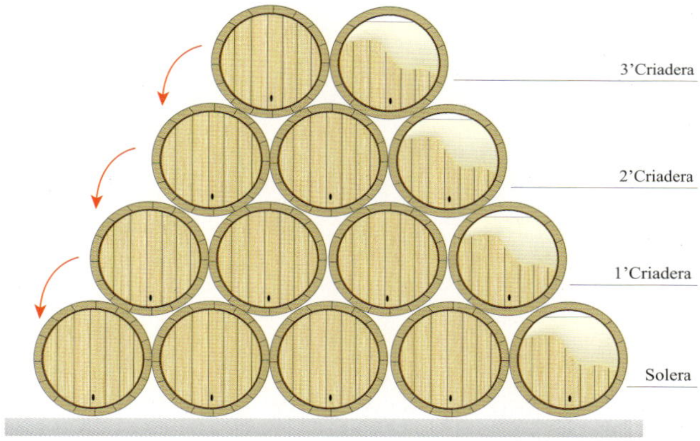

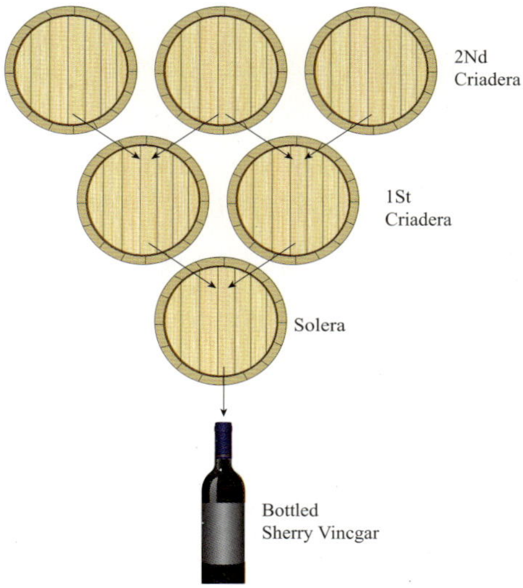

프랑스를 능가하는 신세계 대표 와인, 미국

미국 대표 와인 생산지

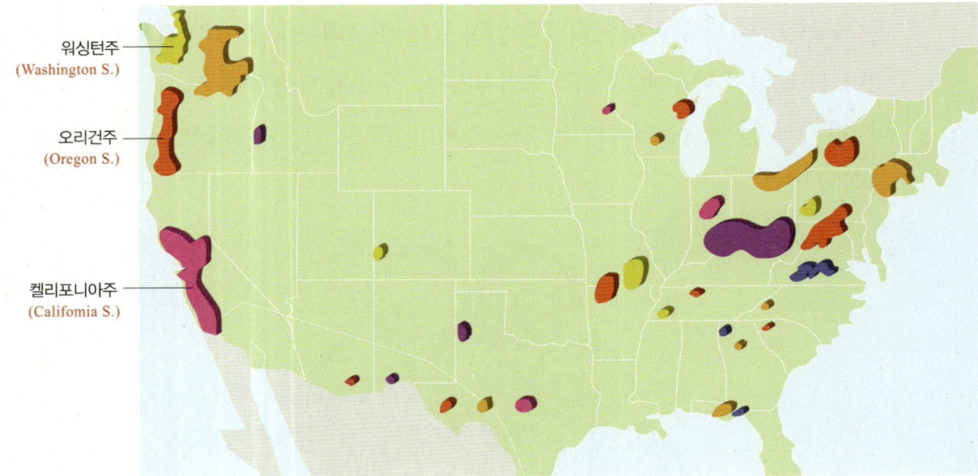

1976년 5월 24일 '파리의 심판'이라 불리게 될 역사적인 와인 시음회가 있었다. 그날 시음회에서 미국 와인이 쟁쟁한 프랑스 와인들을 제치고 1위를 차지하는, 세계가 깜짝 놀랄 일이 벌어졌다. 30년 후인 2006년 프랑스 와인과 미국 와인이 재대결을 펼쳤을 때도 여전히 1위부터 5위까지 미국 와인들이 순위를 차지했다.

두 차례의 역사적인 시음회에서도 알 수 있듯이 미국 와인은 일찍이 프랑스를 능가하는 과학적이고 합리적인 와인 제조 시스템으로 전 세계 와인 시장을 사로잡고 있다. 미국 와인은 전통성, 고급화, 대중화, 상업성을 균형 있게 갖춤으로써 짧은 동안 전 세계 와인 시장의 주도적인 리더로서 자리매김한 것이다.

19세기 중반부터 유럽에서 미국으로 많은 포도 품종들이 들어갔으나, 당시 미국 와인 산업은 1919년부터 1933년까지 10년 이상 지속된 금주령으로 인해 어려운 고비를 겪어야만 했다. 그러나 신세계 와인답게 최근 30년 사이 미국 와인은 유럽 와인들과 어깨를 나란히 견줄 정도로 세계적인 수준으로 성장했다.

일부에선 소량의 와인만 만들어 높은 가격에 판매하는 컬트 와인(cult wine)도 있지만 기술 혁신과 마케팅에, 뛰어난 현대적 설비를 갖추고 대량 생산하는 업체들이 압도적으로 많다. 특히 캘리포니아 데이비스대학(UC Davis)의 와인 연구는 세계적으로 인정을 받고 있어 구세계 와인 산지인 유럽에서도 미국 와인을 배우러 올 정도이다.

미국 와인의 90% 이상을 생산하는 캘리포니아는 와인 생산에 이상적인 지중해성 기후 조건에, 풍부한 자본과 우수한 기술로 최고 품질의 와인을 생산하고 있다.

캘리포니아 북부 해안의 유명 와인 산지인 나파 밸리(Napa Valley)에서 캘리포니아 고급 와인의 대부분을 생산하고 있다. 소노마 카운티(Sonoma County) 역시 고급 와인 산지로 유명하며, 북부 해안 지방인 멘도시노 카운티(Mendocino County)와 레이크 카운티(Lake County)도 유명 산지다. 중부 해안 지방의 몬터레이(Monterey County), 산타 클라라(Santa Clara), 리버모어(Livermore)도 유명하다.

남부 해안 지방에는 산 루이스 오비스포(San Luis Obispo), 산타 바바라(Santa Barbara)가 유명하고, 내륙 지방의 산 호아킨 밸리(San Joaquin Valley)에서는 캘리포니아 와인의 80%를 생산한다.

캘리포니아 와인은 지리적인 특징으로 이해하기보다는 나파 밸리의 로버트 몬다비, 조셉 펠프스, 소노마 밸리의 캔우드, 샤토 수버렌 등의 유명 와이너리를 기억하는 것이 좋다.

최근 컬트 와인이 국내 와인 시장에서 고급 이미지로 자리 잡고 있는데, 캘리포니아에서 생산되어 경매로 팔리기도 하는 귀한 와인들이다. 소량의 고품질로 생산된 카베르네 소비뇽이 주품종이며 부티크 와인(Boutigue wine)으로도 불린다.

순위로 본 미국 와인의 통계현황, 1인당 연간 와인 소비량 세계 1위

미국 와인의 재배면적은 39만 6천 ha(세계 5위)이며 연간생산량은 2,130만 hl(세계 4위)이다.

2011년 5월 15일, 캘리포니아 주의 와인컨설팅회사인 곰버그 프레드릭슨 & 어소시에이츠에 의하면 미국의 1인당 연간 와인소비량은 9.8L(3억 2천9백70만 상자, 1박스 12병기준)로 세계 1위라고 밝혔다. 이것은 미국의 와인 산업의 위상이 세계 와인시장에서 계속 성장하고 있다는 것을 보여주는 좋은 예라고 할 수 있다.

구체적으로 미국 내 와인 생산순위와 소비순위를 보면 아래와 같다.

미국내 와인 생산 순위는 1위는 캘리포니아(전체90%), 2위는 워싱턴, 3위는 뉴욕, 4위는 오레곤, 5위 오하이오(알래스카를 제외한 모든 주에서 와인 생산)이다.

미국내 와인 소비 순위는 1위가 캘리포니아, 2위는 뉴욕, 3위는 플로리다, 4위는 텍사스이다.

미국 와인의 주요 생산지는 와인 생산 1위인 캘리포니아(나파와 소노마 지역, 북위 38도)로 지중해성 기후이며 샌프란시스코에서 1시간 거리에 위치하고 있다.

미국의 메리티지(Meritage) 와인과 AVA(American Viticulture Area)

미국의 와인관련 규제는 술담배무기청(The Bureau of Alcohol, Tabacco, and Firearms)에서 하고 있으며 1983년부터 미국 와인 지정재배지역(AVA, American Viticulture Area)을 시행하고 있으나 단순히 지역구분만 한것으로 이해하면 된다.

AVA는 와인의 품질을 보증하는 강제규정이 아니기 때문에 AVA만으로 포도주 맛을 식별하기가 곤란하다. 따라서 미국 와인은 경작지보다 생산자 이름이 중요하기 때문에 와인 선택시 생산자를 중심으로 선별하면 편리 하다.

미국 와인에서 특징적인 것은 프랑스 보르도 스타일의 레드 와인과 화이트 와인 스타일로 생산되는 메리티지(Mertiage)와인이다. 메리티지 와인은 보르도 품종으로 만들며 해당 업체에서 최고급 와인으로 인정받고 있다.

메리티지 와인의 선구자는 조셉 펠프의 '인시그니아'이며 로버트 몬다비와 바롱 필립 로쉴드가 합작한 오퍼스 원(Opus One)과 스태그 립(Stag's Leap)의 '캐스크 23'이 대표적이다.

미국 와인에서 라벨에 품종을 쓰지 않고 스타일만 표시한 와인은 제너릭 와인(Generic Wine)이라고 불리며 저그 와인(Jug wine)이 대표적이다. 이와 반대로 품종(75% 이상)을 기재한 와인은 고급와인으로 버라이어탈 와인(Varietal Wine)이라고 한다.

미국 토착품종인 진판델은 어디에서 유래되었나?

미국 캘리포니아 와인의 주품종은 카베르네 소비뇽이다. 진판델은 카베르네 소비뇽에 이어 가장 성공적 품종으로 타닌 함량이 많은 고급와인을 만들 거나 대중적인 와인에도 사용되고 있다.

진판델(Zinfandel)로 유래에 대해서는 의견이 많다. 대표적으로 이탈리아 프리미티보(Primitivo)계보설이 있으나 최근에는 크로아티아 해안 달마티아의 팔박 말리(palbac mali)품종이 DNA 실험결과 유력설로 주장되고 있다.

진판델은 양조방식에 따라 화이트 진판델, 레드 진판델, 로제 진판델 등 다양한 스타일이 생산되고 있으며 미국 고유의 토착품종으로 간주되고 있다.

Check point

1976년 파리의 심판, 레드 와인 시음 결과

1위 Stag's Leap Wine Cellars 1973 (미국)
2위 Ch. Mouton Rothschild 1970 (프랑스)
3위 Ch. Haut-Brion 1970 (프랑스)
4위 Ch. Montrose 1970 (프랑스)
5위 Ridge Monte Bello 1971 (미국)
6위 Ch. Leoville-Las-Cases 1971 (프랑스)
7위 Mayacamas 1971 (미국)
8위 Clos Du Val 1972 (미국)
9위 Heitz Martha's Vineyard 1970 (미국)
10위 Freemark Abbey 1969 (미국)

1976년 파리의 심판, 화이트 와인 시음 결과

1위 Ch. Montelena 1973 (미국)
2위 Meursault Charmes 1973 (프랑스)
3위 Chalone Vineyard 1974 (미국)
4위 Spring Mountain 1973 (미국)
5위 Beaune Clos des Mouches 1973 (프랑스)
6위 Freemark Abbey 1972 (미국)
7위 Batard-Montrachet 1973 (프랑스)
8위 Puligny-Montrachet 1972 (프랑스)
9위 Veedercrest 1972 (미국)
10위 David Bruce 1973 (미국)

2006년 파리의 심판 시음 결과

1위 Ridge Monte Bello 1971(미국)
2위 Stag's Leap Wine Cellars 1973(미국)
3위 Heitz Wine Cellars 'Martha's Vineyard' 1970(미국)
4위 Mayacamas Vineyards 1971(미국)
5위 Clos Du Val 1972(미국)
6위 Chateau Mouton-Rothschild 1970(프랑스)
7위 Chateau Montrose 1970(프랑스)
8위 Chateau Haut-Brion 1970(프랑스)
9위 Chateau Leoville Las Cases 1971(프랑스)
10위 Freemark Abbey Winery 1967(미국)

Check point

미국 와인의 역사

① 1564년, Muscadine으로 Florida 첫 재배 시작

② 1769년, 스페인의 남아메리카 식민지배를 위해 캘리포니아 해안 주변 '미션'(mission)이라는 마을을 세움.

③ 프란체스코파 신부들이 멕시코에서 포도뿌리를 갖고 포도재배, 포도 품종을 '미션'이라고 함.

④ 1800년, 미국 최초의 포도주 전문가 토머스 제퍼슨 대통령 등장(미국 포도주 산업에 가장 적극적 역할과 기여, 역대 대통령 포도주 고문 역할)

⑤ 1787년산 샤토 라피트 로쉴드(제퍼슨 이니셜 ThJ가 새겨짐) 4병 중 1병이 1985년 언론계 대부 아들 크리스토퍼 포브스에게 15만 6450달러에 팔림.

⑥ 1840년 말 골드러시와 더불어 유럽인 이주(금 미발견자들 와인 양조장 개발)

⑦ 캘리포니아 와인붐(중국인 차별, '이 와인은 순전히 백인 노동자에 의해 산생됨')

⑧ 1857년, 헝가리 귀족 어고슈톤 허라스티(캘리포니아 포도주의 아버지)는소노마에 부에나 비스타(Buena Vista, 캘리포니아 최초 와이너리) 설립

⑨ 1879년, 핀란드 선장 구스타프 니에바움(잉거누크 와이너리, 보르도품종)은 영화감독 프란시스 카폴라에게 와이너리를 넘김(니에바움 카폴라 와이너리, 나파벨리)

⑩ 1860~1880, 필록세라(Phylloxera, 미국 자생 포도나무 실험대상이 남부 프랑스로 보내지면서 전세계적으로 감염됨, 미국산 뿌리 유럽산 품종 접목 해결)

⑪ 1983년 B형 필록세라 나파밸리에서 시작되었으나 바로 해결됨.

⑫ 금주법(1920년 1월 16~1933년 12월 5일) : 700여 와인 양조장이 140개 줄어듦.

⑬ 이탈리아 부모들은 아이가 감기들면 와인을 주어 깊게 잠들게 하는 민간요법(개신교들은 이탈리아 아이들을 어릴때부터 술주정뱅이로 만든다고 매도함)

⑭ 포도주스 생산(웰치), 포도엑기스(포도덩어리)를 벽돌처럼 만들어서 판매하여 가정에서 포도주 양산시킴(포도덩어리 경고 메시지 : 짓누른 포도를 항아리에 설탕과 물을 넣고 7일 이상 두면 불법적 알코올성 음료가 됨)

⑮ 금주법은 와인 양조와 관련된 전통, 지식, 기술을 단절시킴, 로버트 몬다비와 어니스 줄리오 갤로 형제들은 독학으로 양조기술을 습득함.

동물 라벨이 돋보이는 와인 마케팅의 승리, 호주

호주 대표 와인 생산지

호주산 와인의 라벨에는 캥거루, 독수리, 코알라, 악어 등 호주를 상징하는 여러 동물들을 볼 수 있다.

와인 이름이 쉬워 가장 많이 팔린다는 호주산 레드와인 옐로우 테일(Yellow Tail)의 라벨에는 귀여운 캥거루과의 왈라비가 그려져 있어 더욱 호감을 준다. 와인맛 역시 세계인들의 취향에 맞게 대중적이다.

울프 블라스라는 유명 와인 브랜드는 독수리 그림을 넣은 와인 라벨을 비롯하여, 호주를 대표하는 동물들을 등장시켜 소비자들의 눈길을 사로잡는 '와인 마케팅'으로 와인 시장에서 입지를 굳히고 있다.

호주 와인은 미국, 칠레와 더불어 신세계 와인을 선도하는 선발대로 세계 와인 시장 점유율에서 3위를 차지하고 있다. 호주 와인의 주품종은 쉬라즈(Shiraz)이므로 호주산 와인을 고를 때는 쉬라즈 품종으로 만들어진 와인을 고르면 후회가 없다.

호주 와인은 주로 남쪽의 사우스오스트레일리아와 조금 아래 있는 뉴사우스웨일즈가 주요 생산지다.

이 두 지역 역시 바로사 밸리(Barossa Valley), 쿠나와라(Coonawarra) 등 유명 와이너리가 내놓은 와인의 품질과 성격을 파악하여 선택한다면 자신에게 맞는 와인을 찾을 수 있다.

천혜의 기후 조건!
한국 입맛 사로잡은, 칠레

소주처럼 알코올 도수가 높은 술을 즐긴다면 단연 칠레 와인이다. 칠레는 포도 재배에 이상적인 전형적인 지중해성 기후로 거의 1년 내내 일조량이 풍부하다. 프랑스 보르도 못지않게 포도를 길러내기 좋은 천혜의 기후 조건을 일정하게 갖추고 있어, 따로 빈티지 구분을 할 필요가 없다. 이렇게 재배한 포도는 당도가 월등하며 알코올 도수가 보통 와인보다 높은 14.5%나 된다.

칠레 대표 와인 생산지

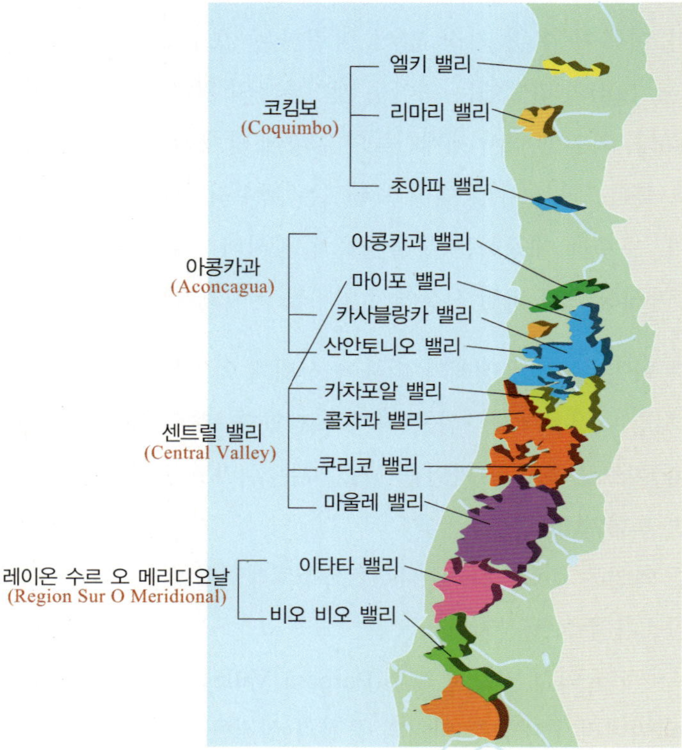

칠레 와인은 국내 와인 소비자들에게도 인기가 좋은데, 떫은맛의 와인도 달콤하게 즐길 수 있다는 것을 느끼게 해준다. 2004년 한국과 칠레 간의 자유무역협정이 체결되면서, 칠레 와인은 국내에서는 더 이상 설명이 필요 없을 정도로 유명해졌다.

칠레 와인은 저렴하면서 품질이 좋다는 인식이 퍼지면서 우리나라 사람들의 입맛에 가장 잘 맞는 와인으로 인기를 누리고 있다. 여기에 필록세라(phylloxera)라는 포도뿌리혹벌레의 병충해 전염이 없는 유일한 재배 지역이라는 광고는 칠레 와인에 좋은 인상을 심어주고 있다.

칠레 와인 역시 특별한 지리적 접근이 필요하지 않다. 다만 미국과 유럽의 유명 메이커들과 손을 잡은 기업적 성격의 와이너리들이 많기 때문에 이 부분을 참고하되, 브랜드에 상관없이 입맛에 맞는 와인을 선택하면 된다.

프랑스에서 온 와인향기 3

네덜란드도 와인을 생산한다고?

세계적으로 지구온난화가 시작되긴 된 모양이다. 지중해 인근에서 잡히는 난류성 고기들이 북해에서도 잡힌다는 뉴스 보도를 여러 번 본 적이 있다. 어업이 발달한 네덜란드의 북해쪽 바다에 난류성 고기들이 잡힌다는 뉴스는 지구온난화가 얼마나 심각하게 진행되고 있는지를 잘 보여주는 사례라 하겠다.

물고기에게는 국경이 따로 없어 비자와 여권이 필요 없다는 우스갯소리가 있지만 사실 수온에 따라 사는 영역이 엄격하게 구분되어 있다. 난류에 사는 갈치는 한류가 흐르는 동해에서 잡히지 않는 것이 상식 아닌가. 그런데 지중해에서 살던 갈치가 북해까지 거슬러 올라온 것이다. 식물도 마찬가지다. 사과 산지로 유명했던 대구 지역의 사과맛이 예전 같지 않을뿐더러, 점점 재배 지역이 북쪽으로 올라오고 있다고 한다.

와인 역시 기후에 민감한 영향을 받는다. 1995년, 2000년, 2003년산 보르도 와인이 유명한 것은 그 해 유달리 더웠기 때문인데, 온난화가 빠르게 진행되면 스페인이나 이탈리아 와인처럼 강한 맛을 가진 와인도 기후에 영향을 받을지도 모를 일이다.

그런데 최근에는 적포도 재배의 북방 한계선이던 상파뉴보다도 더 북쪽인 벨기에와 네덜란드 남부에서도 포도 재배가 가능하다고 하니 온난화를 더욱 실감하게 한다. 이대로라면 전통적으로 와인의 전량을 수입에 의존하던 프랑스 북쪽 나라들에서도 와인을 생산하는 날이 멀지않아 보인다.

현재로서는 네덜란드산 와인을 상상하기 어렵지만, 곧 현실화될지도 모른다는 자연의 경고가 들리는 듯하다.

와인맛을 환상적으로 표현하는 여섯마디 프랑스말

와인의 나라 프랑스에서는 와인을 곁들인 식사를 하면서, 와인에 대한 느낌을 제대로 표현하지 않거나 꿀 먹은 벙어리처럼 입을 다물고 있으면 음식이나 와인이 마음에 들지 않아서 그런다고 오해받기 쉽다. 프랑스 말을 한마디도 못하는 사람도 다음 여섯가지 정도의 말만 기억하고 있으면, 프랑스 사람들과 식사하는 자리에서도 와인맛을 음미하며 식사 분위기를 부드럽게 이끌어갈 수 있다. 유창한 프랑스 말이나 와인 에티켓을 따로 배우지 않아도 식사 분위기를 한층 돋워주는 프랑스 말에는 어떤 것이 있을까.

01 상테 Sante!

동서양을 떠나 여럿이 모이는 술자리에는 '위하여!'라는 말이 빠지지 않는다. 예전에는 일본식 표현인 '건배'를 주로 외쳤는데, 요즘에는 '위하여'라는 말에 여러 가지 재미있는 표현을 넣어 쓰는 경우가 많다.

와인의 고장인 프랑스에서는 건강을 뜻하는 '상테(sante)'를 외친다. 건강을 위해 와인을 마시자는 뜻이니 잔을 비우자는 건배보다는, 상대방을 배려하는 프랑스 사람들의 마음을 엿볼 수 있는 표현이다. 조금 더 격식 있는 자리에서는 '당신의 건강을 위하여!'라는 뜻의 '아 보트르 상테(A votre sante)'라고 한다.

다소 고지식한 느낌이 들기도 하지만 와인은 결국 건강을 위해 마시는 것이라는 점에서 가장 품위 있는 '위하여'가 아닐까 싶다. '위하여'가 변형된 경우로는 건강이라는 단어를 생략하고 '당신을 위하여'라는 뜻의 '아 보트르'만 외치기도 한다.

02 봉 Bon!

프랑스 식당에 들어서면 웨이터들이 와인 리스트를 가져다주는데, 이때 기본적으로 품질 대비 가격을 생각하여 무난한 것을 고르는 것이 좋다.

와인잔을 잡고 충분히 돌려 와인맛을 본 다음, 맛이 괜찮을 때 나오는 첫마디는 봉(bon!)이다. 봉은 프랑스에서 가장 흔하게 쓰이는 말로 '좋다'는 표현을 할 때는 어김없이 튀어나온다. 아침저녁으로 사람을 만났을 때 하는 인사말인 '봉 주르(Bonjour), 봉 수아(Bon soir)'에 쓰이는 바로 그 말이다. 좋은 여행이 되라는 의미의 '봉 브와야지(Bon voyage!)'도 여행객들이 자주 듣게 되는 표현 중 하나다.

03 트레비앙 Tres bien

와인을 시음하고 맛이 좋으면 '트레비앙(Tres bien)'이라고 한다. 트레비앙은 일상에서 흔히 쓰이는 표현인데 '아주 좋다'는 의미로 학교에서 학점을 줄 때 쓰기도 하고, 아이들을 칭찬할 때, 와인을 마실 때 자주 쓰게 된다. very good에 해당하는 이 말은 어떤 사물이나 상황이 좋다는 표현인 동시에 말하는 사람의 인격과 마음 상태를 나타내기도 한다.

프랑스 사람들은 사물을 볼 때 부정적으로 말하기보다는 습관적으로 긍정적인 표현을 많이 쓰기 때문에 한편으로, '트레비앙'이란 표현이 아주 좋다는 뜻 외에 색다른 맛이 없다는 뜻으로 해석될 수도 있다.

04 엑셀랑 Excellent

와인을 시음한 뒤 맛이 뛰어나면 '엑셀랑(Excellent!)'이라는 표현을 자주 쓴다. 엑셀랑은 영어의 엑셀런트에 해당하는 말로 '탁월하다, 뛰어나다'라는 의미이다. 트레비앙과 비슷한 의미를 가지고 있지만 트레비앙보다 좀 더 고급스러운 표현이다. 그렇다면 와인에 대한 최고의 찬사는 무엇일까? 완벽하다는 의미의 '파르페(parfaite)'를 꼽을 수 있다. 파르페는 어떤 경우나 상황에서 가장 만족스러울때 쓰는 표현이다. 영어로 '완전하다, 완벽하다'라는 의미를 가진 퍼펙트(perfect)에 해당하는 말이니만큼 '아주 만족'한다는 감탄과 찬사가 어우러진 표현이다.

05 오트르 부테이 Autre bouteil

시음한 와인이 상했거나 맛이 좋지 않아 불만스러울 때가 있다. 맛이 상한 경우에는 다른 병으로 바꿔달라고 할 수 있는데, 이때 '오트르 부테이(Autre bouteil)'라고 주문하면 된다.

새로 가져온 와인도 마음에 들지 않을 경우 유럽인들은 어지간하면 그냥 마시지만 아주 상한 경우에는 또 다른 병을 주문하기도 한다. 물론 이때는 와인 종류를 바꾸는 것이 일반적이다.

맛이 기대치에 미치지 못하여 불만스러울 때도 프랑스 사람들은 맛이 없다는 표현을 직설적으로 하지 않는다. 대신 우회적으로 '아직 젊다'라는 표현을 쓴다. 젊다는 말은 숙성이 덜 되었다는 의미로 해석되는데 영어의 young에 해당하는 '존(jeune)'이라는 표현을 많이 쓴다.

존(jaune)은 노랗다는 의미로 쓰이는 형용사로 프랑스 쥐라 지역의 뱅존(Vin Jaune) 와인을 예로 들 수 있다.

06 피쉐 Phichet!

요즘 유럽의 대중적인 식당에서는 병에 든 와인을 마시기보다는 하우스 와인을 하는 경우가 많다. 특히 점심시간에는 205cc나 500cc의 카라프에 담은 하우스 와인을 즐기는 사람들로 북적인다. 와인을 담는 주전자를 피쉐(phichet)라고 하는데, 영어의 피처(pitcher)에 해당하는 말이다.

투수를 뜻하는 피처가 맥주 가게에서 주전자라는 의미로 쓰이게 된 것은 그리스 시대의 '오에노코에'에서 기원한다. 우리나라 신라 고분에서 발견된 그리스식 봉수병이 바로 와인 주전자를 의미하는 오에노코에와 비슷한 모양이다. 유럽의 중국인 식당에서 쓰는 피쉐들이 그리스식 오에노코에와 거의 같은 모양을 하고 있는 것도 아주 흥미롭다.

보통 여럿이 나눠 마시는 하우스 와인은 사람 수에 따라 1000cc의 절반을 의미하는 드미 피쉐나 1/4을 뜻하는 앙 카르 피쉐를 주문하게 된다. 하우스 와인의 단점이라면 시음을 하는 곳이 없고 식당마다 취급하는 와인 종류가 한정되어 있어 선택의 여지가 없다는 것이다.

프랑스, 이탈리아, 스페인 등 라틴 유럽에서는 주로 레드 와인을 피쉐로 많이 마시는 반면, 독일에서는 화이트 와인을 피쉐로 마시는 경우가 많다. 참고로 피쉐 용기로 레드 와인은 도자기를 주로 사용하고, 화이트 와인은 유리 주전자를 사용한다.

와인 문외한도 맛 좋은 와인 고를 수 있다

주민등록증과 와인 라벨을 비교하라
기죽지 않고 당당하게 와인 사기,
병 모양만 보고 내 입맛에 맞는 와인 고르기
달콤한 와인만 알아도 와인 고르기 절반은 성공

주민등록증과 와인 라벨을 비교하라

소주나 맥주처럼 부담 없이 지갑을 열 수 있으면 좋으련만, 와인은 아무거나 덥석 집어 들기도 그렇고 한 모금 마셔보고 맛없다고 버려두기도 난감하다. 거기다 와인 지식이 바닥이라면 와인을 사러 가는 것 자체가 부담스러울 따름이다. 와인 매장에 들어가서 뭘 어떻게 물어봐야 할지도 모르겠고, 우물쭈물 두리번거리다 휙 나와 버린 경험들도 있을 것이다. 여기 와인에 '와'자도 모르는 사람도 혼자 당당하게 맛 좋은 와인을 고를 수 있는 비책이 있다. 지갑에서 주민등록증을 꺼내 원하는 와인의 라벨과 비교해 보면 와인의 출생지부터 생일, 이름까지 한눈에 알 수 있다.

와인 라벨, 생산지 · 와인명 · 빈티지만 알면 끝

와인 라벨은 우리가 들고 다니는 주민등록증과 같다고 보면 된다. 와인 라벨에 나와 있는 이름, 생산지, 빈티지(포도 수확 연도)만으로도 어떤 와인인지 알 수 있는 정보로 충분하다. 주민등록증을 꺼내 와인 라벨과 대치시켜 보면 쉽게 이해할 수 있을 것이다.

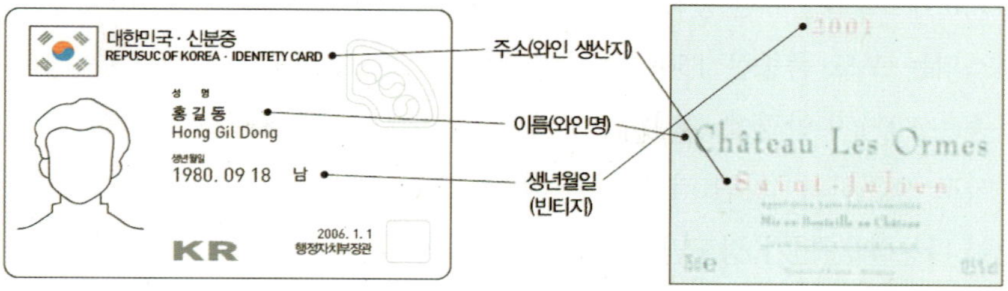

주민등록증에 나와 있는 대한민국 주소는 와인 생산지인 생 줄리앙(saint-Julien)과 대치시키고, 홍길동이라는 이름은 샤토 레좀(ch teau Les Ormes)이라는 와인 이름과 일치시켜 이해하면 된다. 생년월일은 포도를 수확한 빈티지 2001년과 연결하면 쉽게 알 수 있다. 이처럼 와인 라벨에 쓰인 와인 생산지, 와인명, 빈티지 3가지 정도만 볼 줄 알아도 와인 정보의 90% 이상을 얻은 것이나 마찬가지다.

와인 라벨을 볼 때 주의를 기울여야 하는 부분이 바로 언어 문제인데, 여러 나라에서 와인을 생산하다 보니 나라마다 라벨에 표기된 와인 정보가 제각각 다르기 때문이다. 더군다나 복잡한 와인 관련 용어까지 뒤섞여 있어 생각보다 라벨 읽기가 쉽지 않다. 사실 와인 라벨에 쓰여 있는 복잡해 보이는 정보들도 알고 나면 별 것 아닌데, 대부분 낯선 언어에 대한 두려움 때문에 지레 라벨 읽기를 포기하는 경우가 많다.

과연 프랑스어로 쓰인 프랑스 와인 라벨을 다른 언어권의 사람들이 얼마나 정확히 읽을 수 있을지 생각해 보면, 와인 라벨을 100% 정확하게 읽는 것 자체가 큰 의미가 없다는 생각도 든다. 물론 똑같이 발음하고 그 뜻을 이해하면 더없이 좋겠지만, 전문가가 아닌 이상 와인 마시자고 머리 싸매가며 여러 나라 언어를 배울 것은 아니지 않은가? 굳이 언어 스트레스까지 받아가며 라벨을 뚫어져라 볼 필요는 없다. 대충 따라 읽고 뜻만 이해해도 된다는 것이 나의 생각이다.

상표에 표기된 수천 종류의 포도 품종 역시 모두 알 필요는 없다. 와인으로 제조되는 포도 품종은 150여 종류가 되는데 그 중에서 우리가 자주 접하는 품종은 10가지 안팎에 불과하므로 앞에서 언급한 6종류의 포도 품종 정도만 알아도 충분하다. 와인 라벨 역시 와인이 출시된 생산 국가와 생산지, 어떤 맛이 나는 와인인가 정도만 확인하면 될 일이다.

물론 세계 지리에 훤하고 주요 와인 생산지를 숙지하고 있다면 와인에 더 쉽게 접근할 수도 있다. 그러나 이 역시 일부러 숙지하지 않아도 와인을 자주 접하다 보면 주요 와인 생산지 정도는 저절로 알게 된다. 이 밖에 숫자로 표기 되어 있는 포도 수확 연도인 빈티지와 알코올 도수, 용량은 와인 상표에서 바로 확인할 수 있으니 크게 문제되지 않는다.

사실 원산지 표시와 포도 품종 정도만 알아둬도 와인을 고르고 마시는 데는 문제가 없다. 와인의 라벨은 나라별로 또는 지역별로 약간의 차이가 있기는 하지만 기본 표기 원칙은 서로 비슷하다. 따라서 그 기본 표기 원칙만 알고 있으면 누구나 와인 라벨을 쉽게 읽을 수 있다. 일단 라벨을 읽을 수 있게 되면 자신이 원하는 와인을 선택하는 데 큰 도움이 된다.

01 프랑스 와인 라벨

프랑스 와인의 라벨을 들여다보면 맨 위에 와인 이름이 보이고 아래쪽에 포도 생산 지역, 포도 수확 연도(Vintage, 빈티지), 와인 등급, 알코올 도수, 용량 등이 나와 있다.

다음 라벨에서 ①은 와인 제품명을 표시한 것으로 보통 생산 회사, 와이너리, 생산자, 지역명, 포도 품종 등이 제품명으로 쓰인다.

②는 포도가 수확된 연도(빈티지)를 말하는데, 이 와인은 2006년에 수확된 포도라는 것을 의미한다.

③은 보르도 지역에서 생산되는 와인 중에서 AOC급 와인을 나타내는 것으로 프랑스 와인 품질 체계에서 가장 높은 단계를 표시한 것이다. ④는 포도가 어느 지역에서 생산됐는지 표시한 것이다.

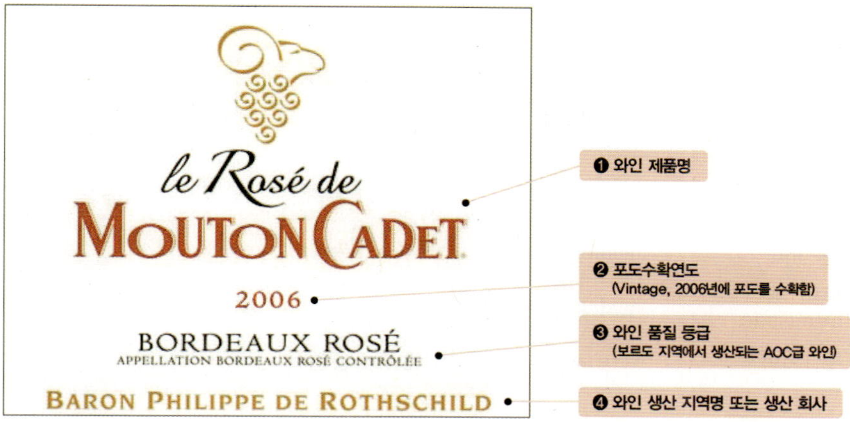

와인에서 가장 중요한 원산지 표시는 대개 큰 지역보다 더 세분화된 작은 지역명을 언급한 와인이 고가인 경우가 많다. 예를 들어 프랑스 보르도라는 큰 지역 표시보다 보르도 안에 메독, 메독 지역 안에 포이약으로 표시된 와인이 고가이며 품질이 우수하다는 얘기다.

참고로 프랑스 와인 품질 체계는 AOC (Appellation d'Origine Contrdee), VDQS(Vin D imit de Qualit Sup rieure), Vin de Pays, Vin de Table 순으로 구성되어 있다. 라벨에 등장하는 프랑스어를 잠깐 살펴보면 루지(Rouge)는 레드 와인을 뜻하고, 블랑(Blanc)은 화이트 와인을 뜻한다. Bouteille(부테이유)는 와인병을, 쿠베(Cuvée)는 와인 만드는 큰 통을 뜻하며, 쿠베 클로스(Cuvée Close)는 발포성 와인을 만들 때 2차 발효를 시키기 전에 블렌딩 해 놓은 와인을 의미한다.

섹(Sec)은 단맛이 약간 나는 발포성 와인, 드미 섹(Demi Sec)은 단맛이 중간 정도 나는 와인을, 브뤼(Brut)는 단맛이 없는 발포성 와인으로 설탕 농도 1.5% 이하의 매우 드라이한 와인이다.

샴페인의 당분함량에 따른 분류

엑스트라 브뤼 Extra Brut	very much dry	설탕 농도 0.6% 이하	달콤한 맛이 전혀 없음
브뤼 Brut	very dry	설탕 농도 1.5% 이하	달콤한 맛이 거의 없음
엑스트라 섹 Extra Sec	dry	설탕 농도 1.2~2%	달콤하지 않음
섹 Sec	medium dry	설탕 농도 1.7~3.5%	약간 달콤함
드미 섹 Demi sec	medium sweet	설탕 농도 3.3~%	중간 정도로 달콤함
두 Doux	very sweet	설탕 농도 5% 이상	매우 달콤함

프랑스의 AOC 규정

포도를 재배하는 지역과 위치를 명확하게 통제 관리하는 것으로 포도 품종, 양조 방법, 수확량 등에 대한 규정을 명시하고 있다.

1	AOC	Appellation d'Origine Contrôlée, d'Origine에 지방 명칭 또는 포도원 명칭 표시, 예를 들어 보르도 지방에서 생산되는 포도로 만든 와인은 'Appellation Bordeaux Contrôlée'라고 표기함
2	VDQS	Vin Délimité de Qualité Supérieure, AOC가 되기 위한 준비 단계
3	Vin de Pays	원산지 표시
4	Vin de Table	포도 주스, 농축 주스, 식초까지 포함하는 것으로 지역명이 표시되어 있지 않음

02 이탈리아 와인 라벨

이탈리아 와인 라벨 역시 와인 생산자명, 와인 생산 지역, 포도 수확 연도(빈티지), 와인 이름 등 4가지 정도만 기억하면 된다.

다음 라벨에서 ①은 이카르디(ICARDI)라는 브랜드명으로 와인 생산 회사를 의미하며, ②는 이탈리아 와인 생산 지역인 피에몬테를 표기한 것이다. ③은 이탈리아 와인 품질 체계로 DOC급 와인임을 표시한 것이다. ④는 포도 품종을 표시한 것이며, ⑤는 포도를 수확한 2004년을 의미한다. ⑥은 와인이 병입된 포도원의 이름이며 ⑦은 알코올 도수 6.5%를 나타낸다.

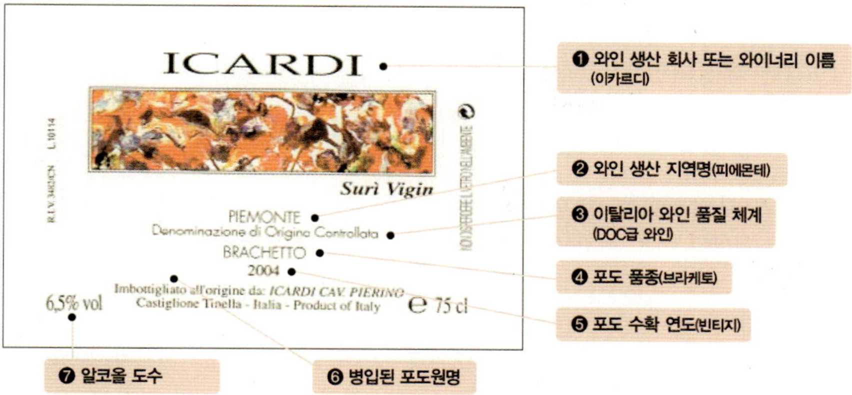

와인 라벨을 복잡하고 어렵게 이해하려고 하기보다 이처럼 제품명, 생산 지역, 포도 수확 연도 정도만 알아볼 수 있으면 충분하다.

이탈리아 와인에는 브랜드명이 가장 크게 표시된다. 지역 표시는 각 나라마다 와인을 생산하는 법률적 규정과 품질 체계 등이 있다. 법률적 규제와 품질 체계를 갖춘 와인인지 소비가 공식적으로 확인할 수 있는 안정된 제도적 장치이자 와인 선택의 지침서라고 할 수 있다. 그러나 가끔은 예외적인 경우도 있으므로 모두 품질 좋은 와인이라고 단정 짓지 말고 기준 정도로만 참고하는 것이 좋다.

이탈리아 와인의 라벨에 표시된 로소(Rosso)는 레드 와인을 뜻하고 비앙코(Bianco)는 화이트 와인을, 로사토(Rosato)는 로제 와인을 뜻한다. 단맛의 정도는 세코(Secco)라고 표시되어 있으면 단맛이 없는 와인이고, 돌체(Dolce)는 단맛이 풍부한 와인을 뜻한다. 스푸만테(Spumante)라는 표시가 있다면 이탈리아의 발포성 와인, 즉 스파클링 와인에 해당된다.

이탈리아의 DOC 규정

1963년 제정되었으며 와인 생산의 원산지를 증명하고, 포도 수확량과 양조 방법 등을 규정하고 있다.

1	DOCG(Denominazione di Origine Controllata e Garantita) 5년 이상의 DOC 와인으로 병목 부분에 분홍색 띠 또는 끈을 둘러 다른 등급의 와인과 구별한다.
2	DOC(Denominazione di Origine Controllata) 이탈리아 전체 생산 와인 중 10% 내외만이 이 등급을 획득하고 있으며, 특정 지역의 포도로 단위 면적당 생산량 한도 내에서 정해진 숙성 기간을 거친 후 정부 검사를 통과해야 한다.
3	IGT(Indicazione Geografica Tipica) 원산지만 표시하거나 포도 품종과 원산지명을 표시하여 식탁용 와인의 품질 인증에 대한 정보를 제공한다. 프랑스의 뱅 드 페이(Vin de pays)와 비슷한 등급에 해당한다.
4	Vino da Tavola(비노 다 타볼라) 프랑스의 뱅 드 타블(Vin de Table)에 해당되는 와인으로, 병입 날짜와 생산업자의 이름 또는 와이너리, 색깔 등을 표시한다.

03 스페인 와인 라벨

스페인 역시 프랑스, 이탈리아의 와인 라벨 보는 것과 크게 다를 게 없다. 제품명, 빈티지, 와인 생산지, 와인의 품질 표시 등만 기억하면 된다.

다음 라벨에 ①은 로다(RODA)라는 와인 생산 회사로 와인 제품명으로 이해하면 되고, ②는 레세르바(ReServa)로 나무통에서 6개월 숙성한 것을 포함해 총 2년간 숙성시킨 와인의 숙성 정도를 나타낸다. ③는 2002년도에 포도를 수확했다는 뜻이다.

④는 로다라는 와인 제조 회사를 나타낸 것이며, ⑤는 리오하(RIOJA)라는 와인 생산 지역을, ⑥은 스페인 와인 품질 체계 중 DOC급 와인을 의미한다. ⑦은 알코올 도수가 14%임을 표시한 것이다.

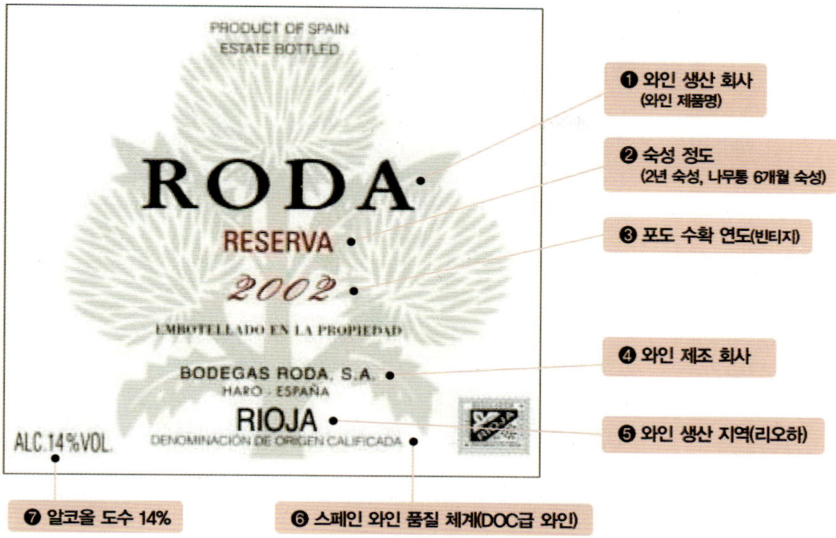

주정강화 와인 셰리로 유명한 스페인 와인은 정부에서 DO지역을(50개 고급 와인 생산 지역) 정해 고급 와인에는 DO를, 최고급 와인에는 DOC 등급을 매기고, 중급 와인은 비노 데 라 티에라(Vino de la Tierra), 낮은 등급의 와인은 비노 데 메사(Vino de Mesa)로 표기한다. 2년 이상 저장한 화이트 와인과 3년 이상 저장한 레드 와인에는 레세르바(Reserva), 5년 이상 저장한 와인은 그랑 레세르바(Gran Reserva)로 표기한다.

스페인의 DOC 규정

1932년 제정되었으며 프랑스 원산지 통제 명칭 AOC와 유사하게 특정 지역의 원산지를 통제하며 포도 품종, 생산량, 양조 방법 등을 관리한다.

1	DOCa(Denominaciôn de Origen Calificada) 프랑스의 AOC에 해당하는 '원산지 통제 명칭'으로 요구 조건이 매우 까다로운데, 리오하 지역과 프리오라트 지역 와인에만 유일하게 부여된다.
2	DO(Denominacion de Origen) DOC 바로 아래 단계로 60개 고급 와인 생산지로 분류하고 통제한다.
3	VCIG(Vino de Calidad con Indicacion Geografica) 5년 이상 되면 DO로 승격, 2003년 신설됨.

4	Vino de la Tierra 프랑스의 뱅 드 페이(Vin de pays)에 해당된다.
5	Vino de Mesa 가장 대중적인 와인으로 프랑스의 뱅 드 타블(Vin de Table)과 유사하다.

스페인의 DO에서 정한 숙성 정도에 따른 분류

1	**호벤** Joven **신 크리안사** Sin Crianza	전혀 숙성되지 않은 와인
2	**크리안사** Crianza	레드 와인은 2년 숙성 기간 중 최저 6개월 나무통 숙성, 화이트와 로제는 1년 숙성 기간 중 6개월 이상 나무통 숙성
3	**레세르바** Reserva	3년 이상 레드 와인 숙성 기간 중 1년은 나무통 숙성, 화이트와 로제는 2년 중 6개월 이상 나무통 숙성
4	**그랑 레세르바** Gran Reserva	레드 와인은 2년 이상 나무통 숙성 후 3년 이상 병입 숙성, 화이트 와인과 로제는 4년 숙성 기간 중 6개월 이상 나무통 숙성

04 독일 와인 라벨

독일 와인은 와인의 품질 체계와 당도의 단계에 따른 명칭을 기억해 두는 것이 중요하다. 다음 라벨에서 ①은 닥터 루젠(DR. Loosen)이라는 와인 생산 회사를 뜻하며, ②는 2005년에 수확한 포도를 의미하고, ③은 포도밭 이름인 베르너 존넨누어를 말한다.

④는 독일의 유명한 화이트 포도 품종인 리슬링으로 만들었다는 것을 나타내며, QmP에서 당도가 다섯 번째인 슈페트레제(sp tlese)임을 표시하고 있다. ⑤는 독일의 품질 체계 중 가장 높은 단계인 QmP(Qualit tswein mit Pr dikat)를 표시한 것이다. ⑥은 와인 생산 지역을 말하며, ⑦은 알코올 도수가 7.5%임을 표시한 것이다.

독일 와인법이 개정됨에 따라 QmP가 2007년부터는 프래디카츠바인(Prädikatswein)으로 부르게 되었다.

참고로 독일 와인에서 바이스(Weiss)는 화이트, 로트(Rot)는 레드, 섹트(Sekt)는 스파클링 와인을 뜻한다. 단맛의 정도는 트로켄(Trocken)의 경우 잔당 0.4% 이하로 단맛이 없는 와인을, 할프트로켄(Halbtrocken)은 단맛이 약간 있는 와인을, 밀트(Mild)와 쉬스(Suss), 리블리히(Lieblich)등은 단맛이 많이 나는 와인을 나타낸다.

독일의 QmP 규정(프래디카츠바인, Prädikatswein)

1971년에 제정되었으며 지역의 포도밭에 따라 품질을 구분하지 않고, 수확 당시 포도의 당도에 따라 등급을 결정한다.

1	프래디카츠바인(Prädikatswëin) 특정한 고급 와인, 당도에 따라 6가지로 구분되며 설탕 첨가는 금지되어 있다. 가. 카비네트(Kabinett) – 가장 일반적인 QmP 와인으로 약간 달콤함. 나. 슈페트레제(Spätlese) – 카비네트보다 약간 늦게 수확한 포도로 만든 와인, 카비네트에 비해 단맛이 조금 더함. 다. 아우스레제(Auslese) – 농익은 포도만을 특별히 선별하여 슈페트레제보다 단맛과 향이 강함. 드라이한 것도 있음. 라. 베렌아우스레제(Beerenauslese) – 보트리스 곰팡이의 영향으로 당도가 높아진 포도알맹이를 손으로 수확하여 만든 와인으로 당도가 높음.

1	마. 아이스바인(Eiswein) – 보트리스 곰팡이의 영향을 받고 서리와 눈을 맞은 겨울 새벽에 수확하여 얼어있는 상태로 압착하여 포도즙을 짜내 만든 와인으로 베렌아우스레제보다 당도가 높음. 바. 트로켄 베렌아우스레제(Trockenbeerenauslese=TBA) – 보트리스 곰팡이의 영향을 받아 포도가 말라비틀어진 건포도 상태가 될 때까지 건조시킨 후 수확하여 만든 와인으로 당도가 가장 높음.
2	QbA (Qualitätswein bestimmter Anbaugebiete) 13개의 특정 지역에서 생산되는 고급 와인으로 알코올 도수를 높이기 위해 발효 전에 설탕 첨가 가능함.
3	란트바인(Landwein) 프랑스의 뱅 드 페이(Vin de Pays)에 해당되는 것으로, 발효 전에 설탕 첨가가 가능하나 과즙은 첨가하지 못함.
4	타펠바인(Tafel wein) 프랑스의 뱅 드 타블(Vin de Table)에 해당되는 가장 낮은 등급임.

05 미국(캘리포니아) 와인 라벨

미국 와인을 비롯한 칠레, 호주 등 신세계 와인은 구세계 와인(프랑스, 이탈리아, 스페인 등)과 달리 포도 품종 표시를 분명하게 해주는 것이 특징이다. 또 구세계 와인에 비해 와인 라벨이 간단하고 보기도 편하다.

와인 라벨 순서대로 ①은 블리스 패밀리 빈야드라는 와인 생산 회사이자 블리스(Bliss)라는 와인 제품명, ②는 빈티지를 나타낸 것으로 2005년에 수확한 포도로 만든 와인, ③은 카베르네 소비뇽이라는 포도 품종으로 와인을 만들었다는 뜻이다. ④는 와인 생산 지역으로 미국 캘리포니아 멘도시노에서 만든 와인을 의미하며, ⑤는 알코올 도수를 표시한 것이다.

와인의 단맛 정도를 나타내는 표현으로 드라이(dry)는 단맛이 거의 없는 와인을, 세미 드라이(semi dry)는 단맛이 덜한 와인을, 세미 스위트(semi sweet)는 단맛이 약간 있는 와인을, 스위트(sweet)는 단맛이 강한 와인을 뜻한다. 맛의 표현은 개인이 느끼는 미각에 따라 조금씩 다르기 때문에 같은 와인이라도 맛의 평가가 다양하게 표현될 수 있다.

*미국와인의 품질체계

미국와인을 비롯한 신세계 와인은 유럽처럼 품질체계나 원산지에 관한 강제규정이 없다. 미국은 AVA(American Viticultural Areas, 지정 재배 지역)라고 하여 품질의 우위를 뜻하지 않고 단순히 포도재배 지역을 구분하는 의미밖에 없다.

*메리티지(Meritage) 와인

미국에서 프랑스 보르도 스타일로 만든 고급 레드 및 화이트 와인을 말한다.

*칠레 원산지 표시제도

① 원산지 표시 와인 DO (Denominacion de Origen)

원산지, 품종, 빈티지를 표시할 경우 그 지역의 품종을 해당 해에 75% 이상 사용해야 됨.

② 원산지 없는 와인

품종 및 빈티지 규정은 DO를 준수하며 원산지 표시만 없는 것

③ 비노 데 메사 (Vino de Mesa)

포도 품종, 빈티지를 표시하지 않는다.

06 칠레 와인 라벨

미국의 와인 라벨 보는 것과 방법이 거의 비슷하다. 라벨 순서대로 ①은 카네파(CANEPA)라는 와인 생산 회사를 의미하며, ②는 2006년도에 수확한 포도로 만든 와인, ③은 카베르네 소비뇽이라는 포도 품종으로 만들었다는 것을 표시한 것이다. ④는 와인 생산 지역인 마이포, 라펠 밸리를 나타낸 것이고, ⑤는 피니시모(FINISIMO)라는 와인 이름을 의미한다.

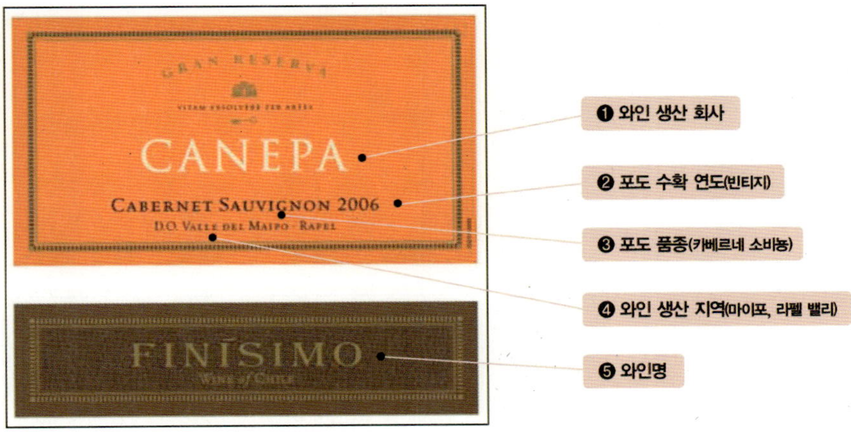

칠레 와인은 미국, 호주 와인과 더불어 전 세계에 대중적으로 판매되고 있다. 신세계 와인이 대부분 그렇듯이 와인 이름과 라벨이 복잡하지 않고, 가격 대비 품질이 좋은 편이어서 칠레 와인이 여러 나라에서 많은 사랑을 받고 있는 것이 아닌가 싶다.

기죽지 않고 당당하게 와인 사기

와인 매장을 하다보면 여러 고객들을 만나게 된다. 매장에 들어와 원하는 와인에 대해 이것저것 물어보고 자신에게 맞는 와인을 잘 골라가는 사람이 있는가 하면, 주뼛거리며 말없이 들어와 와인만 사들고 휑하니 나가는 사람도 있다. 평소 와인 매장 직원과 친분을 쌓아 두면 알게 모르게 와인 정보를 얻을 뿐 아니라, 단골로 좋은 관계를 유지하면 와인을 살 때 여러모로 도움이 된다.

일단 단골 고객 리스트에 올라가면 할인 행사나 무료 시음회, 마일리지 적립, 특정 와인에 대한 우선 구매권, 사은품 증정 등 다양한 혜택을 누릴 수 있다. 그러나 말없이 와인만 달랑 사가지고 나가는 사람은 시간과 경제적 비용을 지불하고도 그 이상의 것을 얻을 수 있는 좋은 기회를 스스로 버리는 꼴이 된다.

와인에 대해 알고 싶다면 주머니 사정이 허락하는 선에서 와인을 사서 마셔보는 것이 최선이다. 와인에 처음 입문하는 초보자들은 와인의 종류며 맛, 가격, 품질 등 따져봐야 할 내용이 많기 때문에 어떤 와인을 골라야 할지 망설여지는 것이 사실이다. 특히 선물할 와인을 고를 때는 어떤 와인을 선택해야 상대방이 좋아할지 잘 몰라 더 난감하다.

누구나 그렇듯 처음부터 입맛에 맞는 와인을 고르기는 어렵다. 와인에 관심을 갖고 와인 공부를 해나가는 것도 물론 좋지만, 자신이 마실 와인이라면 초보자도 무난하게 마실 만한 와인을 사서 맛부터 보는 것이 중요하다. 다만 무조건 비싸고 품질 좋은 고급 와인부터 맛보려고 욕심내지 말고, 일상의 한 부분으로 편안하게 접근하면 와인을 부담 없이 즐길 수 있다.

손님들 중에 와인에 대해 몰라도 자신에게 맞는 와인을 한번에 사가는 경우가 있는데, 그들의 공통점은 모르면서 아는 척하거나 모르는 것을 필요 이상으로 부끄럽게 생각하거나 방어적인 자세를 취하지 않는다는 것이다. 알고 있는 와인 지식은 최대한 활용하면서 궁금한 것은 주저하지 않고 당당하게 물어본다. 와인을 살 때 전문가나 점원에게 조언을 구하는 것은 당연하고도 현명한 자세다.

잘 몰라도 좋은 와인 쏙 집어내는 사람들

와인 매장을 방문하기 전에 인터넷이나 책을 통해 미리 정보를 찾아보거나 와인 시장에서 이슈가 되고 있는 와인을 알아보는 것이 순서다. 그러나 광고 홍보에 물량 공세를 펴는 비싼 와인보다는 수십만 가지의 다양한 와인을 새롭게 만날 수 있다는 기대감과 흥분으로 와인을 선택할 때 즐거움이 훨씬 더 커진다. 와인 매장에서 겪었던 경험을 바탕으로 와인을 구매하는 데 도움이 될 만한 이야기들을 소개한다.

01 가진 돈으로 살 만한 와인 가격 정하기

"5만 원 한도 내에서 와인을 고르고 싶어요." 와인을 구매하는 비용으로 얼마를 잡고 있는지, 주머니 사정을 고려하여 구매할 만한 와인의 가격 범위를 정한다. 그 전에 선물용인지, 집에서 가족들과 마실 것인지, 연인과의 데이트를 위한 것인지 용도에 따라 어느 범위까지 지출이 가능한지를 분명하게 정해야 필요한 와인을 기분 좋게 살 수 있다.

어떤 것을 골라야 할지 자신이 없다면 와인 매장 직원에게 가격 범위를 제시하고 그 가격대에 맞는 적당한 와인을 추천해 달라고 도움을 청한다.

02 매장 직원에게 원하는 와인 대놓고 말하기

"프랑스 보르도산 레드 와인으로 알코올 냄새가 약하면서 신맛이 적고 텁텁하지 않으면서 부드러운 것으로 주세요."

와인의 종류에 따라 단맛과 씁쓸한 맛, 알코올 농도 등 다양한 차이가 있기 때문에, 대충 골랐다가는 원하던 맛과 전혀 다른 와인을 고를 수도 있다. 잘 모를 때에는 전문가의 힘을 빌리는 것이 상책이다. 구매 목적과 예산, 맛과 향에 대한 자신의 취향을 알려주고 추천해 달라고 한다. 가능하면 매장 직원에게 원하는 와인의 맛과 향을 구체적으로 표현하는 것이 좋다.

03 난 생선 요리에 레드와인

나는 와인과 음식의 조화에 그리 연연해하지 않는 편이다. 흔히 생선 요리에는 화이트 와인, 육류에는 레드 와인, 생일축하 자리엔 스파클링 와인 하는 식으로 와인과 음식의 조화에 너무 무게중심을 둘 필요가 없다는 것이 개인적인 생각이다.

물론 와인을 살 때 마실 와인과 어울리는 음식을 매장 직원에게 물어봐서 나쁠 건 없지만, 가령 금성에서 온 와인과 화성에서 온 음식이란 표현처럼 '궁합이 맞는 음식과 와인'상식과는 판이하게 다르더라도 얼마든지 와인을 즐길 수 있다. 준비한 음식이 와인과 전혀 맞지 않더라도 와인을 마시는데 큰 지장이 없다는 얘기다.

04 와인 마니아들이 모이는 이벤트 어디서 열리지?

와인 관련 행사를 적극 활용하는 것도 좋다. 와인을 시음할 기회가 생긴다면 놓치지 말고 부지런히 참가하여 많이 마셔보고 와인 고르는 안목을 높인다. 일단 와인을 골랐다면 라벨이 깨끗한지 살피고 캡 호일이 잘 돌아가는지 살짝 돌려본다. 보관이 잘못된 와인은 흘러넘쳐 캡 호일이 매끄럽게 돌아가지 않는 경우가 종종 있기 때문이다.

내가 기피하는 요주의 와인들

프랑스, 캐나다 등 와인 문화가 일찍부터 뿌리내린 나라들은 지정된 곳에서만 와인을 판매하는 등의 정부 규제가 엄격하다. 이에 반해 우리나라는 인터넷을 통한 온라인 판매와 전화 판매를 금지하는 것을 제외하고는, 와인을 판매하는 장소에 대해서는 아직 관대한 편이다.

최근 몇 년간 우리나라에도 전례 없는 와인 열풍이 불면서 와인에 대한 관심이 높아지자, 여기저기 와인 전문점이 늘어나면서 와인을 선택할 수 있는 폭도 많이 넓어진 게 사실이다. 하지만 여전히 와인 전문점의 문턱이 높다고 이야기하는 사람들이 있다. 왠지 전문 매장에는 비싼 와인만 있을 것 같고, 그곳에 들어가면 주눅이 들어 원하는 와인을 제대로 고르지도 못할 것 같다는 것이다. 게다가 전문 매장이 늘었다고는 하나 아직까지는 충분하지 않아 접근성이 떨어지고 가격이 다소 비쌀 수 있다는 단점도 있다.

그러나 와인을 꼭 와인 전문점에서만 사라는 법은 없다. 우리 주변에는 와인 전문점이 아니라도 대형 할인 매장, 마트, 슈퍼마켓, 24시 편의점까지 와인을 구매할 수 있는 장소는 얼마든지 있다. 실제로 와인 전문점은 문턱이 높고 찾기 번거롭다는 이유로 일부러 대형 할인 매장이나 슈퍼마켓, 편의점을 찾는다는 사람들도 많다.

다만 이런 곳에서는 쉽고 편하게 와인을 구매할 수 있는 반면, 와인에 대해 전문적으로 조언해 줄 직원이 따로 없다는 단점이 있다. 최근 와인 매출이 증가하면서 와인 전문 매니저를 할인 매장에 상주시키는 곳도 더러 있지만 아직은 전문 매장에 비해 부족한 것이 현실이다.

이렇게 와인을 구매하는 장소마다 장단점이 있으므로 어느 매장을 택할 것인가는 그때그때 상황에 따라 결정하면 될 일이다. 와인 전문가의 도움 없이도 제대로 된 와인과 피해야 할 와인을 선별하는 노하우를 갖춘다면, 전문 매장이든 편의점이든 와인을 구매하는 데 큰 어려움을 느끼지 않을 것이다.

01 조명 밝고 열 가까이 진열된 와인은 No!

와인의 생명은 보관 상태에 달렸다고 해도 과언이 아닌데, 매장 안에 들어섰을 때 조명이 너무 밝은 곳에 진열된 와인이나 가열기구 가까이 있는 와인은 신선도가 떨어지고 변질될 우려가 높기 때문에 와인을 고를 때 절대 피하는 것이 좋다.

완벽한 보관은 아니더라도 최소한 와인 매장 안에 들어섰을 때 조명이 너무 밝다거나 체감되는 내부 온도가 높다고 느껴진다면, 그런 곳에서 와인을 구입할 때는 특히 신중하게 접근할 필요가 있다.

02 먼지 앉은 매장 눈길 주지 마라

손이 잘 닿지 않는 와인에 먼지가 수북이 쌓여 있거나, 와인 라벨이 햇빛에 바래 희미하거나, 투명한 화이트 와인이 밝은 갈색을 띤다거나 하는 매장은, 와인 관리가 소홀하다는 증거이므로 생각할 것도 없이 발길을 돌려서 나와야 한다. 와인에 대한 기본적인 정보와 지식을 떠나 애정과 열정도 부족한 매장이기 때문이다. 볼 것도 없이 그런 매장에서 고른 와인은 변질됐을 가능성이 높다.

와인 잡지, 와인 관련 사이트와 교육기관

와인 관련 잡지	와인리뷰 Wine review 국내 와인 잡지
	와인 스펙테이터 Wine spectator 미국에서 발행하는 세계적인 와인 잡지
	디캔터 Decanter 영국의 와인 잡지
	감베로 로쏘 Gambero Rosso 이탈리아 최고 와인 전문지
와인 관련 사이트	소펙사 www.sopexa.co.kr
	한국소믈리에협회 www.somme.co.kr 사단법인
	베스트와인 www.bestwine.co.kr
	그랑벵코리아 www.grandvin.co.kr
	자원평가연구원 www.wineac.com 보르도와인아카데미 등
	와인21닷컴 www.wine21.com
와인 관련 교육기관	건국대학교 산업대학원 와인학 석사과정 ges.konkuk.ac.kr 우리나라 최초 와인학 정규 석사과정
	JC와인스쿨 www.jcwine.com
	와인나라아카데미 www.winenara.com
	영동대학교 와인발효식품학과 www.youngdong.ac.kr
	WSET 코리아 www.wset.co.kr

프랑스에서 온 와인향기 4

싸고 맛있는 와인, 어디서 사지?

와인 애호가들의 고민거리라면 와인을 어디서 살 것인가 하는 것이다. 와인의 고장이라는 유럽의 경우 우리와 같은 개념의 편의점이나 할인점이 없고 동네 가게들은 보통 밤 8시에 문을 닫고, 대형 슈퍼마켓도 10시 전에는 문을 닫는다. 게다가 일요일은 아예 문을 열지 않기 때문에 이런 환경에 익숙하지 않은 관광객들에게는 여간 불편한 게 아니다.

더군다나 북유럽은 이보다 더 일찍 문을 닫는 경우가 많아, 모처럼 와인을 사러 나왔다가 빈 걸음으로 돌아가기 일쑤다. 이럴 때는 대형 슈퍼로 달려가는 것이 가장 빠르다. 늦게까지 문을 여는데다 와인의 종류도 다양하게 갖춰져 있고, 가격도 한국과는 비교가 되지 않게 저렴하다. 다만 고급 와인은 진열 수량이 적어 선택의 폭이 좁다는 단점이 있다. 고급 와인을 원한다면 전문점으로 가야 만족스러운 와인을 살 수 있다.

프랑스의 대표적 와인 전문점인 니콜라(Nicolas)의 경우 전국 체인점이라 와인 종류가 다양하고 고급 와인도 많이 갖추고 있다. 프랑스의 또 다른 체인점인 사부르 클럽(Savour Club)은 매장 수가 많지 않아 이용하는 데 불편하다는 단점이 있다.

제과점으로 잘 알려진 포숑(Faushon), 에디아르(Hediard), 르 노트르(Le Notre) 등에서도 와인을 파는데 이 역시 전문점이라고 해서 값이 싼 편도 아니고 일정 수준 이상의 와인만을 취급하고 있어 선택의 폭이 넓지 않다. 공항면세점을 생각할 수도 있으나 수요량이 많지 않은데다 언제부터 쌓아둔 것인지 알 수 없어 신선한 좋은 와인을 고른다는 보장이 없다.

만약 샤토를 방문할 기회가 있다면 주저없이 그곳의 와인을 살 것을 권한다. 값도 값이지만 본토의 샤토에서 와인을 구입한다는 것은 또 다른 문화를 향유하는 호사이기때문이다. 특히 포도주 저장실을 관리하는 카비스트(caviste)가 와인 전문성을 충분히 갖춘 경우라면, 좋은 와인을 손쉽게 구매할 절호의 기회다. 훌륭한 포도주 저장실 관리인이란 좋은 상태로 와인을 보관할 줄 아는 것은 물론이고, 와인에 소신과 애정을 가진 생산자들로부터 나오는 품질 좋은 와인을 어떻게 선택해야 하는가를 잘 아는 사람이다. 아울러 손님에게 새로운 와인을 추천하고, 여러 종류의 음식에 어울리는 와인을 선택하는 데 조언을 아끼지 않는다면 금상첨화다.

종종 지인들로부터 싸고 맛있는 와인을 추천해 달라는 부탁을 받게 되는데 그럴 때면 막막하다는 생각부터 든다. 요즈음은 여기에 한 가지 조건이 더 붙는데 '유명한' 것으로 추천해 달라는 것이다. 싸면서도 맛있는 와인을 고르는 것도 쉽지 않은데, 유명한 것까지 주문 내용이 추가되면 뾰족한 답이 없다.

결국 본인에게 익숙한 것을 권하게 되는데, 현지에서 구입하면 가격이 저렴하니 먹어본 것 중에서 맛있었던 것을 고르라고 조언할 밖에 달리 방법이 없다. 그러나 이것도 말처럼 쉬운 건 아니다. 현지에 나가면 국내에선 구경하지 못한 처음 본 샤토들도 많을 테니 라벨 보랴, 환율 계산하랴 정신이 없을 것이다. 이때는 아는 와인을 고르거나 아니면 와인 품평회에서 상을 받은 와인을 고르는 것이 최선의 방법이다.

병 모양만 보고 입맛에 맞는 와인 고르기

와인뿐 아니라 소주, 맥주, 막걸리병에 담겨 있는 사연을 들어본 적이 있는가. 소주에 레몬을 섞은 칵테일 소주나 하우스 맥주의 경우 상품마다 차별성을 두기 위해 병 모양이 더 작거나 앙증맞다. 사실 술병의 모양과 특이한 곡선에는 비밀과 사연, 과학적인 근거들이 숨겨져 있다. 와인 전문가들이 병 모양만 보고 어떤 와인인지 아는 것도 바로 이런 숨겨진 비밀을 잘 알고 있기 때문이다.

와인병 색깔과 그 색깔에 숨겨진 비밀

와인병도 레드냐 화이트냐에 따라 색깔과 모양이 다르다. 와인병의 색깔은 빛으로부터 와인을 보호하는 작용을 하기 때문에 불투명한 녹색이거나 전체적으로 어둡다. 빛의 파장에 따라 투과율이 달라지는데 화이트 와인의 투명 유리는 자외선을 차단하며, 레드 와인의 녹색유리는 자외선과 보랏빛을 차단하여 햇빛으로 인한 맛의 변질을 막아준다.

화이트 와인은 색깔 있는 병보다 투명한 유리병에서 더 빨리 숙성되며, 와인이 발효되는 과정에서 발생하는 여러 가지 향(부케)을 얻을 수 있다는 이점이 있다. 그러나 레드 와인은 화이트 와인보다 빛에 더 강하지만 색깔 있는 병을 사용하는 것이 빛의 차단을 위해서도 좋다.

와인병의 모양도 와인의 종류에 따라 다양하다. 아이스 와인은 보기만 해도 시원한 느낌이 나는 날씬하고 쭉 뻗은 모양을 하고 있고, 이탈리아의 발포성 와인 피아니시모(Pianissimo)는 길고 날씬한 투명한 병을 원색의 녹색 라벨이 감싸고 있다. '게브르츠트라미너 버그하임 2002'의 와인병은 길쭉하면서도 어깨 부분이 날씬하게 빠진 플루트 모양을 하고 있다.

상품별로 특이하게 제작된 병 모양을 선보이는 경우도 있지만, 일반적으로 와인병은 국가별 또는 생산 지역별로 모양이 다르다.

보르도 부르고뉴 주정강화 스파클링

이렇게 와인병 모양을 다르게 차별화한 이유는 와인 소비자들이 병 모양만 보고도 지역별 와인의 특징을 한눈에 알 수 있게 하기 위한 것이다. 와인병 모양만으로도 이 와인이 보르도인지, 부르고뉴인지, 샹파뉴인지 생산 지역과 포도 품종 등을 쉽게 알고 선택할 수 있도록 고안한 소비자와의 소통 표시인 셈이다.

01 목과 몸통의 가파른 경사, 보르도 와인병

보르도 와인병은 가장 흔하게 볼 수 있는 일반적인 와인병 모양이다. 전체적으로 몸통이 길게 뻗은 일직선 형태를 유지하면서 병목 부분의 각도가 가파르다. 이렇게 병목 부분이 급경사를 이루는 어깨 모양을 하고 있는 이유는 와인을 따를 때 병 밑의 침전물이 흘러나오지 않게 하기 위한 것이다.

병의 모양은 획일적이지만 병 색깔은 와인의 종류에 따라 조금씩 다른데, 레드 와인의 경우 어두운 녹색 계통이 많고 화이트 와인은 대부분 옅은 그린색을 띠고 있다.

소테른(Sauternes) 지역에서 생산되는 디저트 와인 종류의 병은 병안의 원액이 보이도록 투명하게 만든다. 이러한 병 모양은 프랑스 보르도 지역뿐 아니라 미국, 이탈리아, 스페인, 칠레 등 전 세계에서 보편적으로 사용되어 왔다. 그런데 최근에는 시각적인 마케팅 효과를 극대화하기 위해 보르도 와인병에도 변화를 꾀하고 있다.

기존의 와인병보다 더 두껍고 더 길게 만든, 묵직하면서 고급스러운 느낌의 병 모양이 캘리포니아를 비롯한 세계 와이너리 사이에서 큰 호응을 얻고 있다.

02 병목 주위 어깨가 완만한 부르고뉴 와인병

보르도 와인병과 모양이 확연히 다른 부르고뉴 와인병은 보르도 와인병에 비에 병목 주위의 어깨가 완만한 경사를 보이며 열은 그린 또는 투명한 색깔을 띤다. 보르도와 달리 부르고뉴 지방의 포도에서는 침전물이 그다지 많지 않아 굳이 병목 부분을 가파르게 만들 필요가 없기 때문이다.

이런 스타일의 병은 전통적으로 견고하고 무거운 병을 사용하는데, 주로 프랑스 론 지역을 비롯하여 샤르도네, 피노누아 품종을 사용하는 신세계 와인들에서 볼 수 있다. 일부 론 지역 와인병은 샤토 네프 뒤파프라는 와인의 갑옷 무늬처럼 와인병 전면에 문장 조각을 상징적으로 새겨넣기도 한다.

수만 가지의 와인 중에 보르도와 부르고뉴 와인병의 특징을 먼저 알아본 이유는 전통적인 맛을 지닌 일반적인 와인병 모양은 사실 이 두 가지 형태가 대표적이며, 아래 설명하는 몇몇 특수한 경우를 제외한 나머지 와인 역시 이 두 형태에서 조금씩 변형된 모양이기 때문이다.

03 유난히 병목 부위가 볼록한 주정강화 와인병

포트 와인, 마데이라, 스페인의 셰리 등이 대표적인 주정강화 와인인데 이들 와인은 병목 부위가 눈에 띄게 볼록한 형태를 하고 있는 경우가 많다. 뿐만 아니라 병 입구를 밀봉하는 코르크 마개 역시 일반적인 마개와 달리 고급 브랜디 술병에서 볼 수 있는 고정된 코르크(cork stopper) 마개를 사용하는 것이 특징이다.

주정강화 와인의 병목 부위가 볼록하고 고정 코르크 마개를 사용하는 이유는 보르도 와인병의 병목 부위가 급경사를 이루는 것과 비슷하다. 와인의 침전물을 가장 기능적으로 제거하기 위한 것으로, 주정강화 와인을 마실 때 공기와의 접촉을 시도하기 위해 디캔팅을 하는 이유와도 통한다.

04 병 입구에 캡슐이 있는 스파클링 와인병

샴페인으로 대표되는 발포성 스파클링 와인의 병은 병 입구 부분에 두터운 캡슐이 있다. 병 모양 자체는 부르고뉴 병과 비슷하게 매끈한 모양새를 하고 있지만, 병의 재질인 유리가 더 두껍고 병목 부분이 길게 뻗어 있다.

샴페인병은 다른 와인병과 달리 특히 기능적인 부분이 강조되는데, 샴페인을 제조하는 과정에서 발생하는 탄산가스에 의한 포화 압력으로 병이 깨지는 것을 방지하기 위해 병 바닥 부분을 움푹 들어가게 만든다. 즉, 병 바닥으로 전달되는 압력을 줄이기 위해 곡선 형태로 만든 것이다.

게다가 스파클링 와인의 대부분은 탄산이 새어 나가는 것을 막기 위해 마개부터 몸통으로 이어지는 겉 부분을 철사로 밀봉해 놓고, 밀봉한 철사를 포장재로 감싸놓은 형태로 판매된다. 그래서 흔히 파티나 축제에서 샴페인을 터뜨릴 때 시원스럽게 거품이 발생할 뿐 아니라, 거칠게 흔들어서 개봉할 경우 코르크가 공중으로 튀어 오르게 된다.

전통적으로 와인병 모양이 소비자들에게 와인에 대한 간단한 정보를 전달하는 역할을 해왔음을 부인할 수 없기에, 주요 지역의 와인병 모양이 어떤 특징을 가지고 있는지 기억해 두는 것이 좋다. 와인병의 특징과 와인의 상관관계를 알고 있는 사람은, 와인을 맛보지 않아도 병을 보고 그 맛과 향을 대략 짐작할 수 있다.

몸통이 길고 병의 어깨가 각진 와인을 보면 '저 와인은 보르도 타입으로 3~4가지 포도 품종이 섞여서 떫은맛과 신맛이 덜할 것이다'라고 판단해도 크게 틀리지 않는 것이다.

최근에는 와인병 모양이 마케팅 수단으로 떠오르면서 유명 생산지의 와인병 모양을 다른 지역이나 나라에서 적극 활용하고 있다. 가령 겉모습을 중요하게 생각하는 소비자들을 위해 화려하고 고급스런 병 모양이 원액의 품질과 상관없이 병입되는 경우도 있다. 따라서 병 모양에 전적으로 의존하기보다는, 라벨 확인을 통해 와인을 식별하는 습관을 들이는 것이 좋다.

달콤한 와인만 알아도 와인 고르기 절반은 성공

최근 우리나라에서 가장 많이 팔린 와인을 조사한 결과, 1위에서 5위까지 수년간 상위에 랭크된 와인이 바로 달콤한 와인이다. 우리나라 사람들이 와인을 고를 때 달콤한 것을 얼마나 선호하고 있는지 단적으로 보여주는 대목이다. 이렇게 와인 판매에서 달콤한 와인이 강세를 보이니 와인 매장에서도 이를 공략한 마케팅이 먹히는 것이다.

달콤한 와인을 종류별로 알아두면 다른 와인을 고를 때도 많은 도움이 된다. 달콤하지 않은 다른 종류의 드라이한 와인을 고를 때, 달콤한 와인을 제외한 나머지에서 선택하면 그만큼 선택의 폭이 좁혀지기 때문이다. 달콤한 와인에 대해서만 제대로 알아도, 와인을 잘못 골라 낭패 보는 일을 줄일 수 있다.

자신의 취향과 전혀 다른 와인 피하는 법

와인은 포도를 재배하는 지역마다 기후나 토양이 다르고, 양조 스타일이나 포도 품종 등도 다르기 때문에 그에 따라 지역별로 다양한 종류의 와인이 생산된다. 지역마다 맛이 다른 다양한 와인을 직접 경험해 보는 것만큼 좋은 것은 없겠지만 시간적 · 경제적 비용을 고려할 때 모두 시음해 본다는 것은 현실적으로 어려운 일이다.

게다가 와인을 경험할 기회가 많지 않은 사람이라면, 수십만 종류의 와인 중에서 어떤 것을 선택해야 자신의 입맛에 맞을지 고민스러울 수밖에 없다.

이런 고민을 해결하기 위해 특히 와인을 좋아하는 사람들은 책이나 인터넷에서 정보를 찾아보거나 와인 강의를 듣는다든지, 또 주변에 와인을 잘 아는 사람에게 물어보고 결정한다. 이처럼 와인과 친숙해지기 위해 노력하는 사람들은 자연히 와인을 자주 접하게 되고, 그러다 보면 다양한 와인 중에서 자신의 입맛에 맞는, 그날그날의 상황과 분위기에 맞는 와인을 찾아낼 수 있게 된다.

와인을 선택하는 방법도 수학 공식처럼 정해져 있다면 와인 초보자들도 와인을 고르는 데 문제가 없을 것이다. 하지만 와인은 맛과 종류가 워낙 다양하고 사람들의 소비 성향과 입맛도 각양각색이어서 '이럴 때 이런 와인을 고르라'는 하나의 매뉴얼을 모든 사람에게 적용하기가 사실상 어렵다. 그렇다고 무턱대고 아무 와인이나 고르는 것도 난감하긴 마찬가지다.

달콤한 맛에 익숙한 사람이 쌉쌀하면서 시큼한 와인을 잘못 고른다든지, 드라이한 맛의 와인을 즐기는 사람이 가볍고 달콤한 와인을 잘못 고르면 마시지도 버리지도 못하고 골치를 썩게 된다. 적어도 자신의 취향과 전혀 다른 와인만이라도 피하고 싶다면, 와인의 맛과 향을 가늠할 수 있는 몇 가지 기본적인 원리와 대표적인 와인을 알아둘 필요가 있다.

와인을 고르는 사람들의 취향은 크게 달콤하고 가벼운 것을 원하는가, 드라이하고 중후한 맛을 원하는가에 따라 나뉜다. 역시 와인을 선택하는 과정에서 가장 어려운 것은 어떤 와인이 어떤 맛을 가지고 있으며, 달콤한 와인(Sweet wine)과 달콤하지 않은 와인(Dry wine)을 어떻게 구분하고 선택할 것인가이다. 달콤한 와인도 세부적으로 들어가면 달콤함이 강한 것, 중간인 것, 약한 것 등 다양한 종류가 있지만, 일단 달콤한 와인의 종류만 알고 있어도 와인을 선택하는 데 큰 실수는 줄일 수 있다.

스위트한 와인, 5가지만 기억하면 OK!

달콤한 와인은 당도가 생명이기 때문에 포도 생산자들은 당도를 높이기 위해 많은 노력을 기울인다. 수확 시기를 늦추거나 정상적인 시기에 수확한 포도를 건조시키거나 곰팡이를 이용하여 당도를 높이는 등 여러 가지 방법을 동원한다. 달콤한 와인으로는 아이스 와인(Ice wine), 레이트 하비스트(Late Harvest), 모스카토 와인, 소테른 와인, 주정강화 와인 등이 있다.

01 아이스 와인

일명 얼음 포도주로 불리는 아이스 와인은 영하 6~7℃에서 자연스럽게 언 포도를 가지고 만든 것으로, 이때 당분은 얼지 않고 물만 얼기 때문에 당분이 농축되어 당도가 높은 와인이 된다.

소량만 생산되기 때문에 그만큼 가격이 비싸다. 아이스 와인 하면 독일(아이스바인), 캐나다, 오스트리아 등이 유명한데 최근에는 호주에서 포도를 인공적으로 얼려서 만드는 아이스 와인도 생산하고 있지만 정통 아이스 와인이라고 할 수는 없으며 흔히 이런 와인들은 아이스 와인 스타일이라고 부르기도 한다.

02 레이트 하비스트 와인

포도의 수확 시기를 늦춰 당도를 높이는 것은 아이스 와인과 비슷하다. 다른 점이라면 아이스 와인은 당도와 산의 함량이 균형을 이루고 있는 반면, 레이트 하비스트 와인은 당도가 산의 함량보다 더 높다는 것. 풍부한 과일향과 달콤한 맛이 잘 어우러지는 기분 좋은 와인이다.

03 모스카토 와인

최근 이탈리아 와인 중에 약발포성의 달콤한 와인들이 우리나라로 많이 들어오고 있다. 모스카토(Moscato)라는 이름을 가진 화이트 와인이 가장 대표적인데 모스카토는 특정 품종이 아니라 여러 용도로 다양하게 쓰이는 식용, 건포도, 와인용 품종을 하나로 묶어서 표현한 말이다.

예를 들어 모스카텔(Moscatel=Muscat of Alexandria)은 모스카토 안에 있는 특정 품종이라는 뜻이다.

04 소테른 와인

소테른(Sauterne)은 프랑스 보르도뿐만 아니라 세계적으로도 유명한 스위트 화이트 와인을 생산하는 곳으로 알려져 있다. 특히 보트리티스 시네리아(*Botrytis ciinerea*)라는 곰팡이균을 이용한 양조 방식으로 유명한데, 포도에 낀 곰팡이가 포도의 단맛을 건포도의 당도에 가깝게 농축시키는 역할을 하기 때문에 아주 달콤한 와인이 만들어진다.

꿀처럼 걸쭉한 단맛이 느껴지는 소테른 와인 이외에도 독일의 베렌아우스레제(Beerenauslese)나 트로켄 베렌아우스레제(Trocken beerenausles), 헝가리의 토카이 와인 등도 곰팡이를 이용한 양조 방식으로 만들어진 달콤한 화이트 와인이다.

05 주정강화 와인

이미 완성된 와인이나 발효 중인 와인에 알코올을 첨가하여 만든 와인으로 스페인의 셰리, 포르투갈의 포트 와인과 마데이라, 이탈리아의 마르샬라(Marsala), 프랑스 랑그독 루시용 지역의 뱅 두 나투렐(Vin Doux Naturels), 뱅 드 리퀘르(VdL, Vin de Liqueur)등이 있다. 주정강화 와인 중에도 스타일에 따라 달콤하지 않은 것도 있다.

구세계 와인보다 신세계 와인

와인은 지역적으로 크게 구세계(프랑스, 이탈리아, 스페인 등 유럽의 전통적인 와인 생산국) 와인과 신세계(미국, 칠레, 호주 등 신흥 와인 생산국) 와인으로 나눈다. 보르도로 대표되는 구세계 와인은 역사가 오래된 전통적인 와인으로 옛날 방식의 제조 방법을 따르며 맛이 섬세하고 깊으며 풍미가 다양하다는 공통점을 가지고 있다.

신세계 와인은 역사와 전통은 오래 되지 않았으나 일정한 일조량과 천혜의 기후 조건을 최대 장점으로 현대인들의 입맛에 맞춘 대중적이고 상업적인 와인(Commercial Wine)이 주를 이룬다. 새로운 포도 품종으로 만들어 과일맛과 향이 풍부한 신세대 와인은 달콤한 와인을 좋아하는 우리의 입맛에도 잘 맞아 특히 칠레 와인의 수입이 늘어나고 있다.

이런 분위기를 의식한 듯 최근에는 양쪽 진영에서도 변화의 움직임이 일어나고 있다. 구세계는 신세계의 상업성을, 신세계는 구세계의 전통성을 받아들여 서로 세계 와인 시장을 이끌겠다는 의지를 표출한 것이다. 실제로 구세계와 신세계 와인 중에 맛과 향이 비슷한 와인을 발견할 수도 있다.

와인에는 기본적으로 당도, 산도, 타닌 성분이 들어 있는데 신세계 와인은 포도 재배에 이상적인 기후 조건에, 양조 방식 등을 고려하면 구세계 와인보다 당도와 알코올 도수가 높은 편이다. 지역별로 따져보면 예외적인 와인도 있겠지만, 전체적으로 넓게 보면 이런 결론을 내릴 수 있다. 따라서 달콤한 맛이 없는 드라이한 와인을 선호한다면 유럽 쪽의 와인을 선택하고, 드라이하지만 약간의 당도가 느껴지는 타닌 성분이 풍부한 와인을 찾는다면 신세계 와인이 적당하다. 물론 전반적인 성향이 그렇다는 것이다.

와인의 종류나 와인 생산지에 따라 단맛의 강도가 천차만별이므로, 구세대 와인은 드라이하고 신세대 와인은 달콤하다는 이분법적인 잣대로 와인을 나누는 것은 자제하는 것이 좋다.

프랑스에서 온 와인향기 5

포도밭의 1년

1월 | 생 뱅상(St. Vincent) 축제, 포도 재배자들의 수호 성자인 생 뱅상을 기념하는 축제로 한 해 동안 포도나무가 잘 자라기를 기원한다.

2월 | 냉기로 인해 와인의 양이 줄어들기 때문에 와인통을 점검하고 필요하면 가득 채워 넣는다. 세균의 활동에 의해 젖산으로 변하는 과정인 발효가 완료된다.

3월 | 포도나무에 쌓여 있는 흙을 털어내고 나무 사이로 공기가 통하게 해준다.

4월 | 포도나무 뿌리에 진디가 생기기 전에 막대기를 세워 놓기 때문에 이즈음 철선으로 된 시렁을 따라 나무가 뻗어간다.

5월 | 경계심을 늦추지 않고 봄추위로부터 나무를 보호한다. 열 지어 선 포도나무들 간의 공간은 갈아서 일군다.

6월 | 포도 열매가 자리를 잡는 형태에 따라 추수량이 결정되므로, 이때 나무가 뻗어 나가도록 가지치기를 해준다.

7월 | 구충제 처리를 계속하면서 포도나무 상태를 주의 깊게 살핀다. 이때는 날씨 변화가 심한 때이므로 특히 여름 우박이나 폭풍의 피해를 입지 않게 미리 대비한다.

8월 | 기생충 잡는다고 땅을 휘젓는 것은 나무에 해로울 수 있으나, 그래도 세심하게 주의를 살펴야 한다. 포도가 빨리 익는 지역에서는 포도 담을 큰 통을 이때부터 준비한다.

9월 | 수확 날짜를 정하기 위해 포도알맹이를 따서 규칙적으로 성숙도를 검사한다. 지중해 지역에서는 수확에 들어간다.

10월 | 대부분의 포도밭에서 수확을 시작하고 포도주 만들기에 들어간다. 저장을 위한 포도주는 숙성시키기 위해 오크통에 넣는다.

11월 | 앙 프리메르(en primeur, 맏물)로 마실 용도로, 숙성이 덜 된 영(young) 와인을 병에 담는다. 새 포도주(vin nouveau)의 발효 상태를 점검하고 가을 가지치기를 시작한다.

12월 | 와인 저장실의 온도를 측정하여 알코올 발효와 젖산 발효를 확실하게 한다.

와인도 소주처럼 부담없이 마시자!

와인잔과 와인맛, 정말 관련있을까?

레스토랑에서 폼나게 주문하고 마시기

와인 코르크 마개, 시원하게 오픈 업!

집에서 와인을 즐기는 노하우

와인과 찰떡궁합 치즈 활용법

센스있는 자리배치로 분위기 띄우기

먹다가 남은 와인, 그냥 버려?

와인 선물 제대로 했다는 소리 한 번 들어볼까?

와인잔과 와인맛,
정말 관련있을까?

와인은 분위기를 많이 타는 술이라, 같은 와인도 제대로 된 와인잔에 마시는 것과 대충 아무 잔에나 마시는 것은 느낌이 다를 수밖에 없다. 우리나라에도 와인을 즐기는 사람들이 늘면서 집안에 근사한 와인잔을 갖춰 놓은 집들도 많아졌다.

가까운 마트에 나가봐도 온갖 모양의 와인잔을 쉽게 볼 수 있는데 같은 화이트 와인, 레드 와인잔인데도 모양이 참으로 다양하다. 몸통이 넓적하고 다리가 짧은 잔, 몸통이 가늘고 다리가 긴 잔, 몸통이 날씬하고 다리가 짧은 잔 등 모양도 제각각이라 어떤 것을 골라야 할지 고민하다가, 대부분 가격이 맞는 것을 집어 들고 나오게 된다.

이렇게 모양이 다양한 와인잔도 몇 가지 공통점이 있는데, 바로 튤립이나 달걀 모양의 둥그런 몸통에 가늘고 긴 다리가 있고 잔의 입구는 오므려진 형태란 것이다. 와인잔은 레드든 화이트든 와인의 빛깔을 눈으로 충분히 느끼면서 마실 수 있게 맑고 투명한 유리 재질을 사용하며, 시선을 방해할 그 어떤 문양이나 장식도 하지 않는다.

와인잔 몸통의 볼록한 정도는 포도 품종이 나 포도 산지, 와인의 종류에 따라 조금씩 다르다.

와인잔은 립(lip), 볼(bowl), 스템(stem), 베이스(base) 등 네 부분으로 나눈다. 립은 입술이 닿는 와인잔의 가장 윗부분을 말하고, 볼은 와인이 담기는 몸통 부분을 말한다. 와인맛에 가장 많은 영향을 주는 부분이 바로 이 볼의 크기와 모양이다.

스템은 와인잔의 다리 부분을 말하는데, 요즘에 나오는 와인잔 중에는 스템이 없는 짧은 잔도 가끔 보이기도 하지만, 일반적으로는 가늘고 긴 모양을 하고 있다. 베이스는 와인잔을 받쳐주는 아래 받침 부분을 말한다.

와인, 어떤 잔에 마셔야 할까?

'가느다란 손가락으로 우아하게 스템을 잡고, 립에 입술을 살며시 대고, 볼을 살짝 기울인 채 와인을 한 모금 머금으면 입안으로 사르륵 흘러 들어가는 느낌. 은은하게 풍기는 향, 뒤로 젖혀졌던 고개를 다시 숙이며 입안에 맴도는 와인의 맛을 천천히 음미한다.'

영화나 드라마에서 꽤나 익숙하게 보아온 장면이 아닌가. 드라마의 주인공이 된 것처럼 와인잔을 들고 고개를 뒤로 약간 젖힌 채 와인을 한 모금 마시는 모습을 상상해 보라. 와인잔 각도는 얼마나 기울어져 있을까? 고개는 얼마나 뒤로 젖혀진 모습일까? 그런데 와인을 마시는 모습이 와인잔과도 깊은 관련이 있다면? 이런 생각을 하며 집에 있는 와인잔을 들여다보는 것도 재미있을 듯하다.

와인잔은 와인의 종류와 제조 회사에 따라 다양한 모양으로 생산되고 있는데, 와인잔의 핵심은 와인의 향을 최상의 상태로 즐길 수 있게 안으로 약간 오므려진 립과 완만하게 기울어진 볼의 각도다. 립의 입구가 넓은 와인잔으로 마시면 고개가 뒤로 젖혀지면서 와인이 입안으로 들어오는 속도가 조금 늦고, 입구가 좁은 잔으로 마실 때는 고개가 뒤로 젖혀지면서 와인이 입안으로 빠르게 들어온다.

이런 까닭에 와인잔을 기울여 와인을 마실 때 느껴지는 와인의 맛과 향이 와인잔의 모양에 따라 조금씩 다르게 느껴지는 것이다. 그래서 와인 애호가들은 와인의 풍미와 향취를 제대로 즐기기 위해 기꺼이 와인의 종류에 맞는 잔을 고른다.

레드 와인잔은 조금 크고 오목한 형태로, 떫고 텁텁한 레드 와인의 풍미를 제대로 느낄 수 있게 만들어진다. 보르도 와인잔은 가장 일반적인 형태로 카베르네 소비뇽, 메를로 등의 품종으로 만든 보편적인 레드 와인을 마시는 데 적합하다.

부르고뉴 와인잔은 피노누아 같은 섬세한 품종으로 만든 와인을 마시기에 적합한데, 부르고뉴 와인의 신선한 산도와 풍미가 오래 유지되도록 와인잔 중간의 가장자리 부분이 항아리처럼 넓게 퍼진 것이 특징이다.

화이트 와인잔은 식탁에 놓인 두 개의 잔 중에서 더 작은 것으로, 차가운 기운과 풍부한 향미를 유지하기 위해 일반 보르도 잔보다 약간 좁은 형태로 만들어진다.

화이트 와인잔

로제 와인잔

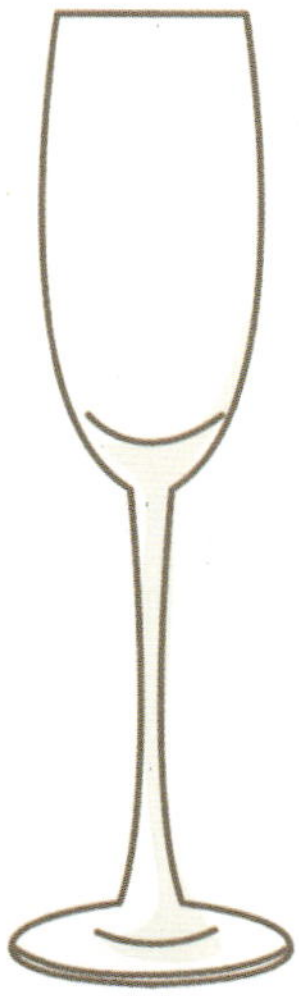

스파클링 와인잔
(샴페인)

로제 와인은 화이트 와인으로 분류되기 때문에 굳이 잔을 따로 구분하지는 않지만, 보통 레드 와인잔보다 작고 아담한 사이즈에 튤립 같은 멋스러운 모양을 하고 있다.

샴페인, 스파클링 와인잔은 탄산가스의 톡 쏘는 신선함과 잔을 타고 올라가는 기포를 오래 지속시키기 위해 몸통을 길고 좁게 만든 것이 특징이다. 샴페인잔도 여러 가지 종류가 있는데 볼이 볼룩하고 길수록 고급 샴페인과 잘 맞는다. 와인잔을 통해 바닥에서부터 기포가 길게 올라오는 것을 감상할 수 있다.

와인맛, 와인잔에 따라 달라지는 것일까?

2001년 미국의 과학 잡지 사이언스 아메리칸(Science American)은 그동안 상식적으로 알고 있던 혀의 맛 지도가 잘못된 것이라는 내용의 연구 결과를 내놓았다. 모든 맛은 혀의 일부분이 아닌 어느 부분에서도 감지할 수 있으며, 이제까지 알던 혀의 맛 지도는 1800년대 후반에 보고된 연구 결과를 20세기 초에 잘못 해석하는 바람에 지금껏 상식으로 굳어져 왔을 뿐이라는 것이다.

맛의 지도에 따라 움직이던 와인잔의 이론이 무색해지는 연구 결과가 아닌가. 그동안 와인잔 제조업체 쪽의 주장은 잔의 모양에 따라 와인이 혀에 닿는 부위가 달라져 와인맛에 다른 느낌을 준다는 것이었다. 그러나 혀의 모든 부위에서 단맛, 쓴맛, 신맛, 짠맛을 느낄 수 있다는 새로운 연구 결과로 와인잔에 따라 와인맛이 달라진다는 이론도 무의미해졌다.

그런데도 여전히 많은 사람들이 와인잔에 따라 와인맛이 달라지는가를 물어오곤 한다. 그럴 때마다 와인잔에 신경 쓰지 말고 그냥 마음 편하게 즐기라는 조언 아닌 조언을 한다. 나는 이러한 연구 결과와 무관하게 와인은 쉽고 편하게 즐기면 된다는 주의로 지금껏 살아온 터라, 굳이 와인잔에 연연해하며 와인을 마실 필요가 없다는 생각이다.

제조 회사의 와인잔 재질에 따라 와인맛이 달라진다는 주장도 제기되고 있는데, 이 또한 과학적으로 검증된 바도 없고 객관적인 실험 데이터를 뽑는데도 많은 무리가 있다. 잔의 모양이 와인맛에 영향을 미친다는 가설은 과학적으로 검증되지 않았으며, 그 동안 상식처럼 통용돼 왔던 혀의 맛 지도도 믿을 만한 것이 아니라는 것이 밝혀진 이상, 와인잔 제조사 측의 이론적 근거 역시 미약하다는 것이 분명해졌다.

사실 상황에 따라서 소주잔이나 맥주잔에도 와인을 따라 마실 수 있다. 그렇다고 와인맛이 소주나 맥주처럼 변하진 않는다. 잔보다는 와인을 대하는 마음, 와인을 음미하려는 깊은 마음이 더 중요하지 않을까.

튤립 모양의 기본적인 와인잔이면 와인 종류에 상관없이 어떤 와인을 따라 마셔도 와인맛이 덜하지는 않을 것이다. 와인맛은 와인을 마시는 사람의 마음과 그날의 분위기와도 무관하지 않은데다 개인적 성향에 따라 다르기 때문이다. 그래도 와인에 맞는 잔에 따라 마셔야 제맛이 난다는 사람은 그렇게 즐기면 될 일이다.

와인잔 깨끗하게 씻고 깨지지 않게 보관하기

집에서 와인을 마시고 잔을 씻을 때 그냥 물에 씻자니 개운하지 않고, 주방세제로 닦으려니 께름칙하여 어쩔까 하다가 결국 세제를 조금 묻혀 대충 씻게 된다. 다 씻은 잔을 마땅히 둘 데가 없어 수납장에 넣어 두었다 다시 쓰려고 꺼내면 먼지가 묻어난다. 집에서 위생적으로 와인잔을 관리하고 보관할 방법은 없을까.

와인은 향을 즐기는 술이므로 와인잔에 립스틱이나 기름기가 묻은 경우가 아니라면 보통 세제를 사용하지 않는다. 잔을 사용하고 바로 따뜻한 물에 담가 깨끗이 씻으면 얼룩이 남지 않는다. 다 씻은 잔은 손가락에 힘을 뺀 상태로 부드러운 천으로 몸통 부분부터 닦아준다. 볼과 스템을 동시에 잡으면 잔을 놓쳐 깨뜨릴 수 있으니 주의한다.

와인잔을 깨끗하게 오래 쓰려면 보관을 잘해야 한다. 다른 그릇처럼 수납장에 뒤집어 세워두면 퀴퀴한 냄새가 배기 쉽고, 똑바로 세워두면 잔 위에 먼지가 쌓이기 쉽다. 잔에 묻은 먼지는 물론 사용할 때 다시 씻어주면 된다. 그러나 와인 애호가라면 와인잔을 거꾸로 매달아 두는 전용 걸이를 마련하는 것도 좋다. 냅킨으로 와인잔을 닦을 때는 섬유 냄새가 나지 않는 무취의 냅킨을 사용하면 와인맛을 더 완벽하게 즐길 수 있다.

레스토랑에서 폼나게 주문하고 마시기

예전에는 식사를 하면서 와인을 함께 즐기려면 고급 레스토랑이나 호텔 등 비싸고 품격 있는 장소를 찾아야 했다. 그런데 와인을 찾는 사람들이 점점 늘어나면서 와인을 취급하는 대중 음식점들이 눈에 띄게 늘었다.

중국 음식이나 일식, 한식에 상관없이 대부분의 식당에서 음식과 와인을 주문할 수 있게 된 것이다. 삼겹살집에서 삼겹살을 먹으면서도 와인을 주문해서 곁들여 마실 수 있고, 최근엔 와인 포장마차까지 생기면서 와인을 선택할 수 있는 장소도 다양해졌다.

강남의 청담동과 압구정동 일대에서만 유행하던 와인바도 이제 홍대입구를 비롯한 다양한 장소로 퍼지면서 와인을 접할 수 있는 기회가 더 많아졌다. 이렇게 어디서나 와인을 마실 수 있는 분위기가 만들어지면서, 와인을 주문하는 방법이나 기본적인 와인 지식에 대한 관심도 덩달아 높아졌다.

영화나 드라마를 보면 시청자들의 예상을 벗어난 엉뚱한 캐릭터가 인기를 얻는 경우가 많다. 잘 나가는 재력가로 등장하는 잘생긴 주인공은 당연히 매너 좋고 식사 예절도 깍듯이 잘 지킬 것이라는 시청자들의 예상을 깨고, 매너와 거리가 먼 거친 캐릭터로 변신하는 순간 인기가 상승한다.

고급 레스토랑 테이블에 스테이크, 나이프, 포크, 와인잔 등이 보기 좋게 세팅된 자리, 품위있게 식사를 하는 주인공의 모습이 이어질 것이라는 기대를 저버리고, 주인공은 기다렸다는 듯이 스테이크를 통째로 입에 넣고 볼이 미어터지도록 먹어댄다. 이런 모습에서 시청자들은 혐오감보다는 오히려 인간미를 느끼고 주인공에 더 호감을 갖게 된다. 그래서 잘생긴 남자 주인공, 예쁜 여자 주인공이 드라마 속에서 망가지는 모습은 하나의 공식처럼 등장할 때가 많다.

와인을 마실 때도 마찬가지다. 지나치게 격식을 차리면 와인 에티켓에 익숙하지 못한 사람이 불편해 하고, 너무 자유분방하면 와인 매너를 지키는 사람이 불쾌할 수 있다. 따라서 와인과 관련된 매너는 기본적인 원칙을 익히되, 상황에 맞게 자신의 취향을 감안하여 융통성 있게 응용해야 분위기가 편안해지고 술자리도 즐거워진다.

순한 와인부터 점점 강하게 마시면 더 맛있다

① 샴페인 → 뱅 무스 → 아스티 → 카바 등 발포성 스파클링 와인
② 깔끔한 화이트 와인
③ 숙성 기간은 짧지만 신선하고 가벼운 레드 와인
④ 숙성이 오래된 중후한 레드 와인
⑤ 아이스 와인, 레이트 하비스트, 소테른 등의 달콤한 디저트 와인

이렇게 순한 것부터 점점 강한 와인을 마시면 오랜 시간 즐겁게 와인을 즐길 수 있다. 하지만 개인의 취향에 따라 또는 고급 와인부터 마셔야 한다는 사람들이 많은 상황이라면 그 분위기를 따라도 좋을 것이다. 사실 어떤 와인을 선택해서 주문할 것인지 고민스러울 때 와인 마시는 순서를 알고 있으면 생각보다 도움이 많이 된다. 물론 와인을 마실 때는 꼭 이렇게 해야 한다는 식의 정해진 매뉴얼이 있는 것도 아니고, 마시는 사람의 취향과 상황도 그때그때 다르기 때문에 와인을 마시는 순서를 미리 단정하는 것도 무리가 없진 않다. 그러나 일반적으로 약한 느낌의 와인에서 강한 느낌의 와인 순으로 마시면 와인을 더 오랫동안 즐길 수 있는 것만은 분명하다.

개인의 취향도 좋지만 가능하면 레드 와인보다 화이트 와인을 먼저 마시고, 알코올 도수가 낮은 것부터 높은 순으로, 숙성 기간이 짧은 것부터 오래된 순서대로, 달콤한 맛이 강한 와인보다는 단맛이 적고 드라이한 느낌의 와인부터 마시는 것이 와인을 제대로 즐기는 방법이다.

전문 식당에선 음식 시키고 와인 골라도 충분!

와인바나 와인 전문 레스토랑 등 와인으로 유명한 곳은 보통 와인을 주문하고 음식을 선택하는데 나는 한식, 중식, 일식 등 전문 식당에 가면 음식을 먼저 주문하고 와인을 선택한다. 음식이 주가 되는 장소에서는 음식에 와인을 맞추고 와인이 주가 되는 장소에서는 와인에 음식을 맞추는 편이 상대적으로 강점이 되는 부분을 최대한 즐길 수 있기 때문이다.

와인을 주문할 때 가격을 고려하지 않을 수 없는데, 와인 리스트를 보면서 와인 이름보다 얼마짜리 와인인지 가격에 눈이 먼저 가는 것이 사실이다. 그래서 나는 와인 강의를 할 때 '호텔이나 와인바, 레스토랑에서 와인을 주문할 때 어떻게 주문해야 하는지' 질문이 들어오면 최대한 저렴한 와인을 고르라고 조언한다.

호텔이나 와인바의 와인 리스트에 이름이 올랐다는 것은 어느 정도 가격 대비 품질을 검증받은 것이므로, 굳이 그 중에 비싼 와인을 선택할 필요는 없다. 와인에 해박한 지식을 가진 한 지인은 항상 두 번째로 싼 와인을 주문하는데 한 번도 실패한 적이 없다고 한다. 왜 두 번째로 싼 것을 고르느냐는 말에 그는 다른 이유 없이 단지, 가장 싼 것을 고르는 건 체면이 좀 안 서기 때문이라는 우스갯소리로 답을 대신했다.

와인을 주문할 때 와인 리스트 내용을 잘 모를 경우엔 소믈리에의 도움을 청하는 것이 좋다. 동행한 사람들의 와인 취향을 파악한 후 원하는 가격대와 맛, 포도 품종, 생산지 등을 리스트를 보면서 소믈리에와 상의한다.

와인을 결정했으면 와인 이름과 빈티지를 숙지한 후 소믈리에에게 '칠레 마이포 밸리에서 생산한 2005년산 인도미타 카베르네 소비뇽으로 부탁합니다.'라고 주문한다. 와인 리스트에 있는 와인 이름을 읽기 어려울 때는 손가락으로 번호를 가리키면서 얘기한다. 와인 이름과 빈티지를 똑똑하게 말하면서 주문하면 소믈리에에게 주문 내용을 재차 확인시켜 줄 수 있고, 같이 자리한 사람들에게도 어떤 와인을 주문했는지 자연스럽게 알려줄 수 있으며, 무엇보다 주문한 사람이 근사하고 폼 나게 보인다.

소믈리에가 주문한 와인을 확인해 보라는데요?

와인 주문이 끝나면 소믈리에가 주문한 와인을 가져와 와인병의 전면 라벨을 보여준다. 그러면 라벨을 보면서 주문한 와인과 동일한 것인지 상표를 확인하면 된다. 주문한 와인을 한 번도 본 적이 없고 와인에 대한 지식이 부족한 것을 소믈리에가 알고 있다고 해도, 라벨을 보여주면 일단 와인병을 손으로 잡고 적정 온도인지 확인한 후 유심히 살펴보는 것이 좋다. 와인 라벨에 대해 뭔가 아는 것처럼 보일 뿐 아니라, 사실 비싼 호텔이나 와인바에 앉아 와인 라벨을 자세히 들여다볼 기회가 그리 많지 않기 때문에 그 시간을 최대한 즐기는 것도 나쁘지 않다.

와인 라벨을 확인하고 나면 소믈리에가 코르크 마개를 오픈하고 코르크 상태에 이상이 없는지 확인하도록 테이블 위에 놓는다. 코르크에 결함(Cork taint)이 있는 와인은 자극성 강한 화학 물질인 트리클로로아니솔(Trichloroanisole, 주로 곰팡이)의 냄새가 나기 때문에 이상이 없는지 확인시켜 주는 과정이다. 와인병의 라벨뿐 아니라 코르크의 상태를 자세히 볼 일도 흔한 일이 아니므로, 코르크를 만져보고 냄새를 맡거나 코르크 마개에 표시되어 있는 수확 연도(빈티지)와 양조장의 이름도 확인한다.

소믈리에가 와인을 시음할 수 있게 조금 따라주면 향과 맛을 확인하고, 와인 상태가 좋으면 오케이 사인을 보내면 된다. 만일 이 과정에서 와인에 이상이 있다고 판단되어 이의를 제기하면 소믈리에나 지배인 등이 먼저 와인을 마셔본다. 만약 이상이 있거나 손님이 다른 것으로 바꿔달라고 하면 소믈리에는 같은 종류의 와인을 다시 가져오거나 다른 와인을 고르도록 해준다.

와인 따르는 방법과 순서에 너무 집착하지 마!

와인을 따르는 방법은 복잡하지 않다. 전문가처럼 와인병 밑의 오목하게 파인 펀트에 엄지손가락을 넣고 병을 잡고 따르면 멋있게 보일 수 있겠지만, 자칫 잘못하면 와인을 쏟는 실수를 할 수도 있다. 그러므로 그냥 상대방도 어떤 와인인지 알 수 있게 병의 전면 라벨이 보이게 아래쪽 몸통 부분을 잡고 와인을 흘러내리지 않게 천천히 따르되, 와인의 병목 입구 부분이 와인잔에 닿지 않게 주의한다. 하지만 적당한 높이를 유지하면서 잔을 채우는 일이 생각보다 쉽지는 않다. 일단 와인병은 라벨을 가리지 않을 정도로만 편안하게 잡고, 와인잔이 적당히 채워지면 병 입구를 시계 방향으로 천천히 돌려주면서 잔 중앙으로 살짝 밀어내듯 올려준다.

바른 자세로 서서 멋있게 와인을 따르는 소믈리에의 모습을 보고 호기심에 따라 하는 사람들도 많다. 특히 와인병을 살짝 돌리면서 와인을 따르는 모습이 재미있고 근사해 보여 와인 따를 때마다 병을 돌리다 보면 소주나, 맥주 심지어 음료수를 따를 때도 무심결에 병을 돌리게 된다. 그런데 이렇게 와인을 따를 때 병을 돌리는 것은 상대방에게 와인 라벨이 보이도록 하면서 와인을 흘리지 않고 따르기 위한 하나의 테크닉일 뿐이다. 디캔팅(decanting)이나 에어레이션(Aeration, 공기 주입)처럼 와인과 공기 접촉 시간을 연장시키거나 어떤 대단한 화학적 반응을 일으키려는 동작이 아니므로, 와인의 맛과 향에 그 어떠한 영향도 미치지 않는다.

한편 와인을 따를 때는 와인잔에 얼마나 채워야 하는가도 중요하다. 와인을 마실 때 와인잔에 1/3 정도 따르면 와인의 맛과 향을 즐기기에 가장 적당하다. 따라서 와인잔의 절반보다 약간 적게 따르되, 와인을 마실 때는 잔을 다 비우지 말고 한두 모금 정도 남긴다. 와인을 더 마실 경우 그 위에 더 채워 따르면 된다.

와인을 받는 사람은 와인잔을 손에 들 필요 없이 편안하게 테이블에 둔 채로 앉아 있으면 되고, 예의를 지켜야 할 경우나 그냥 잔 받기가 어색하면 잔의 베이스에 가볍게 한손을 대준다. 윗사람이 따라줄 때도 잔을 들어올리지 말고 잔이 놓인 테이블 위에 두 손을 올려놓는 것으로 족하다.

격식을 갖추어야 하는 중요한 자리라면 와인병을 들고 다니면서 자리를 같이 한 사람들에게 일일이 와인을 따라주는 성의를 표하는 것도 좋다. 여러 사람에게 와인을 따를 때는 가장 나이가 많은 여성에게 먼저 따르고, 시계 방향으로 테이블을 돌면서 따른다.

와인을 따를 때는 손님의 오른쪽에 서서 따르되, 자리에 앉은 채로 테이블 반대편으로 팔을 뻗어 와인을 따르지 않도록 한다. 친구들이나 가까운 직장 동료를 초대해서 편안하게 와인을 마실 때는 첫잔을 따라주고 다음 잔부터는 각자 알아서 마실 수 있게 와인병을 테이블 위에 놓아둔다.

와인을 따르는 방법이라고 해서 사실 그렇게 중요한 내용이 있는 것은 아니다. 다만 일상 생활에서 물이나 음료수를 상대방에게 따를 때 지켜야 하는 정도의 아주 기본적인 예의일 뿐이다. 여러 사람에게 와인을 따를 때의 예절보다 더 중요한 것은 바로 와인의 양 조절이다. 샤토 페트뤼스 같이 수백만 원짜리 와인을 마실 경우, 인원이 30명 정도 된다면 전체 인원과 와인의 양을 고려해 정교하게 배분을 잘 해야 한다. 중간에 와인이 떨어져 마시지 못한 사람이 생기게 하는 것은 보통 결례가 아니다.

군인들 사이에도 '전쟁에 진 군인은 용서해도 배식에 실패한 군인은 용서할 수 없다'는 말이 있지 않는가. 이렇게 와인을 주문하고 마시기까지의 과정을 하나씩 생각하면 복잡한 것같지만, 분위기를 깨지 않는 범위 내라면 상황에 맞게 얼마든지 융통성 있게 대응할 수 있다. 예컨대 와인을 흘리지 않고 천천히 따르는 자신만의 노하우가 있다면, 상대방에게 실례가 되지 않는 선에서 자신의 방식대로 와인을 따르면 된다.

프랑스에서 온 와인향기 6

와인맛 들이는 아주 구체적인 방법

와인의 세계에 빠져들면 누구나 소믈리에가 되고 싶은 욕구가 생기는 모양이다. 세상의 모든 와인맛을 구분한다는 것이 불가능한 일인데도 거기에 미련을 버리지 못하는 사람들을 종종 만나게 된다. 이것이 얼마나 허망한 일인지, 보르도의 한 샤토에서 겪은 일이 잘 말해준다.

샤토 주인의 호의로 카브(cave, 포도주 저장고)에서 사진을 찍고 기념으로 와인도 몇 병 산 적이 있다. 그런데 주인이 세 살쯤 되는 어린 아들의 손을 잡고 카브의 곳곳을 데리고 다니면서 하나하나 설명을 해 주고 와인향을 느끼게 하는 것을 보았다. 이렇게 모국어를 배우듯이 어릴 때부터 와인의 향을 맡고 자란 사람과 우리 같이 성인이 다 되어 와인 몇 병 마셔본 사람이 와인맛을 구분하는 것은 비교 자체도 안 될뿐더러, 비교를 한다 해도 하늘과 땅 차이가 아니겠는가.

세상에는 많고 많은 종류의 와인들이 있다. 그래서 이것을 구분하는 데는 상당한 인내심이 필요한 것이다. 지금부터라도 아마추어로서 수준급의 입맛을 구분하는 방법을 찾아보자. 와인을 만드는 포도 품종은 유럽은 물론이거니와 신세계 와인에서도 극히 제한되어 있다. 보르도 와인은 보통 세 가지 이상의 와인을 섞어서 만들기 때문에 맛을 구분하는 것이 쉽지 않다. 그런데 호주나 칠레, 미국 등 신세계의 와인들은 하나의 포도 품종만으로 와인을 만드는 경우가 대부분이어서, 이 점을 잘 이용하면 포도 품종에 따른 와인맛의 구분이 한결 쉬워진다.

처음엔 맛을 구분하기 쉬운 메를로를 한 병 사서 맛보기를 시작하는 것이 좋다. 두 번째는 시라를, 그 다음엔 카베르네 소비뇽을 마셔보면 맛의 차이를 확연하게 느낄 수 있다. 그런 후에 지역에 따른 맛 차이를 익히면 스스로 와인맛을 구분하는 감각이 놀라보게 발전하고 있다는 것을 확인할 것이다. 중요한 건 와인은 느낌으로 즐기는 것이지, 와인 종류를 전문가처럼 줄줄 꿰고 있다는 사실을 누군가에게 자랑하기 위해서 마시는 게 아니라는 것이다.

와인 코르크 마개, 시원하게 오픈 업!

집에서 와인 코르크를 따본 사람이라면 한 번쯤 코르크 마개 때문에 애를 먹은 기억이 있을 것이다. 와인 오프너로 코르크 마개를 따다가 와인병 속으로 마개가 통째로 들어가 버리거나, 오프너를 어떻게 사용하는지 몰라 코르크 마개를 이리저리 돌리다가 코르크가 부서져 병 안으로 부스러기가 빠지는 바람에 건져내 가면서 와인을 마셨던 황당한 기억, 잔뜩 분위기 잡고 앉아 와인을 따려는데 오프너가 없어 송곳이며 칼이며 연장이란 연장은 다 내놓고 코르크 마개를 따느라 스타일 구긴 기억도 있을 법하다. 와인을 처음 접한 초보 시절에 누구나 겪을 수 있는 해프닝이다.

이렇게 와인병 하나 따는 것도 숙련되지 않으면 와인을 마시는 것 자체가 불편해진다. 소믈리에처럼 근사하게 코르크 마개를 따고 싶다면 부지런히 연습하는 수밖에 없다. 이런저런 웃지 못할 시행착오를 겪다보면 코르크 마개를 따는 데도 자신이 붙고 능수능란하게 잘 따게 되는 날도 오지 않겠는가.

이처럼 와인 오프너는 와인을 100% 즐기는 데 있어 없어선 안 될 중요한 역할을 하는 만큼, 어느 정도의 따는 기술이 필요하다. 오프너가 코르크를 관통하거나 파손되지 않게 힘 조절을 잘 해야 깨끗하게 열 수 있다.

여기서 잠깐! 만약 집안에 와인 스크류가 없는 상황이라면, 급한 대로 코르크를 병 안으로 밀어 넣어버리고 마시는 방법도 있다. 외관상 보기 좋지는 않지만, 코르크 자체가 인체에 해로운 것은 아니므로 와인병 안으로 들어간다고 큰 문제 될 것은 없다. 다만 코르크가 부서지지 않게 통째로 깔끔하게 들어가도록 기술적으로 밀어 넣어야 한다. 그래도 코르크가 병 속에 있는 건 찜찜해서 도저히 안 되겠다 싶으면, 와인병 안에 깨끗한 끈을 겹쳐 집어넣어 코르크가 끈에 걸리면 그대로 빼내면 된다.

와인병 호일 제거하기

와인을 개봉하기 위해 가장 먼저 해야 할 일은 병 입구 부분에 감싸져 있는 호일을 제거하는 것이다. 호일 커터기라는 기구가 따로 있지만 대개 스크류를 이용해서 호일을 벗겨낸다. 나이프 스크류의 경우 호일을 벗기는 칼 부분이 장착되어 있으므로 호일을 쉽게 제거 할 수 있다.

호일을 벗길 때는 왼손으로 병을 잡고 오른손으로 병 입구 부분의 호일을 스크류의 날이나 커터기를 이용해 천천히 돌려서 벗기면 된다. 품위를 따지는 사람들에겐 추천할 만한 방법은 아니지만, 호일을 잡고 돌려 빼면 통째로 벗겨지는 경우도 있다.

일반적으로 와인병 입구 부분을 감싸고 있는 호일 밑에 여분의 끈 같은 것이 보이는데 그 부분을 손으로 잡아서 돌리면 호일이 벗겨지기도 한다. 비스킷이나 껌에 붙어 있는 은박지 끈처럼 살짝 잡아당겨서 오픈하는 원리와 비슷하다. 호일을 벗긴 뒤 와인과 접촉한 코르크 안쪽이 미세한 먼지나 곰팡이 등으로 오염되어 있지는 않은지 확인하고 깨끗이 닦아낸다.

여러 가지 와인 스크류

와인을 오픈하는 방법은 와인 스크류(와인 오프너)의 종류에 따라 다르다. 가장 많이 쓰이는 와인 오프너로는 래빗 자동 스크류, 막대형 T스크류, 나이프 스크류, 윙 스크류 등이 있는데 어느 것이나 여는 원리는 비슷하다.

래빗 자동 스크류 | 토끼 귀 모양의 와인 스크류로 긴 바늘을 코르크에 찔러 넣은 후, 손잡이를 올리면 코르크가 파손되지 않고 쏙 빠져나온다. 쓰는 방법만 알면 누구나 쉽게 와인을 딸 수 있을 정도로 사용이 편리하다.

막대형 T스크류 | 코르크 중앙에 스크류의 날카로운 부분을 고정시키고 왼손으로 와인병을 잡고 스크류를 천천히 돌려 2/3 정도의 깊이까지 들어가도록 한다. 스크류를 코르크에 꽂을 때는 위에서 직각으로 꽂지 말고 옆에서 코르크의 중앙 지점을 찾아 꽂는 것이 편하다. 이때 스크류를 돌려야지 와인병을 돌리는 일은 없도록 한다. 스크류를 스크류 길이의 2/3 정도 깊이로 꽂은 다음, 스크류를 잡아당기면 코르크가 스크류에 꽂힌 채 서서히 빠져나온다.

나이프 스크류 | 코르크 중앙에 고정시키는 것은 T 스크류와 동일하다. 다른 점은 나이프 스크류의 경우 머리 부분에 장착되어 있는 덮개 부분을 와인병 입구에 걸치도록 왼손으로 잡은 채 고정시키고, 오른손으로 나이프 스크류의 긴 몸통 끝부분을 잡고 지렛대 원리를 이용해 서서히 올리면 코르크가 스크류에 꽂힌 채 따라 올라온다는 것이다.

윙 스크류 | 코르크 중앙에 고정되어 있으며 양쪽 날개 부분이 위를 향하고 있는데 이 양쪽 날개를 다시 밑으로 내리면 코르크가 따라 올라오게 된다. 이렇게 여러 종류의 오프너를 이용해서 와인을 개봉하면 코르크가 젖은 상태로 눕혀져 보관되었는지 또는 곰팡이가 코르크에 침투되었는지 와인의 보관 상태를 확인할 수 있다.

스파클링 와인을 그 맛 그대로 즐길 수 있는 개봉법

축하 기분을 내기에 샴페인만한 것도 없는데, 문제는 샴페인 마개를 어떻게 따는가이다. 샴페인 같이 발포성이 강한 스파클링 와인은 병을 따기 전에 살짝 흔들기라도 하면, 병 속의 이산화탄소 압력이 커지면서 병마개가 튕겨져 나가거나 거품이 뿜어져 나오는 상황이 발생하게 된다. 일부러 분위기를 띄우려고 병을 세게 흔들어서 샴페인을 개봉하고는 사람 얼굴에 끼얹는 짓궂은 장난을 치기도 한다. 이렇게 하면 자칫 서로 감정이 상할 수도 있고 샴페인 맛도 떨어지므로 자제하는 것이 좋다.

먼저 샴페인 병 윗부분에 감싸져 있는 호일 부분부터 제거한다. 스크류를 이용하지 않고 살짝 나와 있는 끈 부분을 잡아당겨서 제거하면 된다. 호일 부분을 제거한 다음 코르크를 감싸고 있는 철사를 제거한다. 일반적인 스틸 와인(Still Wine, 발포성 외의 와인)보다 개봉하는 것이 간단하지만, 축하 행사장에서 일부러 거품을 터뜨리는 것은 상황에 따라 조심스럽게 할 필요가 있다. 분위기를 살리려고 거품을 뿜어낼 것이 아니라면 코르크 철사를 제거한 후 오른손으로 코르크를 천천히 돌리면서 빼내고, 왼손으로 병을 꼭 잡고 반대 방향으로 살짝 움직이면 된다. 이때 병을 심하게 흔들거나 코르크를 급하게 빼지 않도록 주의한다. 자칫 병마개가 튀어나가 사람을 다치게 할 수도 있기 때문이다.

집에서 와인을 즐기는 노하우

《식객》으로 유명한 허영만 화백은 만화를 그릴 때 가득 채운 와인 한 잔을 작업 테이블에 놓고 한 모금씩 마셔가면서 작업을 한다고 한다. 혼자 외롭고 고통스러운 작업을 할 때 와인 한 잔은 좋은 친구이자 동반자라는 것이다. 와인은 안주 없이 멋스럽게 즐길 수 있는 술이다. 하지만 우리의 술 문화에서 안주를 빼놓을 수 없다 보니, 왠지 와인만 마시기엔 허전하여 뭐라도 같이 먹을 만한 것을 찾게 된다. 집에 마땅한 안주거리가 없다면 치즈나 크래커를 간단하게 곁들여도 좋다. 와인은 집에서 혼자 마시기도 좋고, 가까운 친구들을 초대하여 마시기에도 부담이 없다. 집에서 편안하게 와인을 즐길 때는 거창한 안주도 특별한 와인 매너도 필요 없다. 좋은 와인과 좋은 사람, 편안한 마음만 있으면 충분하다.

만약 사랑하는 연인끼리 또는 특별한 날 아내와 분위기 잡고 와인을 제대로 즐기려 한다면, 식탁에 미리 세팅해 놓는 센스가 필요하다. 조명은 은은하게 맞추고, 와인에 초가 빠질 수 없으니 근사한 촛대도 준비하고, 사랑하는 사람이 좋아하는 와인과 와인잔, 카나페나 치즈 등 간단한 안주를 준비하고 냅킨, 포크 등을 분위기 좋은 레스토랑처럼 깔끔하게 연출한다. 여기에 잔잔하게 흘러나오는 감미로운 음악을 틀어놓고, 장미꽃 한 송이를 들고 현관 앞에서 사랑하는 사람을 맞이한다. 이렇게 준비한다면 이 세상 누구도 부럽지 않은 행복한 시간을 보낼 수 있을 것이다.

집에서 하는 와인 파티, 별 것 아니네?

집에서 하는 와인 파티는 아직 우리나라에서는 익숙하지 않은 풍경이다. 와인 파티라고 하면 흔히 넓은 정원에서 하는 가든 파티를 떠올리는데, 파티라고 해서 무조건 거창하게만 생각할 것은 아니다. 물론 정원이 넓은 집에서 멋진 야외 파티를 하면 근사하겠지만, 아파트 주거가 대부분인 우리나라의 주거환경을 고려하면 그림의 떡이 아닐 수 없다. 그러나 아파트에 산다고 와인 파티를 못하란 법은 없으니, 주방과 거실 공간을 잘 활용하여 와인 파티를 준비한다면 얼마든지 분위기 있게 즐길 수 있다.

초대 인원이 5명 안팎이라면 식탁에서도 와인 파티를 벌일 수 있고, 인원이 10명 이상이라면 뷔페 형식으로 음식과 와인을 준비해 놓고 식탁과 거실을 오가며 파티를 즐기면 될 일이다. 상 차리는 시간이 길어질 경우에 대비해, 간단하게 담소를 나누면서 와인쿨러(샴페인이나 화이트 와인을 시원하게 보관하는 통)에 넣어둔 샴페인을 한 잔씩 마실 수 있도록 미리 준비하는 센스도 필요하다. 샴페인은 와인을 잘 모르는 사람도 편안하게 즐길 수 있는 음료라 안주 없이 마셔도 부담이 없다.

와인 파티에는 여러 사람들이 모이는 만큼 와인을 고를 때 신경이 많이 쓰이게 마련이다. 허물없이 편한 사이라면 파티 전에 미리 와인 한 병씩 들고 오도록 약속을 하는 것도 좋다. 와인 파티에 초대받은 손님 중에 알아서 와인을 들고 오는 사람도 있을 수 있으므로 파티 당일의 상황에 따라 대응하면 될 것이다. 초대 받은 손님들이 와인을 가져와서 즐길 경우에는 각자 가져온 와인을 소개하고 와인에 얽힌 사연도 소개하면서 파티 분위기를 흥미롭게 진행할 수 있다.

집에서 와인 파티를 할 때 가장 신경 쓰이는 부분이 어떤 와인과 음식을 얼마만큼 준비해야 할지 정하는 것이다. 초대 받은 사람들의 취향을 모두 만족시킬 수는 없지만, 인원수가 많을 경우에는 고가 와인보다 2만~5만 원대의 프랑스 와인이나 칠레 와인 또는 포도 품종으로 상황에 맞게 구성하는 것이 좋다.

인원수가 많다고 와인 종류를 너무 많이 준비할 필요는 없다. 예를 들어 초대 손님이 12명이라면 와인을 3종류 정도 준비하여 4사람당 각각의 와인을 한 병씩 마실 수 있도록 하면 무난하다.

최근의 내 경험에 비추어보면 저녁식사와 함께 하는 와인 파티는 음식과 함께 즐기는 시간이 꽤 길게 이어지기 때문에, 한 사람당 와인 한 병 정도는 예상하고 넉넉하게 준비해야 당황하지 않는다. 처음엔 양이 많다고 생각되겠지만, 실제로 저녁식사가 오랜 시간 계속되면서 담소가 길어지다 보면 와인을 더 자주 찾게 되고 그렇게 몇 시간 훌쩍 지나면, 한 사람당 한 병도 결코 많은 양이 아니란 것을 실감할 수 있다.

와인 파티가 와인이 주가 되는 특별한 파티라면 여러 종류의 와인에 맞게 와인잔도 다양하게 준비할 필요가 있다. 와인잔에 따라 와인의 맛이 다르다는 논쟁을 떠나, 와인에 따라 잔을 구분해서 마시면 적어도 다음 와인을 맛보기 위해 남은 와인을 무리하게 비우는 일은 줄어들 것이다. 또한 누가 어떤 와인을 잘 마시는지를 알 수 있어, 와인 따르는 것을 조절할 수도 있다.

와인 파티, 음식은 어떤 걸 준비하지?

와인을 좋아하는 사람들이 공감하는 말 중에 '와인과 음식이 잘 어우러지면 궁합 잘 맞는 남녀의 결혼만큼이나 좋다'는 표현이 있다. 오죽하면 와인과 음식이 조화를 잘 이루면 마리아주(marriage, 결혼)라는 표현을 쓸까. 와인과 어울리는 음식은 기본적으로 육류에는 레드 와인, 해산물에는 화이트 와인, 기름진 음식에는 레드 와인, 담백한 음식에는 화이트 와인이 좋다. 같은 해산물 요리라도 기름지게 조리했다면 레드 와인이 좋고, 닭고기 가슴살 샐러드처럼 담백한 육류 요리라면 화이트 와인이 잘 어울린다.

집에서 먹는 한식에 와인을 맞추고 싶으면 등심, 안심, 갈비, 철판구이, 불고기 등에는 레드 와인이 적합하다. 그러나 와인과 음식의 조화는 앞에서도 언급했듯이 상대적이다.

따라서 개인의 성향 또는 취향에 맞게 선택해도 좋다.

생선회나 조개구이, 야채, 버섯 요리에는 화이트 와인이 어울리고 낙지볶음이나 닭고기, 해물탕, 해물파전 등에는 로제 와인이 좋다.

하지만 이런 매치는 어디까지나, 그렇게 먹어보니 더 좋더라는 이야기일 뿐 최고의 마리아주는 내 입맛에 맞는 것이다. 마시는 사람이 좋으면 그뿐, 와인과 음식의 궁합에 대해서는 스트레스 받을 필요가 없다. 와인과 음식의 조화도 물론 중요하지만, 사실 와인을 즐기는 자리에서 어떤 음식인들 맛이 없겠는가.

경우에 따라서는 와인과 음식이 '금성에서 온 와인, 화성에서 온 음식'처럼 전혀 궁합이 맞지 않는 조합을 만날 수도 있다. 하지만 이 역시 문제없다. 그럴 땐 와인과 음식을 섞어먹을 것이 아니라, 음식을 먼저 먹고 와인을 마시든지 와인을 먼저 마시고 음식은 나중에 먹으면 된다.

와인을 즐긴다는 것은 단순히 알코올을 마시는 차원이 아닌, 심리적으로 편안하고 유쾌한 삶의 여유를 안겨주는 작은 이벤트다. 거기에 맛있는 음식까지 곁들여 먹는다면 더없는 행복인데, 누구라도 와인과 음식의 조화를 들먹이며 불평을 늘어놓는다면 그 사람은 고급 와인을 마실지언정 와인이 주는 삶의 즐거움을 모르는 목석 같은 사람이다.

프랑스에서 온 와인향기 7

지트에서의 바비큐 파티

지트(Gites)는 프랑스 시골의 주말농장을 일컫는다. 프랑스 전역에 산재해 있는 지트는 농촌 인구가 도시로 떠나는 것을 막기 위한 자구책의 하나로, 정부가 나서서 농가를 민박집으로 개조한 것이다. 그러나 최근 우리 농가에서 활발하게 진행되고 있는 농촌체험 같은 프로그램은 거의 없고, 대부분 가족들이 주말을 이용해 쉬러 가는 곳이다. 지트 본부에서 내놓은 안내 책자나 인터넷에는 마치 호텔의 등급을 매기듯 통나무로 등급을 표시하고 있는데, 통나무 3개짜리면 시설이 훌륭해서 3~4인 가족이 주말을 보내고 오기에 적당하다.

파리에 살면서 가장 기억에 남는 것이, 몇몇 가족들과 어울려 가을부터 봄까지 지트를 찾은 일이었다. 특히 크리스마스 무렵에는 해가 짧고 추위도 깊어져 나갈 곳도 마땅치 않아 우리 가족은 지트를 자주 찾았다. 같이 간 가족들은 출발하기 전에 미리 지트에서 해결할 음식을 준비하여 각자 가져왔는데, 동네 슈퍼에 들러 음료수를 준비하거나 가끔씩은 고기를 사서 즉석에서 와인에 절여 놓고 다음 날 바비큐 파티를 벌이기도 했다.

일행들 중 일부는 저녁에 있을 와인 파티를 기다리며 설레는 마음으로 몇 병의 와인을 준비할까를 두고 아내의 눈치를 보기에 바빴지만, 대개는 2병은 마실 정도의 충분한 양을 준비했다.

일부 와인은 다음 날 오후에 먹게 될 바비큐용이었는데, 5인분을 기준으로 고기를 썰어 양파와 마늘, 갖은 양념을 넣고 와인을 반 병 정도 부은 뒤 잘 재어둔다. 저녁을 먹고 나면 벽난로에 앉아 프랑스 생활부터 한국에 대한 그리움, 살아온 이야기 등으로 이야기꽃을 피웠다. 시골의 겨울밤은 길고도 길어 장작이 타들어가는 소리와 함께 그렇게 깊어갔다.

지트를 몇 번씩이나 같이 갔던 J와 S도 어느새 농가생활에 많이 익숙해져 즐거운 시간을 보냈다. 아이들은 벽난로에 관심이 많아 불가에 앉아 있다가 살포시 잠이 들곤 했다. 늦은 밤 감자를 구워먹다 보면 자야 할 시간을 넘기기가 일쑤였다. 이튿날 늦게 일어나고도 와인에 절여둔 바비큐부터 먼저 생각났다. 과연 어떤 맛일까? 지난 밤 벽난로에서 만들어진 천연 숯까지 있지 않은가.

지트를 비워줄 시간이 되면 주인이 와서 기본 요금 외에 전기료와 사용한 장작 등을 계산한다. 그러면서 하는 말씀, 도대체 무엇을 먹었기에 냄새가 이토록 황홀하냐고. 불고기에 와인을 넣어 절인 바비큐는 너무도 그리운 지트의 추억이 아닐 수 없다.

와인과 찰떡궁합
치즈 활용법

01 치즈의 정의

치즈는 소, 염소, 양 등 포유동물의 젖에 단백질 응고제인 레닛(rennet)을 넣어 굳어진 커드(Curd) 또는 이것을 숙성시켜 만든 것이라고 할 수 있다. 치즈 단어의 유래는 라틴어인 '카세우스(Caseus)에서 발생했으며 고대 영어에서 '세스(Cese)', 중세 영어 '체스(Chese)', 현대의 치즈(Cheese)가 되었다. 프랑스어로는 '프로마주(Fromage)', 이탈리아의 '포르마지오(Formaggio)'라고 불린다(라틴어 '포르마(Forma, 형을 만들다), '포르모스(Formos, 바구니)'에서 유래됨).

02 치즈의 발견

역사학자들은 기원전 3,000년경 이집트 사람들이 집에서 염소를 기르기 시작하면서 치즈가 본격적으로 만들어진 것으로 추정하고 있다. 주요 발견지는 고대 중앙 아시아 또는 극동 아시아 지역의 유목민을 중심으로 발견되었다.

즉, 먼 길을 떠나면서 우유를 양의 위로 만든 주머니에 채워 보관했고 여행을 하는 동안 태양열로 따뜻해진 우유가 흰 덩어리로 변해서 바위에 버렸고 버려졌던 흰 덩어리가 오는 길에 보니 꼬들꼬들하게 건조되어 오늘날의 치즈가 탄생 된 것이다. 따라서 치즈는 와인과 비슷하게 여러 지역에서 우연히 발견 되어 제조된 것으로 볼 수 있다.

03 치즈의 분류와 명칭

치즈는 제조공정에서 가열처리를 하지 않아 치즈 속에 젖산균과 효소가 그대로 남아 있는 자연 치즈(Natural Cheese)와 자연 치즈를 가열, 용해하여 성형한 가공 치즈(Processed)로 구분 된다.

치즈는 우유를 응고시키는 방법(효소, 가열), 원료유의 종류(우유, 산양유), 숙성방법(비숙성, 세균 숙성, 곰팡이 숙성), 원료의 지방함량(크림, 전지유, 탈지유), 치즈의 경도(연질-수분 55~80%, 경질-수분 34~45%), 지방 이름(프랑스의 카망베르, 영국의 체다), 생긴 모양(블루치즈, 브릭)등에 따라 명칭이 불려지고 있다.

치즈도 와인처럼 국가별로 원산지 통제 명칭이라는 품질 기준의 제도를 가지고 있으며 1919년 프랑스가 세계 최초로 와인과 동일하게 치즈에 AOC(Appellation d'Origine Controlee, 사용하는 우유, 지역, 생산방법, 숙성기간 등에 대한 세부사항 규정)제도를 도입했다.

AOC 제도

사용하는 우유, 지역, 생산방법, 숙성기간 등에 대한 세부사항 규정

프랑스 치즈의 AOC법

페르미에 (Fermier)	'농부'라는 뜻으로 자신의 농장에서 기른 소, 양, 염소의 젖으로 전통 방법으로 만든 치즈이며 주변 농장에서 우유를 가져와서는 안됨(모든 페르미에 치즈는 살균하지 않음, 복합적 향)
아르티자날 (Artisanal)	'수공업적' 의미, 생산자는 반드시 농장을 가지고 있고 자신의 농장에서 나온 우유를 만들거나 주변에서 우유를 구입할 수 있음.
코페라티브 (Cooperative)	프랑스 전역에서 판매되며 일정 단위의 조합에서 나오는 우유로 만듬.
앵데스트리엘 (Industriel)	우유는 여러 곳에서 가져와 치즈를 만들 수 있으며 공업적 규모를 갖춘 형태임.

유럽 국가의 치즈 분류

이탈리아
이탈리아 치즈는 DOP(Denominazione d'Origine Protetta)라는 원산지 명칭제도를 시행
스위스
스위스는 1997년 AOC제도 도입 [레티바(L'etiva), 그뤼에르(Gruyere), 테트 드 무안 (Tete de Moine) 3개의 AOC가 있음]
영국을 비롯한 EU 국가
원산지명칭제도를 EU에서 정한 PDO(Protective Denomination of Origine)를 시행하고 있음.

유명 치즈의 명칭

01 블루 치즈
Blue cheese

푸른 곰팡이의 균이 자라 치즈 내부에 대리석 모양을 만들고 특유의 자극적 풍미를 가지고 있다. 프랑스의 로크포르(Roquefort, 1925년프랑스 최초 AOC), 이탈리아의 고르곤졸라(Gorgonzola), 영국의 스틸톤(Stilton)을 세계3대 블루치즈라고 한다.

블루 치즈의 건강에 대한 효과가 강조되고 있으며 최근 와인과 같이 심혈관 질환을 예방할 수 있는 연구 결과가 발표되었다.

02 카망베르
Camembert

프랑스의 대표적 치즈로 프랑스 북서부 노르망디 지역의 카망베르 마을에서 생산되며 세계 많은 나라에서 카망베르를 모방하여 치즈를 만들 정도로 유명하다.

붉은 줄무늬가 있는 흰색 곰팡이가 표면을 덮고 있으며, 속은 물렁물렁 부드럽고 짠맛과 미세한 곰팡이 냄새가 난다.
참고로 카망베르의 AOC 치즈는 카망베르 노르망디(Camembert de Normandie)하나뿐이다.

03 콩테
Comte

콩테 치즈는 프랑스의 프랑슈 콩테 지방의 쥐라 산악지방에서 제조된다. 프랑스에서 가장 인기있는 치즈로 프랑스에서 가장 생산량이 많고 프랑스인의 40%이상이 소비하고 있다.

단맛과 짠맛이 진한 치즈로 납작한 원반모양으로 생긴 껍질은 누런 황토빛, 속살은 회색빛을 띤 노란 색이 특징이다.

04 브릭 치즈
Brick cheese

브릭치즈는 2kg의 벽돌 모양으로 반경질(약 수분 50%) 젖산균 숙성 치즈이며 미국에서 주로 생산된다.

05 체다 치즈
Cheddar cheese

영국의 체다가 원산지로 세계 여러 나라에서 대량 생산되고 있으며 영국 이외의 나라는 'Cheddar'앞에 미국, 캐나나 등의 나라 이름을 붙여 구별한다.

체다 치즈의 미각적 특징은 부드러운 신맛과 단맛이 조화를 이루는 것이 매력적이다.

06 코티즈 치즈
Cottage cheese

유백색으로 신맛이 섞인 상쾌한 맛이며 네델란드가 원산지로 비숙성 연질 치즈이다. 비숙성 치즈중에서 가장 널리 제조되고 있으며 미국에서 많이 생산된다.

지방함량이 적은 탈지유 크림을 섞어서 저칼로리 고단백질 식품으로 샌드위치에 많이 사용되고 있다.

07 크림 치즈
Cream cheese

미국에 가장 많이 보급된 치즈로 버터처럼 유분이 많고 진한 맛이 난다. 크림이나 크림을 첨가한 우유로 만들어 숙성시키지 않은 치즈로 유명하다.

08 에멘탈
Emmental

스위스의 에멘탈 지방 에메 강 계곡에서 만들기 시작했으며 스위스의 대표적 경질 치즈로 보통 스위스 치즈라면 에멘탈 치즈를 말한다.

지름 1m의 100kg의 큰 원반형이며 세계 최대의 치즈로 호두맛과 달콤한 맛이 난다.

에멘탈 치즈보다 구멍이 작은 스위스 그뤼에르(Gruyere)치즈와 함께 퐁듀(Fondue : 화이트 와인과 레몬즙, 마늘즙, 에멘탈, 그뤼에르 치즈를 혼합한 후 가열한다. 잘 섞인 체리 브랜디와 녹말 가루를 투입 하여 죽이 될 때까지 끓인다. 마지막으로 빵 조각을 끼워 완성된 퐁듀에 적셔서 먹음)요리에 주로 사용되는 치즈이다.

09 고우다
Gouda

네델란드의 대표적 경질 치즈로 직경 30cm, 두께 12cm의 원판형으로 버터 빛깔과 온화한 풍미가 특징이다.

10 에담
Edam

고우다와 비슷한 향미를 가지며 1~2kg정도의 공모양으로 적색, 황색, 흑색의 왁스로 표면이 코팅되어 있다.

11 모차렐라 디 부팔라
Mozzarella di Bufala

이탈리아 남부 나폴리 근처에서 물소의 젖으로 만들어 살균하지 않은 우유를 혼합한다.

연질 치즈로 작고 하얀 찹쌀떡과 같이 물컹거리며 약간의 신맛과 부드러운 우유의 맛이 느껴진다. 단순히 모차렐라(Mozzarella)라고 되어 있으면 대부분 우유로 만든 것을 의미한다.

12 몽도르 치즈
Mont d'or cheese

몽도르는 프랑스 중앙고지에 위치한 화산지역을 가리키는 지명이자 치즈 이름이다.

18세기 쥐라산맥지대에서 제조 되기 시작하면서 특유의 향이 강하고 겨울에 맛이 절정을 이루어 겨울 치즈라고도 한다. 알자스와 가까이 있어 알자스에서 생산되는 피노누아 품종의 레드와인과 잘 어울린다.

13 브리 드 모
Brie de Meaux

치즈를 가장 많이 소비하는 파리와 가깝게 있으며 모(Meaux)지방과 믈렁(Melun)지방이 유명하며 부르고뉴에 AOC 지역이 있다.

껍질이 하얀 벨벳처럼 생겨서 까망베르 치즈와 혼동하기도 하며 약한 곰팡이 냄새, 스모키 향이 느껴진다.

치즈와 와인의 궁합 원칙

특정 지역에서 생산되는 와인은 그 지역에서 나오는 치즈와 궁합이 잘 맞는다. 예를 들어 프랑스에서 가장 많이 소비되는 콩테 치즈는 쥐라 산악 지역에서 생산되는데 이곳의 독특한 와인인 뱅존(Vin Jaune, 효모막을 번식시켜 6년간 산화시킨 와인)과 뱅드 파이으(Vin de Paille, 짚 방석 위에 몇 주간 건조시켜 장기간 발효 후 4년 이상 숙성시킨 스위트 화이트 와인)와 잘 어울린다.

와인을 제대로 즐기려면 적어도 한 잔 정도는 안주 따위 생각하지 말고 와인만 마시자는 것이 나의 생각인데, 안주를 잘못 골라 와인 고유의 맛을 느끼지 못할까 하는 일종의 노파심 때문이다. 그래서 특별히 출출하지 않으면 와인 한 잔을 들고 그 맛을 음미하는 편이다. 그 다음 두 잔, 석 잔 늘어나면 와인을 가장 편하게, 와인맛을 가장 돋보이게 해주는 안주 1호인 치즈를 집는다.

치즈는 소, 염소, 양 등 포유동물의 젖에 단백질 응고제인 레닛(rennet)을 넣어 굳혀서 만든 식품이다. 지방에 따라 젖을 응고시킬 때 파슬리 같은 향신료를 넣어서 만들기도 하고, 발효시켜 삭힌 진한 맛을 내는 치즈를 만들기도 한다.

특히 발효시킨 염소 치즈는 톡 쏘는 맛이 고추냉이처럼 강한 것도 있어서, 비위가 약한 사람들은 한 번 맛보고는 고개를 내젓는 이들도 많다. 치즈는 발효식품이어서 중독성이 강한데, 치즈의 깊은 맛을 느끼려면 톡 쏘는 맛이 나는 발효 치즈가 제격이다. 와인에 곁들여서 먹을 경우에 진한 맛의 치즈는 식도락의 즐거움을 더해준다.

와인은 식사를 하면서 마시는 음료이고, 서양 음식에서 치즈는 엄연한 하나의 요리다. 서양 요리는 전식, 본식, 후식 순서로 나가는데 제대로 된 정찬이라면 본식과 후식 사이에 치즈가 들어간다.

호스트가 준비한 본식으로 양이 차지 않을 경우 치즈 코스는 미진한 식사량을 채우는 시간이 되고, 식사량이 충분했을 경우엔 조금 맛보는 정도로만 넘어가면 된다. 치즈를 먹는 시간은 초대 손님에게 부족했을지도 모르는 와인을 좀 더 마시는 기회를 주기도 한다. 이렇게 보면 코스 요리에서 치즈를 먹는 시간은, 초대한 정찬을 준비한 주인과 초대 손님이 자연스럽게 와인을 정리하는 시간이 되는 셈이다.

치즈 종류만도 수천 가지?

서양 식탁에 빠지지 않고 오르는 단골 메뉴인 치즈는 유구한 역사를 자랑한다. 역사학자들은 기원전 3000년경 이집트 사람들이 집에서 염소를 기르기 시작하면서 치즈가 본격적으로 만들어진 것으로 추정하고 있다. 단백질이 풍부하면서도 보관하기 좋은 고체 형태여서 어디든 들고 이동하기 쉬웠던 까닭에 고대 중앙아시아, 근동 지역에서 유목민을 중심으로 만들어졌다는 것이다. 기원전 2000년경의 이집트 벽화에는 치즈를 만드는 과정이 상세하게 그려져 있다.

이렇게 오랜 역사를 가지고 있다 보니 치즈의 종류만도 수천 가지에 달하며 와인의 종류만큼이나 다양하다. 같은 포유류라도 젖의 종류에 따라 소, 산양, 염소 치즈로 나누고 부드러운 연질 치즈와 딱딱한 경질 치즈로도 나눌 수 있다.

최근에는 세계인들의 치즈 입맛도 변화를 겪고 있는데, 햄버거에 들어가는 가공 회사의 슬라이스 치즈에 입맛이 길들어져, 약간 짜게 만든 치즈에 점점 익숙해지고 있다. 이런 변화에도 아랑곳없이 다양한 치즈맛으로 유명한 프랑스의 경우, 미식가의 천국이라는 사실을 뒷받침이라도 하듯 제조법에 따라 400여 가지의 치즈가 생산되고 있다.

2005년 통계로 볼 때 프랑스 사람이 연간 소비하는 치즈가 1인당 24kg이라고 하니, 얼마나 많은 사람들이 치즈를 즐기고 있는지 알 수 있다.

프랑스 치즈가 유명한 이유는 1919년 세계 최초로 치즈에 대해 원산지 증명 제도를 도입하여 품질 기준을 마련했기 때문이다. 프랑스가 와인에 AOC를 적용하여 특정 지역에서 생산되는 와인은 그 지역의 토양과 포도 품종을 사용해야 한다고 규정한 것과 동일하게, 치즈에도 엄격한 품질 기준을 만든 것이다. AOC 규정에 따르면 소로 만든 치즈 31개, 염소 치즈 11개, 양 치즈 3개가 등록되어 엄격한 품질 관리를 받으며 좋은 품질을 유지하고 있다.

그리스 로마 때부터 치즈와 와인은 찰떡궁합

치즈의 역사는 신화에서도 등장하는데 그리스 신화에는 양치기인 아리스테우스가 치즈를 처음 만든 것으로 되어 있다. 기원전 8세기 호머의 오디세이에는 눈이 하나밖에 없는 괴물 시클롭스가 염소 치즈와 산양 치즈를 만드는 장면이 묘사되어 있다.

로마 시대에 이르러 치즈는 획기적인 발전을 하게 되는데, 오늘날 치즈를 만드는 방법과 거의 유사한 방식으로 만들어졌다. 응고제로 엉겅퀴나 무화과즙 등을 사용했으나 기원전 2세기 무렵부터 레닛이 응고제로 일반화된 것으로 알려져 있다. 기원후 65년 콜루멜리아의 기록에 따르면 응고제인 레닛을 넣어 응고시키는 과정과 소금으로 간을 하고 발효시키는 과정 등을 자세히 묘사하고 있다.

치즈가 널리 퍼진 것은 로마군 병사들과 밀접한 관계가 있다. 로마의 박물학자인 플라니우스의 기록에 따르면 치즈는 황제와 귀족의 연회에 오르는 귀중한 음식이었다. 그러나 치즈 제조법이 발달하면서 로마군의 주요 식량이 되었다.

그 중에 딱딱한 경질 치즈는 이동하기 편하고 보관이 쉽다는 점에서 레기온(legion, 로마 군단) 로마군 병사들의 필수품으로 발전했는데, 로마 군대의 이동에 따라 경질 치즈 제조법이 각지로 전파되는 계기가 되었다. 단백질이 풍부하고 이동과 보관이 쉬운 치즈는 빵, 와인과 더불어 마군 병사들의 필수품이자 전투 식량이었던 셈이다.

프랑스의 주요 치즈 산지가 그 옛날 로마 시대의 군단 기지가 있던 곳과 거의 일치하는 것도 흥미롭다. 로마군이 일찍이 점령했던 갈리아 지방에서는 특히 와인 제조가 성행했는데 오늘날 프랑스 지역과 그대로 일치한다. 보르도, 부르고뉴, 코트 뒤 론 지역은 로마군 기지가 있던 곳으로 보면 틀림없다. 로마 시대에 와인이 치료약으로도 많이 쓰인 데 대해 벤자민 프랭클린(1706~1790)은 '오래된 명의보다도 술고래가 많았다'고 표현하고 있다. 고대 로마에서 와인은 약이었던 것이다. 치즈 역시 와인과 더불어 오랫동안 유럽인들의 보약 역할을 해왔다.

치즈와 와인의 주생산지가 비슷하다?

우연인지 필연인지 한 가지 재미있는 사실은 치즈의 주생산지가 와인의 주생산지와 거의 일치한다는 것이다. 와인의 주생산지인 부르고뉴, 랑그독, 코트 뒤 론 지역의 치즈는 와인만큼이나 유명하다. 특히 와인의 명산지 부르고뉴 지역은 세계적으로 잘 알려진 콩테(Comte)와 몽 도르(Mont d'or) 치즈의 명산지이기도 하며, 북쪽의 노르망디 지역에서 나는 카망베르와 브리 치즈는 부드러운 맛으로 프랑스 치즈를 알리는 데 큰 역할을 했다.

그런데 특이하게도 와인 생산지로 유명한 보르도 지역에서는 치즈가 거의 생산되지 않는다. 아마도 보르도 인근은 목축에 적합하지 않은 평야가 많아서 포도원이 너무 발달했기 때문이 아닌가 생각된다.

치즈의 맛을 결정하는 것은 수유 동물의 품종, 사료, 젖의 성분, 단계별 제조 방식, 숙성 기간 등이다. 그 중에 특히 박테리아와 곰팡이가 치즈의 맛을 결정하는 결정적인 역할을 한다. 프랑스에서는 지금도 짚 위에 치즈를 놓고 건조시키는 경우가 많은데, 이렇게 옛날 방식에 따라 만든 치즈는 도시 사람들에게 시골 정취가 가득한 향기를 전해준다.

발효를 위해 사용하는 미생물도 지역에 따라 다르기 때문에, 치즈를 원산지명으로 부르는 경우가 많은데 이것 또한 와인과 비슷하다. 주요 치즈 생산국들이 포도주와 마찬가지로 자국의 전통적인 치즈에 대해 원산지 명칭을 법적으로 보호하고 있는 점도 와인과 흡사하다.

사실 진한 맛의 발효 치즈는 입에 한 조각 넣으면 마치 삭힌 홍어처럼 머리가 뻥 뚫리는 기분이 나는데, 염소와 양 치즈에서도 이런 맛이 난다. 염소 치즈나 양 치즈는 포장된 크기가 작고 파슬리 등을 넣은 경우가 많아 주로 녹색이나 갈색을 띠며 발효로 인해 짙은 맛을 풍기기 때문에 처음 맛보는 사람은 거부감을 느낄 수도 있다.

치즈는 단백질이 풍부하면서도 지방질이 없는 건강 식품이어서 현대인의 웰빙 음식으로 치즈만한 것도 없다. 여기에 한 모금의 와인과 함께 하는 치즈는 '천상의 결혼'이라는 표현이 어울릴 정도로 깊은 맛을 준다. 치즈맛을 구분하는 가장 쉬운 방법으로 치즈색을 보는데, 보통 연한색 치즈일수록 부드러운 맛이고 짙은색에 포장이 작을수록 강한 맛이 난다.

와인과 잘 어울리는 치즈 고르기

와인과 치즈는 바늘과 실 같은 존재이다. 그래서 와인이 있는 곳에 치즈가 있어야 한다는 명제는 언제나 타당하다. 그렇다면 어떤 와인에 어떤 치즈가 어울릴까 무척 궁금해질 것이다. 먼저 카망베르나 브리 같이 부드럽고 연한 치즈는 화이트 와인과 잘 어울린다.

특히 둥근 통에 든 브리 치즈와 같은 스타일의 부드러운 소 치즈는 가벼운 와인과 제격이다. 그러나 염소나 양으로 만든 진한 맛의 치즈는 화이트 와인과 먹을 경우 비린내가 느껴지기 때문에, 묵직한 보르도 와인이나 부르고뉴 지방의 레드 와인과 마시는 것이 좋다.

딱딱한 경질 치즈는 보르도나 부르고뉴처럼 깊은 맛이 나는 와인과 잘 어울리며, 부드러운 연질 치즈는 대부분 소로 만든 치즈로 거의 모든 와인과 어울리지만 화이트 와인과도 잘 어울린다는 것이 장점이다. 여기서 한 가지 흥미로운 사실은 특정 지역에서 생산되는 와인은 그 지역에서 나오는 치즈와 궁합이 잘 맞는다는 것이다. 이런 것을 두고 신토불이라 했던가.

와인과 치즈를 곁들일 때 일률적으로 정해진 양식은 없다. 일반적으로 부드러운 치즈는 조각으로 잘라 빵과 같이 먹는 반면, 딱딱한 경질 치즈는 얇게 썰어서 먹는다. 때에 따라서는 비스킷 위에 얹어 카나페처럼 만들어 먹는 경우도 있다. 그러나 치즈의 맛을 제대로 즐기려면 다른 소스를 바르지 않아야 한다. 치즈에 소스를 바르면 치즈의 원래 맛을 잃어버리게 되므로 피하는 것이 좋다. 비스킷을 곁들일 경우 경질 치즈는 적당한 크기로 잘라 그 위에 얹어 먹고, 연질 치즈는 비스킷에 버터처럼 발라서 먹으면 된다.

치즈와 와인이 이처럼 천상의 궁합을 이루는 것은 둘 다 발효식품이고, 서로 맛과 영양을 보완해 주기 때문이다. 와인과 치즈는 떼려야 뗄 수 없는 관계를 가지고 있는 셈이다. 화이트 와인에 곁들인 연한 치즈는 입맛을 더욱 상큼하게 만들어주고, 짙은 맛이 나는 치즈는 묵직한 레드 와인과 어울려 형용하기 어려운 깊은 맛을 낸다.

치즈의 맛은 구수함에서 출발한다. 때로는 부드럽고 때로는 딱딱하지만 기본적인 맛은 구수하다는 것이다. 이 구수함이야말로 햄버거의 주재료로 들어가는 슬라이스 치즈와는 비교할 수 없는, 확연히 맛이 다른 전통 치즈의 맛이다. 오렌지색의 슬라이스 치즈가 약간 짠맛을 낸다면 오히려 유럽식 치즈는 무미건조하다. 바로 여기에서 치즈의 참맛을 느낄 수 있다.

때론 고추냉이나 삭힌 홍어회처럼 눈물이 날 정도의 오묘한 맛을 내기도 한다. 마치 된장에 찍어 먹는 청량고추의 매운맛처럼, 강한 맛을 내는 두 요소가 어우러져 천상의 조화를 만들어 낸다고나 할까.

와인 인구가 늘면서 우리나라에서도 와인 안주로 치즈를 내는 것이 하나의 공식처럼 받아들여지고 있다. 식당에서 파는 모듬 치즈는 보통 경질, 연질 치즈를 섞어서 내놓는데 샐러드를 곁들인 경우가 많다. 카망베르나 브리 같은 흰색의 부드러운 치즈와 고다 같은 오렌지색의 딱딱한 치즈를 함께 내놓는다.

그 까닭은 다양한 맛을 즐기기 위한 것인데, 집에서나 손님 접대를 위해서는 굳이 이렇게 할 필요까진 없다. 주변에서 쉽게 구할 수 있는 부드러운 치즈를 내놓으면 충분하다. 치즈도 와인처럼 다양한 맛에 눈을 뜨게 되면 푸른색, 갈색 등 다양한 식물이 든 염소 치즈와 양 치즈의 맛도 거부감 없이 즐길 수 있게 된다.

한 가지 주의할 점은 드레싱을 잔뜩 얹은 샐러드는 치즈와 같이 내서는 안된다는 것이다. 와인과 샐러드는 물론 잘 어울리지만 치즈와 샐러드를 함께 먹으면 치즈의 고유한 맛을 제대로 느낄 수 없다. 치즈는 생긴 그대로 먹는 것이 향미를 느낄 수 있는 최상의 방법이므로, 드레싱을 얹은 샐러드와 같이 먹는 일은 피하는 것이 좋다.

격식 없는 자리에서는 치즈를 포크 대신 손으로 먹어도 무방하다. 그러나 치즈 조각이 손에 묻기 때문에 유럽인들은 주로 빵조각이나 비스킷 위에 얹어서 먹는다. 이탈리아 남부의 명물인 물소 젖으로 만드는 모차렐라 치즈는 물기가 많기 때문에 샐러드와 함께 소스를 얹어 먹기도 하는데, 이것은 예외적인 경우로 보면 된다. 결론적으로 치즈 위에 다른 소스를 곁들이면 고유한 맛이 사라진다는 것을 꼭 기억해야 한다.

먹다 남은 치즈 버리기 너무 아까워!

치즈를 좀 더 오래 보관하기 위해 딱딱한 형태로 만들었지만, 치즈는 발효식품이기 때문에 사실상 장기 보관은 어렵다. 일반적으로 연질 치즈는 경질 치즈보다도 보관 기간이 짧기 때문에 제조일자와 유통기한을 꼭 확인해야 한다.

이렇게 유통기한이 짧은 관계로 국내에서 프랑스산 치즈를 맛볼 기회가 흔치는 않다. 가끔 유명 백화점에서 할인해서 파는 경우가 있는데, 유통기한이 거의 끝나가는 치즈인 경우가 많으므로 이 점을 감안하여 구입한다.

먹다가 남은 치즈는 토스트 위에 얹어 녹여서 먹으면 제 맛을 느낄 수 있다. 구운 토스트에 달걀을 얹어 먹는 프렌치토스트로 응용하는 것도 치즈를 즐기는 한 방법이다. 원래 프렌치토스트는 먹다가 남은 딱딱해진 바게트를 달걀에 적셔 프라이팬에 데워 먹은 데서 유래했다.

달걀에 적신 바게트가 불어서 부드러워지면 구워 먹는 것인데, 빵 위에 치즈를 놓고 오븐에 가열하면 치즈가 녹으면서 빵과 더불어 오묘한 맛을 낸다. 프랑스에서는 프렌치토스트를 응용한 크로크 므슈와 크로크 마담이라는 경양식이 있는데, 토스트 위에 녹은 치즈가 일품인 크로크 므슈는 간이식사로 인기가 좋다.

센스있는 자리배치로 분위기 띄우기

인생은 '자리 다툼'이라는 말도 있듯이 여러 사람이 모일 때 어디에 앉느냐 하는 자리배치는 매우 중요한 의미를 가진다. 회의를 할 때나 식사를 할 때의 자리배치는 그 사람의 지위를 나타내게 되므로, 손님을 초대한 경우 특히 자리배치에 주의를 기울여야 한다.

서양식 자리배치는 멀리 그리스 시대로 거슬러 올라간다. 그리스인들이 즐겼던 심포지온(symposion), 즉 향연 자리에는 와인이 빠질 수 없었고 그때 신분이 높은 사람은 벽 쪽에 있는 길쭉한 의자 방케트(banquette) 위에 비스듬히 기대어 술을 마셨다. 이런 풍습은 로마에도 전해졌는데, 로마 시대엔 창문이 발달하여 이것을 바라보는 벽면 쪽이 상석으로 자리 잡게 되었다.

지금도 서양 식당에는 한쪽 면에 긴 의자를, 안쪽에는 하나씩 나누어진 의자를 놓는 경우가 많은데 이는 고대 그리스에서 유래된 것이다. 따라서 의자 형태로만 보면 긴 의자가 상석이 되고, 여기에 벽 쪽으로 놓인 의자가 상석이 된다. 이것은 공간 전체를 살펴볼 수 있는 자리가 상석이 된다는 데서 기인한다.

실제 서양의 자리배치

서양식 자리배치는 부부동반이 아닌 경우 일반적으로 초대자인 주인(Host)은 주빈(Guest of Honor)을 방에서 가장 상석으로 모시고 본인은 맞은편에 앉는다. 그 다음으로 중요한 손님은 주인의 오른쪽, 왼쪽, 왼쪽 건너편, 오른쪽 건너편으로 순서가 매겨지고 좌우 끝자리는 동일하게 정한다. 주인과 중간에 앉게 될 사람의 수가 그림처럼 10명이면 호스트와 주빈이 가운데 앉게 되지만, 짝수일 경우 테이블 좌우에 배치하여 가운데를 홀수로 유지할 수도 있다.

만약에 부부동반 모임의 정찬 자리라면 좌석배치는 조금 바뀌게 된다. 먼저 주인(Host)과 안주인(Hostess)은 좌우 끝에 앉게 되는데 주인이 상석에 위치한다. 주빈은 안주인의 오른쪽에 앉고 주빈의 부인이 주인의 오른쪽에 자리한다. 그리고 주빈의 맞은쪽 자리에 두 번째로 중요한 손님이 자리한다.

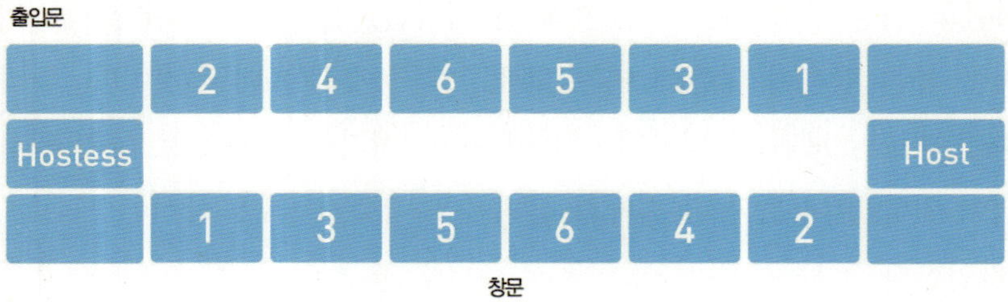

여기서 주의할 점은 남녀가 섞여서 앉게 된다는 것인데, 가운데에 앉는 사람의 수가 홀수인 경우에도 이런 원칙은 유효하다. 다만 초대 손님 중 싱글이 있거나 동부인하지 못한 경우에는 위의 원칙을 지키되 남녀를 적절히 섞어서 앉도록 배치한다. 이때 부부가 대칭으로 앉아야 한다는 원칙을 꼭 지킬 필요는 없다.

비즈니스 하는데 왜 와인이 필요해?

와인은 개인의 일상을 활기차고 행복하게 해줄 뿐만 아니라 기업체와 기업체 간, 기업체와 개인 간의 업무를 추진하는 데 있어서도 효과적인 역할을 한다.

외국에서는 특히 와인이 골프만큼 중요한 비즈니스 도구로 활용된다. 기업의 CEO는 골프라운딩을 하면서 다른 업체 사람들과 공적 · 사적인 교류를 자연스럽게 가지므로 골프 역시 사업 수완만큼이나 중요하다. 그런데 요즘에는 골프 잘 치는 CEO보다 와인을 많이 아는 CEO가 더 비즈니스를 잘한다고 한다. 기업체 CEO 모임뿐 아니라 국제적인 모임이나 국가 간 정상회담 등에서도 와인은 빠질 수 없는 소통의 매개체 역할을 톡톡히 하기 때문이다.

와인을 즐기는 사람들은 주로 와인 생산지와 포도 품종, 빈티지 이야기까지 곁들여가며 와인을 마신다. 와인과 비즈니스는 상대방의 문화를 이해하고 배려해야 한다는 공통점이 있다. 따라서 비즈니스 협상을 하면서 와인을 곁들일 때는 상대방이 좋아하는 와인을 미리 알아내어 배려하면 협상을 더 원만하게 풀어나갈 수 있다.

와인이 주는 영향력은 단순히 마시는 것 이상으로 서로간의 정치적, 문화적 코드를 연결하는 윤활유 역할을 한다. 비즈니스맨이나 CEO에게 와인은 특별한 비즈니스 전략이 되는 셈이다.

삼성경제연구소의 경영자 대상 사이트 'SERI CEO'가 국내 CEO를 대상으로 실시한 설문조사 결과를 보면, 응답자의 90% 이상이 비스니스에 있어서 와인 지식을 중요한 것으로 꼽았고, 무려 84%나 되는 CEO들이 와인 지식이 부족해 비즈니스 중에 스트레스를 받은 경험이 있다고 답했다. CEO 친목 모임에서도 와인은 빠지지 않는 주제라고 한다.

그래서 요즘 CEO들은 일부러 시간을 들여서 와인 공부를 하는 경우가 많다. 와인 때문에 받는 스트레스를 없애기 위해 와인스쿨에 다니는가 하면, 기업체 내에서 와인 관련 강의를 실시하기도 한다. 실제로 삼성그룹에서는 해외 근무 직원들을 대상으로 와인 전문 강사를 초청해 와인 공부를 시키고, 회식 자리에서도 와인을 주문한다. 와인은 어렵다는 생각에서 벗어나 즐기고 친숙해지기 위해서다.

비즈니스 자리에 와인을 곁들일 때는 상대방의 와인 취향을 알아보고, 취향을 알아내지 못했을 경우 누군가의 추천을 받아서 미리 결정해 두는 것이 좋다. 무턱대고 비싼 와인을 준비하는 것은 그다지 좋은 전략이 아니다. 비싼 와인은 맛이 까다롭기 때문에 자칫 분위기를 어색하게 만들 수도 있으므로 적당한 가격에 누구나 좋아할 만한 와인을 주문하는 센스가 필요하다. 물론 너무 값이 싸거나 처음 들어보는 와인도 피한다. 자신이 없다면 와인 전문가에게 주문과 호스트 테이스팅을 부탁하는 편이 더 낫다.

비즈니스의 연장인 와인 파티, 성공하면 비즈니스도 술술

대부분의 기업체 CEO나 국가의 고위직 관리들은 성공적인 비즈니스를 위해 와인이라는 윤활유가 꼭 필요하다는 데 공감하기 때문에, 어떤 행사를 진행하든 와인 준비에 신중을 기한다. 비즈니스 차원에서 중요한 사람을 초대하는 큰 행사의 경우, 전문 업체나 호텔에 일임하면 좋은 와인과 음식을 알아서 준비하기 때문에 문제될 것이 없다.

다만 집에서 초대를 하거나 와인을 전문적으로 취급하지 않는 곳에서 행사를 할 경우에는 세심한 주의가 필요하다. 설령 전문 업체에 의뢰를 했더라도 준비 상황이 제대로 돌아가는지 확인하기 위해서는 좌석배치와 기본 에티켓 정도는 알아두는 것이 도움이 된다.

옷은 깔끔하게 차려입되, 짙은 향수나 화장품 냄새가 진동하지 않도록 주의한다. 손님이 들어오면 좌석을 배치하고 자리를 안내하는 데 있어 초대자의 세심한 배려가 필요하다. 초대 당일 혼란을 피하려면 초대 손님들의 현황을 파악하여 남녀 인원, 사회적 지위, 연령 등에 따라 미리 좌석배치를 해둬야 한다. 초대 손님에 대한 여러 가지 정보를 종합하여 출입구의 반대쪽이나 전망이 좋은 곳, 음식이 드나들지 않는 곳 등 좋은 자리를 중심으로 잘 배치한다.

남녀가 동석일 경우 남자는 벽을 보고 여자는 벽을 등지고 앉도록 하며, 전망이 보이는 곳이면 더욱 좋다. 남성은 여성이 앉고 난 후에 앉는 것이 기본 에티켓이고 남성의 오른쪽에 여성이 앉도록 하여 식사 중에 남자가 도와줄 수 있도록 배려한다.

기본적인 좌석배치가 끝나면 음식이 나오는 대로 와인과 같이 즐기면 된다. 먼저 식탁 위에 놓인 나이프와 포크는 바깥으로부터 순서대로 사용하고, 같이 자리한 상대가 순서를 틀리게 사용할 때는 잘못을 지적하기보다 같이 따라가 주는 것이 예의다. 와인잔은 나이프 위에 삼각형, 사각형, 일직선 형태로 배열되며 오른쪽 끝에서 시계 반대 방향으로 잔을 사용하면 된다.

음식의 위치는 일명 '좌빵우물'에 따라 왼쪽에는 빵, 오른쪽에는 물 종류가 놓인다. 실수로 왼쪽에 앉은 사람의 물을 마시거나 오른쪽 접시에 놓인 빵을 집어먹어 분위기를 썰렁하게 만들지 않도록 주의한다. 빵이나 물을 서빙받지 못한 사람 입장에서는 사소한 일로 마이너스 점수를 줄 수도 있기 때문이다.

비즈니스 파트너에 깊은 인상 주는 멋진 건배사

좌석배치에서 옷차림, 테이블에서 지켜야 할 기본 에티켓까지 갖춰졌다면, 이제 가장 중요한 와인이 등장할 차례다. 호스트는 파티 분위기를 부드럽게 끌어가기 위해 와인잔을 들고 손님들 앞에서 멋지게 건배 제의를 한다. 와인과 관련된 유명한 명언이나 속담, 일화 등을 활용하여 모임 성격에 맞는 간략한 건배사를 준비하는 것도 와인 만찬을 더욱 빛나게 하는 의미 있는 건배가 될 것이다. 가령 '와인이 있는 곳에 슬픔과 걱정이 사라진다'라는 파스퇴르의 말을 인용하면서 '오늘 모든 것을 잊고 편안하고 즐겁게 마시는 자리가 되었으면 한다'라고 마무리하면 더 없이 의미 있는 건배사가 될 것이다.

최근에는 좌중에 웃음을 던져주는 건배사들이 많이 등장하고 있다. 가장 많이 듣게 되는 건배사 중 하나인 '나가자'는 다름 아닌 '나라를 위하여, 가정을 위하여, 자신을 위하여'의 줄임말이다. 한 사람이 '나가자'라고 건배 제의를 하면 나머지 사람들이 복창하면서 잔을 부딪친다. 건배 제의는 짧고 재미있으면서 의미까지 담겨 있다면 인상적인 건배사가 될 수 있다.

건배 제의가 끝나면 호스트는 비즈니스 차원에서 중요하다고 판단되는 사람에게 다가가 오늘 마시는 와인맛이 어떤지 물어보면서 편안한 대화를 유도한다. 와인이 마음에 든다고 말하면 잔이 비워지는 대로 한 잔 더 하겠느냐는 의향을 물어보고 동의하면 와인을 따라준다. 다른 스타일의 와인을 요구한다면 준비된 와인 중에 비슷한 와인을 권한다. 선천적으로 술을 잘 못하는 사람들도 있으니, 와인이 몸에 좋다며 무리하게 권하여 상대방을 불쾌하게 만드는 일이 없도록 한다. 와인 파티가 끝나고 손님들이 돌아갈 무렵, 기념이 될 만한 선물로 와인을 준비해 보는 것도 좋다. 와인을 좋아하는 손님이라면 흡족한 비즈니스에 와인 선물까지 덤으로 받게 되어 초대자에게 상당한 호감을 가지게 된다. 사적인 자리에서 상대방에게 최상의 호감을 가진다면 다음 비즈니스까지 좋은 이미지가 연결될 가능성이 그만큼 높다.

프랑스에서 온 와인향기 8

프랑스 천재 음악가 갱즈부르의 와인

프랑스에 살면서 내내 느꼈던 것은 프랑스 사람들은 다양성을 중시하면서도 한편으로는 '까칠한' 면이 동시에 섞여 있는, 자국 문화에 대한 자긍심이 대단한 개성 강한 민족이라는 것이다. 그러나 역설적이게도 바로 이런 점 때문에 어떤 부분에서는, 와인을 예로 들면 오랜 전통과 최고의 맛에도 불구하고 세계적인 보편성에는 미치지 못한 측면이 있는 듯하다.

프랑스 와인이 세계적인 명성에 비해 대중화되지 못한 이유는 높은 가격 때문일 것이다. 최근 저렴하면서도 품질 좋은 신대륙의 와인이 들어오면서 우리나라 와인 인구의 저변 확대에도 크게 기여하고 있다. 만약 어려운 프랑스식 용어로만 와인을 설명한다면 와인이 지금처럼 보편화되진 못했을 것이다. 물론 아직도 프랑스가 와인의 종주국으로서 지위를 굳건히 지키고 있고 와인맛 또한 최고인 것은 사실이지만, 와인을 바라보는 시각차는 뚜렷하게 갈린다.

한국에는 그리 많이 알려져 있진 않지만 세르쥬 갱즈부르는 프랑스가 낳은 천재 음악가라는 칭호를 듣는 사람이다. 때론 퇴폐적인 음악가로, 때론 음악적 메시지가 분명한 뮤지션으로 브리짓 바르도, 카트린 드누브 등 여러 여배우들과 염문을 뿌린 것으로도 유명하다. 1972년 제인 버킨과 결혼하며 세계를 또 한 번 놀라게 한 그는 워낙 엉뚱한 발상과 튀는 행동으로 프랑스에서는 호불호가 극명하게 갈리는 인물이다.

방송에서 노래를 부르면서 간주 사이에 담배(지탄)를 피우고 와인도 마신다. 마약을 많이 하여 눈이 반쯤 풀린 상태로 노래를 하는데, 처음엔 왜 저럴까 도무지 이해할 수 없었다. 1987년으로 기억하는데 방송에 출연하여 500프랑(당시 100달러 상당) 지폐를 라이터로 태우는 바람에 벌금을 문 적이 있는데 당시 나로서는 충격이었다. 무엇보다 방송 중에 와인을 계속 들이키는데도 별다른 문제를 삼지 않았던 것에 대해선 놀라울 뿐이었다.

당시 이 사건을 보는 시각은 두 가지로 엇갈렸다. 아무 문제가 없다는 측은 방송에서 노래를 부르면서 와인을 마시는 것은 지금까지의 그의 튀는 행동으로 볼 때 이미 알려진 사실이어서, 크게 문제될 일이 아니라는 주장이었다. 반대 측에서는 그의 음악적 재능은 인정하지만 술에 취해 노래를 부르는 것은 주정뱅이에 불과하므로 방송 출연은 안 된다는 주장이었다. 그러나 그 뒤로도 몇 번인가 그가 노래할 때면 와인을 마시고 담배를 물고 등장하는 모습을 보았고, 언제부턴가 나도 모르게 그런가 보다 수긍하며 익숙해져가는 자신을 발견하고 무척 놀란 기억이 있다. 프랑스에서는 이처럼 와인에 대한 사고가 관대하다는 점에서, 적어도 프랑스 내에선 보편적인 문화로 자리 잡은 것이 분명한 것 같다.

먹다가 남은 와인,
그냥 버려?

미국 영화나 프랑스 영화를 보면 종종 어두컴컴한 지하의 와인 저장실에 내려가 와인을 꺼내오는 장면이 나오곤 한다. 영화에서뿐만 아니라 실제로 와인 생산지의 유명 와이너리들은 이상적인 환경의 와인 보관시설을 갖추고 있다. 와인은 살아 있는 술이라고들 하는데, 좋은 포도 품종으로 잘 만드는 것만큼이나 보관하는 일도 중요하기 때문이다.

와인을 잘 보관하기 위해서는 온도 10~15℃, 습도 60~70%, 햇볕이 들지 않는 어두운 곳, 환기는 되면서 진동이 없는 곳 등의 환경 조건을 갖추어야 한다. 하지만 와인 생산이 많지 않은 우리나라에서, 개인이 이런 환경 조건을 갖춘 시설에 와인을 보관하는 경우는 거의 없을 것이다. 와인 전문가나 와인 판매업을 하는 사람들이라고 사정이 다르지는 않다. 와인 관련업을 하는 사람들조차도 이런 완벽한 저장 조건을 갖추는 것은 현실적으로 실현하기 어려운 꿈일 뿐이다.

사정이 이렇다보니 국내에서 판매되고 있는 와인의 상당수가 이상적인 환경 조건에서 제대로 보관되지 못하고, 유통 과정에서 문제가 발생하는 경우도 많을 것으로 짐작된다.

남은 와인, 새 와인 처음처럼 보관하기

집에 와인 냉장고가 따로 있으면 문제가 없겠지만, 없을 경우 와인을 어떻게 보관해야 할지 고민스럽다. 개봉하지 않은 새 와인은 일반 냉장고에 넣어둔다 하더라도 문제는 먹다 남은 와인을 어떻게 보관할 것인가이다.

집집마다 남은 와인을 보관하고 사용하는 방법도 가지가지다. 와인 마개를 잘 막아두었다가 다시 마시거나 피부 마사지용으로 이용하는 방법이 있다. 족욕을 할 때 와인을 넣어 각질을 제거하거나, 욕조에 섞어 목욕할 때 사용하기도 하고, 피부미용을 위해 와인팩을 만들거나 간단하게 와인 화장품을 만들어 쓰기도 한다. 집에 새 와인이나 먹다 남은 와인이 있다면 다음 몇 가지 주의사항을 기억해 두자. 와인을 완벽하게 보관하긴 어렵다 해도, 주어진 조건에서 제대로 보관할 방법은 얼마든지 있다.

01 햇볕 드는 진열장에 세워두는 건 절대 금물

와인을 마시는 사람들이 늘어나면서 명절이나 기념일에 와인을 선물하는 사람들도 많아졌다. 그런데 이렇게 선물 받은 와인을 바로 개봉하지 않고 두었다 먹으려면 어떻게 보관하는 것이 좋을까.

와인 초보자들은 대부분 냉장고에 넣어두거나 아무 생각 없이 햇빛이 잘 드는 거실 진열장이나 거실 선반에 장식품으로 올려놓고 시각적인 만족을 얻으려 한다. 와인을 마시지 않고 장식용으로만 둘 거라면 어디에 둔들 상관없겠지만, 세상에 와인을 장식용으로 모셔두려고 사는 사람은 없을 것이다. 와인을 냉장고나 진열장에 세워두는 것은 보관이 아니라 거의 방치 수준에 가깝다.

와인의 코르크 마개는 주변의 냄새를 쉽게 흡수하기 때문에 와인에 냄새가 배어들기 쉽다. 따라서 와인 본래의 향을 즐기기 위해서는 주변에 냄새가 나는 물건들과 함께 두지 말아야 한다.

와인 마개를 따고 한 모금 마셨을 때의 맛을 상상해 보면 와인을 이렇게 방치하는 것이 얼마나 어리석은 일인지 짐작할 수 있을 것이다. 냉장고에 있던 와인은 와인 향취 대신 김치 냄새가 배어들고, 햇빛과 고온에 노출된 상태로 장식장이나 진열장에 오래 머물렀던 와인은 한 모금도 삼키기 어려울 정도로 신맛을 품게 된다.

02 와인은 진동없는 곳에 눕혀서 보관하라

와인은 기본적으로 병을 눕혀서 보관하는 것이 원칙이다. 병을 눕혀서 보관하면 와인이 코르크 마개로 스며들어 코르크가 팽창하기 때문에 외부 공기를 차단할 수 있어 와인 상태가 제대로 유지된다. 반면에 세워서 오래 두면 코르크 마개가 건조해져서 외부의 공기가 쉽게 침입하여 와인을 식초처럼 산화시키거나 오염시킬 가능성이 높다.

특히 온도에 민감한 와인이 진열장이나 주방 선반 등 온도와 습도 변화가 심한 곳에 오래 노출되어 있다 보면 와인 상태는 심각해질 수밖에 없다. 냄새나 온도뿐만 아니라 진동 역시 와인에 손상을 입힐 수 있으므로 세탁기, 건조기 등 진동이 있는 물체와는 거리를 두고 보관한다. 이렇게 일상에서 알게 모르게 와인을 무례하게 대하는 것은 많은 사람들이 아직 와인 보관에 대한 중요성을 제대로 인식하지 못하고 있는데다, 와인을 보관할 만한 환경이 제대로 갖춰져 있지 않기 때문이다.

아파트 주거가 대부분인 우리나라의 환경 조건에서 외국처럼 지하에 와인 저장실을 갖추고 이상적인 와인 보관을 하는 것은 불가능한 일이다. 그래도 주어진 환경에서 할 수 있는 최소한의 조건은 갖춰주는 것이 좋다. 기본적으로 와인을 눕혀서 보관하는 것과 적정한 보관 온도를 체크하는 정도는 꼭 지킬 필요가 있다.

와인의 적정 온도는 전문가나 책마다 조금씩 다르고, 와인의 종류에 따라서도 다양하게 나와 있어 절대적으로 따르는 것은 아니다.

중요한 것은 와인은 온도 변화가 심하지 않은 일정한 온도에서 보관해야 한다는 점이다. 집안에 와인 냉장고가 없다면 이러한 조건에 가장 가까운 장소를 찾아서 보관한다. 집에서 와인을 완벽하게 보관하기는 어려우므로, 집안에서 일정한 온도가 유지될 수 있는 서늘한 장소를 찾는다. 반지하나 이와 유사한 조건의 장소에 보관하든지, 음식 냄새가 스며들지 않게 조심하면서 냉장고 야채칸이나 김치냉장고에서 보관하는 식이다.

03 냉장고 야채칸, 김치냉장고 와인 저장소로 활용

와인의 산화를 촉진시키는 것은 햇빛을 포함한 강한 광선, 높은 온도이다. 와인 보관에 이상적인 온도는 10℃, 적정 습도는 60~70% 정도다. 보관 온도가 너무 높으면 와인의 신선도가 떨어지거나 향이 변할 수 있고, 너무 낮으면 특유의 향이 사라지고 와인이 얼면서 팽창하여 코르크가 밀려나올 가능성이 있다.

한 가지 기억할 것은 적정 온도인 10℃를 유지하기 어렵다면 차라리 조금 높은 온도에서 보관하는 것이, 온도가 높아졌다 낮아졌다 변하는 환경보다는 더 낫다는 사실이다. 10℃보다 높은 온도에서 보관하더라도 온도의 변화가 심하지만 않다면 1년 정도는 보관할 수 있다.

이론적으로 따진다면 냉장고는 와인 보관 장소로 적합하지 않다. 와인은 7℃ 이하가 되면 산소나 냄새를 쉽게 흡수해서 맛이 떨어지고, 냉장고 모터가 돌면서 생기는 진동도 와인의 품질을 떨어뜨린다. 그나마 가장 권장되는 곳이 냉장고의 야채칸이다. 다른 장소에 비해 온도가 높고, 냉장고 문을 열고 닫을 때 온도가 변하더라도 영향을 덜 받기 때문이다.

특히 김치냉장고는 온도 조절이 가능하고 칸이 분리되어 있으므로 아예 한 칸을 비워서 와인 저장소로 사용하는 것도 좋다. 습도가 낮으면 수건에 물을 묻혀서 넣어두고, 진동이 심하면 바닥에 버블랩이나 수건을 깔고 그 위에 와인을 놓으면 진동을 어느 정도 막을 수 있다.

04 먹다 남은 와인, 공기 접촉 금지

와인은 병마개를 여는 순간 공기와 접촉하여 산화가 진행되기 때문에 가능하면 개봉한 자리에서 모두 마시는 것이 제일 좋다. 비싼 고급 와인이라면 더더욱 그렇다. 하지만 여럿이 모여서 마시거나 혼자서도 한 병을 비울 수 있다면 모를까, 가볍게 한 잔 하려고 와인을 딴 경우라면 남길 수밖에 없다. 물론 먹다 남은 와인도 보관하기에 따라 얼마간은 원래의 상태를 유지할 수 있다.

첫째, 산소와 접촉하지 않도록 코르크 마개 뒷부분으로 꼭 막아 냉장고에 보관한다. 코르크 마개를 재활용할 때는 뽑아낸 코르크를 다시 원래 모양대로 넣으려고 하지 말고 코르크를 뒤집어서 넣는다. 병에서 뽑아낸 코르크는 병목보다 커서 다시 넣기가 쉽지 않지만, 와인과 닿지 않은 쪽은 코르크를 뒤집어서 넣으면 생각보다 쉽게 들어간다. 코르크를 거꾸로 막아둔다고 해도 1주일을 넘기지 않고 마시는 것이 좋다.

둘째, 진공 세이버로 펌프질을 해서 와인병의 공기를 빼낸 후 2~3일 정도 냉장고에 보관한다. 하지만 기포가 있는 샴페인이나 스파클링 와인에는 부적당하다.

셋째, 작은 음료수병이나 유리병에 남은 와인을 입구까지 가득 채운 뒤, 최대한 공기와 접촉하지 않게 밀봉하여 냉장고에 보관한다.

05 와인이 좋아하는 온도

와인을 보관하는 온도는 어디까지나 와인의 변질을 막기 위한 것이므로, 와인의 풍미와 향취를 최적화시켜 맛을 좋게 하기 위한 서빙 온도와는 구별해야 한다. 기본적으로 와인의 보관 온도와 서빙 온도를 구분하는 것은, 상온에서 와인을 따랐을 때 생길 수 있는 온도의 변화 때문이다. 온도의 차이가 심하게 나는 것이 아니라면 크게 문제 되지는 않는다.

다만 적정 온도에서 마셔야만 제대로 된 맛을 즐길 수 있는 민감한 와인도 있고 마시는 사람의 취향이 다양하기 때문에, 온도만큼은 기본적인 선에서 유지하는 것이 중요하다.

와인의 보관 온도는 와인 종류에 따라 다양하게 나와 있지만 레드 와인, 화이트 와인, 발포성 와인 3가지로 압축해서 알아두면 편리하다. 먼저 레드 와인은 종류에 따라 세부적으로 분류할 수도 있지만 10~15℃ 선에서 와인 셀러에 보관하는 것이 좋고, 서빙 온도는 18℃가 넘지 않는 것이 적당하다. 화이트 와인은 7~10℃ 범위에서 보관하며 서빙 온도는 12℃를 넘지 않는 것이 좋고, 발포성 와인은 4~7℃에서 보관하고 서빙 온도는 10℃ 이내가 적당하다.

와인 보관 온도와 서빙 온도를 와인의 종류에 다라 이렇게 숫자로 나타낸 것은 전적으로 나의 경험과 이론적 지식을 참고한 것이다. 그러니 숫자에 얽매이는 것보다는 참고 정도로만 기억하되, 적정 온도에 와인을 즐길 수 있는 자신만의 감각적인 센스가 필요하다. 달콤한 와인과 화이트 와인은 차게 해서 마셔야 된다는 기본적인 상식만 알고 있어도, 와인 마시면서 온도 문제로 곤란을 겪는 일은 없을 것이다.

프랑스에서 온 와인향기 9

카브는 어디에 있나

유럽에 꽤 오래 살면서도 1층을 0층이라 부르고 우리식으로 2층을 1층이라 부르는 것이 익숙하지 않을 때가 있다. 0층을 프랑스어로 표현하면 '걸어다니는 거리와 같은 층' 정도로 해석할 수 있다.

파리 시내를 둘러보면 보통 5층 정도 높이의 건물들이 줄지어 서 있는데, 처음 얼마간 나는 이곳 사람들은 와인을 어디에 보관할까 하는 의문이 들었다. 의문은 곧 풀렸고 답은 인도 옆에 있었다. 프랑스의 전통식 아파트 건물을 유심히 보면 도로변에 쇠창살이 몇 가닥 붙어 있는 와인 박스만 한 구멍이 줄지어 있는 것을 볼 수 있다. 인도 가까이 딱 붙어 있어 쉽게 보이지는 않지만 이것이 바로 와인 창고인 카브다. 층으로 표시하면 지하 1층에 해당하는데 이것을 Sous-sol(수솔)이라고 부른다.

아파트에 사는 모든 사람들이 지하 1층에 카브를 하나씩 가지고 있는 셈이다. 요즘에는 잡동사니를 넣는 공간으로도 활용되지만 아직도 많은 사람들은 이곳에 와인을 보관한다. 돌로 만들어진 건물의 지하가 시원하고 도로 쪽으로 구멍이 뚫려 있어 환기통 역할을 하기 때문에, 와인을 보관하는 장소로 이만한 데가 없다는 이유에서다.

카브 안에서 보면, 위로 갈수록 좁아지는 삼각형 모양으로 벽면을 깎아 굴뚝 효과가 나도록 만들어 놓았다. 외부의 영향을 덜 받도록 밀폐된 듯 만들었지만 공기와 어느 정도 접촉이 가능하여 온도와 습도를 적당하게 유지할 수 있다. 즉 굴뚝의 환기 역할과도 같다고 보면 된다. 이 구멍을 통해 신선한 공기가 들어오도록 만들었는데, 옛날에 지어진 카브는 출입문이 나무로 되어 있어 공기가 순환하도록 되어 있다. 요즘 유럽에선 부잣집의 카브를 전문으로 노리는 와인털이범들도 있는 모양인지, 카브에 대한 보험금이 점점 올라가고 있다는 소식도 들린다.

와인 선물 제대로 했다는 소리 한 번 들어볼까?

명절 연휴가 끝나면 매장에서 와인 가격을 물어오는 전화를 받느라 거의 1주일을 정신없이 보낸다. 와인을 선물한 사람, 선물 받는 사람 모두가 자신이 선물하고 받은 와인의 가격을 상당히 궁금해 한다. 처음에는 전화를 걸어온 고객에게 와인 가격을 정확하게 얘기해 주었지만, 언제부턴가 와인을 선물 받은 사람의 기분과 선물한 사람의 성의를 생각해 와인 가격을 정상가보다 높여서 말하는데 웬만하면 10만 원 이상 넘는 와인이라고 말해준다. 그러면 와인을 선물한 사람도, 받는 사람도 마음의 표시를 후하게 한 것 같은 생각이 들어, 선의의 거짓말에도 도리어 마음이 편해진다.

주변에 와인을 선물하기 좋아하는 사람들 중에는 아예 방 한 칸을 와인 저장고로 쓰면서 따로 에어컨까지 설치해 놓고 와인을 애지중지 보관하는 경우들도 꽤 있다. 내가 아는 국내 기업 CEO들 중에도 와인을 좋아하는 분들이 많은데 그래서인지 와인 선물 받는 것을 무척 반긴다. 와인을 좋아한 나머지 아예 와인 시장에 뛰어들어 직접 와인 사업을 시작하는 경우도 봤다. 최근에는 와인 열풍까지 불면서 기업과 특정 직종의 전문 직업인들뿐 아니라, 일반 개인들도 와인 수집 열풍에 가세하고 있는 등 와인을 마시는 것 자체가 일상의 한 부분으로 가깝게 다가오고 있다.

당신은 레드 와인을 좋아하나요?

와인의 종류와 맛이 워낙 다양하기 때문에 와인을 좋아한다고 모든 와인을 다 맛볼 수도 없을뿐더러 다 입맛에 맞는 것도 아니다. 와인의 종류만큼이나 사람마다 좋아하는 취향도 각양각색이다. 그렇기 때문에 와인 선물을 잘 하려면 받는 사람의 와인 성향부터 파악하는 것이 중요하다.

받는 사람이 어떤 종류의 와인을 좋아하는지, 어디서 생산된 것을 좋아하며, 레드를 좋아하는지 화이트를 좋아하는지 등을 미리 알고 있다면 선물할 와인을 쉽게 고를 수 있고 받는 사람도 흡족해 할 것이다. 다만 선물할 사람이 어떤 특정 와인을 좋아한다고 해서 그 와인과 똑같은 와인만 선물하기보다는, 평소 즐기는 와인과 비슷한 스타일의 와인 중에 조금 색다른 느낌이 나는 와인을 골라 다양한 맛을 경험할 수 있는 기회를 함께 선물하는 것도 의미있는 일이다. 와인을 좋아하는 사람들은 공통적으로 다양한 맛을 경험하고 싶어하는 욕구가 강해 다양한 시음을 즐기면서 끊임없이 새로운 맛과 향을 찾는 속성이 있기 때문이다.

독한 술을 좋아한다고 해서 와인을 좋아하지 않을 것이라는 섣부른 판단은 하지 않았으면 한다. 흔히 소주나 맥주를 좋아하면 소탈하고 소박한 사람으로, 양주나 와인을 즐기면 고상하고 품위 있는 사람으로 인식하는 사회적 분위기가 있다. 그래서 소주나 막걸리, 맥주 등을 즐기는 사람은 와인을 입에 대지 않을 것이라고 지레짐작한다. 물론 근거 없는 편견일 뿐이다.

와인을 좋아하는 사람도 소주로 입가심을 하기도 하고, 소주를 좋아하는 사람도 일부러 와인을 찾아서 즐기기도 한다. 선물할 상대가 어떤 술을 좋아하건 와인을 선물해서 나쁠 것은 없다. 오히려 자주 먹는 술이 아니어서 와인 선물이 더 반가울 수도 있고 가족들과도 함께 즐길 수 있으니 이보다 더 좋은 선물이 어디 있겠는가. 명절이나 연말에 가족끼리, 연인끼리 편안하게 마실 수 있는 술로 와인만한 것이 또 있는가.

비싸다고 다 좋은 와인은 아니다

와인 선물은 가격을 떠나 왠지 품위가 있어 보여서인지 명절이나 연말에 대량으로 많이 나간다. 기업체에서 고객이나 직원들에게 와인을 선물할 경우에는 예산 범위 내에서 가격대와 종류를 결정한다. 가장 많이 찾는 가격이 3만~5만 원대로, 선물 받는 사람의 성향을 파악하여 와인의 종류를 몇 가지 선별하기도 한다.

기업체에서 이런 식으로 와인 선물을 고르는 것은 선물할 대상이 많은 까닭에 일일이 선호도를 조사해서 와인을 고르기가 어려운 탓이다. 개인적으로 선물할 경우 선물 받을 사람의 와인 성향을 잘 알고 있다면 성공적인 선물이 될 수 있다. 와인셀러(와인 보관 냉장고)를 집에 두고 있을 정도로 와인에 깊은 관심을 가지고 있는 사람에게라면 고가의 와인이나 소량의 특정 와인을 고르면 훌륭한 선물이 될 것이다.

최근에는 와인셀러를 갖춘 집이 많아지면서 시간적 · 경제적 절감 효과를 따져 한꺼번에 6병에서 12병의 박스 단위로 와인을 구매하는 사람들도 늘고 있다. 선물 받을 사람이 식사 때마다 와인을 곁들일 정도로 와인 애호가라면 과감하게 박스 단위로 선물하는 것도 좋다.

특별한 사람에게 특별한 와인을 선물하고 싶다면 경우에 따라 화려하거나 우아한 포장으로 와인을 돋보이게 만드는 방법도 활용해 볼 만하다. 선물할 사람에게 기발하고 창의적인 사람으로 보이고 싶다면, 와인 제품 소개서에 자신이 이 와인을 마시면서 경험했던 재미있는 스토리나 해프닝, 다른 사람들의 사연 등을 적어서 와인과 함께 선물하는 것도 좋은 방법이다.

와인을 보면 행복해진다는 사람이 있다. 새로운 와인에 대한 기대감은 생각만 해도 가슴이 설레고 흥분되어 심장이 요동치는 소리가 느껴진다는 사람도 있다. 와인 선물은 이 모든 사람들의 마음을 이미 사로잡았기 때문에 가치가 있으며, 그래서 여전히 신이 인간에게 준 최고의 선물임에 변함이 없다.

프랑스에서 온 와인향기 10

따뜻한 와인 뱅쇼

북유럽의 겨울은 유난히 길고 습기가 많아 겨우내 뼈가 시린 추위를 느끼게 한다. 그렇지만 추위에도 아랑곳하지 않고 늘 부지런한 북유럽 사람들은 주말이면 동네마다 서는 장터에 가기를 즐긴다.

하루는 벨기에 루뱅으로 주말여행을 떠난 파리의 주말농장 팀들이 릴에 들렀다. 릴은 벨기에와 인접한 지역으로 프랑스 내에서도 물가가 싼 편이어서 먹을거리도 사고 구경도 할 겸 장터로 나섰다. 골동품에 관심이 많은 일행들은 시장 구석구석을 돌아다니면서 알뜰하게 쇼핑을 했다. 건축을 전공하던 S군은 신선한 북유럽의 풍광 앞에 감탄을 쏟아내며 미술경영을 전공한 J군과 함께 릴의 시장에서 많은 것들을 보고 경험했다.

그런데 갑자기 몰아붙인 한 차례 매서운 강풍 앞에 모두들 걸음을 멈추고 움츠리고 있을 때, 시장 한 모퉁이에서 구수한 냄새가 진동을 했다. 따뜻하게 끓인 뱅쇼(vin chaud)였다. 우리말로 직역하면 따뜻한 와인이 되는데 레드 와인에 귤이나 레몬 등의 과일을 넣고 따뜻하게 끓인 것으로 겨울철 야외에서 먹기에 딱 좋은 와인이다.

뱅쇼는 고급 와인은 전혀 필요 없고 그냥 흔하게 마시는 와인이라면 다 좋은데, 단 여기에 물만 더 넣지 않으면 된다. 뱅쇼는 알코올기가 날아간 상태여서 누구나 마실 수 있는, 추운 겨울철 북유럽에서 즐길 수 있는 별미 중의 별미다. 우리나라에서도 겨울철 야외 행사 음료로 충분히 응용해 볼 만하다.

마시는 데는 지장 없지만 궁금한 와인상식

소믈리에를 꿈꾸는 와인 애호가들

와인, 디캔팅 없이 마시자

드링킹하지 말고 테이스팅하라고?

발효주라서 더 가치있는 와인의 매력

집에서 만드는 초간단 레드 와인

참나무 오크통 이야기

샴페인은 어떻게 만들어지나?

소믈리에를 꿈꾸는 와인 애호가들

와인 소비가 점차 늘면서 와인 관련 직업에 대한 관심도 덩달아 높아지고 있다. 그 중에서 가장 많은 관심을 끄는 직업이 바로 소믈리에(sommelier)이다. 와인 소믈리에는 구체적으로 어떤 일을 하는 것일까?

소믈리에는 영어로 와인 웨이터(wine waiter)라고도 하는데, 원래 소믈리에는 '화물을 운반하는 가축을 이끄는 사람'을 의미하는 프로방스어 'Saumalier'에서 유래했다. 중세 유럽에서 식품을 안전하게 보관하고 관리하는 일에 대한 중요성이 커지면서, 당시 소믈리에는 포도주를 제공하고 관리하는 전문적인 직업으로서 인기를 누렸다.

오늘날 소믈리에는 와인에 대한 전문 지식과 풍부한 경험을 가지고 호텔이나 레스토랑, 와인 전문점, 와인바 등에서 고객들에게 서비스하는 와인 전문가를 말한다. 소믈리에가 하는 일은 해당 업소에서 판매할 와인을 결정해서 구매하고, 와인의 품질에 적당한 가격을 정해서 와인 리스트를 만들고, 구매한 와인이 최고의 맛을 유지하도록 잘 보관하는 것이다. 더불어 고객이 선택한 음식에 어울리는 와인이나 예산에 맞는 와인을 추천하는 일 등 여러 가지 일을 병행한다. 고객에게 적당한 와인을 추천하는 일은 언뜻 보면 단순해 보일 수 있지만, 그야말로 오랜 경험과 노하우를 가진 전문가만이 할 수 있는 일이다.

고객이 주문을 하면 소믈리에는 직접 와인을 찾으러 간다. 고객이 원하는 와인을 들고 와서 와인병의 라벨을 보여주며 주문한 와인임을 확인시켜 준다. 와인 이름과 빈티지로 주문한 와인이 맞는지 확인시켜 준 다음, 와인을 따서 코르크 마개를 보여주고 와인이 적당한 온도에서 보관된 것인지를 손님에게 최종 확인한 후 와인을 서비스한다.

소믈리에의 역할이 이렇게 중요한데도 우리나라는 아직 정부에서 소믈리에를 공식적으로 인정하는 절차가 없기 때문에, 사설 학원이나 관련 단체, 협회에서 인정하는 소정의 자격증이 이를 대신하고 있다. 그러나 이러한 자격증보다도 현장 경험이 풍부한 소믈리에가 능력을 더 인정받는 것이 이쪽 세계이기도 하다. 한편 와인 매장에서 일하는 매니저를 와인 어드바이저(Wine Adviser)라고 하는데 고객들의 취향에 맞는 와인을 추천하고 설명하는 일을 한다.

최근에는 와인 양조에 해박한 지식을 가지고 접근하는 와인 애호가들이 많아, 프랑스 농수산부가 주최하고 프랑스 농식품진흥공사(SOPEXA)가 주관하는 한국 소믈리에대회 같은 행사에 일반인들도 어드바이저 부분에 참여할 수 있도록 하고 있다. 이렇게 일반 소비자들의 와인 지식의 폭이 넓어짐에 따라, 일과 와인 공부를 병행하며 대학원에서 와인에 대한 전문 지식과 견문을 넓히는 소믈리에나 매장의 어드바이저들도 늘어나고 있다.

와인 소비자들과 소믈리에, 어드바이저와의 관계가 단순히 와인과 음식을 추천하는 차원을 넘어 소비자 개개인의 기호에 맞는 다양한 와인 지식을 갖추고, 서로 의견을 나누는 상호간의 인적 교류이기 때문이다.

와인,
디캔팅 없이 마시자

디캔팅(decanting)이란 와인을 마시기 전에 디캔터(decanter)에 와인을 옮겨 담는 것을 말한다. 디캔팅을 하는 이유는 와인의 침전물을 거르는 동시에, 와인에 공기를 통하게 하는 에어레이션(aeration)을 하기 위한 것이다. 와인의 종류에 따라 다르지만 올드 빈티지 와인은 침전물이 생기는 경우가 있는데, 침전물을 가라앉힌 뒤 윗부분의 맑은 액체만 따라내어 마신다.

침전물이 섞이면 보기도 좋지 않을 뿐더러 떫은맛이 강해지기 때문이다. 하지만 여러 잔의 와인을 따르면서 침전물이 섞이지 않게 잘 따른다는 것이 쉽지 않기 때문에 디캔터에 침전물을 제외한 와인만 덜어내어 따르는 것이다. 그러나 디캔팅과 에어레이팅을 장시간 하게 되면 와인의 향과 맛에 좋지 않은 영향을 주어 오히려 와인이 오염될 수 있으므로 주의를 기울여야 한다.

디캔팅은 중세 유럽의 포르투갈 와인 중에 포트 와인이라는 것에 침전물이 많이 생기자 이것을 제거한 데서 유래된 것이라고 한다. 많은 사람들이 디캔팅에 대해 잘못 알고 있는 부분이 있는데, 디캔팅을 하면 에어레이션(공기 접촉)으로 타닌이 부드러워지고 향미가 풍부해진다는 것이다. 심지어 와인맛의 모든 열쇠를 디캔팅이 쥐고 있는 것처럼 오해하는 사람도 많은 것 같다.

사실 와인의 맛과 향은 발효와 숙성 과정에서 이미 완성된다. 따라서 와인 맛이 거칠고 균형감이 좋지 않아 디캔팅을 해야 한다고 말하는 것은, 제조 과정에서 미흡한 와인으로 생산된 것임을 인정하는 것과 같다.

따라서 디캔팅을 할 경우에는 매우 섬세하고 신중하게 접근해야 한다. 자칫 잘못하다가는 와인 고유의 향이 날아가 맛이 변해 버리거나, 굳이 디캔팅이 필요 없는 와인을 디캔팅하여 와인맛을 망칠 수도 있기 때문이다.

디캔팅을 제대로 하기 위해서는 많은 연습이 필요하다. 실전과 똑같이 미리 연습을 하는 것이 중요한데, 디캔팅에 필요한 준비물을 갖추지 못했다면 빈 와인병에 물을 채워 넣고 구멍이 디캔터만큼 작은 용기에 붓는 훈련을 하는 것도 좋은 방법이다.

필요한 준비물을 확인하고 본격적인 디캔팅에 들어가기 전에, 소믈리에는 고객에게 디캔팅을 하는 목적을 정확하게 전달할 필요가 있다. 예를 들어 '고급 와인에 침전물이 있어서 디캔팅을 하겠습니다' 라고 간단하게 언급하고 디캔팅에 들어가는 것이 고객에 대한 기본 에티켓이다.

01 디캔팅 준비

디캔팅을 위해 기본적으로 코르크 스크류와 디캔터를 준비하고, 시음할 와인잔, 와인 따를 때 침전물 확인을 위한 촛대(손전등, 성냥, 라이터 등), 와인병 개봉 후에 병 입구를 닦을 냅킨, 와인 놓을 와인 바스켓, 오픈한 코르크를 담아서 보여주기 위한 접시 등이 필요하다. 먼저 디캔터, 촛대, 성냥, 재떨이, 와인 크래들, 나이프 스크류, 와인 잔, 코르크 테이스팅용 접시, 크로스 냅킨 등을 식탁에 정렬한다.

02 주문한 와인 확인

크래들에 와인을 담아 들고 고객이 주문한 와인인지 정중하게 확인한다.

03 병목 캡슐 제거

병목 캡슐 부분을 이물질이 떨어지지 않게 나이프로 천천히 제거한다. 디캔팅 중에 병 속이 잘 보이도록 캡슐을 완전히 제거한다.

04 병 입구 주변 확인 후 닦아내기

병목 캡슐을 제거한 후 주변에 이물질이 있는지 확인하고 병 입구를 깨끗이 닦아준다.

05 코르크 뽑기

코르크 중앙에 스크류를 고정시킨 후, 시계 방향으로 천천히 돌려 코르크를 빼낸다.

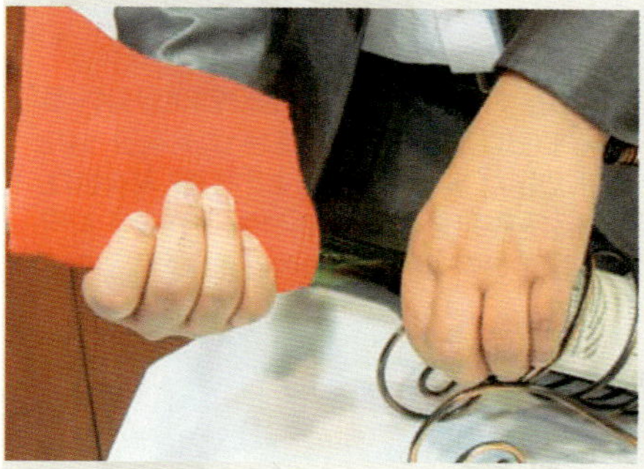

06 코르크를 손으로 감싸 안으며 뽑기

코르크가 스크류를 통해 거의 다 나왔을 즈음, 크로스 냅킨을 집어 병 입구를 감싸 안으며 소리나지 않게 코르크를 살짝 뽑는다.

07 코르크 이상 유무 확인

코르크를 빼낸 후 곰팡이가 끼어 있는지, 깨끗한지를 검사하고, 고객이 확인할 수 있도록 정중하게 보여준다.

08 시음용 와인 따르기

시음용 와인을 디캔터에 20~30mL 정도 따른 후 디캔터를 원형으로 흔들어 와인이 골고루 퍼지게 한다.

09 시음용 글라스에 와인 따르기

디캔터에 있는 시음용 와인을 양손으로 잡고 와인잔에 흘리지 않게 잘 따른다.

10 와인 테이스팅

와인을 시음한 후 이상이 없으면(이물질이 들어가 있다든지, 곰팡이 또는 화학적인 냄새가 있는지 유무 확인 등) 디캔팅을 시작한다. 시음은 주문한 고객이 먼저이나 권유에 따라 동반한 고객이나 소믈리에가 할 수도 있다.

11 디캔팅

- 오른손으로 와인병을 잡고 왼손으로 디캔터를 잡되, 편안한 자세로 안정되게 따르면 된다.
- 와인을 디캔터에 거의 따르고 나면 병목 부분에 촛불을 대고 침전물이 디캔터로 흘러가지 않게 확인한다.
- 디캔팅은 침전물이 병목 부분에 멈춰져 디캔터로 옮겨지기 직전에 끝낸다.

12 와인 서비스 및 정돈

초대한 손님들에게 먼저 잔을 채워주고 마지막으로 호스트에게 와인을 따라준다. 디캔터에 담긴 와인을 고객들에게 모두 따른 후에는 와인병, 코르크, 디캔터 등을 제자리에 잘 정돈해서 놓아둔다.

드링킹하지 말고 테이스팅하라고?

친구나 가족들과 허물없는 술자리를 즐길 때 '술을 마신다(Drinking)'라고 하지 '맛을 평가한다(Tasting)'라고 하지 않는다. 그런데 와인을 마시다 보면 이 테이스팅이라는 말을 자주 듣게 된다.

친구들과의 술자리에서도 "이 와인 향 좋네." 혹은 "이 와인은 혀에 중량감이 상당히 느껴지는데도 뒷맛이 달콤하네."라고 평가하거나 와인을 고르기 위해 직접 테이스팅을 하기도 한다.

우리가 보통 와인 테이스팅이라고 할 때는 이렇게 편하게 와인을 마시면서 부담 없이 감상하고 와인을 고르는 차원이 아니라, 다분히 직업적이고 상업적으로 와인의 맛을 감별하는 것이다.

와인 전문가들이 직업적으로 테이스팅할 때는 테이스팅 환경이 매우 엄격하다. 와인의 품종, 빈티지, 생산자까지 100% 적중시키는 테이스팅의 천재로 알려진 로버트 파커 같은 와인 전문가의 경우, 그가 매긴 와인 점수가 와인 가격까지 좌우할 정도로 영향력이 막강하다. 그가 100점 만점에 90점 넘는 점수를 주는 와인은 순식간에 동이 날 정도이다. 변호사로서 와인 애호가였던 로버트 파커는 1970년대 후반부터 본격적으로 와인 테이스팅을 하기 시작했는데 와인의 색(5점), 향기(15점), 맛(20점), 여운, 밸런스, 숙성의 잠재력 등을 종합적으로 보고 와인 점수를 매긴다.

로버트 파커의 점수 기준을 보면 알 수 있듯이 기본적으로 와인을 테이스팅할 때는 시각, 후각, 미각 등 오감을 다 사용한다. 이처럼 와인의 품질과 가격을 좌우하는 전문가의 테이스팅은 객관성과 공정성을 바탕으로 고도의 집중력을 발휘하는 종합적 평가라고 할 수 있다. 하지만 우리는 전문가와 달리 와인을 선택하는 평가 기준을 얻기 위해 테이스팅을 한다. 좋은 와인을 골라내는 심미안은 와인을 즐기는 사람에게 매우 중요한 일이기 때문이다. 와인 테이스팅을 할 때는 보통 와인의 색깔, 향, 맛 등으로 판단한다.

첫째, 와인의 색깔과 투명도를 확인하는 테이스팅은 와인잔을 흰색 종이나 하얀색 테이블 위에 기울이고 와인색이 선홍색인지 황금빛인지, 얼마나 투명한지 등을 판단하는 것이다. 그런데 최근 와인 양조 기술의 발달로 와인 색깔의 밝기와 투명도가 전체적으로 좋아져서, 시각적 평가의 의미가 점점 줄어들고 있다.

둘째, 와인의 향으로 평가하는 테이스팅은 코가 와인에 닿지 않을 정도로 간격을 유지한 채 와인의 향을 천천히 맡아본다. 오감 중에 후각은 가장 민감하고 회복이 느린 편이다. 따라서 첫 번째로 와인의 향을 느끼는 시기에 고도의 집중력으로 단번에 판단하는 것이 효과적이다. 와인에서 나는 나쁜 향으로는 이산화황 냄새, 고무 냄새, 식초 냄새, 곰팡이 냄새 등이 있는데 와인의 품질을 평가하는 데 도움이 되리라 본다.

끝으로, 가장 핵심적이고 결정적인 맛에 대한 평가이다. 한 모금 머금은 와인을 바로 삼키지 않고 입안에 넣고 오므린 상태에서 입을 통해 약간의 공기를 마신다. 그리고 와인을 씹는 것처럼 입안 전체로 돌린 다음 삼킨다. 어떤 이는 가글하듯이 요란스럽게 하라고 하지만, 테이스팅에서 가장 중요한 것은 집중력이므로 방해되는 행위는 삼가는 것이 좋다.

와인의 맛을 판단하는 것 역시 주관적일 수밖에 없다. 사람마다 최소감응지수(어떤 맛을 느낄 수 있는 최소의 농도)가 다르기 때문에 전문가가 아닌 이상 객관적으로 확실하게 테이스팅 해야만 하는 건 아니다.

와인의 맛이란 것이 개개인의 감각에 달렸기 때문에 일반인의 와인 테이스팅은 다분히 개인적이고 이 점은 전문가도 크게 다르지 않다. 하지만 전문가 입장에서 테이스팅할 때는 와인의 단맛, 신맛, 짠맛, 쓴맛에 대한 입안 전체의 느낌을 균형감, 깊이, 여운 등의 기준으로 객관화시키려는 노력이 필요하다. 사람들은 보통 유명한 와인 전문가가 테이스팅한 후 평가한 등급 높은 와인이 최고의 와인이라고 생각한다. 하지만 유명한 와인 전문가의 와인 테이스팅을 통해 아무리 좋은 평가를 받았더라도 내 취향에 맞지 않으면 최상의 와인이라고 할 수 없다.

내가 마셨을 때 가장 좋은 와인, 내 입맛에 가장 잘 맞는 와인, 내 취향에 잘 맞는 와인이 바로 최상의 와인이다. 참고로 호스트 테이스팅(Host Tasting)은 소믈리에가 와인을 따르기 전에 제대로 된 와인을 가져왔는지 증명하는 절차로, 손님 중 한 명이 시음을 해보는 고객으로서의 당연한 권리이다.

호스트 테이스팅은 중세 유럽에서 호스트가 자신이 준비한 와인이 독배가 아니라는 것을 사람들 앞에서 공개적으로 증명하기 위해 먼저 마셔 보이는 데서 유래된 것이다. 이때 레이디 퍼스트라며 여자 친구나 아내 혹은 자리에 참석한 여성에게 호스트 테이스팅을 양보하는 경우가 있는데, 이것은 배려라기보다는 오히려 '독이 있나 당신이 먼저 확인해 보세요.' 라는 홀대에 가까운, 예의에 어긋나는 매너라고 하지만 와인을 편하게 즐기는 상황에서 그렇게까지 생각할 필요는 없다.

발효주라서 더 가치있는 와인의 매력

사람들이 와인을 좋아하는 가장 큰 이유는 와인이 맛도 좋고 건강에도 좋은 포도로 만든 것이기 때문이다. 포도를 짜서 그 즙을 발효시킨 것이 와인이니, 와인의 수분은 모두 포도 뿌리가 땅으로부터 빨아올려 포도알맹이 속에 저장해 놓았던 성분들이다. 그런데 포도나 포도 주스를 먹으면 취하지 않는데 와인을 마시면 취한다. 식사를 하면서 포도를 먹으면 포도의 맛 때문에 다른 음식의 맛을 즐기는 데 방해가 되지만, 와인은 함께 마시면 음식의 향미를 배가시킨다. 이렇듯 포도와 와인은 같으면서도 다르다.

와인은 포도즙을 발효시킨 발효주

750mL 와인 한 병을 만들기 위해 약 1kg의 포도가 필요하다고 하는데, 새콤달콤한 포도와 포도즙을 와인이라는 술로 탈바꿈시키는 것이 바로 '발효' 의 힘이다. 포도즙이 '발효' 를 거치면 전혀 다른 성분의 와인이 되는 것이다. 우리나라 사람들은 김치, 젓갈, 청국장, 된장 등 발효 식품을 즐겨 먹기 때문에 '발효' 라는 말이 굉장히 익숙하다. 그런데 정작 발효에 대해서는 막연하게만 알고 있을 뿐, 발효 원리에 대해 설명하라면 정확하게 답하는 사람이 거의 없다.

와인을 즐기는 사람은 많아도 와인이 만들어지는 원리에 대해 아는 사람은 드물다는 얘기다. 그렇다고 해서 와인 강의를 하거나 와인 시음을 하면서 발효에 대한 이야기를 심도 있게 설명하는 것도 따분하고 재미없는 일이다. 사람들에게 발효의 원리가 와인에 미치는 영향을 장황하게 설명한다면, 와인을 마시는 데 발효 따윈 알아야 뭐 하느냐는 불평이 나올 것이고 가뜩이나 까다로운 술이라는 선입견이 있는데 이에 브태져 와인에 대한 흥미가 반감될 수도 있을 것이다.

분명히 말하건대 와인의 이론적인 부분이 따분하다면 몰라도 된다. 와인은 즐겁게 마시면 그뿐, 어떻게 발효되는지 정확히 알지 못해도 와인을 즐기는 데는 아무런 지장이 없다. 하지만 발효 과정을 알고 마시는 재미도 때에 따라 작은 즐거움을 준다. 발효주의 장점을 하나씩 알고 나면 와인이 더 매력적으로 보이지 않겠는가.

포도나무 아래서 시작된 와인의 발효

와인의 발효는 포도나무에서 떨어진 포도송이가 포도나무 아래 바위에 부딪혀 떨어지면서 시작되었다. 바위에 부딪혀 떨어진 포도즙과 껍질은 대부분 썩었지만, 우연히 움푹 파인 나무에 떨어진 포도에는 공기가 차단되면서 자연 발생적으로 발효가 일어났다. 이렇게 해서 생긴 와인을 이런저런 과정을 거쳐 사람들이 맛보게 되고, 먹어보니 세상에 이런 환상적인 맛은 없는 것이다. 부지런히 발효의 원리를 연구한 끝에 '발효주' 와인을 세상에 내놓게 되었다.

빵, 술, 식초, 된장, 간장, 치즈, 젖산 음료 등 각종 발효 식품에는 여러 가지 미생물을 이용하는데, 그 중에 술을 만드는 알코올 발효는 효모를 이용한 것이다. 발효를 나타내는 영어 'Fermentation' 은 '끓어오르다' 라는 뜻의 라틴어 'Fervere' 에서 유래한 단어로, 와인이나 맥주를 발효시킬 때 이산화탄소가 거품처럼 부글부글 끓어오르는 데서 유래한 것이다. 발효를 한자로 풀어보면 '술 괼 발(醱)'과 '삭일 효(酵)'로 이루어져 있다. '술 괼 발'에서 괼은 으뜸형이 '괴다'로 '거품이 일다'라는 뜻을 가지고 있으며, '삭일 효'는 글자 그대로 맛이 들 때까지 익히는 것이다.

여기서 짚고 넘어갈 것은 발효와 부패의 구분이다. 발효와 부패의 원리는 비슷하지만 최종 생산물이 간장, 된장, 고추장처럼 우리에게 이로운 것은 발효이고, 결과물이 썩어서 악취를 내며 유독성의 해로운 물질로 변하는 것은 부패이다. 발효 과정을 거쳐 만들어진 와인은 사람에게 이로운 성분을 많이 가지고 있을 뿐 아니라, 사회적 · 경제적으로도 유용하고 부가가치가 높기 때문에 두말할 것도 없이 최상의 '발효주'다.

알코올 발효와 젖산 발효 거쳐야 레드 와인으로 변신!

좋은 와인이 되려면 발효가 제대로 이루어져야 한다. 발효는 와인의 품질과도 직결되며, 양조 과정 중에서 가장 중요한 부분이다. 생화학적인 차원에서 발효를 설명하면, '혐기적 조건에서 미생물이 탄수화물을 분해하여 에너지를 얻는 작용'이라고 정의할 수 있다. 혐기적 조건이란 공기가 없는 밀폐된 상태를 말하고, 미생물이란 이스트 같은 효모 즉 이로운 세균을 말한다. 탄수화물이란 포도당이나 과당, 녹말 등 탄소와 물 분자로 이루어진 유기화합물을 일컫는다.

이러한 발효의 의미를 와인에 적용시키면, 포도 자체에 서식하고 있는 야생 효모나 배양 효모가 포도당(Glucose, 글루코스), 과당(Fructose, 프럭토스)으로 구성된 포도의 당을 알코올로 변환시키면서 탄산가스가 생성되는 것이다.

포도당 ($C_6H_{12}O_6$)	효모 →	알코올 ($2C_2H_5OH$)	+	탄산가스 ($2CO_2$)
난 효모(이스트)라고 해. 주로 포도껍질 주위에서 살고 있지. 포도의 당 성분을 먹으면서 알코올로 변화시키는 중요한 역할을 하고 있어.		공기가 차단된 오크통에서 뭉개진 포도즙이 효모에 의해서 부글부글거리며 탄산가스(이산화탄소)가 발생하고 알코올이 생성되지.		아! 드디어 답답하고 어두운 오크통에서 나와 맛있는 와인으로 탄생되었군.

레드 와인은 알코올 발효와 젖산 발효라는 두 차례의 발효 과정을 거친다. 알코올 발효는 포도의 당분에서 알코올과 글리세롤, 향기, 탄산가스 등을 얻는 일련의 화학적 과정으로 포도의 당분이 알코올로 변하기 위해서는 효모의 작용이 필요하다. 와인을 만드는 효모는 포도껍질에 홀씨 형태로 있다가 포도 주스의 당분을 만나면 발효되기 시작한다. 말하자면 [효모 + 포도 주스의 당분 → 알코올 + CO_2 + 열]의 과정이 일어나는 것으로, 레드 와인은 28 ~ 32℃에서 발효하고 화이트 와인은 18~20℃에서 발효한다.

포도의 당분이 알코올로 전환된 다음 와인의 산도를 낮추면서 부드러워지는 또 한 번의 발효가 일어나는데 이것을 젖산 발효(MLF, Malolatic fermentation, 감산발효)라 한다. 알코올 발효가 끝난 후 2차 발효 과정인 젖산 발효는 지역, 품종, 와인 스타일에 따라 선택하는데 화이트 와인은 샤도네이 등 일부 품종을 제외하고 양조방법의 차이에 따라 젖산 발효를 생략한다.

젖산 발효는 와인에 남아 있는 사과산(식물계에 가장 널리 분포되어 있는 산으로 어린 과실에 많이 있음)이 젖산 박테리아에 의해 분해되어 부드러운 젖산을 생성하는 것으로, 와인의 산도를 낮추는 중요한 작업이다.

와인에서 젖산 발효가 잘 되지 않아 젖산 박테리아가 사과산을 분해하지 않고 당이나 주석산을 분해할 경우, 와인의 맛과 향이 저하된다. 이 때문에 아무리 비싸고 유명한 와인이라도 와인 제조 과정 중에 젖산 발효가 제대로 이루어지지 않으면 값싼 와인보다도 맛과 향이 더 못할 수 있다.

정말 좋은 와인은 마시는 그 순간에 최고 품질을 유지해야 의미가 있다. 디캔팅을 한다거나 공기와의 접촉으로 와인맛과 향을 더 좋게 한다는 것은, 최종 완성된 와인의 젖산 발효와 같은 제조 과정이 원활하지 않았다는 것을 말해 주는 것이다. 와인병을 오픈해서 오랫동안 열어 놓거나 디캔팅을 하는 것이 오히려 와인의 신선도를 떨어트려 품질의 저하를 가져올 수도 있다는 얘기다.

물론 와인이 만들어지기까지 여러 요소들이 복잡하게 얽혀서 돌아가기 때문에 젖산 발효만 가지고 와인의 품질을 말하는 것은 단편적일 수 있다. 하지만 그만큼 젖산 발효 과정이 와인의 품질 결정에 중요한 역할을 한다는 것을 이해하고, 와인 관련 일에 종사하는 사람들 특히 와인을 만드는 사람들의 깊은 관심과 연구가 지속되었으면 한다.

와인 품질을 결정하는 젖산 발효(MLF)

와인의 발효는 매우 중요한 제조 과정 중 하나다. 특히 알코올 발효 후 사과산이 감소하면서 젖산이 생성되는 젖산 발효(MLF)는 와인의 품질에 결정적인 영향을 미친다.

와인을 부드럽고 품질 좋게 만드는 젖산 발효 연구는 20세기 초 프랑스의 화학자이자 미생물학자인 파스퇴르(1822~1895)로부터 시작되었다. 처음에는 파스퇴르도 '이스트(Yeast, 효모)는 와인을 만들고 박테리아는 와인을 훼손시킨다' 고 했으나, 와인에 남아 있는 사과산이 발효된다는 사실을 알고 이에 대한 연구를 계속했다.

정리하면 이스트는 당을 발효시키고 박테리아는 사과산을 발효시키며, 박테리아가 당분이나 주석산 등 다른 성분에 영향을 주어서는 안 된다. 이렇게 와인의 발효 과정 초기에 당과 사과산을 없애면, 생물학적으로 안정된 상태를 유지하면서 질 좋은 와인이 완성된다.

와인은 위스키나 소주와 어떤 점이 다를까?

와인이 발효주라면 소주나 양주 등은 어떤 종류의 술일까? 술은 크게 발효주(양조주), 증류주, 혼성주로 분류한다. 발효주는 와인처럼 과일이나 곡식에 들어 있는 당분의 효모 작용을 통해 알코올과 탄산가스를 만들어내고, 이때 만들어진 알코올을 포함하고 있는 술을 말한다.

발효주에는 맥주, 막걸리, 청주 등이 있으며 특히 맥주는 보리를 원료로 맥아(벼과의 대맥이라 부르는 겉보리 싹을 말린 후 볶은 것, 엿기름)를 만들어 당화(다당류를 이당류나 단당류로 만드는 것, 녹말 등을 당분으로 만드는 과정) 과정을 거친 후 알코올 발효된 것이다.

증류주는 간단하게 말하면 이미 만들어진 발효주를 끓여서 알코올 성분을 추출해서 만든 술로, 알코올 성분이 많아지므로 도수가 높은 강한 술이 된다. 와인을 증류하면 브랜디가 되는데, 우리 귀에 익숙한 코냑은 프랑스 코냑 지방에서 나온 브랜디다. 보리처럼 곡물로 만든 맥주를 증류시키면 위스키가 되고, 막걸리를 증류시키면 소주가 된다. 이 외에도 보드카, 럼, 진, 데킬라, 고량주 등이 대표적인 증류주이다.

혼성주는 복합주라고도 하는데 말 그대로 발효주 또는 증류주에 과일, 향료, 감미료, 약초 등을 첨가해서 침출하거나 증류하여 만든 술이다. 진, 각종 칵테일, 인삼주, 매실주, 오가피주 등이 혼성주에 속한다.

집에서 만드는 초간단 레드 와인

와인을 좋아하든 싫어하든, 상식적으로 레드 와인과 화이트 와인 정도는 알아야 한다는 생각에 대해서는 대부분의 사람들이 동의하는 듯하다. 그래서인지 와인 강의를 할 때도 '레드 와인과 화이트 와인의 차이가 무엇이며, 어떻게 다른지' 에 대한 질문을 자주 받는다. 레드 와인과 화이트 와인의 구분은 와인을 즐기기 위한 가장 기본적인 사항이지만, 그 차이도 알고 보면 단순하다. 양조의 원리를 이론적으로 아는 것도 물론 중요하지만, 와인 양조 책자에 나와 있는 순서대로 직접 와인을 만드는 경험을 해보는 것이 머릿속 지식보다 더 효과적이다.

집에서 어떻게 와인을 만들지?

백문(百聞)이 불여일견(不如一見)이라는 말처럼, 화이트 와인과 레드 와인의 차이에 대해 100마디 말을 듣는 것보다 포도를 사다가 집에서 직접 와인을 만들어보는 편이 훨씬 쉽고 명쾌하다. '집에서 어떻게 와인을 만들지?' 라며 고개를 갸웃거릴지 모르나, 와인 생산 국가나 와이너리의 스타일과 전통이 각기 달라도 와인을 만드는 큰 틀은 어디나 비슷하기 때문에 포도를 사다가 집에서 만드는 것도 그리 어렵지 않다.

몇 가지 장비만 있으면 양조라는 것도 생각보다 단순한 일이다. 처음 마음먹기가 어렵지, 일단 시작하면 양조 장비값이 아깝지 않을 만큼 좋은 포도가 나올 때마다 와인을 계속 만들 수 있다. 집안 행사에 사용할 와인을 미리 만들어두고 숙성되는 과정을 지켜보는 즐거움도 꽤 쏠쏠하다.

와인을 만드는 데 필요한 준비물을 살펴보면 발효통 2~3개(눈금 확인 가능한 것), 소형 나무통, 당도계, 비중계, pH미터, 뷰렛, 눈금 있는 시험관(1L) 3~5개, 거름망(고운 천이나 스타킹 같은 조밀한 망), 긴 주걱, 아황산염(살균 처리), 와인용 건조 효모 1봉(5g), 주석산 등이다.

1차 발효통은 깨끗한 소형 항아리(김치, 된장, 고추장 담그는 항아리)나 와인 재료상에서 파는 입구 넓은 용기로 스테인리스스틸이나 플라스틱 재질이 적당하며 금속 재질은 좋지 않다. 2차 발효에 쓰이는 통은 속이 들여다보이는 냉온수기용 생수통이나 투명한 유리병 등이 적당하다. 와인을 숙성시킬 때 사용하되 조그만 나무통에 숙성시키면 더 좋다. 1차 거름망은 약간 듬성한 것이 좋지만 2차 거름망은 조밀한 것이 좋다.

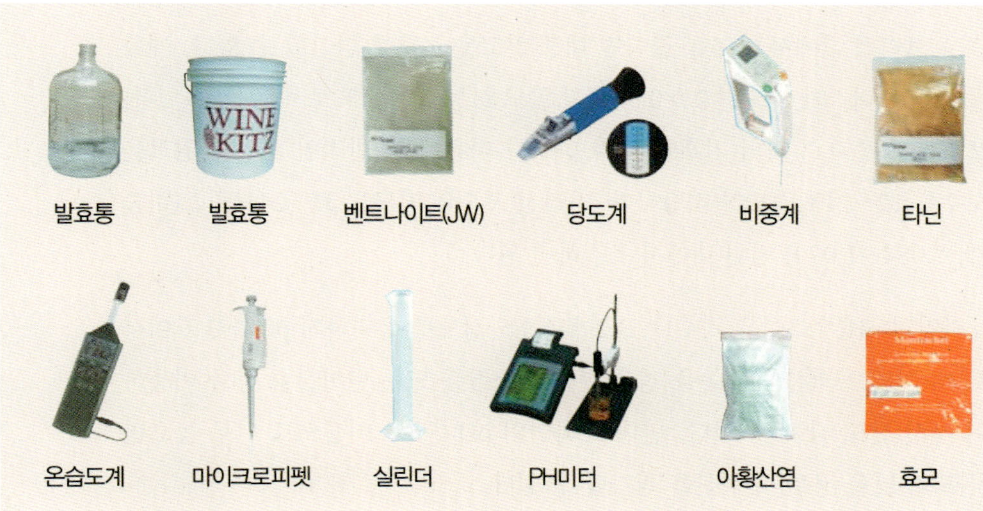

와인을 맛있게 만들려면 당도와 pH를 체크하라

포도는 포도알맹이들이 달린 꽃자루와 과육, 껍질, 씨로 이루어진 포도알맹이 2가지로 구성되어 있다. 레드 와인은 꽃자루(레드 와인의 타입에 따라 꽃자루를 분리할 수도 있음)와 포도알맹이로부터 추출된 물질로 발효과정을 거쳐 만들어진다. 화이트 와인은 포도 주스만 발효시킨 것으로 포도자루, 껍질, 씨에서 추출되는 성분은 들어가지 않는다. 따라서 레드 와인 만드는 과정을 알고 있다면 화이트 와인은 쉽게 만들 수 있으므로, 레드 와인 중심으로 와인을 만드는 것이 여러모로 효율적이다.

pH

수소이온농도 지수, 용액의 산성도 또는 염기도를 나타내는 정량적은 척도

레드 와인을 만들 때 신경 써서 체크해야 할 사항은 와인의 당도와 pH 측정이다. 포도 당도는 알코올 도수를 이끌어내기 위해 중요한 요소로 수시로 체크한다. 우리나라에서 많이 사용되는 당도 측정 단위는 브릭스(Brix)로 굴절계로 측정한다. 브릭스는 머스트 100g당 당분의 무게이며 15브릭스 이상에서 측정하는 것만 가능한데, 이보다 낮으면 당분 이외의 유기산, 아미노산까지 당으로 표시되기 때문이다.

당도 환산표에 따라 알코올 농도를 예측할 수 있지만 환산표 없이 측정할 경우 브릭스 값에서 0.55를 곱하면 대충 알코올 농도를 환산할 수 있다. 예를 들어 20브릭스가 나오면 20×0.55해서 알코올 농도는 11%로 예측할 수 있다. 포도는 품종과 지역의 기후에 따라 당도가 다른데, 일반적인 와인의 알코올 도수는 12~14% 정도가 적당하다. 따라서 포도의 당도는 21~24브릭스(비중계, 1,084~1,079) 범위 내에서 조절하면 된다.

와인의 pH(수소이온 지수)는 3.2에서 3.5 정도를 유지하되 pH가 3.2 이하로 너무 낮으면(산도가 높을 경우) 탄산수소칼륨 또는 탄산칼슘 등을 이용하여 제산(산도 감소)을 한다. 반대로 와인의 pH가 3.5 이상으로 너무 높으면(산도가 낮을 경우) 주석산을 첨가할 수 있다.

01 포도 파쇄 · 압착

포도 압착은 포도알맹이(과육, 껍질, 씨)를 으깨서 포도즙을 얻어내는 과정으로, 큰 나무통에 사람들이 들어가서 발로 포도를 밟는 행위를 연상하면 된다. 최근엔 대부분의 와이너리에서 기계를 이용하여 포도 파쇄와 압착을 하고 있는데, 집에서 만들 때는 손으로 으깨면 된다. 포도 압착이 끝나면 와인의 당도와 pH를 수시로 체크한다. 참고로 화이트 와인 제조 과정에서는 레드 와인과 달리 껍질과 씨에서 추출되는 성분 없이 과즙만 분리한다.

02 아황산 첨가

와인을 만드는 과정에서 아황산을 첨가하는 것은 산화 방지, 잡균 제거(미생물의 오염 방지, 세균 제거), 갈변 방지 등을 위해서 꼭 필요한 중요한 작업이다. 아황산(이산화황을 물에 녹여서 만든 산성 액체)은 발효되지 않은 포도즙인 머스트(Must)의 pH에 따라 첨가 양을 조절하는데 예를 들어 pH 3.0이면 30ppm, pH 3.5에서는 100ppm 정도를 첨가하면 된다. 화학적으로 머스트의 pH가 낮을수록 더 많은 양의 아황산이 들어 있기 때문이다. 아황산은 액체 상태로 골고루 퍼지도록 첨가하되, 박테리아가 번식하기 전인 파쇄 직후 바로 투입하도록 한다. 아황산을 첨가하는 시기는 보통 발효 전, 발효 후(MLF를 하지 않을 경우), 저장 중(레드 와인 10~30ppm, 드라이 화이트 와인 30~40ppm), 병입 전(레드 와인 10~20ppm, 드라이 화이트 와인 20~30ppm)에 실시한다.

03 효모(이스트) 첨가

이스트(Yeast)는 당이 알코올로 변하도록 돕는 효모균으로, 원래 포도껍질 주변에 야생 이스트가 번식하고 있으나 발효를 활성화하기 위해 양조용 이스트를 첨가한다. 아황산을 넣고 3~5시간이 지나면 양조용 이스트를 10L에 0.5~1g 정도 넣는다. 양조용 이스트를 넣을 때는 분말 형태로 넣지 말고 효모 활성화를 위해 미지근한 물에 풀어서 머스트에 투입한다.

04 1차 발효 (알코올 발효)

1차 발효에서는 아침, 저녁으로 당도와 온도를 체크하는 것이 중요하다. 효모를 넣은 다음 에어락이 달린 발효통 뚜껑을 닫아두면 발효가 시작되는데, 적합한 온도는 20~25℃ 정도다.

알코올 발효는 4~10일 동안 진행되는데, 이 기간 동안 온도와 당도를 잘 관찰해야 한다. 발효가 시작되면 포도 찌꺼기가 표면 위로 올라와 포도즙 맨 위쪽에 덮개(Cap)를 형성하게 되는데, 껍질이 있는 윗부분은 온도가 높고 아래쪽은 온도가 낮다. 정확한 발효 온도를 측정하고, 포도 색소와 타닌이 고루 퍼지게 하려면 발효통 아래위의 즙을 펌핑 오버(Pumping over), 즉 잘 섞어줘야 한다. 긴 주걱으로 아침, 저녁으로 저어주어 위로 떠오른 포도껍질을 밑으로 가라앉혀주는 것이 좋으며 발효 온도와 당도 역시 이때 체크해서 기록해 둔다. 아래쪽의 즙을 위로 떠올려서 포도즙 덮개에 계속 뿌려주면 더 좋다.

1차 발효(알코올 발효)는 수시로 체크한 당도를 측정하면서 밀도가 1,000 이하로 떨어지면서 0.991~ 0.996이 되면 알코올 발효가 끝난 것으로 본다. 1차 발효가 완료되면 고운 천이나 스타킹 같은 거름망으로 액체만 분리해서 2차 발효통으로 옮긴다. 페이퍼 크로마토그래피(Paper Chromatography)로 사과산 함량을 측정하여 2차 발효 가능성을 예측할 수도 있다.

05 껍질 압착, 고형물 분리, 찌꺼기 제거

1차 발효가 끝날 때쯤 와인을 발효통에서 꺼내는 과정으로 보통 랙킹(Racking)이라고 한다. 이때 자연적으로 유출되는 와인이 프리 런(Free run) 와인 또는 그랑 뱅(Grand vin) 와인이며, 남은 껍질을 압착하여 나온 와인이 프레스(Press) 와인이다. 즉 발효 후 스타킹이나 고운 천으로 와인을 거를 때 처음 흘러나온 와인이 프리 런이고, 스타킹에 남은 껍질을 손으로 압착하여 나온 것이 프레스 와인이다.

06 2차 발효 (젖산 발효)

2차 발효는 와인의 품질에 가장 중요한 역할을 한다. 흔히 와인을 마시면서 맛과 향을 평가할 때 결정적인 요소로 작용하는 것이 바로 2차 발효이다. 2차 발효는 와인의 유기산 중 사과산을 감소시키는 작용이라고 생각하면 된다. 참고로 유기산은 포도에서 유래된 산인 주석산, 사과산, 구연산과 발효 과정에서 유래된 산인 호박산, 젖산, 초산으로 구분된다. 2차 발효(MLF)는 상당히 복잡한 작용을 하는데, 여기서는 복잡한 화학 변화보다는 2차 발효의 이유, 시기, 원리에 대한 이해를 돕는 선에서 간단하게 언급한다. 먼저, 1차 발효 때 이스트에 의해 당이 완전 발효되고 나면 2차 발효 때에는 박테리아에 의해 사과산을 완전 발효시켜야 한다.

2차 발효의 측정은 1차 발효(알코올 발효)가 끝나고 포도껍질을 분리할 때 하고, 아황산을 첨가하여 안정화시킬 때 남아 있는 사과산 함량이 100mg 이하가 되도록 한다. 나중에 재발효 등을 방지하기 위해 사과산 함량이 100mg 인지 잘 체크한다.

2차 발효는 보통 오크통을 사용하지만 오크통을 구하기가 쉽지 않기 때문에 스테인리스 스틸통이나, 냉 · 온수조로 사용하는 푸른색 투명 플라스틱통, 강화유리로 만들어진 통을 사용하면 된다. 젖산 발효로 불리는 2차 발효는 와인의 맛을 좀 더 부드럽게 만들며 부케가 강해지면서 향도 개선된다. 젖산 발효를 거치고 나면 포도원액은 신맛이 강한 사과산이 줄어들면서 깊고 부드러운 와인이 된다.

2차 발효통을 저장실이나 지하실, 동굴 등 햇볕이 들지 않는 서늘한 곳에 흔들리지 않게 한 달 동안 놓아두면, 찌꺼기가 밑으로 가라앉아 두껍게 쌓인다. 한 달 후에 밑으로 가라앉은 찌꺼기가 딸려오지 않게 포도원액을 다른 통으로 옮겨 담는다. 2차 발효가 이루어지는 동안 pH 2.9에서는 박테리아 성장이 불가능하므로 pH 3.3 이상을 유지하고 온도는 20~25℃를 유지한다. 참고로 화이트 와인 제조 과정에서 2차 발효는 지역 또는 포도 품종에 따라 선택적으로 하는데, 원칙적으로 화이트 와인 제조 과정에선 생략된다.

07 숙성

숙성은 2차 발효만큼 중요한 과정으로, 최종 생산물인 와인의 맛을 결정한다고 해도 과언이 아니다. 숙성은 두 가지 형태로 나눈다. 탱크나 나무통에서 어느 정도 공기 접촉의 영향을 받으면서 이루어지는 숙성과 공기가 없는 환원 상태의 병 숙성이 있다.

숙성은 와인의 스타일, 원산지, 포도의 상태에 따라 그 기간이 결정되며 보통 서늘한 곳에서 12~17℃의 온도와 60~70%의 습도를 유지하도록 한다. 숙성의 가장 좋은 방법은 영 와인 때의 맛을 오랫동안 변하지 않게 그대로 유지시키는 것이다.

08 이물질 제거 및 병에 넣기

와인이 상품으로 소비자들에게 다가갔을 때 최종적으로 품질이 좋은 와인을 고르는 것은 당연지사다. 품질이 좋은 와인은 물론 맛과 향이 우수해야 하지만 외관상 혼탁한 것보다 빛깔이 맑고 고와야 소비자의 기호를 만족시킬 수 있다.

와인을 맑고 깨끗하게 만들기 위해서는 청징이 필요한데, 청징은 정제에 의한 청징과 여과에 의한 청징 2가지로 나눈다.

정제에 의한 청징은 와인에 응집력 있는 첨가제(젤라틴, 키셀졸, 부레풀, 달걀 알부민, 카세인 등)를 혼합하여 최대한 빨리 와인에 골고루 퍼지도록 한다. 이때 첨가제 혼합액이 와인과 혼합하기 전에 먼저 응고되지 않도록 주의한다. 청징제는 와인 10L에 0.025L가 들어가도록 준비한다.

여과에 의한 청징은 와인의 혼탁한 물질들을 미세한 구멍이나 관을 통해 통과시키는 과정으로 집에서는 스타킹이나 고운 천을 이용하면 된다. 와인의 청징은 정제와 여과 어느 하나만 선택하여 하기보다 2가지가 동시에 이루어지는 것이 효율적이다. 그러나 최근에는 여과와 청징을 하지 않고 자연 그대로의 와인을 완성하기 위해 언필터드(Unfiltered) 와인이 출시되기도 한다.

청징이 끝나면 최종적으로 병입을 하게 되는데 와인을 넣기 전에 병을 깨끗이 세척하고 끓는 물에 소독을 한다. 병입 후 자신만의 와인 라벨을 만들어 붙이고 최종적으로 와인을 완성한다.

와인의 완성도를 높여주는 이산화황

와인 제조 과정 중에 첨가하는 이산화황은 와인의 완성도를 높이기 위한 어쩔 수 없는 선택이라고 할 수 있다. 이산화황은 발효 과정에서 부패의 원인이 되는 나쁜 미생물의 오염을 방지하고 와인의 보존력을 높이기 위한 산화 방지 역할을 한다. 와인의 색소와 결합하는 무색의 화합물로 표백 작용 또는 갈변 방지의 기능도 갖고 있다.

이산화황은 와인의 맛과 인체에 아무런 영향이 없다고는 하지만, 적정량을 투입하는 것이 중요하다. 기후, 온도, pH(수소이온지수), 와인 양조 스타일에 따라 각각 양을 달리 계산해서 투입해야 한다. 최근에는 과학적인 양조 기술의 발달로 이산화황의 사용량을 점차 줄이고 있는 추세이며, 인체 유해에 대한 논란이 계속되고 있는 만큼 대체 물질에 대한 연구도 활발하게 이루어지고 있다.

참나무 오크통 이야기

오크통은 참나무(Quercus)로 만든 것으로 와인, 위스키, 브랜디 등의 술을 저장하고 숙성시키는 데 사용되어 왔다. 참나무는 특정 나무의 명칭이 아니고 상수리나무, 갈참나무, 떡갈나무 등과 상록성의 가시나무류 등을 모두 일컫는 집합 명사이다.

와인 제조과정에서 오크통을 사용하는 목적은 더디게 일어나는 산화 과정에서 발생하는 복합적인 향기와 타닌을 부드럽게 하기 위한 것이다. 그러나 최근 오크통의 제조원가가 상승한데다, 그 동안 제기되어 왔던 누수 문제를 비롯한 위생 문제, 온도 조절의 어려움 등 관리가 쉽지 않다는 이유로 점차 사용이 줄어들고 있다. 특히 와인 제조 시스템이 과학적으로 발달한데다. 최근 신선한 와인을 요구하는 소비자들의 기호 변화가 두드러지면서 오크통보다 스테인리스 스틸 탱크 쪽으로 소비가 증가하는 추세에 있다. 하지만 고급 와인을 고집하는 유명 와이너리는 여전히 오크통을 직접 제작하여 발효, 저장, 숙성에 이르기까지 오크통에 의존하고 있다.

프랑스의 오크 산지로는 리무쟁(Limousin), 트롱세(Troncais), 알리에(Allier), 느베르(Nevers), 보주(Vosges) 등이 유명하며 나뭇결의 간격에 따라 구분하고 있다. 오크의 종류는 케르쿠스 알바(Quercus alba), 케르쿠스 로부르(Quercus robur), 케르쿠스 세실(Quercus sessilis), 케르쿠스 가리아나(Quercus gariana) 등이 있다.

달콤한 코코넛 향을 내는 케르쿠스 알바는 미국의 화이트 오크로 미네소타가 유명하며 스페인의 리오하, 호주의 쉬라즈, 캘리포니아의 진판델을 숙성시키는 데 주로 이용된다. 타닌이 많고 아로마가 약한 케르쿠스 로부르는 샤르도네 품종과 브랜디 제조에 적합하며 이탈리아 와인 제조에 많이 이용되고 있다.

케르쿠스 세실은 지역에 따라 타닌과 아로마가 다르며, 건조한 토양에서 자라고 주로 샴페인 제조에 많이 이용되고 있다. 케르쿠스 가리아나는 값이 저렴하고 아로마가 좋으며 포르투갈에서 많이 이용된다.

오크에는 200개 이상의 휘발성 성분이 있는데 와인의 발효, 저장, 숙성 과정에서 알코올, 산소 등과 만나 방향 성분이 된다. 오크 성분 중에 타닌은 대부분 가수분해형 타닌으로 포도의 타닌과는 다르다.

오크통은 크기에 따라 바리크(Barrique, 보르도, 225L), 피에스(Piece, 부르고뉴, 228L), 파이프(Pipe, 포르투갈, 522.5L), 버트(Butt, 스페인 셰리 와인, 500L), 톤(Tonne, 18세기 중반 하이델베르크 220,000L) 등으로 나눌 수 있다. 오크통이 사양길에 접어들었음에도 현재 프랑스 현지 와이너리 자체에서 오크통을 제작하는 곳으로는 샤토 라피트 로쉴드(Ch. Lafite Rothchild), 샤토 마고(Ch. Margaux), 샤토 페트뤼스(Ch. Petrus) 등이 있다.

오크통은 오크통 내부를 태우는 시간과 깊이에 따라 라이트(Light), 미디움(Medium), 헤비(Heavy)로 나눌 수 있다. 라이트는 5분 이내로 내부까지 태우지 않아 천연 오크향이 그대로 느껴지며, 미디움은 내부 2mm까지 10~15분 정도 태우며 토스트향이 나고, 헤비는 내부 3~4mm까지 비교적 깊이 태우며 스파이시향이 느껴진다. 오크통의 수명은 향미가 무르익는 4~6년 정도이나, 프랑스 유명 와이너리는 18~24개월 숙성시키고 이 통을 팔아버리기도 한다.

오크통의 와인은 계속해서 증발되기 때문에 0.5~1L가 넘지 않는 범위 내에서 와인을 보충해 주는 토핑(Topping) 작업을 한다.

여러 가지 과학적 실험 결과, 오크통의 숙성은 오크의 페놀 성분이 레드 와인의 안토시아닌과 다른 페놀 화합물과 결합하여 복합적인 향을 만들고 있음이 확인되었다.

일각에선 프랑스 오크의 페놀 함량과 산도가 미국 오크보다 많다고 하지만 별반 큰 차이는 없다.

최근 현대 과학이 발달하면서 경제적 비용과 관리가 어려운 오크통 사용을 대체할 방법을 모색하고 있는데 대표적인 것이 오크칩의 사용이다. 실험적으로도 새 오크통, 헌 오크통, 스테인리스 스틸 탱크에 각각 오크칩을 넣었을 때 맛과 향에 큰 차이는 없었다.

오크통이 와인에 미치는 성분 분석이 정확하게 이루어진다면 굳이 전통적인 오크통 사용만을 고집할 필요는 없을 것 같다. 와인 제조에서 가장 중요한 것은 포도 자체이며, 발효 기법의 기술에 따라 향과 맛이 소비자의 입맛을 유혹하기 때문이다.

샴페인은 어떻게 만들어지나?

샴페인은 병 속에서 2차 발효시키는 메토드 샹프누아즈(methode champenoise)라는 특이한 방식으로 만든 와인으로, 와인에 발포성 탄산이 들어 있는 음료다. 원칙적으로 프랑스 샹파뉴에서 나온 와인만 샴페인이라고 부르며, 다른 지역이나 다른 나라에서 나오는 발포성 와인은 샴페인이라는 용어를 사용하지 못하도록 규정하고 있다.

예를 들어 샹파뉴 이외의 지역에서는 똑같은 방식으로 발포성 와인을 만들더라도 메토드 클라시코(methode classico), 퍼멘티드 인 디스 보틀(fermented in the bottle) 식으로 표기한다. 프랑스 부르고뉴, 알자스, 루아르에서는 크림이라는 뜻의 크레망(Cremant)으로 불린다. 거품이라는 뜻의 무소(Vin Mousseux)는 프랑스의 일반적인 스파클링 와인으로 샴페인도 크레망도 아닌 것을 일컫는다.

병 속에서 2차 발효시키는 발포성 와인

이처럼 명칭은 지역별로 나라별로 다르지만 샴페인은 두 번째 발효를 병 안에서 하는데 이때 병입하면서 첨가한 당분과 효모로 탄산가스가 발생하는 것이 특징이다. 샴페인 방식으로 만들 때 쓰는 포도 품종으로는 샤르도네, 피노 누아, 피노 뫼니에 3가지 품종을 가장 많이 사용한다.

01 포도 압착

포도가지를 제거하지 않고 포도송이를 통째로 압착하는데 이때 부드러운 압착기로 고형물, 색소 추출을 최소화한다.

02 알코올 발효와 침전물 제거

압착기에서 포도즙이 나오면 아황산을 첨가한 후 냉각시켜 주스를 맑게 만든다. 포도 품종, 포도밭, 수확 시기가 다른 포도에서 나온 주스는 각각 다른 통에 발효시키고 샴페인용 이스트를 접종하여 15℃의 온도를 유지한다. 7~10일 동안 발효가 끝나면 여과 또는 따라내기, 원심분리 등으로 이물질을 제거하고 냉각시켜 주석까지 없앤다.

03 혼합(Assemblage, 아상블라주)

샴페인 제조 과정의 묘미라고 할 수 있는 혼합은 다른 빈티지의 와인을 섞는 것이다. 혼합 단계에 서 여러 가지 와인을 섞어 2차 발효를 거친, 샴페인이 될 기본 와인을 쿠베(Cuve)라고 한다. 쿠베는 좋은 샴페인을 만드는 바탕이 되는데, 맑고 풍미가 없고 색깔이 열어야 균형 잡힌 샴페인을 만들 수 있다.

04 효모와 당분 첨가 · 병내 2차 발효

혼합 단계에서 쿠베 제조가 완성되면 이스트와 설탕의 혼합물을 병에 넣고 눕혀서 섭씨 11℃에서 50일 정도 발효시킨다.

05 이스트 위에서 숙성(Sur Lie, 쉬르리)

2차 발효가 끝나면 10℃ 정도의 온도에서 단기로 9개월, 장기로 2~4년간 병을 눕힌 채 이스트 막 위에 둔다. 숙성 과정에서 이스트는 점점 사멸하고 죽은 이스트는 자가분해되어 아미노산과 여러 성분을 발생시키며 독특한 부케를 만들어낸다.

06 침전물 모으기 (Remuage, 르뮈아주)

이스트 위에서 숙성이 끝나면 사멸된 이스트들을 모으는 작업을 해야 한다. 보통 '병 돌리기' 라는 방법으로 A자 모양의 경사진 나무판(Pupitre, 푸피트르)에 병을 거꾸로 세워서 6~8주 동안 찌꺼기를 모으면 된다. '병 돌리기' 는 19세기 초에 니콜 바브 클리코 퐁사르당(Nicole-Barbe Clicquot-Ponsardin)이라는 유명한 샴페인 사업가가 개발한 방식이다.

07 침전물 얼리기 (Degorgement, 데고르주망)

침전물 얼리기는 이스트 찌꺼기와 침전물을 얼려서 제거하기 위한 작업이다. 와인병을 영하 4℃로 냉각시킨 후 영하 20℃의 차가운 물이나 염화칼슘 용액에 병을 거꾸로 세워서 병 입구만 얼린 다음, 45도로 세워서 뚜껑을 제거한다. 뚜껑을 제거하면 탄산가스 압력이 얼어버린 와인을 밀어내면서 이스트 찌꺼기와 주석이 병 밖으로 나오게 된다.

08 당도 조절 (Dosage, 도자주)

침전물을 얼리고 찌꺼기를 제거하고 나면 제거한 만큼 와인이 손실될 수 있다. 이때 당도 60% 정도되는, 설탕과 고급 화이트 와인의 혼합물(Liqueur d' Exp dition, 리퀘르 덱 스페디시옹)을 손실된 분량만큼 보충해 준다. 보충액은 와인의 스타일에 따라 다른 샴페인이나 코냑, 브랜디 등을 첨가할 수 있다. 보충한 후 코르크 마개로 다시 밀봉하고, 철사로 고정시킨다.

09 병 숙성

샴페인은 탄산가스가 많이 녹아 있기 때문에 일반 와인의 병 숙성과 같은 산화는 일어나지 않는다. 따라서 샴페인은 10년 이상 숙성시키지 않는 것이 좋으며, 보통 2~3년 숙성된 것이 마시기에 적당하고 빈티지 샴페인은 5~6년 정도가 알맞다.

프랑스에서 온 와인향기 11

프랑스의 샴페인, 샹파뉴

샴페인을 프랑스 현지에서는 샹파뉴라고 부른다. 원래 지역 이름을 의미하는데 파리 북동쪽의 작은 지방이다. 샹파뉴에서도 랭스는 프랑스 왕들이 대관식을 거행하던 성당이 있는 유서 깊은 지역이다. 이곳은 내륙에 위치하여 여름에도 기온이 낮은 날이 많아서 레드 와인을 만드는 포도 품종 재배가 불가능한 지역이었다. 17세기 프랑스 오빌레 수도원의 돔 페리뇽 수사는 이런 기후 조건에 맞게 발포성 와인을 만들었고, 오늘날 샴페인의 고장으로 전 세계에 이름을 떨치게 되었다.

랭스는 샴페인의 고장답게 카페에서도 샴페인을 많이 마신다. 커피나 맥주, 와인 등을 취급하는 카페에서 가끔 샴페인을 팔기도 하지만 샴페인을 주로 마시는 경우는 처음 보게 되었다.

하루는 습관대로 카페에 들어가 바텐드(프랑스에선 콩트와르라고 부른다) 앞에 서서 샴페인을 주문했다. 같은 커피를 마셔도 좌석에 앉는 것보다는 바텐드에 서서 마시면 값도 싸고 여러 사람들과 어울릴 수 있어 이곳을 애용하는 나에게는 자연스러운 일상이었다.

바텐드에서 음료를 마시며 잠깐 머물 경우 값이 싸다는 이점 외에도 주인과 이야기를 나눌 수 있고 옆 사람과도 죽이 맞으면 여러 가지 재미있는 정보를 얻을 수도 있다. 게다가 단골들이 나타나면 주인은 보통 올리브 등의 안주를 무료로 제공하기도 하는데 같이 맛보는 호사를 누리기도 한다.

그날 랭스에서 샴페인을 한 잔 시켰는데 샴페인 업계에서 일하는 사람들과 어울리게 되었다. 보통 한 플뤼트(길쭉하게 생긴 샴페인잔)에 10유로 이상 하는데 그들은 2유로씩에 마셨다. 슈퍼에서도 한 병에 25유로 정도 하는 샴페인인데 10잔이 나오는 샴페인 한 잔에 2유로라니 너무 싸서 황당하기까지 했다.

그렇게 싸게 파는 이유는 보통 와인병의 2배인, 원가가 싼 마그넘 병을 가져다가 팔기 때문이라고 한다. F1 경기가 끝나고 입상자들이 메달을 받은 후 시상대에서 마시던 그 큰 병들 말이다. 그들에게 샴페인은 생일이나 기념일에 마시는 특별한 음료가 아니라 매일 마시는 물과 별다르지 않았다. 그리고 그때 알게 된 사실 두 가지는 샴페인은 상표가 여러 가지지만 맛의 차이는 거의 없다는 것, 그러나 일부 수확 연도가 좋을 때는 연도를 기록한 명품들이 존재한다는 것이었다.

와인 스토리
Wine Story

부록 : 알아두면 도움 되는 와인 용어

매일 즐길 수 있는 초저가 와인

엘 램블러

EL RAMBLAR

엘 램블러 와인의 맛은 보졸레 누보(매년 11월 셋째 주 목요일에 출시되는 햇포도주)처럼 연한 빛깔과 풋풋한 향이 어우러져 전체적으로 가벼운 느낌이다. 엘 램블러 와인을 추천하는 이유는 전통과 역사를 자랑하는 와이너리에서 생산되었거나 양조 책임자가 유명하다거나 하기 때문이 아니다. 최근 국내 소주 매출을 추월할 수 있게 만들었을 정도로 와인의 보급에 단단히 한몫한 주인공이기 때문이다. 품질 대비 저렴한 가격으로 집이나 식당 어디에서도 편안하고 부담없이 즐길 수 있게 만든, 와인을 일상 생활 깊숙이 끌어들이는 데 큰 역할을 한 것이 바로 엘 램블러 와인이다.

와인 가격이 저렇게까지 저렴할 수 있는가에 대한 의문은, 스페인 현지 사람들이 와인을 주유기로 말통에 받아서 물처럼 마시는 모습을 직접 본다면 금세 풀릴 것이다. 여러 포도밭의 포도 품종을 모아 한꺼번에 넣어 짧은 기간 동안 최소 비용으로 만든 와인이기 때문에 초저가가 가능한 것이다.

종류 | 레드 와인

원산지 | 스페인 Spain

등급 | VDT

BODY | Light-Body

알코올 | 13%

음용 온도 | 16~18℃

용량 | 750mL

소비자 가격 | 5,000원

추천 팁 | 엘 램블러 와인처럼 저가의 와인들이 최근 다양하게 등장하고 있다. 이들 저가 와인은 품질로만 평가하기보다는, 와인을 자주 접할 수 있는 기회와 분위기를 조성했다는 점에 초점을 맞출 필요가 있다. 각 와인 매장마다 저렴하게 판매하는 와인을 확인하고 종류별로 시음해 보자.

002

대한민국 제2의 와인돌풍을 일으키고 있는

G7 샤르도네

G7 Chardonnay

G7하면 제일 먼저 연상되는 것이 선진 서방국가 7개 그룹을 상징하는 정상회담이 생각날 것이다. 처음 이 와인을 접한 사람들은 모두 G7 정상회담 또는 G7 국가와 무슨 관계가 있는가 하며 이 와인에 관심을 가진 사람이 많이 있다. 사실 G7은 1825년에 설립된 카르타 비에자(Carta Vieia) 와이너리의 7대째(7Generations)를 생산을 기념하여 만든 브랜드다. 여하튼 이 와인 제품명을 만드는데 의도했든 의도하지 않았든 G7이라는 이름은 와인고객들에게 호감이 가는 단어다.

와인의 이름은 여러 나라에서 다양한 언어로 상당히 많기 때문에 쉽고 잘 기억할 수 있는 것이 와인 마케팅에 성공요인이라고 할 수 있다. 그런 면에서 G7은 성공적인 것 같다. 최근 한국에서 다시 와인돌풍을 일으키고 있는 주된 와인이라고 해도 과언이 아니다. 2009년 출시해서 2012년 현재 G7 시리즈(카베르네 쇼비뇽, 메를로, 샤르도네 등 3종) 와인들은 100만병 이상 팔리고 있는 베스트 와인 중 하나이다. 7은 6,900원의 행복을 와인소비자들에게 전해준 행운(Lucky Seven)과 금(Gold)이라고 말하고 싶다.

종류 | 화이트 와인
원산지 | 칠레, 마울벨리 Maule valley
포도 품종 | 샤르도네 Chardonnay 100%
BODY | Medium-Body
알코올 | 13%
음용 온도 | 10~15℃
용량 | 750mL
소비자 가격 | 6,900원
추천 팁 | 달콤함이 부족한 중간 정도 드라이한 와인으로 신선한 레몬과 라임향을 잔잔하게 느낄 수 있다. G7은 화이트 와인뿐만 아니라 카베르네 쇼비뇽과 메를로 등 2가지 종류의 레드 와인도 있으니 성향에 따라 다양하게 선택할 수 있다.

1만원대 칠레 와인의 선물 !

단테웨 카베르네 소비뇽

TANTEHUE Cabernet Sauvignon

필자가 이 책의 서두에서 와인의 패러다임중에 저비용을 얘기했고 세계 와인 소비자들의 대부분이 5달러 이하의 와인 가격을 선호하고 있다고 언급 했다. 우리나라 와인시장도 세계 경기침체와 더불어 저렴한 와인을 선호하고 있다. 단테웨 카베르네 쇼비뇽은 5달러 와인은 아니지만 수입 와인으로서 5달러에 근접한 와인이라고 할 수 있다.

단테웨 카베르네 쇼비뇽은 칠레 와인이 갖추어야 될 대중성을 가지고 있어 와인 소비자들의 선택에 주저함이 없도록 하는 와인이다. 특히 와인을 처음 시작하거나 달콤한 와인에 익숙해 있는 사람도 적정한 당도와 부드러운 붉은 과실종류의 풍미가 쉽게 익숙하도록 해준다. 와인은 가격이 비싸서 먹지 못한다거나 와인은 떫고 시큼해서 싫다는 사람이 있다면 단테웨 카베르네 쇼비뇽의 선택은 본인에게 잊지못할 행복한 선물이 될 것이다.

종류 | 레드 와인

원산지 | 칠레 , 센트럴 밸리 Central Valley

포도 품종 | 카베르네 소비뇽 Cabernet Sauvignon 100%

BODY | Medium-Body

알코올 | 13%

음용 온도 | 15~18℃

용량 | 750mL

소비자 가격 | 10,000원

추천 팁 | 단테웨 와인은 레드와인 이외에 샤르도네 품종으로 만든 화이트 와인도 수입되고 있다. 가볍고 신선한 화이트 와인을 선호하는 성향이라면 단테웨 샤르도네의 선택도 가격 대비 우수한 품질을 경험할 수 있는 좋은 기회가 될 것이다.

004

저렴하게 즐기는 프랑스 보르도 와인

샤토 오 바레이

Chateau HAUT BAREILLE

와인을 좋아하는 사람이라면 한 번쯤, 저렴하게 즐길 수 있는 프랑스 와인은 없을까 생각해 봤을 것이다. 특히 물가가 천정부지로 올라가게 되면, 와인 소비는 필수 항목에서 빠져 가계 지출에서 제외될 가능성이 높다. 이럴 때 최선의 방법은 비용 대비 품질이 좋은 와인을 찾는 것이다. 추천하고 싶은 와인은 가장 일반적인 보르도 와인인 '샤토 오 바레이'이다.

이 와인은 1만 원대 초반 가격으로 전형적인 프랑스 보르도 와인을 즐길 수 있다는 점에서 경제적인 부담이 적은 와인이다. 가격 대비 품질에 크게 욕심을 가지지 않는다면 대체로 만족할 만한 와인으로 적정한 타닌과 포도향이 가볍고 상쾌하게 느껴진다.

종류 | 레드 와인

원산지 | 프랑스, 보르도 Bordeaux

등급 | AOC

포도 품종 | 카베르네 소비뇽 Cabernet Sauvignon 60%, 메를로 Merlot 30%, 카베르네 프랑 Cabernet Franc 10%,

BODY | Medium to Full-Body

알코올 | 12.5%

음용 온도 | 15~17℃

용량 | 750ml

소비자 가격 | 12,000원

추천 팁 | 저렴한 가격에 품질 좋은 와인이 다양하게 판매되고 있다. 샤토 오 바레이 보르도 와인 이외에, 최근 칠레 와인과 캘리포니아 와인에도 1만 원대 초반이나 그 이하로 즐길 수 있는 와인들이 많이 수입되고 있다.

005

성모 마리아의 순결과 순수를 위한 우유

립프라우밀히

Liebfraumilch

와인에 대한 여러 가지 비유어가 많이 있는데 그 중에서 '우유' 라는 명칭을 사용할 때가 있다. 와인이 건강에 긍정적임을 보여주는 명칭으로 '노인의 우유' 라는 말이 있을 정도이다. 어릴 때는 진짜 우유가 성장기 영양소 역할을 하듯이 나이들어서 건강을 유지하기 위해서는 와인을 마셔야 된다는 것이다. 립프라우밀히(Liebfraumilch)는 독일 와인으로 성모 마리아의 모유를 뜻한다.

엄연히 우유와는 다르지만 성모 마리아의 순결과 순수를 상징하며 생명수로써 건강과 연결된다고 볼 수 있다. 립프라우밀히는 독일 와인의 상징이라고 할 정도로 많이 알려져 있으며 전세계로 수출되는 독일 와인 1위라고 해도 과언이 아니다. 립프라우밀히는 화이트 와인으로서 신선함과 중간 정도의 달콤함이 있는 것이 정통이라고 할 수 있다. 그러나 최근 독일 와인 생산자들뿐만 아니라 세계 각국의 와인 생산국들이 다양한 스타일로 여러 종류의 제품들을 출시하고 있어 그 인기를 실감할 수 있다.

실제로 립프라우밀히는 그 이름이 어려워 영어식으로 블루 넌(Blue nun)이라고 하여 '파란 옷의 수녀' 를 뜻하는 명칭으로 수출해서 더 많이 알려지고 있다. 힘든 일상에서 짧은 순간이라도 성모 마리아의 순결과 순수로 돌아가고 싶다면 성모 마리아의 모유를 마시는 것도 좋은 선택일 것이다.

종류 | 화이트 와인

원산지 | 독일, 라인헤센 Rheinhessen

등급 | QbA

포도 품종 | 실바너 Silvaner, 뮬러 투르가우 Muller Thurgau

BODY | Medium-Body

알코올 | 9.5%

음용 온도 | 9~12℃

용량 | 750mL

소비자 가격 | 12,000원

추천 팁 | 와인 초보자로서 와인의 첫경험을 즐기고자 할 때 신선함과 달콤함을 같이 느낄 수 있는 와인이다. 또한 화이트 와인을 선호하는 사람들에게 독일 화이트 와인의 세계로 들어갈 수 있는 좋은 기회가 될 것이다.

006

연인 혹은 배우자와 함께

베네치아 로망스

VENECHIA ROMANCE

와인을 처음 접하는 고객들은 대부분 달콤한 와인을 선호한다. 달콤한 와인으로 달콤한 사랑을 떠올리기도 하고 때론 즐겁고 재미있는 삶의 활력소가 되기 때문이다. 해마다 국내 시장의 와인 최다 판매량을 조사해 보면 달콤한 와인이 상위 랭킹을 차지하곤 한다. 최근에는 베네치아 로망스와 비슷한 종류의 달콤한 이탈리아 와인들이 많이 수입되고 있다.

베네치아 로망스는 어릴 때 많이 먹었던 자두맛 사탕이나 체리향이 느껴지는 와인으로, 연인이나 부부 사이의 사랑을 더 깊고 온화하게 이어주는 와인으로 유명하다. 연인이나 부부간에 못다한 이야기나 사랑이 있다면, 오늘밤에는 베네치아 로망스를 마시면서 진정한 로망스를 꿈꿔보는 건 어떨까?

종류 | 레드 와인
원산지 | 이탈리아, 피에몬테 Piemonte
포도 품종 | 돌체토 Dolcetto 70%, 람브루스코 Lambrusco 30%
BODY | Medium-Body
알코올 | 10%
음용 온도 | 10~12℃
용량 | 750mL
소비자 가격 | 15,000원
추천 팁 | 가끔은 달콤한 와인으로 달콤한 사랑을 나누고 잃어버린 삶의 활력소를 찾아 즐겁고 재미있는 삶을 향유하자. 최근 베네치아 로망스와 비슷한 종류의 달콤한 이탈리아 와인들이 많이 수입되고 있으므로 입맛에 맞는 와인을 찾기를 바란다.

007

가벼운 블루베리를 느끼고 싶다!

라 팔마 카베르네 쇼비뇽

La Palma

라 팔마(La Palma)는 칠레 와인이 가지고 있는 전형적인 당도와 타닌의 느낌은 비슷하지만 블루베리의 풍미감이 은은하게 느껴져서 또 다른 매력이 있다. 색상이 연한 검붉은 색으로 이제 막 피어나는 한떨기 붉은 장미처럼 느껴진다. 라 팔마는 가격이 부담 스럽지 않은 칠레 와인이면서 대중적인 소비자들의 입맛에 잘 맞는다. 지나치게 달콤하고 과하게 드라이한 와인을 좋아하지 않는 이상 평범하지만 검 붉은 과실들의 조화가 매우 흥미로운 와인이다.

라 팔마는 스페인령 카나리아 제도에 있는 섬으로 '아름다운 섬'이라는 별칭을 가지고 있다. 칠레 라 팔마 와이너리 역시 아름다운 자연 경관과 함께 아름다운 와인을 만들고자 하는 의지가 많은 와인이다. 이미 라 팔마는 가격 대비 품질이 아룸다운 와인이 만들어졌다. 판매하는 와인 매장에 따라 다르지만 할인 행사 또는 박스(12병 기준)단위 구매시 1만원 이하 구매도 가능하다.

종류 | 레드 와인
원산지 | 칠레 Cachapoal Valley
포도 품종 | 카베르네 쇼비뇽 Cabernet Sauvignon
BODY | Medium-Body
알코올 | 13%
음용 온도 | 18℃
용량 | 750mL
소비자 가격 | 15,000원
추천 팁 | 라 팔마 와인을 구매하면서 비슷한 가격대의 다른 칠레 와인들과 비교하고 가격과 품질 그리고 자신의 취향에 맞는 와인을 선별할 수 있는 기회를 가져 보자.

매일 피노누아를 만날 수 있다

캘리포니아 피노누아, 미라수

Mirassou

피노누아는 상당히 고가의 품종으로 알려져 있다. 프랑스 부르고뉴의 고가 와인들은 대부분 피노누아 품종이며 가장 비싼 와인으로 알려진 로마네 콩티는 피노누아 품종으로 만들어진 와인들의 상징이라고 할 수 있다. 하지만 이런 고가의 피노누아 품종을 저렴하게 만날 수 있는 와인이 있다. 바로 미라수 피노누아이다. 미국 피노누아는 오레곤주 피노누아가 유명하고 고가의 것으로 알려져 있기 때문에 캘리포니아 피노누아는 좀 어색할 수도 있을 것이다. 하지만 미라수 피노누아는 이런 편견을 깨고 미국 피노누아 판매에서 1위를 차지 하면서 피노누아의 대중화에 한발 다가섰다. 가격 부담 때문에 피노누아를 경험하지 못한 사람, 피노누아를 좋아하는 사람들에게는 좋은 소식이다. 미라수는 150년의 역사를 자랑하는 와이너리로 2011년 '와인&스피리츠'에서 '올해의 밸류 와인'에 선정되기도 했다. 저렴한 피노누아지만 대중들의 인기와 전문가들의 평판이 좋은 와인이라고 할 수 있다. 미라수 피노누아는 밝은 체리 빛깔에 자두향이 입안 가득 차오르며 신선한 오미자차의 풍미를 느낄 수 있다.

종류 | 레드와인
원산지 | 미국, 캘리포니아 California
포도 품종 | 피노누아 Pinot Noir
BODY | Medium-Light Body
알코올 | 13.5%
음용 온도 | 15~17℃
용량 | 750mL
소비자 가격 | 17,000원
추천 팁 | 캘리포니아 피노누아 와인과 저렴한 오레곤 피노누아 와인을 비교 시음하여 어떻게 다른지를 확인해 보자.

009

생소하고 독특한 와인의 선택

몰도바 메를로
Moldova Merlot

몰도바는 동유럽에 속하며, 구소련 시절 전체 포도밭의 35%를 차지할 정도로 와인 생산을 중시했던 나라다. 흑해와 가까운 대륙성 기후이면서도 여름이 길고 따뜻한 온도와 비옥한 토양을 갖추었기 때문에 가능했던 일이다. 그러나 지금은 주변에서 몰도바 와인을 찾는 사람은 거의 없다. 몰도바에서 와인이 생산되고 있는지, 심지어는 몰도바라는 나라가 존재하는지조차 모르고 있는 사람이 대부분이기 때문이다. 하지만 이러한 열악한 여건을 딛고 몰도바 와인이 점차 우리나라 사람들 사이에서 관심을 끌기 시작하면서 매출도 늘고 있다.
와인병을 둘러싸고 있는 디자인에 대한 호기심으로 구입했다가, 맛이 취향에 맞아 재구매하는 고객이 늘어나고 있는 것이다. 우리나라 와인 소비층의 상당수가 달콤한 와인을 선호하고 있어, 몰도바 와인의 달콤함이 국내 소비자들에게 어필했을 가능성이 높다. 특히 메를로 품종으로 만든 와인은 달콤한 과실향과 실크처럼 윤기나는 부드러움을 느끼게 한다.

종류 | 레드 와인
원산지 | 몰도바, 센트럴 Central
포도 품종 | 메를로 Merlot 100%
BODY | Medium-Body
알코올 | 10%
음용 온도 | 10~12℃
용량 | 750mL
소비자 가격 | 18,000원
추천 팁 | 몰도바 와인은 국내 수입량이 적어 구하기가 쉽지 않기 때문에 사전에 준비된 정보를 가지고 주변 와인 매장에서 취향에 맞는 와인을 구할 수 있는지 확인하는 것이 좋다. 아직 몰도바 와인을 만나보지 못했다면, 생소하면서도 독특한 몰도바 와인의 세계를 꼭 경험해 보라고 권하고 싶다.

010

이 시대 마지막 로맨티시스트

모스카토

MOSCATO

일명 작업의 와인이라 불리며 최근 강남일대 와인바에서 인기를 끌고 있는 모스카토는 약발포성의 달콤한 이탈리아 와인이다. 마치 사랑을 속삭이는 듯 달콤함과 청량감이 느껴지는 이 와인은 부부간에 생일축하를 할 때, 연인에게 사랑고백이나 프러포즈를 할 때 필수 코스로, 프러포즈 성공률 90%라는 믿거나 말거나 한 대단한 와인이다. 연인의 마음을 사로잡고 싶다면 모스카토 와인으로 다가가라. 모스카토는 머스캣, 뮈스카(Muscat)라고 하는데 일반적으로 우리에게 알려진 특정 품종이 아니라 식용, 건포도, 와인용 등에 쓰이는 여러 품종을 하나로 묶어서 표현한 용어다.
이와 비슷한 스타일의 와인으로는 독일의 초대 총리인 비스마르크가 좋아했다는 아스티(Asti)와 이보다 알코올과 압력이 낮은 모스카토 다스티(Moscato d'Asti)가 있다.

종류 | 화이트 와인
원산지 | 이탈리아, 피에몬테 Piemonte
등급 | DOC
포도 품종 | 모스카토 Moscato 100%
BODY | Light-Body
알코올 | 5.5%
음용 온도 | 8~10℃
용량 | 750mL
소비자 가격 | 19,000원
추천 팁 | 모스카토 와인은 국내에서 인기가 많은, 다양한 스타일의 비슷한 맛을 가진 상업용 와인으로 가격이 저렴한 것을 선택해도 좋다. 미세한 차이에 민감한 사람이라면 자기 취향에 맞는 고가의 와인을 고른다. 그러나 솔직히 가격이 싸나 비싸나 맛과 질에 있어서 큰 차이는 없다.

와인 스토리 Wine Story

011

안익태 탄생 100주년 기념 와인

〈한국환상곡〉레세르바

Korea Fantasy Reserva

애국가를 작곡한 안익태 선생이 마지막 여생을 보낸 스페인의 지중해 섬 마요르카는 쇼팽이 머물렀던 곳으로 유명하며, 히딩크 감독의 별장이 있는 아름다운 휴양지로 클래식 음악과 와인의 풍미가 가득한 곳이다. 마요르카 교향 악단의 상임 지휘자였던 안익태 선생의 아름다운 선율을 기억하는 스페인 주민들이 '한국환상곡(Korea Fantasy)'을 내놓았다.
59세의 짧은 생애를 마치는 그날까지 한국의 국적을 포기하지 않았던 안익태 선생. 그의 아름답고 유연한 손동작이 연상되는 진한 루비색의 '한국환상곡(Korea Fantasy)'레세르바 와인은 부드러운 타닌과 산도의 균형감이 선생의 열정적인 음악 속으로 빨려 들어갈 것 같은 생동감을 느끼게 한다.

종류 | 레드 와인

원산지 | 스페인, 마요르카 Mallorca

등급 | DO

포도 품종 | 망테 니그로 Mante Negro 56%, 카베르네 소비뇽 Cabernet Sauvignon 16%, 템프라니요 Tempranillo 27%, 칼레 Callet 1%

BODY | Medium-Body

알코올 | 13%

음용 온도 | 15~18℃

용량 | 750mL

소비자 가격 | 1 〈Korea Fantasy〉 Aut ntico 22,000원
2 〈Korea Fantasy〉 Crianza 39,000원
3 〈Korea Fantasy〉 Reserva 69,000원

추천 팁 | 〈한국환상곡〉 와인을 단계별로 구입하여 입맛에 맞는 것을 선택한다. 클래식 음악을 들으면서 안익태 선생 100주년 기념 와인의 의미를 되새기며 마시는 것도 또 하나의 즐거움이다.

012

아르헨티나 말벡을 저렴하게 즐기려면

산타 아나 말벡

SANTA ANA Malbec

칠레 와인과 함께 우리나라 사람의 입맛에 잘 맞는 와인이 아르헨티나 와인들이다. 아르헨티나 와인은 말벡이라는 포도 품종이 유명하다. 아르헨티나 와인 중에서 가격 대비 우수한 품질을 자랑하는 와인으로는 단연 산타 아나 말벡이다. 산타 아나는 남미 최대 규모의 와인 그룹인 페나플로(Penaflor)에서 운영하는 대규모 와인회사이며, 아르헨티나 최고 와인 생산자로 2004~2008년 4회 연속 선정되었다.
최근 일본 시장에서도 많은 소비가 이루어지고 있어 동양 사람들의 입맛을 사로잡는 저렴한 와인으로 자리를 잡아가고 있다. 편안하게 집에서 마실 수 있는, 부드러운 타닌과 소량의 감미로운 맛을 원한다면 후회 없는 선택이 될 것이다.

종류 | 레드 와인
원산지 | 아르헨티나, 멘도사 Mendoza
포도 품종 | 말 벡 Malbec 100%
BODY | Full-Body
알코올 | 13.5%
음용 온도 | 15~17℃
용량 | 750mL
소비자 가격 | 22,000원
추천 팁 | 산타 아나 말벡의 신선하고 독특한 이슬향을 음미하며, 알게 모르게 거리가 멀어진 친구와의 우정을 되찾는 시간을 만들어보자.

013

실험실 마지막 수업에 종이컵으로 마신 와인

산 마르틴 템프라니요

SAN MARTIN Tempranillo

스페인 루에다 지역의 품질 좋은 와인으로 인정받고 있는 산 마르틴 템프라니요는 스페인에서만 생산되는 포도 품종인 템프라니요로 만들어진 와인이다. 가격 대비 우수한 품질을 가진 산 마르틴 템프라니요는 격식이 필요 없이 소주처럼 와인을 즐길 수 있다는 것을 일깨워준 와인이다. 개인적으로 실험실 마지막 수업을 마치면서 아무 준비 없이 급하게 종이컵에 와인을 마셨던 기억이 있다. 그때 마셨던 와인이 바로 산 마르틴 템프라니요인데 그때의 느낌을 아직도 잊을 수가 없다.
신맛과 떫은맛이 다소 강하게 느껴지지만, 어떤 장소에서도 편안하게 마실 수 있는 맛있는 와인이다. 와인을 마시기에 편안한 장소도 아니고 와인잔 없이 즐기는 조촐한 파티에서도 사람들을 만족시키는 와인으로, 심지어 종이컵에 따라서 마셔도 파티 장소를 풍부한 과일향으로 그윽하게 채워준다.

종류 | 레드 와인
원산지 | 스페인, 루에다 Rueda
등급 | DO
포도 품종 | 템프라니요 Tempranillo 100%
BODY | Full-Body
알코올 | 13.5%
음용 온도 | 15~17℃
용량 | 750mL
소비자 가격 | 25,000원
추천 팁 | 산 마르틴 템프라니요도 할인 행사를 많이 하는 와인으로. 정상 소비자 가격보다 저렴하게 구입이 가능하다. 할인 행사를 하는 매장을 찾아보고 저렴하게 구매할 수 있는지 미리 확인한다.

와인도 패셔너블하게

인도미타 그랑 리저브

INDOMITA Gran Reserve

인도미타는 세계적 패션 리더인 폴로 그룹이 2006년에 생산한 프리미엄 와인이다. 폴로의 명성답게 독립과 자주를 기치로, 기존 와인을 제치고 아름다운 패션 유행처럼 훌륭한 인도미타 와인을 완성했다. 인도미타의 풍부한 아로마와 부드러운 타닌(떫은맛)의 기막힌 조화는 긴 여운을 남기기에 충분하다. 와인 전문가와 업계 종사자들은 '숨어 있던 진주를 발견한 것 같다, 가격 대비 가장 훌륭한 와인이다'라며 흥분을 감추지 못했다. 인도미타 와이너리는 최적의 토양과 기후 조건을 지닌 칠레에서도 최고의 위치에 있고, 인위적인 습도와 온도의 조절이 필요 없는 천혜의 자연 저장고에서 최상의 와인을 생산하고 있다.

종류 | 레드 와인

원산지 | 칠 레, 마이포 밸리 Maipo valley

포도 품종 | 카베르네 소비뇽 Cabernet Sauvignon 100%

BODY | Full–Body

알코올 | 14%

음용 온도 | 16~18℃

용량 | 750mL

소비자 가격 | 28,000원

Polero Varietal range 12,000원 Selected Varietal(Classic) 18,000원

Gran Reserve range 28,000원 Premium DUETTE 55,000원

Ultra Premium ZARDOZ 120,000원

추천 팁 | 인도미타는 리저브를 포함하여 모두 단계별 5가지 종류로 구성되어 있으며, 개인의 취향에 따라 다양하게 고를 수 있다.

015

초겨울에 늦게 거둬들인 달콤한 맛

레이트 하비스트 샤르도네

Late Harvest Chardonnay

와인을 선택하면서 와인 생산국을 고려하는 경우가 많다. 하지만 와인을 즐기는 입장에서 생산 국가에 대한 편견은 한낱 기우에 지나지 않는다. 진정으로 와인을 즐기고자 한다면 오히려 다양한 국가의 다양한 와인을 마셔보고 경험해 보는 것이 좋다. 와인에 대한 흥미를 높일 수 있을 뿐더러, 와인을 통해 세계 여러 나라의 역사와 문화를 배울 수 있는 계기가 되기 때문이다. 유럽의 남동부에 위치한 루마니아는 일반인들에게는 다소 생소하지만, 품질 좋은 와인 생산국으로 와인 시장에서 높은 평가를 받고 있는 곳이다. 아직 많은 양은 아니지만 국내에도 소량으로나마 유통되고 있다.
루마니아의 와인 중에서 포도를 늦게 수확하여 당도를 높인 레이트 하비스트 샤르도네가 많은 호응을 얻고 있다. 이 와인은 초겨울의 늦은 수확에서 얻어지는 천연 상태의 높은 당도와 산도가 균형을 이루며 달콤한 청량감은 아이스 와인과는 또 다른 맛과 향을 전해 준다.

종류 | 화이트 와인

원산지 | 루마니아, 딜루마레 Delau Mare

포도 품종 | 샤르도네 Chardonnay 100%

BODY | Full-Body

알코올 | 11%

음용 온도 | 10~12℃

용량 | 750mL

소비자 가격 | 28,000원

추천 팁 | 루마니아의 달콤한 와인인 레이트 하비스트 샤르도네는 1978년 존 할리우드라는 영국인에 의해 설립된 할리우드 인터내셔널(Hollywood International)에서 생산된다. 레이트 하비스트는 와인을 만드는 양조 방식을 나타내며, 다른 와인 생산국에서도 사용하고 있는 용어다. 이 와인은 레이트 하비스트 자체가 제품 이름으로 출시된 것이므로 루마니아에만 있는 와인으로 오해하지 않길 바란다.

016

근심을 쓸어내리는 최고의 와인

알바디 레알

Abadia Real

고품질에 전통적인 양조 방식을 중요시하는 알바디 레알은 스페인 두에로 강 인근의 척박하고 자갈이 많은 토양에서 재배된 양질의 포도로 만들어진 와인이다. 그래서일까? 삶에 지쳐 연약한 갈대처럼 힘들어질 때 알바디 레알 한 잔을 머금으면, 거칠고 강한 어떤 생명력이 지지해 주고 있는 것처럼 느껴진다. 마치 험난한 환경을 딛고 자라난 포도의 강인한 생명력이 와인의 맛과 향에서 살아 숨쉬고 있는 느낌이랄까.

누구나 슬프고 외로워서 힘들어한 적이 있을 것이다. 사람마다 극복하는 방법이 다르긴 하겠지만 가끔 와인 한 잔이 위안의 안식처로 느껴지는 경우가 있다. 프랑스 속담에 '와인은 사람의 근심을 쓸어내리는 최고의 빗자루다'라는 말이 있듯, 알바디 레알 한 잔으로 마음 속 근심을 쓸어내려보자.

종류 | 레드 와인
원산지 | 스페인, 카스티야 레온 Castilla-L on
등급 | Vino de la Tierra
포도 품종 | 템프라니요 Tempranillo 100%
BODY | Medium-Body
알코올 | 13%
음용 온도 | 16~18℃
용량 | 750mL
소비자 가격 | 28,000원
추천 팁 | 스페인 고유의 적포도 품종인 템프라니요 100%로 만든 알바디 레알은 고가의 스페인 와인들에 비해 가격 대비 맛과 향의 구조감이 뛰어난 와인이다. 농익은 체리와 검붉은 베리류의 진한 향, 적정한 타닌과 산도의 균형감을 느껴보자.

017

진한 모카커피 같은

그랜드 이스테이트 카베르네 소비뇽
Grand Estates Cabernet Sauvignon

미국 와인 하면 대부분 캘리포니아 와인을 떠올린다. 최근 우리나라도 와인 붐을 타면서 미국 와인으로 캘리포니아 지역뿐 아니라 다른 지역의 와인들도 많이 들어와 있는데, 특히 워싱턴 주의 콜롬비아 밸리 와인은 그 우수성을 인정받아 수요층이 늘어나고 있다. 그 중에서도 콜롬비아 크레스트 와이너리(Columbia Crest Winery)는 우수한 포도만을 선별하여 만든 와인으로 유명하다. 특히 짙은 모카향의 풍미는 조금 과장해서 표현하면 와인과 같이 있는지 모카커피를 마시고 있는지 구분이 안 될 정도로 깊이 빠져들게 한다.

그랜드 이스테이트 카베르네 소비뇽의 모카향과 서서히 느껴지는 과일향의 균형감으로 입속의 즐거움을 유혹하는 매력적인 와인이다.

종류 | 레드 와인
원산지 | 미국, 콜롬비아 밸리 Columbia Valley
포도 품종 | 카베르네 소비뇽 Cabernet Sauvignon 100%
BODY | Medium-Body
알코올 | 13.5%
음용 온도 | 15~18℃
용량 | 750mL
소비자 가격 | 29,000원
추천 팁 | 콜롬비아 크레스트 와이너리의 제품은 매우 다양하다. 특히 메를로 품종이 유명하므로 이 와인과 같이 즐겨보자.

칠레 와인의 장밋빛 미래

카사 라포스톨 클래식 카베르네 소비뇽

Casa Lapostolle Classic Cabernet Sauvignon

포도 재배에 천혜의 기후 조건을 자랑하는 칠레는 저렴한 비용으로 한국인의 입맛에 맞는 와인을 제공함으로써, 국내 와인 시장을 넓힌 가장 큰 공헌자라 할 수 있다. 카사 라포스톨 와이너리에서 생산되는 클래식 카베르네 소비뇽은 우수한 칠레 와인의 표본으로, 강한 듯하지만 부드럽고 유연한 골격이 마시고 난 후에도 인상이 깊게 남아 오래도록 매료시킨다. 와인의 종주국인 프랑스는 훌륭한 와인을 생산하는 데 만족하지 않고 새로운 도전의 하나로, 칠레 와인 개척에 나서 최고 품질을 향한 열정으로 알렉산드라는 세계적 와이너리인 카사 라포스톨을 탄생시켰다.

특히 프랑스의 전문기술과 칠레의 훌륭한 테루아를 결합시켜 클래식 카베르네 소비뇽 같은 세계 최고의 와인을 생산함으로써, 칠레에서 꿈과 희망을 실현시킨 위대한 와인 개척자로 인정받았다. 이러한 도전은 와인의 품질은 물론, 칠레 와인의 장밋빛 미래에 대한 기대도 한껏 높였다.

종류 | 레드 와인
원산지 | 칠레, 라펠 밸리 Rapel Valley
포도 품종 | 카베르네 소비뇽 Cabernet Sauvignon 100%
BODY | Full-Body
알코올 | 14.5%
음용 온도 | 15~17℃
용량 | 750mL
소비자 가격 | 30,000원
추천 팁 | 카사 라포스톨 와이너리에서 생산된 다른 종류의 와인을 시음해 보고, 칠레 와인의 위대한 개척작의 진수를 느껴보는 시간을 가져보자.

019

영생과 번영의 송교지수를 상징하는

몬테 키안티

Monte Chianti

이탈리아 토스카나 지역의 포도밭을 가면 올리브, 사이프러스 나무들이 무리지어 있는 모습들을 볼 수 있다. 특히 토스카나 포도밭 농가가 사이프러스 숲을 배경으로 나타나면 한 폭의 그림처럼 예쁜 광경을 보여준다. 사이프러스는 영혼불멸을 상징하는 나무로 영생과 번영을 상징한다. 몬테 키안티는 토스카나의 명물인 사이프러스 나무를 레이블 중앙에 장식하면서 무병장수를 기원하고 개인, 가족, 기업의 번영을 담고 있다.

몬테 키안티의 깊은 의미를 반영하듯 와인의 풍미는 수많은 토스카나 키안티 보다 우수하고 우아하다. 다른 모든 키안티를 제치고 영생과 번영의 송교지수가 가장 높은 와인으로 평가하고 싶다. 밝은 루비빛과 신선한 체리, 부드러운 타닌이 온 몸을 감싸고 있어 긴 여운이 잊혀지지 않는다.

종류 | 레드 와인
원산지 | 이탈리아, 토스카나 Toscana
등급 | DOC
포도 품종 | 산지오베제 Sangiovese
BODY | Medium-Body
알코올 | 12.5%
음용 온도 | 15~17℃
용량 | 750mL
소비자 가격 | 32,000원
추천 팁 | 토스카나 지역에는 수 많은 키안티 생산자들이 많다. 몬테 키안티와 다른 생산자들의 키안티를 비교해보고 개인이 좋아하는 이탈리아 음식들과 시음할 수 있는 즐거운 시간을 만들어 보자.

숫자 45에 숨겨진 비밀

코트 뒤 론 파할렐 45

Cotes du Rhone Parallele 45

와인을 구매하면서 가장 먼저 보게 되는 것이 라벨이다. 세계 각국의 언어로 쓰인 와인의 이름들은 호기심을 자극하기에 충분하다. 특히나 와인 이름에 숫자가 등장한다면 호기심은 더 커진다. 프랑스 론 와인의 표준이라고 할 수 있는 '파할렐 45'역시 숫자 와인으로서 의미를 가지고 있다. 기본적으로 45는 북위 45도를 가리키며, 프랑스 론 지방을 북부와 남부로 가르는 경계를 의미한다. 또한 이곳은 와인을 생산하는 폴 자블레 에네(Paul Jaboulet Aine)의 와인 저장고가 위치한 곳으로, 최적의 와인 생산지를 의미하기도 한다.

론 지역 와인의 가장 큰 특징은 여러 가지 다양한 포도 품종을 섞어 최적의 와인을 만들어낸다는 점이다. 또 고전적이면서도 편안한 맛과 향을 가지고 있어 많은 사람들이 선호하는 와인이기도 하다. 이처럼 이름에서 비롯된 와인에 대한 호기심은 자칫 어렵게 생각될 수 있는 와인에 좀 더 쉽고 다가가게 만드는 원동력이 아닐까.

종류 | 레드 와인
원산지 | 프랑스, 남부 론 Southern Rhone
등급 | AOC
포도 품종 | 그레나쉬 Grenache 60%, 시라 Syrah 40%
BODY | Medium-Body
알코올 | 12.5%
음용 온도 | 15~17℃
용량 | 750mL
소비자 가격 | 33,000원
추천 팁 | 프랑스뿐만 아니라 세계 각국에서 인기가 높은 론 지역 와인으로, 저렴한 가격에 접근할 수 있다는 것이 파할렐 45의 가장 큰 장점이다.

021

봄비를 맞으며 사랑에 서성이다

안티카이아 프리미티보

ANTICAIA PRIMITIVO

봄비가 추적추적 내리고 밤인지 낮인지 분간이 가지 않는 흐린 오후가 되면 괜히 싱숭생숭해진다. 이런 날이면 아마도 많은 사람들이 시간의 뒤안길에서 서성이지 않을까 싶다. 이런 축축하고 우울한 기분을 잘 달랠 수 있는 조화로운 와인이 바로 이탈리아산 '안티카이아 프리미티보'다. 몸속으로 흘러들어가면 따뜻한 향이 온몸에 퍼지는 기분을 느끼게 하는 이 와인은, 마음을 흠뻑 젖게 만든 봄비마저 따스하게 스며들도록 한다.

안티카이아 프리미티보는 프리미티보 포도 품종으로 만든 와인으로, 알코올 함량이 강하지만 부드러운 타닌과 조화를 이루면서 만들어내는 마지막 여운이 미세한 당도로 다가와 달콤한 사랑의 느낌을 전해준다.

종류 | 레드 와인
원산지 | 이탈리아, 풀리아 Puglia
등급 | IGT
포도 품종 | 프리미티보 Primitivo 100%
BODY | Full-Body
알코올 | 14%
음용 온도 | 15~17℃
용량 | 750mL
소비자 가격 | 33,000원
추천 팁 | 이탈리아 와인 중에 신세계 스타일과 비슷한 느낌을 주는 와인으로, 우리나라 사람들 입맛에도 잘 맞는다.

국경 분쟁 해결한 이탈리아 와인의 얼굴

로카 델 마치에 키안티 클라시코

Rocca Delle Macie Chianti Classico

이탈리아의 가장 대표적인 와인이 토스카나 지역의 키안티라는 곳의 와인이다. 키안티 지역이 많이 알려진 까닭에 이곳 와이너리들은 대부분 키안티라는 이름으로 와인을 생산한다. 그 중에서도 '로카 델 마치에 키안티 클라시코'는 다른 키안티 클라시코에 비해 매우 신선한 과일향을 지니고 있어 싱싱한 생동감을 만끽할 수 있다. 이 와인을 비롯하여 다른 키안티 클라시코 와인의 유래를 보면, 키안티 클라시코 와인의 특징을 잘 이해할 수 있다.

와인을 잘 모르는 사람이라도 키안티 클라시코의 상징인 검은 수탉 그림을 한 번쯤 본 기억이 있을 것이다. 일명 '갈로 네로(Gallo Nero)'라고 불리는 이 검은 수탉의 기원은, 13~14세기 피렌체와 시에나의 국경선 분쟁으로 대립하던 시기의 재미있는 일화에서 전해 내려오고 있다.

종류 | 레드 와인

원산지 | 이탈리아, 토스카나 Toscana

등급 | DOCG

포도 품종 | 산지오베제 Sangiovese 90%, 메를로 Merlot 5%, 카나이올로 Canaiolo 5%

BODY | Full-Body

알코올 | 12.5%

음용 온도 | 15~17℃

용량 | 750mL

소비자 가격 | 35,000원

추천 팁 | 로카 델 마치에 키안티 클라시코 와인뿐 아니라 다른 키안티 클라시코에서도 검은 수탉을 볼 수 있으므로 와인 매장에서 검은 수탉을 찾는 것도 흥미롭다. 키안티는 달콤한 베리향과 바닐라향의 조화에, 갈로 네로의 역사적 자부심을 느낄 수 있는 와인이다.

요즘은 달콤한 발포성 와인이 대세

레이모스

REYMOS

단맛은 사람들의 입맛을 유혹하는 데 결정적인 역할을 하는 것 같다. 물론 단맛의 정도에 따라서 사람들이 선호하는 경향이 다르긴 하지만, 단맛 자체에 대해서는 많은 사람들이 호의적으로 반응하는 것만 봐도 알 수 있다. 그 동안의 와인 시장을 달콤함이 사로잡았다면, 요즘 와인 시장에서는 단순한 달콤함보다는 탄산이 첨가된 달콤한 발포성 와인이 대세다. 특히 스페인의 발포성 와인인 레이모스는 아카시아 꽃향기의 은은함과 청량감이 가슴 속을 휘감아 도는 마술 같은 와인으로, 다른 달콤한와인보다 중독성이 강한 편이다.

은은한 향의 긴 여운이 다음 잔을 부르는 묘한 마력을 지녔기 때문이다. 달콤한 와인을 싫어하던 사람도, 레이모스 와인을 시음하고 나면 '이 와인은 괜찮네'라고 반응할 정도이니 여러 말이 필요 없겠다. 생일, 결혼기념일 등에 마시면 기쁨이 배가될 수 있는 상쾌한 와인으로, 평상시에도 기분 전환을 위해 한두 잔씩 즐길 것을 권한다.

종류 | 발포성 와인
원산지 | 스페인, 발렌시아 Valencia
포도 품종 | 모스카텔 Moscatel 100%
BODY | Light to Medium-Body
알코올 | 7.5%
음용 온도 | 8~10℃
용량 | 750mL
소비자 가격 | 35,000원
추천 팁 | 레이모스 와인병의 정면 라벨을 보면 에프푸모소(Espumoso)라는 단어가 있는데 이 용어는 스페인 발포성 와인을 총칭하는 말로, 샴페인 방식(병내 2차 발효)으로 제조하는 카바(Cava) 와인과는 구별된다. 레이모스 와인은 샤르마 방식(Methode Charmat, 독일인 샤르마에 의해서 고안된 것으로 큰 탱크 내에서 2차 발효를 함)을 채택하고 있다.

이제 막 와인을 마시기 시작했다면

카네파 리저브 카르메네르

CANEPA Reserve Carmenere

카네파 리저브 카르메네르는 1930년 이탈리아에서 이민온 호세 카네파(Jose Canepa)가 설립한 카네파 포도원의 대표적인 인기 와인이다. 칠레 와인을 좋아하면서 중저가 와인을 찾는다면 경험해 볼 만한 와인이다. 특히 와인 제품 설명서마다 언급하고 있는 '오크향과 부드러운 타닌'이라는 표현이 무엇인지를 잘 느낄 수 있다. 와인 생산의 본고장이라고 할 수 있는 유럽 지역에서도 카네파 와인들을 많이 선택할 정도로 제품의 우수성과 대중성을 인정받고 있다.

카네파 리저브 카르메네르는 와인을 갓 마시기 시작하는 초심자들에게도 부담이 가지 않는 칠레 와인으로, 한번 그 매혹에 깊게 빠져든다면 칠레 와인을 사랑할 수밖에 없는 와인 애호가가 될 것이다.

종류 | 레드 와인
원산지 | 칠레, 라펠 밸리 Rapel Valley
포도 품종 | 카르메네르 Carmenere 100%
BODY | Medium to Full-Body
알코올 | 12.5%
음용 온도 | 15~18℃
용량 | 750mL
소비자 가격 | 39,000원
추천 팁 | 몬테스 알파, 카르멘 등 국내에 잘 알려진 칠레 와인을 좋아하는 사람이라면 비슷한 비용으로 카네파 리저브의 부드러운 타닌을 즐기는 것도 의미 있는 선택이 될 듯하다.

시골의 외할머니 같은 인자함

'마라' 비노 디 리파소

MARA Vino di Ripasso

마라 비노 디 리파소는 최근 우리나라에서도 마니아층을 이루고 있을 정도로 점차 이름을 알려가는 와인이다. 리파소는 아마로네를 원료로 썼기 때문에 사실 와인의 특징도 비슷하다. 근육질의 강한 남성미, 우아함과 섬세함의 조화는 독특한 양조 방식만큼 맛과 향의 개성이 강하다. 아마로네보다 가격이 저렴하기 때문에 아마로네를 경험하고자 한다면 리파소로 대신하는 것도 좋은 선택이다. 와인 이름인 마라 비노 디 리파소에서 마라(Mara)는 외할머니라는 뜻이다. 따라서 이 와인은 다른 리파소와 달리, 어릴적 시골 외갓집에 갈 때면 반갑게 맞아주던 외할머니의 푸근한 이미지를 떠올리게 하는 인자하고 풍요로운 느낌의 향취를 지니고 있다.

종류 | 레드 와인
원산지 | 이탈리아, 베네토 Veneto
등급 | DOC
포도 품종 | 코르비나 Corvina 65%, 론디넬라 Rondinella 30%, 몰리나라 Molinara 5%
BODY | Medium to Full-Body
알코올 | 13.5%
음용 온도 | 15~17℃
용량 | 750mL
소비자 가격 | 39,000원
추천 팁 | 앞서 본 아마로네와 비교해서 시음해 보고 그 차이를 느끼고 즐기면서 어린 시절 외할머니와의 추억을 떠올린다면 이보다 더 좋은 시간도 없을 것이다.

026

이탈리아 시칠리아 섬의 매혹적인 쉬라즈

산타 마게리타 에스테이트 셀렉션 쉬라즈

Santa Margherita, Estates Selection Shiraz

쉬라즈 품종은 호주 지역뿐만 아니라 유럽에서도 지역의 풍토에 따라 재배할 수 있는데, 실제로 프랑스 론 지역은 쉬라즈 품종이 많이 재배되고 있다. '산타 마게리타 에스테이트 셀렉션 쉬라즈' 와인 역시 이탈리아 시칠리아 섬에서 만날 수 있는 독특한 와인이다. 시칠리아 섬의 온화한 풍경, 드넓은 비탈길에서 만날 수 있는 풍부한 햇살은 쉬라즈 품종과 궁합이 잘 맞는 최적지라 할 수 있다. 호주 또는 프랑스 론 지역의 쉬라즈가 각각 다른 특징을 가지고 있듯이, 산타 마게리타 에스테이트 셀렉션 쉬라즈 역시 시칠리아 섬의 독특한 와인 스타일을 표현하고 있다. 걸쭉한 느낌의 진한 보랏빛을 띠는 쉬라즈 와인에는 맑고 상쾌한 느낌의 신선한 향기가 감지된다. 풍부한 과일향과 오크의 개성적인 바닐라향의 조화는 첫 잔부터 한 병을 비울 때까지 각기 다른 맛을 선사한다.

종류 | 레드 와인

원산지 | 이탈리아, 시칠리아 Sicilia

포도 품종 | 쉬라즈 Shiraz 100%

BODY | Full-Body

알코올 | 14%

음용 온도 | 16~18℃

용량 | 750mL

소비자 가격 | 43,000원

추천 팁 | 산타 마게리타 에스테이트 셀렉션 쉬라즈 와인은 개봉한 순간, 잔에 따르고 난 후의 첫 잔, 중간 정도 시간이 흐른 후의 잔, 마지막에 마시는 잔에 따라 각기 다른 맛을 전해준다. 사람마다 혀의 감응지수가 다르기 때문에 이보다 더 다양하고 오묘한 표현이 나오길 기대한다.

027

와인, 골프와 만나다

카베르네 메를로

Cabernet Merlot

최근 유명 인사들이 와이너리에 관심을 가지고 직접 경영에까지 손을 대고 있는데, 카베르네 메를로도 세계적인 골프스타 그렉노먼이 운영하는 것이다. 단순히 본인 이름의 브랜드마케팅을 넘어 품질로 승부하려는 의지가 돋보이는 와인으로, 세계적 와인 전문지인 와인 스펙테이터(Wine Spectator)가 카베르네 메를로에 '탁월한 와인'이라는 극찬과 함께 91점을 준 바 있는 우수한 와인이다. 와인과 골프는 여전히 부유한 계층에 어울리는 고급 이미지가 강한 것이 사실이다. 그런데 국민 소득 2만 달러를 바라보면서 우리나라에서도 와인과 골프의 대중화가 서서히 이루어지며 생활의 한 부분으로 스며들고 있다.

'1865'라는 이름의 칠레 와인은 골프 마니아들을 위한 것으로 18홀을 65타로 칠 때까지 마신다는 재미있는 뜻이 담겨 있다. 카베르네 메를로도 골프 마니아들의 꿈인 그렉노먼의 신화를 이어받을 수 있다는 상징적인 의미가 담긴 골프 와인이다.

종류 | 레드 와인
원산지 | 호주, 쿠나와라 Coonawara
포도 품종 | 카베르네 소비뇽 Cabernet Sauvignon 90%, 메를로 Merlot 10%
BODY | Medium to Full-Body
알코올 | 14.5%
음용 온도 | 16~19℃
용량 | 750mL
소비자 가격 | 45,000원
추천 팁 | 골프 와인으로 인식되고 있지만 품질에 있어서도 우수성을 인정받고 있는 객관적 평가를, 직접 경험하면서 확인하는 것도 큰 즐거움이 될 듯하다.

028

관능적인 스페인 금발 미녀와 노란 장미

또로살 알바리노

TORROXAL ALBARINO

관능적인 금발 미녀와 노란 장미가 떠오르는 황금 빛깔의 알바리노는 스페인 북서부에 위치한 갈리시아에서 생산된다. 마치 미술 전시회가 열리는 듯 길고 좁은 미로같은 해안이 쭉 뻗어 장관을 이루는 갈리시아는 기후와 토양이 화이트 와인의 재배조건에 잘 맞는다. 특히 알바리노 품종으로 만든 화이트 와인은 부드러움과 강렬함을 동시에 느낄 수 있다. 또 이곳은 어업이 발달하여 각종 해산물 요리를 곁들일 수 있어 알바리노 와인이 더욱 그 가치를 발휘한다.

각종 해산물 축제가 열리게 되면 많은 사람들이 줄을 서서 입장하고 그곳에서 해산물을 먹으면서 알바리노를 함께 즐기는 진풍경을 볼 수 있다.

종류 | 화이트 와인
원산지 | 스페인, 갈리시아 Galicia
등급 | DO
포도 품종 | 알바리노 albarino 100%
BODY | Medium-Body
알코올 | 12.5%
음용 온도 | 10~12℃
용량 | 750mL
소비자 가격 | 45,000원
추천 팁 | 스페인 갈리시아 지방의 명품종인 알바리노는 세계적으로 흔하지 않기 때문에 한번 맛보면 지금껏 마셔보지 못한 알바리노만의 독특한 화이트 와인을 경험하게 될 것이다.

029

휴식처 같은 만남의 장소를 상징하는 횡재 와인

마쫄리노
Mazzolino

이탈리아 롬바르디아 지역의 마쫄리노 와인을 마시는 사람은 횡재를 한 것이나 다름없다. 가격 대비 질과 맛이 아주 훌륭하기 때문이다. 보나르다 품종의 진한 구조감이 맛깔스럽게 잘 반영된, 많은 사람들의 입맛을 만족시키는 대중적인 와인이다. 와인잔에 따라 한모금 맛을 본 순간, 잘 익은 검붉은 보라색의 오디와 함께 농익은 딸기향과 포도향이 그윽하게 입안 가득 풍만함을 전해준다. 마쫄리노는 이탈리아어로 교역의 중심인 '만남의 장소(역마소)'를 뜻하는데, 이름처럼 휴식처 같은 만남의 장소에서 마쫄리노 와인을 곁들이며 좋은 사람들과 좋은 만남, 좋은 인연이 이루어지기를 기대한다.

종류 | 레드 와인
원산지 | 이탈리아, 롬바르디아 Lombardy
포도 품종 | 보나르다 Bonarda 100%
BODY | Medium-Body
알코올 | 13%
음용 온도 | 16~18℃
용량 | 750mL
소비자 가격 | 45,000원
추천 팁 | 마쫄리노 와인을 행사 가격으로 저렴하게 구매할 수 있는 곳을 사전에 확인하는 것이 중요하다. 매장의 특징상 행사 가격으로 받은 마쫄리노는 소진될 경우 정상 가격으로 다시 올려받기 때문에 미리미리 알아보고 구매하길 바란다.

030

무더위를 이길 수 있는 여름 와인

카바 크리스탈리노 브뤼

Cava CRYSTALINO Brut

무더운 여름, 더위를 날려버리고 시원하게 보낼 수 있게 해주는 일명 여름 와인들이 있다. 바로 화이트 와인이나 로제 와인, 발포성 와인 등이다. 카바 크리스탈리노 브뤼는 세계적인 명성을 얻고 있는 데 비해 저렴한 가격으로 즐길 수 있는 대표적인 여름 와인이다. 와인 이름 앞에 붙은 카바(Cava)는 샴페인 방식으로 병에서 발효시키는 발포성 와인을 의미한다. 여름에 차게 두고 마시면, 입안 곳곳에서 불꽃놀이를 하듯 톡톡 쏘는 맛을 느낄 수 있다.

와인의 차가움과 글라스 위에 수정(Crystal) 같이 올라오는 거품의 세계로 빠져든다면 여름은 더 이상 덥고 짜증나는 계절이 아니다. 크리스탈리노 브뤼 와인과 함께 가슴 시원한 여름을 즐겨보자.

종류 | 발포성 와인

원산지 | 스페인, 카탈루냐 Cataluna

포도 품종 | 마카베오 Maccabeo 50%, 자렐로 Xarel-lo 25%, 파렐라다 Parellada 25%

BODY | Light-Medium Body

알코올 | 11.5%

음용 온도 | 8~10℃

용량 | 750mL

소비자 가격 | 45,000원

추천 팁 | 국내에 유통되는 스페인 카바 와인은 수입사마다 다양하다. 특히 다른 나라 또는 다른 지역 발포성 와인과 구분이 어려울 때는 라벨 정면에 카바(Cava)라는 표기가 있는 것을 확인하면 된다.

031

예술가들이 사랑한 와인

안티노리 베르멘티노

Antinori Vermentino

미켈란젤로가 장어와 함께 즐겼다는 유명한 일화 속의 주인공이 다름 아닌, 이탈리아 와인 명가인 안티노리에서 베르멘티노 품종으로 만든 '안티노리 베르멘티노'이다. 생생한 과일향과 가벼운 청량감이 장어의 기름진 뒷맛을 깔끔하게 씻겨주는 것이 특징이다. 예나 지금이나 와인이 건강에 좋은 영향을 미치는지 여부에 대해서는 논란이 많다. 하지만 와인을 즐겼던 미켈란젤로가 90세 가까이 장수했던 것으로 볼 때, 그의 건강에 와인을 즐겨 마시는 습관이 좋은 영향을 미치지 않았을까 추측해 본다.

미켈란젤로뿐 아니라 레오나르도 다빈치 역시 '최후의 만찬'에 포도주를 등장시킬 정도로 애정을 표하고 있는 것으로 보아, 당시 많은 르네상스 예술가들이 와인을 창작 활동의 좋은 동반자로 여겼음을 어렵지 않게 짐작할 수 있다.

종류 | 화이트 와인
원산지 | 이탈리아, 토스카나 Toscana
등급 | DOC
포도 품종 | 베르멘티노 Vermentino 100%
BODY | Medium Body
알코올 | 12.5%
음용 온도 | 10~12℃
용량 | 750mL
소비자 가격 | 49,000원
추천 팁 | 베르멘티노는 유연하면서 경쾌한 느낌을 주는 포도 품종으로 특히 안티노리 베르멘티노 와인은 장어의 기름진 맛을 발랄하고 상쾌한 맛으로 바꿔 신선하게 만들어 준다.

032

그 분야에서 최고가 되길 바라는 마음

울프 블라스 프레지던트 셀렉션 쉬라즈

WOLF BLASS President Selection Shiraz

울프 블라스 프레지던트 와인은 이름에서부터 강한 분위기를 자아낸다. '대통령, 어떤 조직의 최고 직책'이란 뜻을 지니고 있는 프레지던트란 이름의 특성 때문인지 거사를 앞두고 성공을 기원하는 의미에서 선택하는 경우가 많다. 한마디로 이 와인의 이름처럼 되기 위한 사람들의 간절한 바람이 담긴 선택인 것이다. 이렇게 솔직하고 친숙한 방법으로 와인을 선택하다 보면 와인이 대중적인 문화로 자리매김하는 데 많은 도움이될 듯하다. 이거야말로 누구도 강요하지 않은, 자연스럽게 와인을 즐기는 방법이 아닐까.

울프 블라스는 호주 와인 시장에서 최다 판매량을 자랑하면서, 2005년 1월 미국의 리서치 기관인 AC닐슨 조사에서 가격과 품질 부문 1등을 차지하는 영예를 얻은 와인이다. 울프 블라스는 여러 단계별 품종 제품들로 구성되고 있는데, 그 중 프레지던트 쉬라즈는 겨울 동안 억눌렸던 맛과 향이 잘 익은 봄딸기의 신선함으로 분출하듯 맛이 인상적이다.

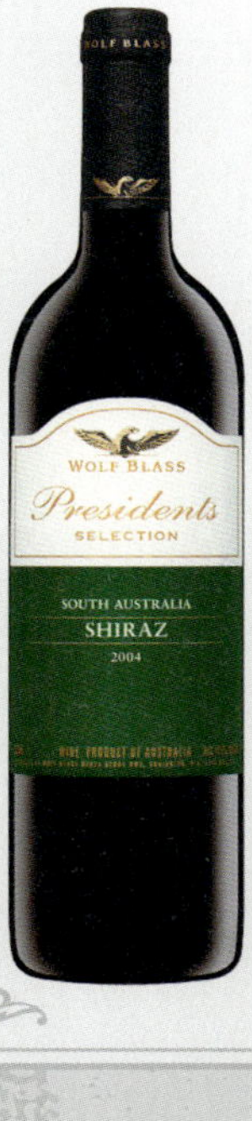

종류 | 레드 와인

원산지 | 호주, 바로사 밸리 Barossa Valley

포도 품종 | 쉬라즈 Shiraz 100%

BODY | Full-Body

알코올 | 15%

음용 온도 | 15~17℃

용량 | 750mL

소비자 가격 | 49,000원

추천 팁 | 울프 블라스는 이글호크, 빌야라, 레드 라벨, 옐로우 라벨, 프레지던트, 골드 라벨, 그레이 라벨, 블랙 라벨, 플래티넘 라벨(울프 블라스 가장 상위 라벨) 등의 포도 품종별로 다양하게 구성되어 있다. 자신의 취향에 맞는 와인을 가격대별로 선택하면 된다. 아울러 성공적인 삶으로 다시 태어나고자 하는 친구나 가족에게도 뜻깊은 선물이 될 것이다.

와인 스토리 Wine Story

033

옛 추억을 마신다

탄디 피노 누아

THANDI Pinot Noir

남아프리카공화국에서 가장 서늘한 기후와 토양 등 우수한 포도 재배 조건을 갖추고 있는 엘긴(Elgin) 지역에 위치한 탄디 와이너리는 엄격한 기준으로 양질의 포도만을 생산한다. 탄디 피노 누아는 부드러운 과육이 혀끝에서 맴도는 긴 여운이 오랜 추억을 생각나게 한다. 탄디 피노 누아의 우수한 품질은 세계적으로 인정받아 유럽 시장에서도 높은 평가를 받고 있다. 피노 누아 품종만 100% 사용해서 만든 와인으로, 자두와 블랙베리류 과일향이 오크향의 아로마로 이어지며 환상적인 조화를 이룬다.

종류 | 레드 와인

원산지 | 남아프리카공화국, 엘긴 Elgin

포도 품종 | 피노 누아 Pinot Noir 100%

BODY | Full-Body

알코올 | 14%

음용 온도 | 15~17℃

용량 | 750mL

소비자 가격 | 50,000원

추천 팁 | 과거 추억으로의 여행을 떠난 듯한 느낌을 주는 탄디 피노 누아는 밸런스와 주질이 뛰어난 와인으로, 최근 일본 시장에서 선풍적인 인기를 얻고 있다.

034

황금빛 물결 출렁이는 포도밭에서 자란

제이콥스 크릭 리저브 샤르도네

JACOB'S CREEK Reserve Chardonnay

제이콥스 크릭 리저브 샤르도네는 언젠가 석양이 질 무렵 방문했던 와이너리로, 아름다운 포도밭이 펼쳐져 있었던 것으로 기억한다. 해가 질 무렵 제이콥스 크릭 와인들의 향미에 취한 채로 통유리를 통해 바라본 포도밭은 가지런한 황금빛 물결 같았다. 제이콥스 크릭은 세계 여러 나라에서 그 명성과 우수한 품질을 인정받고 있으며, 오늘날의 명성을 인정받기까지는 와인에 대한 깊은 애정과 땀 흘리는 노력이 있었다. 호주산 레드 와인으로 다수의 제이콥스 크릭 와인들이 우수한 평가를 받고 있으며, 부드러운 첫맛에 끝맛의 균형감까지 잘 잡혀 있다는 것이 특징이다.

종류 | 화이트 와인

원산지 | 호 주, 바로사 밸리 Barossa Valley

포도 품종 | 샤르도네 Chardonnay 100%

BODY | Light-Medium Body

알코올 | 13.5%

음용 온도 | 10~12℃

용량 | 750mL

소비자 가격 | 50,000원

추천 팁 | 제이콥스 크릭 리저브 샤르도네의 품질에 대한 평가에서 볼 수 있듯이 다수의 제이콥스 크릭 와인들이 좋은 평가를 받고 있다. 이번 기회에 세계 여러 나라에서 인정받고 있는 다른 제이콥스 크릭 와인들의 우수한 품질을 경험해 보는 건 어떨까.

035

와인과 손이 연결된 듯 보이는 착시현상

투 핸즈 엔젤스 셰어

Two Hands Angel's Share

투핸즈는 미첼 트웰프트리(Michael Twelftree)와 리차드 민츠(Richard Minch)가 공동으로 설립한 회사로, 최근 사우스 오스트레일리아 와이너리를 배경으로 세계적인 인정을 받고 있다. 그 여세를 몰아 2004년에는 와인 스펙테이터 선정 100대 와인에 선정되기도 했다. 그 가운데서도 투 핸즈 엔젤스 셰어는 미네랄향과 바닐라향의 절묘한 조화가 새벽 공기를 맡으며, 마시는 은은한 커피맛을 연상케 하는 것이 특징이다.
와인병에 재미있게 손 모양의 라벨이 붙어 있는데, 와인병을 잡을 때 손의 위치를 잘 조정하면 마치 와인과 손이 연결된 것처럼 보이는 독특한 디자인이 눈길을 끈다.

종류 | 레드 와인
원산지 | 호주, 맥러렌 밸리 Mclaren Valley
포도 품종 | 쉬라즈 Shiraz 100%
BODY | Full-Body
알코올 | 14%
음용 온도 | 15~17℃
용량 | 750mL
소비자 가격 | 51,000원
추천 팁 | 투 핸즈 시리즈 와인은 1999년 설립된 짧은 제조 경력에도 불구하고 최근 고품질의 와인이 생산되고 있음을 세계적으로 보여주고 있다. 조금 비싸긴 하지만 투 핸즈 릴리스 가든이나 투 핸즈 벨라스 가든도 같이 즐기면서 투 핸즈 와인의 품질을 직접 확인해 보는 기회를 가졌으면 한다.

036

산들바람에 흔들리는 푸른 초원 속 와인

위룽가 크릭 블랙덕

Willunga Creek Black Duck

호주 지역의 와이너리를 여행하다가 파란 하늘과 맞닿을 것 같은, 초록 빛깔의 평야를 자랑하는 사우스 오스트레일리아의 맥러렌 밸리에서 위룽가 크릭 블랙덕 와인을 만나면 자연과 조화를 이룬 와인의 진수를 느낄 수 있다. 푸른 나무를 뜻하는 위룽가(Willunga) 와이너리에서 아름다운 자연 경관을 벗삼아 와인과 음식을 즐긴다면 지상천국이 따로 없다. 위룽가 크릭 블랙덕 와인의 진한 포도향과 산뜻한 딸기향은 푸른 평야를 헤치고 부는 산들바람과 함께 초록 풀잎들이 숙연해지도록 온 평야를 뒤덮으며 유유히 사라진다.

와인을 한 잔 마시고 난 후 와이너리 주위 경관은 언제 그랬냐는 듯이 잔잔했던 푸른 평야가 산들바람을 따라 이리저리 춤을 춘다. 위룽가 크릭 블랙덕은 풀바디한 와인으로 체리와 베리류의 향이 압도적이며, 입안 전체를 감싸는 오크향과 타닌의 조화는 기분 좋은 여운을 주기에 충분하다.

종류 | 레드 와인

원산지 | 호주, 맥러렌 밸리 Mclaren Valley

포도 품종 | 쉬라즈 Shiraz 100%

BODY | Full-Body

알코올 | 14%

음용 온도 | 15~17℃

용량 | 750mL

소비자 가격 | 51,000원

추천 팁 | 좋은 계절 푸른 나무를 의미하는 위룽가 와이너리의 자연 경관을 떠올리며, 향긋한 블랙덕 와인과 함께 하는 야외 소풍을 계획해 보는 건 어떨까.

성자의 와인

세븐힐 성 이그나티우스

Sevenhill Sa.ignatius

사비에르와 예수회를 창립하고 교황권 회복에 힘쓴 천주교의 성자 이그나티우스의 500주년 탄생을 기념한 와인이다. 민트(박하) 아로마와 다크 체리색이 매혹적이며 감미로운 바닐라향과 타닌의 여운이 입안에 오래 맴돈다. 남호주 클레어 밸리에서 가장 역사가 깊은 세븐힐 와이너리는 와인 생산의 30%가 미사용 와인으로 전 세계 가톨릭 교파에 공급되고 있다. 와인은 식전주인 셰리 스타일로 만들어지는 것이 특징이다.

종류 | 레드 와인

원산지 | 남호주, 클레어 밸리 Clare valley

등급 | DO

포도 품종 | 카베르네 소비뇽 Cabernet Sauvignon 41%, 메를로 Merlot 35%, 말벡 Malbec 11%, 카베르네 프랑 Cabernet Franc 13%

BODY | Medium-Body

알코올 | 14.3%

음용 온도 | 16~18℃

용량 | 750mL

소비자 가격 | 52,000원

추천 팁 | 기존 와인보다 독특한 민트향과 후추향이 매력적인데다 7명의 신부가 와인 메이커이고 미사용 와인이라는 종교적 특징이 심리적으로 반영되어서인지, 누구든 첫잔에 사로잡힌다.

038

칠레 대통령과 FTA 협상단이 선택한 와인

얄리 그랑 레제르바 카베르네 소비뇽

YALI Gran Reserva Cabernet Sauvignon

얄리는 칠레의 토종새 이름에서 유래된 비나 벤티스퀘로(Vina Ventisquero)의 대표 브랜드다. 우아한 와인을 경쟁력 있는 비용으로 제조하겠다는 양조 철학을 가지고 있다. 한국에서는 한국-칠레 간 FTA 협상 때 칠레 대통령과 협상단이 선택했던 와인으로 잘 알려져 있다. 얄리 와인은 칠레 현지에서도 많은 인기를 누리고 있으며, 각종 와인 경연 대회에서 수상을 하는 등 자국에서도 우수성을 인정 받고 있다. 국내에서도 이런 얄리 와인의 우수성을 높게 평가하여 호텔, 레스토랑, 백화점, 전문점 등 다양한 곳에서 판매하고 있다.

얄리 와인은 단계별로 버라이어탈에서 프리미엄까지 4종류의 와인을 생산하고 있다. 그 중 '그랑 레제르바 카베르네 소비뇽'을 특별히 소개한 것은 칠레 대통령이 선택했던 와인이기도 하지만, 잘 익은 과일을 연상시키는 검붉은 색과 은은한 코코아향, 과일향이 조화를 이뤄 온몸을 포근하게 감싸주는 느낌을 주기 때문이다.

종류 | 레드 와인

원산지 | 칠레, 마이포 밸리 Maipo Valley

포도 품종 | 카베르네 소비뇽 Cabernet Sauvignon 85%, 시라 Syrah 15%

BODY | Full-Body

알코올 | 14.5%

음용 온도 | 15~17℃

용량 | 750mL

소비자 가격 | 55,000원

추천 팁 | 얄리 와인의 각 단계별, 포도 품종별 시음을 통해 여러 가지 얄리 와인의 맛을 즐기되, 가격 대비 품질을 평가하는 기회를 가져보는 것도 좋을 듯하다.

039

둘이 함께 연주하는, 사랑이라는 환상적인 하모니

인도미타 프리미엄 듀엣

Indomita Premium DUETTE

듀엣은 많은 와인들 중 가장 애착을 가지고 추천한다고들 하는, 인도미타 리저브의 프리미엄급 와인이다. 듀엣이란 단어는 '둘'이라는 의미도 있지만 흔히 음악에서 볼 수 있는 2중창이나 2중주의 하모니를 생각하면 더 정확할 것이다. 이처럼 듀엣 와인은 세상에 땅과 바다, 낮과 밤, 태양과 달, 남자와 여자가 존재하듯이 '둘'이라는 가장 안정적이고 자연스런 조합이 강조되어 만들어진 와인이다. 그래서일까? 포도 품종도 카베르네 소비뇽과 칠레 토착 품종인 카르메네르 두 가지 품종이 블렌딩되어 만들어져 환상적인 맛의 하모니를 연출하고 있다.

듀엣 와인이 강조하는 '둘'은 영원한 동행을 꿈꾸는 조화를 의미하는 것으로, 결국 이 모든 것은 사랑으로 가는 길로 연결되어 있음을 상징한다. 서로 사랑하기 때문에 자연과 인간이 공존할 수밖에 없다는 것. 듀엣 와인과 함께 그토록 갈망하던 사랑을 찾는다면, 사랑으로 가는 길도 멀지 않을 것이다.

종류 | 레드 와인
원산지 | 칠레, 마이포 밸리 Maipo Valley
포도 품종 | 카베르네 소비뇽 Cabernet Sauvignon 85%,
카르메네르 Carmenere 15%
BODY | Full-Body
알코올 | 14.5%
음용 온도 | 16~18℃
용량 | 750mL
소비자 가격 | 55,000원
추천 팁 | 인도미타 프리미엄급의 듀엣은 부드러운 타닌과 은은한 바닐라향이 조화되어 알코올의 무게감이 안정적으로 느껴지는 와인으로, 환상적이라는 표현을 써도 부족함이 없다.

040

사랑과 행복을 축복하는 결혼식 와인

테일러스 카베르네 소비뇽

TAYLORS Cabernet Sauvignon

세계 유수의 와이너리들 대부분은 가족 경영으로 시작하여 와인 생산 회사로 성장해 왔다. 호주의 테일러스 와이너리 역시 가족 소유로 정성과 혼이 담긴 와인들을 만들고 있다. 특히 테일러스 카베르네 소비뇽은 다른 와인보다 온화하고 따뜻한 정감이 흐른다. 가족 사랑의 마음이 간절해서인지 테일러스 카베르네 소비뇽은 단순한 와인을 넘어 이 세상의 사랑, 행복, 꿈, 희망, 평화 등이 모두 담겨진 소중한 와인을 의미한다.

이 와인 속에 담겨진 소중한 메시지는, 수년간의 숙성을 거쳐 세계 와인 소비자들의 가슴에 안기는 순간 간절히 원하는 소원들이 이루어진다는 긍정적인 의미도 함축하고 있다. 연분홍 한복 치마가 펼쳐진 것처럼 고운 빛깔을 가진 테일러스 카베르네 소비뇽은 사랑하는 사람의 품처럼 온화하고 향기롭다. 또한 호주 와인의 장점만을 모은 향과 맛으로 이루어져 있다고 해도 과언이 아닐 정도로 가격 대비 품질이 우수하다.

종류 | 레드 와인
원산지 | 호주, 클레어 밸리 Clare Valley
포도 품종 | 카베르네 소비뇽 Carbernet Sauvignon 100%
BODY | Full-Body
알코올 | 14.5%
음용 온도 | 15~17℃
용량 | 750mL
소비자 가격 | 55,000원
추천 팁 | 레드 와인이지만 화이트 와인에서 느낄 수 있는 신선한 맛과 묵직한 타닌은 서늘한 바람처럼 시원하다. 신선한 바닐라향의 레드 와인을 선호하는 사람들의 입맛에 잘 맞는 와인이다.

041

해산물이 생각나는 스페인 명물 화이트 와인

테라스 가우다

TERRAS GAUDA

스페인 갈리시아 지방에서 유명한 화이트 품종은 알바리노이다. 알바리노 품종은 특유의 신선함과 상큼한 과일맛을 느끼게 하는데, 이 특징을 가장 잘살린 와인이 바로 테라스 가우다이다. 테라스 가우다는 바닷가의 시원스런 파도와 해산물이 연상되는 스페인 명물 화이트 와인으로, 그냥 먹어도 맛있지만 해산물을 곁들여 마시면 더 환상적이다.

가격 대비 품질이 우수한 테라스 가우다는 스페인 갈리시아 지방의 아름다운 해안을 끼고 자라는 알바리노 품종의 최고 작품이라고 할 수 있다. 무엇보다 신선하고 쾌활한 기분을 안겨주며, 전체적으로 느껴지는 경쾌하고 생동감 있는 맛과 향의 구조가 인상적이어서 오랜 여운을 남긴다.

종류 | 화이트 와인

원산지 | 스페인, 갈리시아 Galicia

등급 | DO

포도 품종 | 알바리노 Albari o 100%

BODY | Medium to Full-Body

알코올 | 12%

음용 온도 | 10~12℃

용량 | 750mL

소비자 가격 | 55,000원

추천 팁 | 테라스 가우다는 전체적으로 경쾌하고 생동감 넘치는 맛과 향의 구조감이 인상적이어서 오랜 여운을 남기는 와인이다. 바닷가에서 와인잔을 기울이듯 향수에 젖게 만든다.

042

와인계의 히로인

스트라톤 루미스 나파 밸리

STRATTON LUMIS Napa Valley

스트라톤 루미스는 미국 골든글러브와 에미상 시상식, 선댄스 영화제 등 큰 행사에서 만찬주로 애용될 정도로 맛과 향, 색깔에 있어서 화려한 행사장과 시상식에 잘 어울리는 와인이다. 미국 캘리포니아의 와인 명산지인 나파 밸리에서 유명 와이너리가 분포한 러더포드(Rutherford)와 오크빌(Oakville)의 포도를 사용하는 스트라톤 루미스는 화려한 색상의 와인 라벨이 눈길을 끈다. 첫맛은 바닐라와 과실향이 복합적이면서 강하지만 점점 정교함을 느낄 수 있는 세련된 맛이 특징이다.

종류 | 레드 와인

원산지 | 미국, 나파 밸리 Napa Valley

포도 품종 | 카베르네 소비뇽 Cabernet Sauvignon 95%, 메를로 Merlot 5%

BODY | Full-Body

알코올 | 14.4%

음용 온도 | 15~17℃

용량 | 750mL

소비자 가격 | 59,000원

추천 팁 | 2005년 LA Wine Competition 금상, 샌프란시스코 Wine Competition 금상을 수상하며 객관적인 검증을 받은 와인이다. 만찬주 전용주로 단체 행사나 연말 행사 때 잘 어울리는 세련된 와인이다.

043

님프를 사랑한 꽃의 여신의 부활

플로라 스프링스 나파 밸리 샤르도네

FLORA SPRINGS Napa Valley Chardonnay

플로라 스프링스는 그 이름에서 느껴지듯 향기가 가득한 부드러운 화이트 와인이다. 풍부한 과실향과 신선함은 한 떨기 꽃잎이 봄의 기운으로 재생하는 새 생명처럼 느껴진다. 이 와인에 얽힌 신화 이야기를 하자면, 꽃의 여신플로라는 숲의 신 님프를 몹시 사랑했는데 그가 죽자 모든 꽃들이 우러러볼 수 있는 꽃으로 부활시켜 달라고 아폴론 신에게 간청했고 결국 님프는 영원한 사랑의 상징인 붉은색 장미로 다시 태어나게 되었다. 그래서일까?

플로라 스프링스 와인 라벨에는 아직도 꽃의 여신의 애절한 사랑과 향기를 담아, 부활한 새 생명의 님프에게 헌정하고 있는 아름다운 모습이 보이는 듯하다. 연인들이나 부부가 사랑을 확인하고 고백할 때 어울리는 와인으로 플로라 스프링스는 질적으로 우수할 뿐 아니라, 연간 4,500 케이스의 소량 생산으로 희귀성까지 갖추고 있어 미국 백악관 국빈 만찬주로 애용되고 있다.

종류 | 화이트 와인
원산지 | 미국, 나파 밸리 Napa Valley
포도 품종 | 샤르도네 Chardonnay 100%
BODY | Light-Body
알코올 | 14.4%
음용 온도 | 10~12℃
용량 | 750mL
소비자 가격 | 59,000원
추천 팁 | 플로라 스프링스 와이너리에서 생산되는 와인은 샤르도네 이외에 레드 와인도 있다. 플로라 스프링스 트릴로지, 플로라 스프링스 나파 밸리 메를로도 훌륭한 와인이다.

044

원초적 본능의 샤론 스톤 같은 섹시함

에로이카 리슬링

EROICA Riesling

세상에서 가장 섹시한 리슬링이란 의미에서 '에로티카'라는 애칭으로도 불리는 에로이카 리슬링은 입안을 촉촉하게 적셔주는 상큼함이 도발적이면서 매혹적인 와인이다. 달콤함으로 첫 입맛을 유혹하는 에로이카 리슬링 와인은 경쾌하고 생기 발랄한 느낌에 흠뻑 빠질 수밖에 없는, 마치 섹시 심벌배우 샤론 스톤과도 닮았다. 그런데 사실 에로이카라는 명칭은 '영웅'으로 알려진 베토벤 교향곡의 제목으로 원래 '보나파르'라고 지었으나, 나폴레옹 황제 즉위에 실망한 베토벤이 에로이카로 고쳤다고 한다.

그 이름의 유래야 어찌되었건 와인 스펙테이터(Wine Spectator)의 100대 와인에 선정된 훌륭한 와인이라는 것은 변하지 않는 사실이다.

종류 | 화이트 와인
원산지 | 미국, 야키마 밸리 Yakima Valley, 콜롬비아 밸리 Columbia Valley
포도 품종 | 리슬링 Riesling 100%
BODY | Medium-Body
알코올 | 12.5%
음용 온도 | 10~12℃
용량 | 750mL
소비자 가격 | 59,000원
추천 팁 | 에로이카 와인처럼 리슬링 품종으로 만든 다른 나라의 리슬링 품종도 다양하게 맛보고, 덤으로 가까운 친구와 언어 유희도 즐겨보자.

와인에 한이 배어 있다!

도멘 마르셀 다이스 알자스

Domaine Marcel Deiss Alsace

도멘 마르셀 다이스 알자스는 프랑스의 알자스에서 나오는 와인이다. 알자스는 중학교 국어시간에 배웠던, 잔잔한 감동이 느껴지던 알퐁스 도데의 《마지막 수업》 배경이 되는 역사적인 곳이다. 몇 번의 전쟁으로 모국어를 빼앗기고 나라 없는 설움과 고통을 겪은 알자스의 한은, 우리가 겪었던 아픈 역사의 한(恨)과도 통한다. 국토 분쟁의 아픔을 겪은 만큼 많은 사연을 가진 알자스는 와인 역시 다양한 향기를 품고 있다. 도멘 마르셀 다이스 알자스는 라일락꽃 향기와 풀잎향이 풋풋한 젊은 시절의 아련한 추억과 첫사랑을 생각나게 한다.
이 와인 한 잔의 풍미에 취하면 이루지 못한 첫사랑도 다시 돌아올 것만 같은 진한 그리움과 우수에 젖어들게 한다. 와인의 테루아를 중시하기로 유명한양조업자, 장 마르셀 다이스가 만든 와인인 것만으로도 훌륭한 품질을 기대할 수 있다.

종류 | 화이트 와인

원산지 | 프랑스, 알자스 Alsace

포도 품종 | 피노 블랑 Pinot Blanc 60%, 리슬링 Riesling 20%, 피노 그리스 Pinot Gris 10%, 게부르츠트라미너 Gewurztraminer 10%

BODY | Full-Body

알코올 | 13.5%

음용 온도 | 10~12℃

용량 | 750mL

소비자 가격 | 59,000원

추천 팁 | 알자스의 아픈 역사도 되새겨보고 알퐁스 도데의 〈마지막 수업〉에 대한 기억을 되살려, 풋풋하고 젊었던 시절의 아름다운 추억과 첫사랑을 느껴보자.

신선한 바람 같은 생활의 활력소

테일러스 아들레이드 힐 소비뇽 블랑

TAYLORS Adelaide Hills Sauvignon Blanc

누구라도 힘들고 어려운 상황과 마주하게 되면 극복하기 위해 무의식적으로 의지할 무언가를 찾게 된다. 물론 그것이 종교든, 일이든 무작정 그 대상에 매달리는 것은 문제가 되겠지만, 그 대상을 통해 위안을 받고 기운을 차릴 수 있게 된다면 긍정적으로 바라봐도 좋을 것이다.

2009년 시드니 국제 와인 경연 대회에서 찬사를 받은 '테일러스 소비뇽 블랑'은 오픈과 동시에 진하게 느껴지는 신선한 메론향과 민트향이 심신의 피로와 스트레스를 이완시켜 준다. 특히 맑고 투명한 색깔에서 느껴지는 상쾌함은 목넘김에 이르러서는 경쾌한 기분까지 들게 한다.

종류 | 화이트 와인
원산지 | 호주, 아들레이드 힐 Adelaide Hills
포도 품종 | 소비뇽 블랑 Sauvignon Blanc 100%,
BODY | Medium to Full-Body
알코올 | 13.5%
음용 온도 | 10~12℃
용량 | 750mL
소비자 가격 | 60,000원
추천 팁 | 우울하거나 외로울 때는 테일러스 소비뇽 블랑 한 잔에도 큰 위로를 받을 수 있다. 직접 경험해 보라. 그런 날만큼은 테일러스 소비뇽 블랑 와인이 행복한 동행이 되어줄 것이다.

047

복숭아 향기 가득한

파이크 트래디셔널 리슬링

Pikes Traditional Riesling

호주 클레어 밸리에서 생산되는 파이크 트래디셔널 리슬링은 아름다운 복숭아향이 인상적인 와인이다. 리슬링이라는 품종을 봤을 때 새콤달콤한 와인이라고 생각할 수 있으나, 독일의 일반적인 리슬링처럼 달지 않은 신선한 산도감이 상쾌하고 향기로운 와인이다. 2007년에는 호주의 수도 캔버라(Canberra)에서 열린 리슬링 와인 경연 대회 동상을 수상하기도 했다.

참고로 파이크(Pike)는 푸른 노란색을 띤 '창꼬치'라는 어류인데 파이크 트래디셔널 리슬링의 빛깔에서도 같은 색감을 느낄 수 있다. 파이크 트래디셔널 리슬링 와인은 리슬링 품종의 새로운 향과 맛을 경험할 수 있는 좋은 기회를 안겨줄 것이다.

종류 | 화이트 와인

원산지 | 호주, 클레어 밸리 Clare Valley

포도 품종 | 리슬링 Riesling 100%

BODY | Medium to Full-Body

알코올 | 12%

음용 온도 | 10~12℃

용량 | 750mL

소비자 가격 | 60,000원

추천 팁 | 와인을 열고 복숭아 향기를 맡는 순간, 복숭아를 무척 좋아하시는 아버님이 생각났다. 어린 시절의 추억이 떠오를 땐 파이크 트래디셔널 리슬링 와인의 향기에 취해보는 것도 좋다.

048

세계적 와인 전문가로부터 극찬을 받다

루손 알토스
LUZON ALTOS

알토스 와인은 레반테의 후미야 지역에 위치한 루손 와이너리(Luzon Winery)에서 생산된다. 전통적인 양조 기술과 과학적 시스템의 조화로 우수한 품질의 와인을 생산하고 있는 루손 와이너리는 알토스 와인을 만들면서 더욱 주목받고 있다. 이러한 세계적 관심은 알토스 와인 2003년산 빈티지가 2005년 와인 스펙테이터(Wine Spectator)지 100대 와인에 선정되는 영광을 얻으면서 더 커졌다. 특히 와인 평론가 로버트 파커는 루손 와이너리의 고품질 소량 생산에 대해 프랑스 유명 샤토들보다 더 희소성 있다고 평가했다.
가끔 와인의 겉모습만 보고 와인을 구매하는 사람들이 있는데, 비록 와인병 겉모습은 단순하지만 색깔, 맛, 향기의 화려함만큼은 깊은 인상을 준다. 루손 알토스 와인으로 짙은 농도의 타닌과 과실향이 어우러진 건포도의 향긋함을 만끽해 보자.

종류 | 레드 와인
원산지 | 스페인, 후미야 Jumilla
등급 | DO
포도 품종 | 모나스트렐 Monastrell 50%, 카베르네 소비뇽 Cabernet Sauvignon 25%, 템프라니요 Tempranillo 25%
BODY | Full-Body
알코올 | 14.5%
음용 온도 | 16~18℃
용량 | 750mL
소비자 가격 | 64,000원
추천 팁 | 와인에 대한 여러 가지 속설이 많다. 속설은 어디까지나 속설일 뿐 과학적인 근거가 없는 경우가 많으므로 와인 그 자체로 편하게 마셨으면 한다. 알토스 와인 역시 어려운 양조학적 접근이나 와인의 속설로 편견을 갖기보다는 편한 와인으로 경험해 보길 바란다.

눈 오는 날 어울리는 와인

코얌
COYAM

'참나무'라는 뜻을 가진 코얌 와인은 친환경 포도밭으로 유명한 비네도스 에밀리아(Vinedos Emiliana)에서 엄격한 토양 관리와 통합적 생산 시스템에 의해 탄생한다. 일명 칠레 유기농 와인으로 유명한 코얌은 세계적으로 많은 판매량을 유지하고 있다. 고급스러운 건포도의 풍미가 입안에 퍼지면서 오크 숙성에서 생성된 특유의 풍미가 뒤따르고, 양질의 타닌이 뛰어난 응축감을 선사한다. 이어 달콤하고 실크처럼 부드러운 베리향이 허브향과 조화를 이루며 여운을 남긴다. 이처럼 잘 조화된 코얌의 과실향은 절제된 감정을 잘 표현해 주는 감성적 와인으로 특히 겨울에 느낌이 좋다. 눈 오는 날 와인잔에 코얌을 따라 좋은 사람들과 건배하면, 시간이 흐르면서 코얌의 향기로운 포도향이 서서히 번지는 것을 느낄 수 있다. 코얌의 검붉은 색이 비치는 와인잔을 들어 한모금 마시면, 누구라도 달콤하고 부드러운 타닌에 매료될 수밖에 없다.

종류 | 레드 와인

원산지 | 칠레, 센트럴 밸리 Central Valley

포도 품종 | 시라 Syrah 34%, 메를로 Merlot 31%, 카르메네르 Carmenere 17%, 카베르네 소비뇽 Cabernet Sauvignon 12%, 말벡 Malbec 3%, 무르베드르 Mourvedre 3%

BODY | Full-Body

알코올 | 14.5%

음용 온도 | 15~17℃

용량 | 750mL

소비자 가격 | 64,000원

추천 팁 | 코얌 와인의 조화로운 과실향은 절제된 감정을 잘 표현해 줄 수 있는 감성을 불러일으키기에 충분하므로 추운 겨울에 특히 느낌이 좋다.

050

조지 부시 대통령의 감사 서한을 받은

핀카 발피에드라 레세르바

Finca Valpiedra Reserva

핀카 발피에드라 레세르바는 스페인 에브로강에 인접한 리오하의 독립 포도원에서 만든 질 좋은 와인이다. 아름다운 빛깔과 은은한 과실향을 지니고 있는 이 와인은 조지 부시 미국 대통령이 감사 서한을 보낸 일화로 유명하다. 대통령이 감사 서한까지 보낸 사연은 이렇다. 부시 대통령이 자신의 이름을 붙인 도서관에서 주최한 저녁 만찬 행사에서 핀카 발피에드라 레세르바를 선보였다. 맛과 향취가 뛰어난 이 와인은 만찬에 모인 사람들의 마음을 흠뻑 젖게 만들었고, 참석한 귀빈들은 즐겁고 유쾌한 대화의 시간을 가질 수 있었다.

사람들은 이 와인에 호응과 격찬을 아끼지 않았고, 매력적인 와인 덕분에 만찬 행사는 만족스럽게 끝이 났다. 가까운 친구에게도 편지 한 장 보내기가 쉽지 않은 터에 전직 대통령이 감사 서한까지 보낸 에피소드는 와인 한 잔의 힘이 얼마나 큰 것인지를 잘 보여주는 동시에 핀카 발피에드라 레세르바를 더욱 빛나게 했다.

종류 | 레드 와인

원산지 | 스페인, 리오하 Rioja

등급 | DOC

포도 품종 | 템프라니요 Tempranillo 90%, 카베르네 소비뇽 Cabernet Sauvignon 5%, 마주엘로 Mazuelo & 그라시아노 Graciano 5%

BODY | Medium to Full-Body

알코올 | 13.5%

음용 온도 | 15~17℃

용량 | 750mL

소비자 가격 | 65,000원

추천 팁 | 리오하의 와인은 호벤(Joven, 전혀 숙성되지 않음), 크리안자(Crianza, 최저 1년 숙성), 레세르바(Reserva, 최저 3년 숙성), 그랑 레세르바(Gran Reserva, 최저 5년 숙성)로 나눈다. 단계별 차이를 느끼고 싶다면 숙성에 따른 종류별 와인을 선택하여 시음해 본다.

051

문학적 향수가 그리운 날, 시를 읊으며 건배하라

이니스프리 카베르네 소비뇽

INNISFREE Cabernet Sauvignon

이니스프리 카베르네 소비뇽은 1923년 노벨 문학상에 빛나는 아일랜드의 시인이자 극작가 예이츠의 이상향에 대한 동경을 담은 시 《The Lake Isle of Innisfree》에서 이름을 따온 와인이다. 조셉 펠프스 와인의 혈통을 고스란히 물려받아 훌륭한 빈티지에서만 특별히 만들어지는 와인임에도 저렴한 가격을 자랑한다. 어두운 보랏빛에서 응집도가 느껴지는 이니스프리는 온갖 과일의 향취를 느낄 수 있는 풍부한 맛과 향이 입안 가득 깔끔하게 퍼지며 상큼한 여운을 남긴다.
매혹적인 보랏빛에서 자연적 낭만을 찾는 여성들 사이에서 인기가 좋은 와인이다. 문학적 향수를 느끼며, 좋아하는 시 한 편 읊으면서 이니스프리 와인의 맛과 향취를 느끼는 것도 색다른 경험이 될 것이다.

종류 | 레드 와인
원산지 | 미국, 나파 밸리 Napa Valley
포도 품종 | 카베르네 소비뇽 Cabernet Sauvignon 100%
BODY | Medium to Full-Body
알코올 | 13.8%
음용 온도 | 16~18 ℃
용량 | 750mL
소비자 가격 | 65,000원
추천 팁 | 풍부한 과실향이 입안 가득히 퍼지며 상큼하고 깔끔한 여운을 남긴다. 깊어가는 가을, 평소 좋아하는 시 한 편을 읊으며 와인을 즐기는 것도 뜻깊은 경험이 되지 않을까?

052

편안하고 행복해지는 와인

파 니엔테 샤르도네

Far Niente Chardonnay

일반적으로 화이트 와인보다 레드 와인이 건강과 맛에서 더 낫다고 생각하는 경향이 있다. 하지만 화이트 와인의 진수를 보여주는 파 니엔테 샤르도네처럼 훌륭한 와인을 마셔보면 레드 와인과 화이트 와인의 구분이 무의미하다는 것을 알게 된다. 파 니엔테 와이너리의 '아무 근심 걱정 없이' 와인을 즐기라는 의미는 와인 한 잔 속에 더 큰 사랑을 담아준다. 그래서인지 파 니엔테 샤르도네를 마시면 마치 입안에서 복숭아 껍질의 솜털이 자라고 있는 듯 부드러운 여운을 주고 편안한 행복감을느끼게 된다.

보통 화이트 와인은 2차 발효를 생략하는데, 샤르도네 품종의 경우 산도가 강하면 이 과정을 거치는 경우가 있다. 그러나 파 니엔테 샤르도네는 처음부터 당도와 산도의 균형이 잘 맞아 2차 발효 과정이 필요하지 않은 선천적인 조건을 갖춘 훌륭한 와인으로, 지하 동굴에 저장고를 두고 세심한 관리가 이루어지고 있다.

종류 | 레드 와인
원산지 | 미국, 나파 밸리 Napa Valley
포도 품종 | 카베르네 소비뇽 Cabernet Sauvignon 100%
BODY | Medium to Full-Body
알코올 | 13.8%
음용 온도 | 16~18 ℃
용량 | 750mL
소비자 가격 | 65,000원
추천 팁 | 풍부한 과실향이 입안 가득히 퍼지며 상큼하고 깔끔한 여운을 남긴다. 깊어가는 가을, 평소 좋아하는 시 한 편을 읊으며 와인을 즐기는 것도 뜻깊은 경험이 되지 않을까?

새 생명의 탄생을 기념하며

에라스 오레곤 피노 누아

ERATH Oregon Pinot Noir

아이의 탄생을 기념하기 위해 와인을 찾는 사람들이 있다. 아기가 2001년도에 탄생했다면 2001년도 빈티지 와인을 구입해 두었다가 아이가 성년이 되는 날에 와인을 선물하는 장기 이벤트이다. 이와 같은 '아기탄생기념 와인'은 이미 유럽에서는 활성화되어 있는데, 우리나라에서도 최근 관심이 높아지고 있는 아이템이다. 독자들 중에도 탄생기념 와인을 계획하고 있다면 단연 '에라스 오레곤 피노 누아'를 추천하고 싶다. 소량 생산되는 피노 누아라는 섬세한 포도 품종의 특징을 반영하듯, 소중한 사람에게 의미 있는 와인이 될 것이다. 블랙 체리향에 감미로운 야자과일 맛의 부드러운 타닌이 느껴지는 '에라스 피노 누아' 와인은 에라스 와이너리의 깊은 애정을 고스란히 담고 있다. 고가에 형성되어 있어 그 동안 쉽게 접할 수 없었던 피노 누아를 많은 사람들이 부담없이 즐길 수 있도록 비교적 저렴한 가격으로 책정되어 있다.

피노 누아에 대한 에라스 와이너리의 전폭적인 관심과 고객 지향적인 사랑은 혼신을 다하는 에라스 와이너리 가족의 열정이라고 할 수 있다. 정성들여 포도를 가꾸고 수확해서 와인으로 생산하기까지 헌신을 다하는 에라스 와이너리의 열정이 전해져, 이 세상 모든 아기들이 오레곤 지역의 피노 누아 와인처럼 최고로 자라나기를 기원한다.

종류 | 레드 와인

원산지 | 미국, 오레곤 Oregon

포도 품종 | 피노 누아 Pinot Noir 100%

BODY | Full-Body

알코올 | 13.5%

음용 온도 | 16~18℃

용량 | 750mL

소비자 가격 | 65,000원

추천 팁 | 아기탄생기념 와인은 자식에 대한 부모의 사랑을 색다르게 표현한 것으로, 에라스 오레곤 피노 누아가 아니어도 의미 있는 다른 와인을 선택해서 나름대로의 스토리를 만들어도 좋다.

054

기업체 최고 특판용 와인

르 페러렁 드 라퐁 로셰

Les Pelerins de Lafon Rochet

르 페러렁 드 라퐁 로셰는 프랑스 보르도의 생테스테프 지역에서 생산되는 제품으로 그랑 크뤼 4등급인 샤토 라퐁 로셰의 세컨드 와인(Second wine – 약간 질이 떨어지거나, 성숙되지 않은 와인)이다. 비록 세컨드 와인이긴 하지만 부드러운 질감과 적당한 떫은맛, 신맛, 단맛이 조화를 잘 이뤄 좋은 와인의 조건을 모두 갖추고 있다. 이 와인은 2006년 소비자 가격 5만 원대 이상 프랑스 와인 중 가장 많이 팔린 상품 중 하나였고, 국내 최고 기업체의 기념 와인으로 선정되기도 했다.
가격 대비 좋은 품질, 맛과 인지도, 시각적인 효과가 눈길을 끌었던 데다, 대량 납품으로 인한 적절한 가격 인하 효과, 적정 수준의 재고 등이 기념 와인으로 선정되는데 기여했다고 볼 수 있겠다. 적절한 가격과 좋은 맛, 고품질, 높은 인지도를 두루 갖춘 와인을 찾는다면 르 페러렁 드 라퐁 로셰를 적극 추천한다.

종류 | 레드 와인
원산지 | 프랑스, 생테스테프 Saint-Estephe
등급 | AOC
포도 품종 | 카베르네 소비뇽 Cabernet Sauvignon 55%, 메를로 Merlot 40%, 카베르네 프랑 Cabernet Franc 5%
BODY | Medium to Full-Body
알코올 | 12.5%
음용 온도 | 15~17℃
용량 | 750mL
소비자 가격 | 65,000원
추천 팁 | 르 페러렁 드 라퐁 로셰를 통해 각 그랑 크뤼 와인들의 세컨드 와인 수입 현황과 가격을 비교해 보고, 이 와인들의 품질을 평가해 보는 의미 있는 시간을 가져보자.

와인 바람부는 압구정동! 샴페인 유행의 리더

모에 에 샹동 브뤼 임페리얼

Moet & Chandon Brut Imperial

청담동에 위치한 모 클럽은 유명 연예인을 비롯하여 외국의 유명 인사들까지 찾을 정도로 인기가 높다. 심지어 이 클럽의 비즈니스적인 성공을 벤치마킹하기 위해 외국에서 방문하는 경우도 있다. 이렇게 이 클럽이 국내외적인 이슈로 떠오르면서 사람들의 발길이 끊이지 않는데, 금요일이나 토요일 늦은 밤에는 입구 앞에서부터 줄이 늘어선 것을 심심찮게 볼 수 있다. 이 클럽 파티에서 빠질 수 없는 것이 바로 '모에 에 샹동 브뤼 임페리얼'이다.

여러 가지 다양한 행사와 파티 이벤트로 흥분된 분위기에 샴페인 한 잔이 곁들여지면 온몸에서 그들만의 축제가 벌어지는 것이다. 열정적인 축제를 즐긴 사람들은 '모에 에 샹동'과 함께한 환상적인 경험을 잊을 수 없어, 다시 또 찾게 된다고 한다. 샴페인을 마시며 떠올리는 환상적인 경험, 그 추억이 주는 즐거움을 생각하면 샴페인의 영향력이 얼마나 큰지 느낄 수 있다.

종류 | 발포성 와인

원산지 | 프랑스, 샹파뉴 Champagne

포도 품종 | 피노 누아 Pinot Noir 50%, 샤르도네 Chardonnay 21%, 피노 뫼니에 Pinot Meunier 29%

BODY | Full-Body

알코올 | 12%

음용 온도 | 8~10℃

용량 | 750mL

소비자 가격 | 69,000원

추천 팁 | 연인, 친구, 가족을 위해 이벤트가 필요하다면 모에 에 샹동과 함께 하라. 환상적이고 열정적인 경험을 같이한 소중한 시간은 잊지 못할 추억으로 오래 기억될 것이다.

첫눈 오는 날의 선택

샤토 생 폴리
Chateau Saint-Poly

첫눈 오는 날 가족이나 친구, 연인에게 전화를 걸고 싶은 충동을 느껴봤을 것이다. 특히 모두 잠든 새벽에 내리는 눈을 보면 더더욱 그러하다. 영화 〈싸이드웨이(Sideways)〉를 보면 '와인은 특별한 날에 오픈하는 것이 아니라 와인을 오픈하는 날이 특별한 날'이라는 명대사가 나온다.
와인을 마셨기 때문에 아름다운 추억을 가질 수 있고, 와인과 함께 있다는 사실만으로 늘 행복할 수 있다는 것을 보여주는 샤토 생 폴리. 부드러운 질감처럼 섬세하고 온화한 맛과 향을 가진 샤토 생 폴리, 크게 가격 부담이 되지 않으면서도 맛과 향이 훌륭한 와인으로 특별한 날의 친구로 손색이 없다.

종류 | 레드 와인
원산지 | 프랑스, 생테밀리옹 Saint-Emilion
등급 | AOC
포도 품종 | 메를로 Merlot 75%, 카베르네 프랑 Cabernet Franc 15%
카베르네 소비뇽 Cabernet Sauvignon 10%
BODY | Medium-Body
알코올 | 13%
음용 온도 | 15~18℃
용량 | 750mL
소비자 가격 | 70,000원
추천 팁 | 부드러운 포도의 질감이 느껴지듯 섬세하고 온화한 맛과 향을 가진 생테밀리옹 그랑 크뤼 와인으로 오래 기억될 나만의 특별한 날을 만들어보자.

057

자연 그대로가 느껴지는 맛

엘레강스 아이스 와인

Eleganz Eiswein

와인의 맛, 원산지, 브랜드 인지도를 떠나 아이스 와인 자체에 대해서는 대부분 긍정적인 평가를 내리는 것 같다. 비싸고 소량 생산된다는 이미지 때문에 선물용으로 환영받고 있는데다, 우리나라 사람들 대부분이 선호하는 달콤함과 가늘고 예쁘게 디자인된 병 모양까지 여러 면에서 국내 소비자들의 마음을 사로잡을 만하다. 아이스 와인의 시작은 1794년 독일 프랑코니아(Franconia) 지방에서 최초로 아이스바인(Eiswein)이 생산된 것에서 찾을 수 있다. 영하 6도 이하에서 8시간 지속된 포도를 수확하는 엘레강스 아이스 와인은 포도가 얼 때까지 기다린 후 황금빛 색깔을 유지해야만 우수한 품질의 아이스 와인으로 탄생한다.

독일, 캐나다, 오스트리아 등에서 생산되는 아이스 와인은 각국의 제조방법 규정에 맞게 다양한 형태로 출시된다. 엘레강스 아이스 와인은 그 신선하고 달콤한 맛이 마치 사계절의 다양함이 모두 느껴지는 독특한 와인이다. 한마디로 '자연 그대로가 느껴지는 맛'을 지녔다고 할까.

종류 | 아이스 와인
원산지 | 독일, 라인하센 Rheinhessen
포도 품종 | 리슬링 Riesling 100%
BODY | Light-Body
알코올 | 11%
음용 온도 | 8~10℃
용량 | 375mL
소비자 가격 | 70,000원
추천 팁 | 독일, 캐나다, 오스트리아의 아이스 와인은 인공적으로 포도를 얼려서 만드는 것을 법적으로 금지하고 있으나, 다른 나라에서 만든 인위적으로 얼린 포도로 만든 아이스 와인은 유통되고 있다. 정확히 표현하면 정통 아이스 와인이 아닌 아이스 와인 스타일의 상업적인 와인이므로 구분해서 즐기도록 하자.

058

평화를 위한 축배 (Toast to Peace!)

슈램스버그 블랑 드 블랑
Schramsberg Blanc de Blancs

블랑 드 블랑은 적포도 품종으로 만든 화이트 와인으로, 탱크통이 아닌 병 안에 당분과 효모를 넣어 2차 발효를 시켜서 만든다. 미국 최초로 샴페인 제조 방식을 도입해서 만든 스파클링 와인으로, 입안에 느껴지는 시원한 탄산의 청량감이 상쾌함과 낭만을 불러일으킨다. 여성들의 입맛을 자극하는 화려하고 향긋한 감귤, 복숭아 등의 아로마와 샤르도네의 신선한 레몬, 파인애플맛 등이 조화를 이룬다.

1972년 미국 닉슨 대통령이 베이징에서 저우언라이(주은래) 중국 총리와 회담하는 자리에서 '평화를 위한 축배(Toast to Peace)' 용으로 블랑 드 블랑을 선보이며 국제적 명성을 얻게 된 역사적 와인으로도 알려져 있다.

종류 | 스파클링 와인

원산지 | 미국, 캘리포니아 북부 해안지역(나파 Napa, 소노마 Sonoma, 멘도시노 Mendocino, 몬터레이 Monterey, 마린 Marin)

포도 품종 | 샤르도네 Chardonnay 100%

BODY | Medium-Body

알코올 | 12.9%

음용 온도 | 8~10℃

용량 | 750mL

소비자 가격 | 75,000원

추천 팁 | 여성들의 입맛을 자극하는 매우 화려하고 향긋한 감귤, 복숭아 등의 아로마와 샤르도네의 신선한 레몬, 파인애플 맛 등이 조화를 이룬다.

사랑해도 될까요?

콘트라다 디 콘체니고

Contrada di Concenigo

'콘트라다 디 콘체니고'가 탄생하기까지 벨렌다(Bellenda) 와이너리의 코스모스(Cosmos) 가문이 쏟은 헌신과 사랑은 연인에게 하는 것 그 이상이었다. 물론 대부분의 와이너리가 깊은 애정을 갖고 와인을 생산하지만, 콘트라다 디 콘체니고에 기울인 코스모스 가문의 정성은 각별하다. 코스모스가의 애정은 포도가 탄생하는 흙에서부터 시작된다. 흙에서 태어난 포도나무의 사소한 변화에도 끝없는 관심을 기울이며, 뜻하지 않은 기후의 변화로 고난을 겪을 때도 땅과 함께 슬픔을 극복했다.
가히 첫사랑이라고 할 만한 흙에 대한 애절한 사랑은, 포도원 주변을 흐르는 물길의 이름을 따서 '벨렌다'라는 와이너리 이름을 짓기에 이른다. 와인 이름인 '콘트라다 디 콘체니고' 역시 포도 경작지인 땅에서 비롯된 것이다.

종류 | 레드 와인
원산지 | 이탈리아, 베네토 Veneto
등급 | IGT
포도 품종 | 카베르네 소비뇽 Cabernet Sauvignon 40%, 메를로 Merlot 40%, 카베르네 프랑 Carbernet Franc 10%, 마르제미노 Marzemino 10%
BODY | Full-Body
알코올 | 14%
음용 온도 | 15~17℃
용량 | 750mL
소비자 가격 | 75,000원
추천 팁 | 사랑을 이루고 싶지만 아직 완성하지 못한 사람, 더욱 아름다운 사랑을 하고 싶은 사람이 있다면 연애술사 와인의 마법을 한번쯤 믿어도 좋을 것 같다. 코스모스 가문이 와인에 그랬듯, 연인에게 헌신과 사랑을 다한다면 누구든 콘트라다 디 콘체니고처럼 훌륭한 사랑의 결실을 맺게 될 것이다.

아르헨티나 헌정 와인

트라피체 싱글 빈야드 말벡

TRAPICHE Single Vineyard Malbec

아르헨티나 와인 중에서도 트라피체는 남미 제1의 와인 그룹으로 세계적인 와인 브랜드다. 그 중에서도 말벡 품종으로 만든 것이 유명하다. 국내에서도 트라피체는 아르헨티나 와인으로 인기가 높으며 품질 면에서도 좋은 평가를 얻고 있다. 특히 헌정 와인으로 유명한데, 최고의 와인을 만들기 위해 헌신한 이들을 기리기 위해 만든 특별한 와인이다. 이 와인은 시각, 후각, 미각적인 느낌들이 주는 화려함보다는 정서적인 측면이 강해서인지 가슴으로 마신다는 느낌을 준다. 산도, 당도, 타닌 등의 균형감 있는 무게감을 가지고 있으며 은은한 과실향과 오크향이 매력적이다.
트라피체는 여러 가지 다양한 와인 제품이 있는데 그 중에서도 트라피체 싱글 빈야드 말벡 와인에서느껴지는 은은한 꽃향기는 첫사랑의 외로움과 쓸쓸함을 떠올리게 한다.

종류 | 레드 와인
원산지 | 아르헨티나, 멘도사 Mendosa
포도 품종 | 말 벡 Malbec 100%
BODY | Full-Body
알코올 | 13.5%
음용 온도 | 16~18℃
용량 | 750mL
소비자 가격 | 75,000원
추천 팁 | 트라피체 브랜드 역시 여러 종류의 와인이 생산되어 가격대별 다양한 와인을 경험할 수 있다. 단계별, 품종별로 다른 느낌이 나는 와인들을 구할 수 있는지 미리 전문 매장에 확인하는 것이 좋다.

061

캐서린 제타 존스의 농염함에 조디 포스터의 입체적 느낌

콜드 크릭 카베르네 소비뇽
Cold Creek Cabernet Sauvignon

콜드 크릭은 워싱턴에서 가장 덥고 척박한 지역에 있는 포도밭으로, 콜드 크릭 카베르네 소비뇽은 다양한 맛과 복잡한 향을 가진 풀바디 레드 와인이다. 와인은 종류와 맛, 향취가 다양하기 때문에 각와인을 마셔본 사람들마다 맛과 향을 다양하게 표현하곤 한다. 나 역시 와인을 다양하게 즐기는 사람 중 하나로 와인맛과 향을 인물에 비유하는 습관이 있다.

척박한 땅에서 생산되었지만 짙은 풍미를 지니고 있는 콜드 크릭 카베르네 소비뇽을 놓고 한 와인 메이커가 검은 실크 드레스를 입은 캐서린 제타 존스의 농염함이 느껴진다고 표현했는데, 전적으로 이에 동의한다. 여기에 하나 더 보탠다면 다양한 맛과 향으로 정확하게 설명할 수 없는 복잡함이, 입체적인 느낌을 주는 조디 포스터를 떠올리게 한다.

종류 | 레드 와인
원산지 | 미국, 콜롬비아 밸리 Columbia Valley
포도 품종 | 카베르네 소비뇽 Cabernet Sauvignon 100%
BODY | Full-Body
알코올 | 14.1%
음용 온도 | 16~18℃
용량 | 750mL
소비자 가격 | 83,000원
추천 팁 | 와인의 맛과 향을 표현할 때 흔히 배우들에 비유하듯 프러포즈도 와인의 이미지를 활용하면 더 분위기 있는 프러포즈가 되지 않을까.

062

천재 음악가 모차르트의 와인 예찬

데 탁잘 마르제미노 디 이세라 '후싸'

DE TARCZAL Marzemino di Isera 'Husar'

이 와인은 이탈리아 북부 트렌티노 지역에 위치한 '데 탁잘'이라는 와이너리에서 마르제미노 포도 품종으로 만들어 신선하고 풍미가 넘친다. 마르제미노는 매운 향의 양념 같은 개성이 강한 포도로, 이탈리아 북부 트렌티노에서 제한적으로 생산되는 독특하고 귀한 품종이다. 천재 음악가 모차르트의 애정과 향수가 짙게 배어 있는 이 와인은 그의 예술적 영역에서도 어김없이 등장한다.
모차르트의 3대 오페라 중 하나인 〈돈 지오바니〉에서 주인공 돈 지오바니가 "와인을 따르라! 빼어난 마르제미노를 따르라!"고 노래했던 구절에도 잘 드러나 있듯, 모차르트의 마르제미노 와인에 대한 뜨거운 예찬을 엿볼 수 있다. 100% 엄선된 포도로 만든 과학적이면서 고전적인 제조방법으로 탄생한 후싸 와인은 마개를 여는 순간 코끝으로 전해져 오는 오크향과 후추향의 조화롭고, 부드러우며 풍성한 향과 균형감이 입안에서 오랫동안 머문다.

종류 | 레드 와인
원산지 | 이탈리아, 트렌티노 Trentino
등급 | DOC
포도 품종 | 마르제미노 Marzemino 100%
BODY | Medium to Full-Body
알코올 | 13%
음용 온도 | 16~18℃
용량 | 750mL
소비자 가격 | 85,000원
추천 팁 | 마르제미노 포도 품종에 대한 정보를 미리 찾아보고 익힌 후, 국내에 수입된 마르제미노 품종의 와인을 시음해 보고 맛을 비교 분석하는 생산적인 접근 방법도 고려해 보자.

063

토스카나의 영광, 귀족 와인의 상징!

비노 노빌레 디 몬테풀치아노 리제르바

Vino Nobile di Montepulciano Riserva

이탈리아의 카네토 와이너리에서 생산하는 '비노 노빌레 디 몬테풀치아노 리제르바'는 이름에서처럼 몬테풀치아노 마을의 귀족 와인을 뜻한다. 16세기 교황 바울 3세의 와인 관리 책임자인 산테 란체리오는 귀족적인 맛과 향을 가진 고품격의 귀족 와인이라고 몬테풀치아노를 극찬했고, 의사이자 시인인 프란체스코 레디도 몬테풀치아노가 모든 포도주의 왕이라고 예찬했다.
고귀하고 아름다운 느낌을 지닌 이 와인은 귀족적인 와인이지만, 자연스럽고 편안한 분위기를 유도하는 서정적 와인이기도 하다. 따라서 대중적인 인기 역시 높아서 1,000년이라는 긴 세월을 이어왔다. 장구한 세월 동안 이어진 높은 평가가 점점 두터운 마니아층을 형성하면서 더욱 인기 있는 와인으로 재탄생하고 있다.

종류 | 레드 와인
원산지 | 이탈리아, 토스카나 Toscana
등급 | DOCG
포도 품종 | 산지오베제 Sangiovese 90%, 카나이올로+맘몰로+카베르네 소비뇽+메를로 10%
BODY | Medium to Full-Body
알코올 | 14%
음용 온도 | 15~17℃
용량 | 750mL
소비자 가격 | 86,000원
추천 팁 | 와인에 대한 편견은 와인 문화를 대중화시키는 데 도움이 되지 못한다. 와인 관련 정보는 지식 그 자체로 받아들였으면 한다. 비노 노빌레 몬테풀치아노 와인을 즐기면서, 고급스런 표현을 대신할 새롭고 신선한 표현들이 많이 나오길 고대한다.

064

오늘 저녁 가족과 함께

키네톤 이스테이트 유포니엄

Keyneton Estate Euphonium

세계 유수의 와이너리를 보면 전통과 역사를 자랑하는 가족 경영 와이너리가 많다. 키네톤 이스테이트 유포니엄 와인도 헨쉬키(Henschke) 집안이 150년의 긴 세월에 걸쳐 이루어낸 호주 최고의 와이너리다. 호주에서 가장 오래된 와이너리 헨쉬키는 100년이 넘는 세월을 거치는 동안 무수한 고뇌와 슬픔, 위기를 가족 간의 단합과 애정으로 극복해 왔다.

그 세월의 역사와 정성으로 생산된 키네톤 이스테이트 유포니엄은 가족 단합과 가족애를 상징하는 와인이다. 핵가족화로 가족 구성원의 유대감이 점점 약해져가는 요즘, 오늘은 정서적 와인의 대명사인 키네톤 이스테이트로, 가족이라는 울타리의 소중함을 느끼는 시간을 갖는 것도 좋겠다.

종류 | 레드 와인

원산지 | 남호주, 바로사 밸리 Barossa Valley

포도 품종 | 쉬라즈 Shiraz 70%, 카베르네 소비뇽 Cabernet Sauvignon 20%, 메를로 Merlot 10%

BODY | Medium to Full-Body

알코올 | 14.5%

음용 온도 | 16~18℃

용량 | 750mL

소비자 가격 | 89,000원

추천 팁 | 쉬라즈, 카베르네 소비뇽, 메를로 품종의 특징들이 하모니를 이루는 음악 악보처럼 잔잔함과 함께 강한 힘을 느끼게 해주는 리듬감이 살아 있는 와인이다.

065

남성과 여성의 조화

아마로네 델라 발폴리첼라 클라시코

Amarone della Valpolicella Classico

아마로네 델라 발폴리첼라 클라시코는 강한 맛을 지닌 드라이한 이탈리아의 레드 와인이다. 아마로네는 영어로 '쓰다(Bitter)'라는 뜻으로 높은 당분 함량을 잔당 없이 완전 발효시킨 드라이한 와인을 의미하지만, 와인에 따라서는 약간의 당분도 느낄 수 있다. 말린 과일의 짙은 향미와 부드러운 타닌맛이 높은 알코올 도수를 느끼지 못하게 하여 이탈리아 최고 명품주의 진면목을 보여준다. 높은 알코올 도수의 강한 구조감과 타닌의 부드럽고 섬세함을 동시에 지니고 있는, 남성과 여성의 특징이 조화를 이룬 와인이다. 남녀 사원들의 단결을 위한 회식자리에 적극 추천한다.

종류 | 레드 와인
원산지 | 이탈리아, 발폴리첼라 Valpolicella, 베네토 Veneto
등급 | DOC
포도 품종 | 코르비나 Corvina 75%, 론디넬라 Rondinella 20%, 몰리나라 Molinara 5%
BODY | Full-Body
알코올 | 14%
음용 온도 | 15~17℃
용량 | 750mL
소비자 가격 | 89,000원
추천 팁 | 와인을 마시는 동기와 의미 부여는 마시는 사람의 자유다. 각자의 취향과 상황에 맞는 상징적 와인을 아마로네를 통해 만들어보자.

066

왜 당신은 이토록 아름다운가? 작업용 와인

프로토스 레세르바

Protos Reserva

프로토스(Protos)는 리베라 델 두에로 지역에서 첫 번째 와이너리로, 이름 역시 그리스어로 '처음'이라는 뜻을 가진 상징적인 곳이다. 프로토스 와이너리로 들어가는 입구의 문은 다른 거대 와이너리에 비해 좁게 느껴지지만, 막상 안으로 들어가면 2Km 길이의 지하 저장 동굴이 나온다. 그런데 다른 와이너리의 지하 동굴과는 색다른 고풍스런 분위기가 느껴지며, 마치 미로 속의 신세계처럼 웅장함을 느낄 수 있다. 프로토스 레세르바는 와인과 함께 즉석에서 작업할 수 있는 작업용 멘트의 성공률을 높여준다고 한다.

'당신 오늘 왜 이렇게 아름다운건가?'라고 말하는데 싫어할 사람이 어디 있겠는가. 이때 함께 와인을 마시면서 대화하면 상대방이 오히려 더 많은 이야기를 하게 된다고 하니, 어딘가에서 마음에 드는 상대방을 만난다면 프로토스 레세르바의 순수한 바닐라향과 우아한 향기를 배경삼아 '아름답다'라는 작업용 멘트를 날려보는 것은 어떨까.

종류 | 레드 와인

원산지 | 스페인, 리베라 델 두에로 Ribera del Duero

등급 | DO

포도 품종 | 템프라니요 Tempranillo 100%

BODY | Full-Body

알코올 | 13.5%

음용 온도 | 15~17℃

용량 | 750mL

소비자 가격 | 95,000원

추천 팁 | 프로토스 와이너리에서 생산된 와인 중 국내에 수입된 것은 3가지 종류가 있다. 아래 단계부터 프로토스 호벤 로블레, 프로토스 크리안자, 프로토스 레세르바가 있다. 단계별로 가격 대비 품질이 자신의 취향에 맞는지 확인해 보는 기회를 가져보자.

067

우아한 색과 맛의 상징

테일러스 자라만 쉬라즈

Taylors Jaraman Shiraz

자라만(Jaraman)은 호주 원주민어로 '해마'라는 뜻을 가지고 있다. 해마는 아열대 해역에서도 맑고 깨끗한 곳에서만 서식하는 바닷물고기로, 작지만 여러 가지 색깔이 매혹적이다. 오래 전 클레어 밸리에서 화석으로 해마가 발견된 것이 유래되어 자라만 와인이 탄생되었다고 한다. 자라만 쉬라즈는 짙은 레드에 맑은 자줏빛이 조화를 이루는 우아한 빛깔과 바닐라향 때문에 누구라도 그 유혹을 뿌리칠 수가 없다. 특히 입안에서 맴돌며 중독성마저 느껴지는 모카맛의 타닌은 풍미감을 가득 채워준다.

자라만 쉬라즈를 마시면서 느끼게 되는 풍요로움과 부드러움은 입속의 즐거움과 만족감을 가져다 주기에 충분하다. 호주 쉬라즈 품종을 좋아하는 와인 애호가라면 자라만 쉬라즈의 유혹에 푹 빠져도 좋을 것이다.

종류 | 레드 와인
원산지 | 호주, 클레어 밸리 Clare Valley
포도 품종 | 쉬라즈 Shiraz 100%
BODY | Full-Body
알코올 | 14.5%
음용 온도 | 15~17℃
용량 | 750mL
소비자 가격 | 95,000원
추천 팁 | 자라만 쉬라즈 와인의 신선한 오크향과 과실향은 한 번으로도 중독성을 불러일으킬 정도로 충분히 매혹적이다.

교황의 새로운 성곽

샤토 네프 뒤 파프 '레 세드르'

Ch teau neuf du Pape 'Les Cedres'

프랑스 와인을 이야기하면서 론 지역 와인을 언급하지 않을 수 없다. 특히 남부론 지역의 샤토 네프 뒤 파프는 세계 유수의 와인 전문 잡지나 와인 평론가들 사이에서 호평을 받는 와인 중 하나다. 론 지역 와인을 마시게 되면 고향에 온 느낌처럼 편안하고 맛깔스럽다. '교황의 새로운 성곽'이라는 의미를 가지고 있는 샤토 네프 뒤 파프는 14세기에 교황 클레멘트 5세가 여름별장으로 사용했던 곳으로 유명하다.

이 샤토 네프 뒤 파프 와인은 13가지 포도 품종 범위 내에서 제조사의 양조 기법에 따라 포도 품종을 혼합해서 만들기 때문에 맛이 다양한 것이 특징이다. 샤토 네프 뒤 파프는 다양한 현지 생산업자에 따라 여러 종류가 있으므로 입맛과 가격에 맞는 와인을 선택하면 된다.

종류 | 레드 와인

원산지 | 프랑스, 남부론 Southern Rhone

등급 | AOC

포도 품종 | 그레나쉬 Grenache 70%, 시라 Syrah 15%, 무르베드르 Mourvedre 10%, 생소 Cinsault 5%

BODY | Full-Body

알코올 | 14%

음용 온도 | 16~18℃

용량 | 750mL

소비자 가격 | 95,000원

추천 팁 | 샤토 네프 뒤 파프는 국내 수입사별로 다양한 종류의 와인이 들어와 있다. 자신의 입맛과 가격에 맞는 샤토 네프 뒤 파프 와인을 선택하길 바란다.

069

자신만을 위한 와인

시그너쳐 카베르네 쉬라즈

The Signature Cabernet Shiraz

와인을 좋아하는 사람 입장에선 나만을 위한 와인이 존재한다면 무척 기쁜 일이다. 자신의 캐릭터와 서명이 들어가고 자신의 이름을 가진 와인이 와인 전문점이나 백화점에서 팔리는 것을 상상하는 것만으로도 뿌듯하고 영광스럽다. 시그너쳐 카베르네 쉬라즈는 얄룸바 와이너리를 위해 공헌한 사람의 서명과 스토리를 담아 '그'의 와인으로 탄생시켜 판매한다. 이 와인은 60년대 초 연례 만찬 중, 당시 호주 수상이었던 로버트 고든 멘지스가 "신사 숙녀 여러분, 이 와인(얄룸바)은 제가 지금껏 맛본 가장 훌륭한 호주 와인입니다!"라고 극찬한 데서 비롯된다. 얄룸바는 이 일을 계기로 매년 한 명의 주요 인물을 정해 그와 동일시 할 수 있는 와인을 만들기 시작했다. 누구라도 얄룸바 와이너리를 위해 헌신한다면, 타닌 산도와 당도가 균형을 이루며 진한 커피향과 과실향이 압도적인 와인의 주인이 될 수 있을 것이다.

종류 | 레드 와인

원산지 | 호주, 바로사 밸리 Barossa Valley

포도 품종 | 카베르네 소비뇽 Cabernet Sauvignon 57%, 쉬라즈 Shiraz 43%

BODY | Full-Body

알코올 | 13.5%

음용 온도 | 15~17℃

용량 | 750mL

소비자 가격 | 99,000원

추천 팁 | 얄룸바에서 수작업으로 제작한 미국산 오크통에서 타닌, 산도, 당도 등이 균형감을 이루며 잘 숙성된 진한 커피향과 과실향이 압도적이다. 얄룸바 와이너리에서 생산되는 와인은 종류가 다양하므로 전문점이나 백화점에서 종류를 확인하고 하나씩 마셔보는 것도 좋다.

와인잔을 자꾸 돌리게 되는 향기

마르치구 엠 카베르네 소비뇽

MARCHIGUE M Cabernet Sauvignon

마르치구 엠 와인은 포도 품종이 다양하게 구성되어 있어 카베르네 프랑, 카르메네르, 쉬라즈 등 자신의 입맛과 취향에 맞는 품종을 선택하여 즐길 수 있다. 진한 자줏빛, 농축되고 부드러운 질감, 풍부한 과일향과 긴 여운을 남기는 마르치구 엠은 한국인의 입맛에 잘 어울리는 와인이다. 과학적인 것은 아니지만 와인잔을 돌리면 와인의 향이 더 풍부하게 느껴지는데, 칠레 콜차구아 밸리에서 생산되는 마르치구 엠 와인을 마실 때는 나도 모르게 와인잔을 돌리곤 한다.

마르치구 엠 와인을 처음 와인잔에 따라 맛을 보면, 짙은 적색에 매혹되고 풍부한 과실향과 접목된 오크향의 복잡한 바닐라향이 나도 모르게 그 향을 다 가지고 싶은 욕구를 불러 일으키기 때문이다.

종류 | 레드 와인

원산지 | 칠레, 콜차구아 밸리 Colchagua Valley

포도 품종 | 카베르네 소비뇽 Carbernet Sauvignon 100%

BODY | Full-Body

알코올 | 13%

음용 온도 | 16~18℃

용량 | 750mL

소비자 가격 | 100,000원

추천 팁 | 마르치구 엠 와인은 포도 품종이 다양하게 구성되어 있으므로 카베르네 프랑, 카르메네르, 쉬라즈 등 자신의 입맛과 취향에 맞는 품종을 선택하여 즐겨보자.

로미오와 줄리엣의 아름다운 사랑이 담긴

레치오토 델라 발폴리첼라 클라시코

Recioto della Valpolicella Classico

이탈리아 베네토 지역은 셰익스피어의 〈로미오와 줄리엣〉의 배경이 되었던 곳으로 아름다운 사랑이 느껴지는 장소다. 비록 로미오와 줄리엣의 사랑이 비극으로 끝났지만, 베네토 지역의 레치오토 와인 속에서 영원하고 달콤한 사랑을 찾을 수 있다. 레치오토는 사람의 귀를 의미하는 Racie에서 온 말로 양쪽 귀처럼 포도송이 윗부분의 좌우에 걸쳐 있는 포도 부위를 뜻한다. 이 부분은 햇빛을 많이 받아 가장 잘 익고 달콤한 맛이 강한데, 이 부위의 포도로 만들어진 와인을 '레치오토'라고 한다. 풍부한 야생 베리류의 과실향과 오크향, 빵 굽는 냄새, 보라빛 감도는 붉은 선홍색이 인상적인 레치오토는 독특한 레드 와인의 달콤함으로 유혹한다. 여기에 타닌의 떫은맛과 완벽한 조화를 보여주고 있어 또 다른 와인의 세계로 빠져들게 한다.

종류 | 레드 와인
원산지 | 이탈리아, 베네토 Veneto
등급 | DOC
포도 품종 | 코르비나 Corvina 65%, 론디넬라 Rondinella 30%, 몰리나라 Molinara 5%
BODY | Full-Body
알코올 | 14.5%
음용 온도 | 15~16℃
용량 | 750mL
소비자 가격 | 105,000원
추천 팁 | 감미로운 사랑, 달콤한 추억을 느끼고 싶다면 레치오토 와인이나 레치오토와 같은 달콤한 레드 와인 속으로 들어가보자.

072

서로 다른 품종들이 한 쌍의 오리처럼 조화를 이루다

패러덕스

PARADUXX

패러덕스 와인의 명칭은 '한 쌍의 오리'를 뜻하는 'A pair of ducks'의 발음을 본 따서 만든 단어로 조화, 균형, 사랑을 상징한다. 와인의 라벨은 매년 한 쌍의 오리를 테마로 다른 화가의 붓끝에서 새롭게 탄생한다. 이 와인의 명칭은 발음에서 유래되었지만, 사실 더 깊은 뜻은 포도 품종의 조화에 있다. 훌륭한 와인을 만들기 위해 캘리포니아의 토착 품종인 진판델과 카베르네 소비뇽의 균형을 잘 맞춰 생산한 것이 바로 패러덕스 와인이다. 성질이 서로 다른 품종들이 한 쌍의 오리처럼 결합하여 깊은 애정과 다정함으로 조화되는 것을 보여주는 상징적 와인이다.

미국에서 결혼식과 결혼기념일 선물로 패러덕스 와인이 최고의 인기를 누리고 있는 것도 이와 무관하지 않다. 패러덕스 와인의 상징적 의미를 결혼에 접목시킨 것이다. 결혼이나 결혼기념일뿐 아니라 사랑과 우정, 단결 등 조화와 친목을 도모하기 위한 자리에서도 패러덕스의 역할을 기대해도 좋다.

종류 | 레드 와인
원산지 | 미국, 나파 밸리 Napa Valley
포도 품종 | 진판델 Zinfandel 63%, 카베르네 소비뇽 Cabernet Sauvignon 33%, 카베르네 프랑 Cabernet Franc 2%, 메를로 Merlot 2%
BODY | Full-Body
알코올 | 14.5%
음용 온도 | 16~18℃
용량 | 750mL
소비자 가격 | 109,000원
추천 팁 | 때로는 의미를 되새길 수 있는 와인을 즐기는 것이 팍팍한 삶을 좀 더 풍요롭게 만들어준다. 자신만의 의미 있는 와인을 하나씩 발견해 가는 것도 와인을 즐기는 또 다른 매력이다.

수출 1위 와이너리 B&G의 대표 와인

토마스 바통 리저브 마고

Thomas BARTON Reserve Margaux

프랑스 와인 생산업체인 B&G(Barton & Guestier)는 프랑스 보르도에서 오랜 역사를 가진 와인 중개상이다. 전 세계적으로 많은 소비가 이루어지는 B&G 와인 중에 '토마스 바통 리저브 마고'는 B&G의 설립자인 토마스 바통의 이름을 브랜드화 한 것이다. 토마스 바통 리저브 와인은 마고 이외에 메독, 그라브, 소테른 등 6개 제품이 있는데 토마스 바통이 보르도에서 뛰어난 와인 수출업자가 될 수 있게 한 명품 제품들이다. 특히 프랑스에서 자신의 와인을 수출한 첫 사업가이기도 한 토마스 바통은 1747년에는 프랑스에서 와인수출 1위의 사업가로 선정되면서 고객들로부터 프렌치 톰(French Tom)이라고 불려졌다.

2005년 미국, 러시아, 아일랜드 등 프랑스 와인 판매 1위를 차지하면서 세계적으로 명성을 드높였다. 토마스 바통 리저브 마고는 B&G의 명성만큼 중고가의 마고 와인을 대표하는, 과실향이 풍부하고 우아함이 느껴지는 와인이다.

종류 | 레드 와인

원산지 | 프랑스, 마고 Margaux

등급 | AOC

포도 품종 | 카베르네 소비뇽 Cabernet Sauvignon 65%, 메를로 Merlot 35%

BODY | Light-Body

알코올 | 12.5%

음용 온도 | 15~18℃

용량 | 750mL

소비자 가격 | 110,000원

추천 팁 | 마고 지역의 와인 종류는 다양하다. 수입사별로 다양한 마고 와인을 가격대별로 시음해 보고, 마고 와인 고유의 맛과 향을 떠올려보는 것도 의미 있을 듯하다.

와인 속에 진실이 있다

바스 필립 프리미엄

Bass Phillip Premium

호주 남부의 깁스랜드(Gippsland)에 위치한 바스 필립 와인들은 정성과 혼이 깃든 수공예 제품을 연상시킨다. 바스 필립은 소량 생산 체제로, 와인병에 라벨 붙이는 것까지 일일이 손으로 작업하고 있는 것으로 유명하다. 바스 필립 와이너리를 부티크라고 표현한 것도 바로 이 때문이다. 그 때문인지 바스 필립을 대할 때면 깊은 애정과 진심이 느껴지곤 한다.

'와인 속에 진실이 있다 (In vino veritas)'는 말은 아마 그래서 생겨난 것일 터이다. 와인이 곁들여진 자리에는 진솔함과 따스함이 숨쉰다. 소중한 사람들과 함께 하는 시간, 아무 와인이나 내놓기 망설여질 때 바스 필립을 선택해 보면 어떨까?

종류 | 레드 와인

원산지 | 호주, 빅토리아 Victoria

포도 품종 | 피노 누아 Pinot Noir 100%

BODY | Medium-Body

알코올 | 13.7%

음용 온도 | 15~17℃

용량 | 750mL

소비자 가격 | 110,000원

추천 팁 | 꼭 바스 필립이 아니어도 서로 스타일이 다른 와인을 좋아하는 사람과 좋은 분위기 속에서 와인을 마신다면, 진심을 전달할 기회는 언제든지 있다.

075

우연이라도 만나보고픈 행운의 와인

마르케스 데 벨리야 레세르바

MARQES de Velilla Reserva

자신에게 꼭 맞는 와인을 발견했을 때의 기쁨은 어떤 것과도 견주기 어려울 만큼의 쾌감을 안겨준다. 그런 면에서 '마르케스 데 벨리야 레세르바'를 만나는 것은 일종의 행운이라 할 수 있다. 와인 선택을 까다롭게 하는 사람의 입맛까지도 만족시키는 매력적인 이 와인은, 명절과 연말에 선물용으로도 굉장한 인기를 끌고 있다. '마르케스 데 벨리야 레세르바'는 스페인 와인으로 블랙베리와 같은 검붉게 익은 과일류의 향기와 우아한 미네랄의 촉감이 특징이다.

마르케스 데 벨리야의 맛과 향은 신선한 봄의 향연을 느끼기에 충분하다. 봄의 계절에 맞춰 새로 시작하는 사람들에게 행운이 다가오기를 기원하는 마음으로 건네기 좋은 와인이다.

종류 | 레드 와인

원산지 | 스페인, 리베라 델 두에로 Ribera del Duero

등급 | DO

포도 품종 | 템프라니요 Tempranillo 90%, 카베르네 소비뇽 CabernetSauvignon 10%

BODY | Medium-Body

알코올 | 13%

음용 온도 | 16~18℃

용량 | 750mL

소비자 가격 | 115,000원

추천 팁 | 누구에게나 자기에게 맞는 와인이 있고, 여러 사연을 담은 자신만의 스토리 와인을 만들 수 있다. 마르케스 데 벨리야 레세르바를 즐기며 자신만의 스토리 와인을 연출해보자.

왕의 와인, 와인의 왕

바론 보르네미자 토카이

BARON BORNEMISZA TOKAJI

17세기에 샴페인과 포트 와인이 등장하면서 영국인들 사이에서 알코올 도수가 있는 달콤한 와인을 선호하게 되자, 일부러 수확 시기를 늦춰 당도를 높인 포도즙을 와인에 섞기 시작했다. 보트리티스 곰팡이균에 감염된 포도를 늦게 수확하면 보트리티스에 수분을 빼앗기게 되고 그 과정에서 농축된 당분이 남게 되는데, 이 곰팡이에 감염된 포도를 감염되지 않은 포도즙과 섞어 만든 것이 토카이 와인이다.

토카이 와인은 유럽 왕궁에서 인기가 높았고 상류층의 상징이기도 했는데, 루이 15세가 부인과 와인을 즐기며 '왕의 와인이며 와인의 왕(Le vin de rois, Le rois devins)'이라고 극찬할 정도였다. 또 러시아 황제들은 토카이 와인을 각종 질병과 감기 등의 치료제로 사용하는 등 그 효능을 인정하며 만병 통치약으로 부르기도 했다.

종류 | 화이트 와인
원산지 | 헝가리, 토카이 Tokaji
등급당도 | 6 푸토뇨시(Puttonyos, 푸토뇨시는 3~6으로 나누어지며 숫자가 높을수록 당도가 높음)
포도 품종 | 푸르민트 Furmint 100%
BODY | Full-Body
알코올 | 11.5%
음용 온도 | 7~8℃
용량 | 500mL
소비자 가격 | 120,000원
추천 팁 | 토카이 와인은 종류가 많기 때문에 수입사별로 다양한 토카이 와인을 즐길 것을 권한다. 와인은 개인의 성향에 따라 선호도가 달라서 시행착오를 겪으면서도 또 다른 와인을 찾아내는 즐거움이 있어 매력적이다.

077

신이 인간에게 준선물 '자줏빛천사'를 만나고 싶다

몬테스 퍼플 엔젤

Montes PURPLE ANGEL

아무리 와인을 잘 아는 사람이라고 해도, 세상에 많고 많은 와인을 다 알 수는 없다. 물론 훌륭한 맛과 명성을 알아도 구할 수 없는 귀한 와인들도 많다. 나 역시 와인을 많이 안다고 자부하는 입장인데도, 가끔 사람들이 이상한 나라(유명한 와인 생산국을 제외한 곳)의 와인을 찾을 때면 이런 와인도 있었나 싶을 때가 종종 있다. 몬테스 퍼플 엔젤은 꽤 유명한 브랜드임에도 구하기가 힘들다. 사전 예약은 필수이고 수입사 영업사원을 통한 정확한 정보 없이는 맛보기 어려운 와인 중 하나다. 몬테스 퍼플 엔젤은 칠레의 대표 품종인 카르메네르가 주품종으로, 유순하지만 농익은 약초냄새와 붉은 자두향이 조화된 독특한 와인이다. '자줏빛 천사'라는 이름에서 느껴지듯 사람이 원하는 와인을 신에게 전달하고, 다시 신은 천사를 통해 인간에게 퍼플 엔젤 와인을 선사했다. 신이 인간에게 준 최고의 와인이 퍼플 엔젤인 것이다.

종류 | 레드 와인

원산지 | 칠레, 콜차구아 밸리 Colchagua Valley

포도 품종 | 카르메네르 Carmenere 92%, 프티 베르도 Petit Verdot 8%

BODY | Full-Body

알코올 | 14.5%

음용 온도 | 16~18℃

용량 | 750mL

소비자 가격 | 120,000원

추천 팁 | 몬테스의 3대 와인인 몬테스 알파 M, 몬테스 폴리(Montes Folly, '어리석음'을 뜻하며, 몬테스가 칠레 최초로 경사 45도의 산중턱을 깎아 만든 포도밭에 시라 품종을 심었을 때 사람들이 던진 말), 몬테스 퍼플 엔젤에 대한 정보를 미리 습득하고 시음하면 최상의 경험을 할 수 있다. 쉽게 만날 수 없는 퍼플 엔젤을 하루 빨리 만나길 기대한다.

078

나폴레옹에게 샹베르탱이 있었다면 역사는 바뀌었을까?

루 뒤몽, 주브레 샹베르탱

Lou Dumont, Gevrey Chambertin

나폴레옹이 워털루 전투에서 패배한 이유 중 하나가 와인 때문이라는 믿거나 말거나 한 이야기가 있다. 진위 여부가 가려진 이야기는 아니지만, 군사학에서도 중요하게 다루고 있는 것으로 볼 때 아주 근거 없는 이야기는 아닌 듯 싶다. 나폴레옹의 마지막 전쟁인 워털루 전투가 있기 바로 전날, 나폴레옹은 근심과 걱정으로 늦게까지 잠들지 못했다. 계속된 전쟁과 행군으로 피로에 지쳐 있었던 탓도 있었지만 즐겨 마시던 샹베르탱 와인이 없었기 때문이다.

불안감을 이기지 못한 그는 결국 워털루 전쟁을 패배로 이끌고 말았다. 그때 나폴레옹에게 샹베르탱이 있었더라면 역사는 달라졌을까? 루 뒤몽의 주브레 샹베르탱은 포도 재배와 양조에 이르기까지 섬세하고 완벽한 품질 관리를 하고 있다. 특히 일본, 한국, 중국 등 아시아 시장에서 높은 점유율을 자랑하며 동양인들의 입맛을 사로잡고 있다.

종류 | 레드 와인

원산지 | 프랑스, 주브레 샹베르탱 Gevrey Chambertin, 코트 드 뉘 Côte de Nuits

등급 | AOC

포도 품종 | 피노 누아 Pinot Noir 100%

BODY | Medium to Full-Body

알코올 | 12.5%

음용 온도 | 15~17℃

용량 | 750mL

소비자 가격 | 120,000원

추천 팁 | 주브레 샹베르탱이 나폴레옹의 명성만큼이나 높은 부르고뉴 최고의 와인으로 등극한 이유를 여러 사람과 어울려 직접 시음하며 찾아보고, 나폴레옹의 심정으로 새로운 경험을 할 수 있기를 기대해 본다.

079

사람과 와인은 닮은 꼴이다

솔 드 멜로잘

Sol de Melozal

사람과 와인의 공통점을 굳이 따진다면 잘 성숙될수록, 즉 숙성이 잘 될수록 가치가 높다는 데 있다. 다 그런 건 아니더라도 대부분 올바르게 잘 성장하면 훌륭한 사람이 될 수 있지만 자라는 환경이 좋지 않으면 비뚤어질 수도 있다. 와인 역시 보관 조건이 완벽하다면 잘 숙성되어 균형잡힌 좋은 와인으로 탄생하지만, 그렇지 않다면 조금 부족하거나 질이 떨어지는 와인이 된다. 그런 면에서 볼 때 '솔 드 멜로잘'은 훌륭한 사람에 가까운 와인임에 틀림없다.

블루베리와 바닐라향의 조화가 매력적인 '솔 드 멜로잘'은 칠레의 비냐 세구에서 프리미엄급으로 가장 고급 와인에 속한다. 또한 정교하게 와인을 만드는 것을 중요하게 생각하기 때문에 첨단 와인 제조 장비에 막대한 투자를 하고, 기술적인 지원도 다른 곳보다 월등하다. 이러한 노력과 적극적인 투자 덕분에 최근에는 미국, 유럽, 아시아 시장을 비롯하여 전세계적으로 성공적인 성과를 거두고 있다.

종류 | 레드 와인
원산지 | 칠레, 마울레 밸리 Maule Valley
포도 품종 | 카베르네 소비뇽 Cabernet Sauvignon 65%,
카르메네르 Carmn re 35%
BODY | Full-Body
알코올 | 13.5%
음용 온도 | 15~17℃
용량 | 750mL
소비자 가격 | 120,000원
추천 팁 | 불현듯 소중한 사람이 생각날 때나 같이 있고 싶을 때 '솔 드 멜로잘'과 함께 하면서 서로 소망을 이룰 수 있는 시간을 가져보는 건 어떨까. 칠레 토착 품종인 카르메네르가 카베르네 소비뇽과 블렌딩되었을 때의 맛과 향을 오래도록 기억할 수 있는 추억의 시간을 만들어보자.

080

성공적인 비즈니스 첫걸음을 위한 건배!

자도즈

ZARDOZ

자도즈는 칠레마이포 밸리에서 생산되는 와인으로 '전설의 챔피언'으로 명성을 날린 경주마의 이름에서 비롯된 것이다. 인도미타의 열정으로 탄생한 자도즈는 울트라 프리미엄으로 가장 높은 등급의 와인을 부여받은 칠레 와인의 왕(King) 중 하나라 해도 손색이 없다.

자도즈 와인은 미기후의 특징을 잘 반영한 섬세한 와인으로 강렬한 색상과 신선한 자두향이 입안에 균형감과 구조감을 느끼게 한다. 열정과 성공을 상징하는 와인으로, 비즈니스에 가장 잘 어울리는 와인이라고 할 수 있겠다. 어느 행사 자리에서 건배 제의를 하든 성공적인 비즈니스의 첫걸음에 빛나는 파트너가 되어줄 것이다.

종류 | 레드 와인
원산지 | 칠레, 마이포 밸리 Maipo Valley
포도 품종 | 카베르네 소비뇽 Carbernet Sauvignon 100%
BODY | Full-Body
알코올 | 14.5%
음용 온도 | 16~18℃
용량 | 750mL
소비자 가격 | 120,000원
추천 팁 | 미기후(Microclimate)란 소기후(하천, 삼림 등의 기후 변화)보다 더 작은 범위로 포도밭 자체의 앞뒤에서조차도 달라지는 미세한 기후 변화를 말한다. 자도즈 와인 역시 국내 수입량이 소량이어서 취급하는 와인 전문점이 많지 않다. 미리 판매하는 와인 매장을 알아보는 것이 순서다.

르네상스 예술혼이 느껴지는 와인

카스텔지오콘도 브루넬로 디 몬탈치노

Castelgiocondo B.d.M

브루넬로 디 몬탈치노는 이탈리아를 방문한 국빈들에게 소개되면서 국빈급 와인으로 널리 알려지기 시작했다. 특히 많은 유명인들과 관련되어 있어 더욱 인기가 치솟았는데, 카스텔지오콘도 브루넬로 디 몬탈치노 역시 역사와 전통을 자랑하는 프레스코발디 와이너리에서 생산되는 와인이다. 특히 '최후의 심판'의 미켈란젤로와 세계적인 조각가 도나텔로, 영국 국왕 에드워드 1세, 2세, 헨리 8세 등이 프레스코발디의 와인을 높이 평가하고 애용했다.
제조사별로 여러 가지 종류가 있는 몬탈치노를 비교 시음하고, 르네상스 시대의 예술혼을 느껴보는 것도 와인을 즐기는 색다른 경험이 될 것이다.

종류 | 레드 와인
원산지 | 이탈리아, 토스카나 Toscana
등급 | DOCG
포도 품종 | 산지오베제 Sangiovese 100%
BODY | Medium to Full-Body
알코올 | 14%
음용 온도 | 16~18℃
용량 | 750mL
소비자 가격 | 130,000원
추천 팁 | 제조사별로 다양하게 나와 있는 브루넬로 디 몬탈치노를 비교 시음하고, 르네상스 시대 예술가들이 왜 이 와인을 좋아했는지 깊이 음미해보자.

등급이 절대적이라는 생각을 버려!

샤토 라투르 카르네

Ch. LA TOUR CARNET

샤토 라투르 카르네는 세계적으로 유명한 프랑스 레드 와인의 명산지인 메독 지역 중에서도 고급 와인이 나오는 오메독(Haut−Medoc, 메독의 위쪽)에서 생산되는 그랑 크뤼 클라세 4등급 와인이다. 비록 4등급이라는 낮은 등급 판정을 받았지만, 그랑 크뤼 클라세 1~3등급의 와인에 견주어도 가격 대비 훌륭한 맛을 지닌 와인으로 손색이 없다. 그랑 크뤼 클라세 등급의 와인들은 반드시 등급이 높다고 하여 질이 좋고 가격이 비싼 것만은 아니다.
와인으로 탄생하기까지의 기후, 작황, 와인의 품질 등에 따라 등급의 영향을 받지 않고 제 가치를 평가받을 수 있기 때문이다. 잔잔한 물결과 서늘한 바람이 입안 가득 느껴지는 훌륭한 맛을 지닌 샤토 라투르 카르네 와인. 프랑스 와인의 등급 분류가 절대적 기준이 되지 않을 수도 있다는 발상의 전환을 불러일으키게 한, 개인적으로 다양한 와인 선택이 가능하게끔 도와준 기특한 와인이다.

종류 | 레드 와인
원산지 | 프랑스, 오 메독 Haut-Medoc
등급 | AOC
포도 품종 | 카베르네 소비뇽 Cabernet Sauvignon 53%, 메를로 Merlot 33%, 카베르네 프랑 Cabernet Franc 10%, 프티 베르도 Petit Verdot 4%
BODY | Full-Body
알코올 | 13.5%
음용 온도 | 15~17℃
용량 | 750mL
소비자 가격 | 130,000원
추천 팁 | 최근 유로화의 강세를 비롯하여 물류비 인상, 브랜드 상승으로 샤토라투르 카르네의 가격이 다른 와인들에 비해 많이 올랐다. 시음을 통해 맛을 기억해 두었다가, 비슷한 스타일의 저렴한 다른 와인을 찾아보는 것도 불경기에 와인을 즐길 수 있는 대안이 된다.

레드 카펫 위의 스타

팀 아담스 에버펠디

Tim Adams Aberfeldy

세계 영화인들의 축제인 2007 부산국제영화제에 전 세계의 이목이 집중된 가운데 화려한 스타들 사이에서 더욱 빛나는 주인공이 있었으니, 바로 매력적인 와인 팀 아담스 에버펠디였다. 강렬한 레드 라벨과 와인잔에 투시된 아름다운 심홍색이 레드 카펫 위의 스타와 잘 어울렸던 이 와인은 많은 스타들을 매료시켰으며, 영화제의 메인 만찬주로 선정될 만큼 큰 인기를 끌었다.

남호주의 아름다운 클레어 밸리에서 생산된 팀 아담스 에버펠디는 향기로운 베리류와 바닐라향이 조화를 이루며, 사랑의 향기로 알려진 시나몬향이 전체 와인의 향을 지배한다. 예로부터 시나몬향은 고대왕과 귀족들에게 최고의 선물이자 간절하고 깊은 사랑의 상징이었다. 로마의 폭군 네로가 사랑하는 애첩이 죽자 로마가 1년 동안 사용할 시나몬을 태워 그 간절한 사랑을 표현했을 정도다.

종류 | 레드 와인
원산지 | 호주, 클레어 밸리 Clare valley
포도 품종 | 쉬라즈 Shiraz 100%
BODY | Full-Body
알코올 | 14.9%
음용 온도 | 15~17℃
용량 | 750mL
소비자 가격 | 150,000원
추천 팁 | 국내 수입량이 많지 않으므로 와인 전문 매장에 재고가 있는지 미리 확인해 보는 것이 좋다.

영국 왕실 공식 샴페인에서 007 제임스 본드 와인으로

볼렝저 스페셜 쿠베 브뤼

Casa Lapostolle Classic Cabernet Sauvignon

볼렝저는 빅토리아 시대부터 지금까지 영국 왕실의 공식적인 샴페인으로 잘 알려져 왔다. 특히 1981년 찰스 황태자와 다이애나비의 결혼을 축하하는 버킹검궁전 연회에서 공식 와인으로 선정되면서 많은 사람들의 기억 속에 기쁨과 환희의 순간을 상징하는 샴페인으로 남아 있다. 2002년에는 007 영화 20번째 시리즈인 〈Die another day〉에 볼렝저를 등장시킴으로써 많은 영화 관객들의 시선을 집중시켰고 제임스 본드 와인으로 불릴 만큼 많은 사랑을 받았다. 007 영화의 스릴과 제임스 본드의 유명세에 힘입어, 언제 어디서나 기억할 수 있는 세계적 와인으로 다시 한 번 자리매김하게 된 것이다. 이처럼 볼렝저는 마케팅에 대단한 성공을 거둔 와인이다.

그 중에서도 특히 스페셜 쿠베는 풍만한 무게감 속에 섬세한 스타일을 가장 잘 표현하고 있는 환상적인 샴페인으로 평가받는다. 여태까지 볼렝저 와인을 몰랐다 해도 한번 맛보는 순간 결코 볼렝저 샴페인을 잊지 못할 것이다.

종류 | 발포성 와인

원산지 | 프랑스, 샹파뉴 Champagne

포도 품종 | 피노 누아 Pinot Noir 60%, 샤르도네 Chardonnay 25%, 피노 뫼니에 Pinot Meunier 15%

BODY | Full-Body

알코올 | 12%

음용 온도 | 8~10℃

용량 | 750mL

소비자 가격 | 152,000원

추천 팁 | 볼렝저 스페셜 쿠베 브뤼는 80% 이상 그랑 크뤼 또는 프리미에 크뤼 밭에서 나오는 포도로 만들고, 평균 60% 이상 피노 누아 품종을 사용한다. 고품질을 위해 세밀한 양조 기법을 동원하여 만든 볼렝저 스페셜 쿠베 브뤼의 특별한 맛과 향을 부담 없이 즐겨보자.

085

오랜 세월만큼 원숙해진

다우 20년 숙성 토니 포트

Dow's 20 Year Old TAWNY PORT

포트용 와인의 역사는 영국과 프랑스의 100년 전쟁으로 거슬러 올라간다. 100년 전쟁 이후 보르도가 프랑스로 귀속되면서 영국으로 수출되는 와인의 양이 줄고 세금 부과로 보르도 와인의 가격도 크게 올랐다. 뿐만 아니라 구하기 힘든 프랑스 와인의 유통기한은 1년밖에 되지 않아 시큼하게 변해 버렸는데, 이때 등장한 것이 와인의 산화를 막기 위해 출하 직전에 브랜디를 섞은 포트 와인이다. 빈티지 포트는 모든 기후 조건이 완벽한 해에만 탄생하기 때문에 10년에 3~4번 정도밖에 기회가 없는데다, 알토 도우루의 작은 포도원에서 생산된 포도를 사용해야 빈티지 포트라는 이름을 얻기에 생산 수량에서도 아주 진귀한 와인이다.
병에서 숙성되면서 더욱 세련된 맛을 발휘하므로 10년, 20년, 50년 후에 개봉해도 좋은 향과 맛을 느낄 수 있다. 20년 동안 참나무통에서 숙성한 토니 포트 와인은 정열적인 붉은 색깔에서 세월만큼이나 성숙되고 차분해진 깊은 맛과 향기를 더해준다.

종류 | 주정강화 와인

원산지 | 포르투갈, 도우루 Douro

포도 품종 | 틴타 로리츠 Tinta Roriz 60%, 토리가 프란세사 Touriga Francesa 15%, 바로카 Barroca 10%, 토리가 나시오날 Touriga Nacional 5%, 틴토 카오 Tinto Cao 5%, 틴타 아마렐라 Tinta Amarela 5%

BODY | Full-Body

알코올 | 20%

음용 온도 | 11~15℃

용량 | 750mL

소비자 가격 | 160,000원

추천 팁 | 세계 포트 와인 시장에서 높은 점유율을 자랑하는 다우는 200년을 넘는 오랜 역사와 전통을 자랑한다. 빈티지 포트 이외의 다른 포트 와인의 맛과 향이 어떻게 다른지 확인해 보는 것도 좋다.

CEO의 정열을 담아 찬란히 빛나는 태양 빛깔

일 솔레 디 알레산드로

Il Sole di AlESSANDRO

어떤 조직이든 마찬가지겠지만, CEO가 노력과 열정을 기울여 조직 구성원들의 적극적 참여를 이끌어내야만 그 조직은 밝은 비전을 꿈꿀 수 있다. 오너로서 솔선수범하는 자세와 일에 대한 열정과 영혼을 와인에 담아, 찬란하고 진한 빛깔의 '일 솔레 디 알레산드로'가 탄생하였다. 영어식으로 해석하면 토스카나 지역 와인 중에서 최고 중의 최고인 특등품을 의미하는 일 솔레 디 알레산드로. CEO를 위한 와인이니만큼 CEO의 새로운 각오를 응원하고 계획 중인 일이 잘 추진되기를 바라는 자리라면 더욱 빛날 것이다.

종류 | 레드 와인

원산지 | 이탈리아, 키안티 Chianti

등급 | IGT Super-Tuscan

포도 품종 | 카베르네 소비뇽 Cabernet Sauvignon 100%

BODY | Full-Body

알코올 | 13%

음용 온도 | 15~18℃

용량 | 750mL

소비자 가격 | 160,000원

추천 팁 | 슈퍼 투스칸 와인들이 최근 많이 알려지면서 고가임에도 불구하고 공급량이 적어 접하기가 쉽지 않다. 헛걸음하지 않으려면 매장을 미리 찾아보는 것이 좋다.

각국 정상들을 위한 메인 만찬주

몬테스 알파 M

MONTES ALPHA M

몬테스 알파는 와인 매장이나 레스토랑에서 정확하게 이름을 말하고 주문하는 사람들이 많을 정도로 대중적인 와인이다. 국내에서 몬테스 와인이 유명 브랜드가 된 결정적인 계기는 2005년 부산 APEC에서 각국 정상들을 위한 메인 만찬주로 몬테스 알파 M이 선정되면서부터다. 다음 날 와인 관련 신문에는 그에 관한 보도가 톱을 장식했고, 이로써 몬테스 와인의 위상과 훌륭함이 대중에게 널리 알려졌다.

칠레 와인을 세계적인 브랜드로 키우고 있는 아우렐 리오 몬테스에 의해 창립된 몬테스 와이너리는, 생산량의 95%를 75개국에 수출하는 칠레 와인의 자부심이며 미래다. 몬테스 와이너리에서 생산하는 여러 와인 중에서 몬테스 알파 카베르네 소비뇽은 2000년대에 들어서면서 국내뿐 아니라, 미국에서도 가장 많이 팔리는 와인 1위로 선정됐다. 몬테스 알파 M은 골격있는 구조감과 부드러운 촉감이 마치 산 정상에서 느낄 수 있는 신선한 바람처럼 상쾌하며, 진정한 와인의정상을 보여준다.

종류 | 레드 와인

원산지 | 칠레, 콜차구아 밸리 Colchagua Valley

포도 품종 | 카베르네 소비뇽 Cabernet Sauvignon 80%, 메를로 Merlot 5%, 카베르네 프랑 Cabernet Franc 10%, 프티 베르도 Petit Verdot 5%

BODY | Light-Body

알코올 | 14.5%

음용 온도 | 16~18℃

용량 | 750mL

소비자 가격 | 165,000원

추천 팁 | 몬테스 알파 M에 대한 지나친 환상과 화려한 수식어보다 편안한 마음으로 다가가는 자세가 중요하다. 빌라 몬테스, 몬테스 클래식, 몬테스 리미티드, 몬테스 알파 등의 중저가 와인들을 경험해 보고 고가 와인인 알파 M과의 차이를 느껴보는 것도 몬테스를 즐기는 또 하나의 즐거움이다.

088

연말에 날아오는 행운의 메시지

샤토 퐁테 카네

Ch teau PONTET CANET

샤토 퐁테 카네 와이너리는 1등급인 샤토 무통 로쉴드와 근접하고 있는 고가 와인으로 메독의 황제로 군림하는 포이약 지역의 와인 중에서도 섬세한 와인으로 꼽힌다. 지리적으로 포이약의 유명 샤토인 무통 로쉴드의 바로 옆에 위치하고 있는데, 가끔 무통 로쉴드보다 품질 좋은 와인이 생산되어 세계적인 명성을 얻는 곳이기도 하다. 샤토 퐁테 카네 와인을 시각, 후각, 미각에서 느껴지는 표현으로 비유한다면 자줏빛 한복 치마가 둥글게 가지런히 늘어선 고운 연꽃같이 맑고 부드러운 와인이라고 할까.

10~30년까지 장기 숙성할 수 있는 고급 와인으로, 평균 수령이 35년 이상 된 나무에서 수확한 포도로 만들어진다. 진한 레드 빛을 띠고 있으며 삼나무향, 카시스, 오크의 미묘한 향과 짙은 과일맛이 조화된 부드러운 아로마가 느껴진다. 균형 잡힌 바디에 뒷맛은 깔끔하다.

종류 | 레드 와인

원산지 | 프랑스, 포이약 Pauillac

등급 | AOC(그랑 크뤼 클라세 5등급)

포도 품종 | 카베르네 소비뇽 Cabernet Sauvignon 60%, 카베르네 프랑 Cabernet Franc 5%, 메를로 Merlot 33%, 프티 베르도 Petit Verdot 2%

BODY | Full-Body

알코올 | 13%

음용 온도 | 15~17℃

용량 | 750mL

소비자 가격 | 170,000원

추천 팁 | 사토 퐁테 카네 와인의 동양적이고도 따뜻한 정감을 느낄 수 있는 시음 기회가 되었으면 한다. 아울러 사토 퐁테 카네의 세컨드 와인은 레조드 퐁테(Les Hauts de Pontet)도 경험해 보길 바란다.

와인 스토리 Wine Story

089

120년 풍미를 지닌 유럽 왕실 와인

샤토 그뤼오 라로즈

Chateau Gruaud-Larose

1992년 싱가포르 인근 해안에서 난파된 화물선이 발견됐다. 조사 결과 120년 전인 1872년 베트남으로 가려다 난파한 배로 밝혀졌고, 사람들은 혹시나 보물선이 아닐까 잔뜩 기대를 했다. 그러나 배에는 금은보화가 아닌 와인이 발견되었다. 과연 120년이나 묵혔던 와인이 상하지 않았을까? 그런 걱정을 비웃기나 하듯, 오히려 더 깊은 세월의 원숙함과 풍미가 더해져 명품 와인으로 전혀 손색이 없었다. 이 와인은 경매에서 역대 최고가를 기록하며 '보석만큼 귀한 와인'으로 이름을 알렸는데, 그 주인공이 바로 샤토 그뤼오 라로즈이다.

베토벤, 모차르트, 멘델스존, 드보르작 등이 떠오르는 교향곡과 잘 어울리는 와인으로 그 첫 느낌이 엄숙하고도 서정적이다. 라벨을 보면 타원형 심벌 마크 주위로 '왕들의 포도주이며 포도주의 왕(Le vin de rois, Le rois de vins)'이라는 문구가 둘러싸 있다. 많은 스토리와 유구한 역사를 지닌 와인이므로 뒷이야기까지 떠올리면서 마시면 더 깊은 맛을 느낄 수 있다.

종류 | 레드 와인

원산지 | 프랑스, 생 줄리앙 St.-Julien

등급 | 그랑 크뤼 Grand Cru 2등급

포도 품종 | 카베르네 소비뇽 Cabernet Sauvignon 65%, 메를로 Merlot 23%, 카베르네 프랑 Cabernet Franc 8%, 프티 베르도 Petit Verdot 4%

BODY | Full-Body

알코올 | 12.5%

음용 온도 | 16~18℃

용량 | 750mL

소비자 가격 | 190,000원

추천 팁 | 많은 스토리와 역사를 지닌 와인으로 그뤼오 라로즈와 관련된 숨은 이야기를 나누면서 시음하면 더 깊은 맛을 느낄 수 있다. 생 줄리앙 생산지의 다른 와인을 구입하여 비교 시음해 보는 것도 의미 있다.

같은 마술사가 만들어 낸 또 다른 걸작

도미누스

Dominus

대단한 명성을 지닌 샤토 페트뤼스(Ch.Petrus)의 덕을 톡톡히 보는 와인이 있으니, 바로 도미누스다. 도미누스는 미국 와인이지만 샤토 페트뤼스의 양조팀이 만드는 것으로 유명하다. 샤토 페트뤼스를 만드는 와인 메이커 장 클로드 베루에가 도미누스 와인을 만들었다고 하니, 사람들은 기대와 희망으로 이 와인을 찾는다. 물론 많은 사람들이 수량이 적고 가격이 비싼 페트뤼스 대신 도미누스를 선택하기도 한다. 와인의 제조에는 품종, 토양, 기후 등의 여러 조건이 작용하지만, 와인 메이커가 미치는 영향 또한 매우 크다.

와인 메이커는 와인의 최종 생산에 깊이 작용하는 마술사와도 같다. 그런 의미에서 동일한 마술사가 만든 다른 와인을 맛보는 것도 하나의 즐거움으로 충분하다. 물론 샤토 페트뤼스의 명성을 빼더라도 도미누스는 누구에게나 추천할 만한 와인이다. 풍부한 과일향이 깃든 깊고 다양한 맛을 지니고 있어 하루가 지나도 그 향과 맛의 균형감이 유지된다.

종류 | 레드 와인

원산지 | 미국, 나파 밸리 Napa Valley

포도 품종 | 카베르네 소비뇽 Cabernet Sauvignon 83%, 카베르네 프랑 Cabernet Franc 9%, 메를로 Merlot 5%, 프티 베르도 Petit Verdot 3%

BODY | Full-Body

알코올 | 13.5%

음용 온도 | 15~18℃

용량 | 750mL

소비자 가격 | 230,000원

추천 팁 | 풍부한 과일향의 깊고 다양한 풍미는 그 끝을 헤아리기 어렵다. 세계 최고의 와인 메이커 손에서 나온 또 하나의 걸작으로, 하루가 지나도 그 향과 맛의 균형감이 사라지지 않고 긴 여운을 남긴다.

1976년 '파리의 심판' 1위 입성

SLV 카베르네 소비뇽

SLV Cabernet Sauvignon

역사적인 1976년 5월 24일 프랑스에서 파리의 심판(The Judgment of Paris)이라 불리는 와인 품평회가 열렸다. 품평회를 여는 그 순간까지도 물론 모두가 프랑스 와인의 승리를 예견했고, 짧은 역사를 가진 캘리포니아 와인과 블라인드 테이스팅을 한다는 것 자체를 의미 없는 불명예스러운 일로 여겼다. 그러나 결과는 세계를 깜짝 놀라게 했다. 당연히 1위를 할 것으로 점쳐졌던 프랑스 와인이 캘리포니아 와인에 화이트, 레드 부분 모두 1위를 내주었기 때문이다.
그로부터 30년 후인 2006년 5월 24일 또 한 번의 재대결이 벌어졌는데, 역시 캘리포니아 와인이 1위부터 5위까지 모두 석권하는 기염을 토했다. 특히 SLV는 1976년 '파리의 심판'에서 빈티지 와인 1위를 차지할 만큼 훌륭한 포도원 출신이다.

종류 | 레드 와인
원산지 | 미국, 나파 밸리 Napa Valley
포도 품종 | 카베르네 소비뇽 Cabernet Sauvignon 96%, 메를로 Merlot 4%
BODY | Full-Body
알코올 | 14%
음용 온도 | 16~18℃
용량 | 750mL
소비자 가격 | 240,000원
추천 팁 | '파리의 심판'이라는 역사적 사건을 떠올리며 SLV 카베르네 소비뇽의 풍부한 과일향과 부드러운 타닌 속으로 빠져보자. 아울러 비슷한 종류의 캘리포니아 와인과 프랑스 와인을 비교 시음하면서, 제2의 파리의 심판을 떠올려 보는 것도 흥미진진할 것이다.

개척정신이 고스란히 담긴 명품 와인

폴 홉스

PAUL HOBBS

소량으로 생산되는 컬트 와인 혹은 부티크 와인으로, 와인 마니아들에게는 소장품으로써 가치가 높은 명품 와인이다. 소규모 단일 포도밭으로 성공한 리더 폴 홉스는 개척정신을 발휘한 와인 출시로 매번 찬사를 받는다. 최근에는 여러 포도원의 포도를 섞어 만든 와인을 출시하여 '성공 와인 메이커'로 세상에 널리 인정받게 되었다. 이러한 이유로 비즈니스적인 '성공'을 상징하는 와인으로 폴 홉스를 적극 추천한다. 세계 최고의 와인 전문가로 유명한 로버트 파커는 이 와인의 2002년 빈티지에 대해 '98점 이상으로 100점도 가능한'이라는 표현으로 극찬했고, 세계적으로 유명한 와인 전문가와 와인 잡지에서 공인을 받은 바 있다. 폴 홉스 와인은 감초향이 깊게 느껴지는 것이 특징이며, 맛에 있어서도 농도에 관계없이 쾌적한 느낌과 함께 약간의 단맛이 타닌과 조화를 이루며 입안 가득 긴 여운을 남긴다.

종류 | 레드 와인

원산지 | 미국, 나파 밸리 Napa Valley

포도 품종 | 카베르네 소비뇽 Cabernet Sauvignon 94%, 메를로 Merlot 6%

BODY | Full-Body

알코올 | 14.7%

음용 온도 | 15~17℃

용량 | 750mL

소비자 가격 | 250,000원

추천 팁 | 단가가 비싸고 국내 유통량이 많지 않기 때문에 구매하기 어려울 수 있으니 사전에 예약을 한다. 와인을 좋아하는 사람들끼리 2~3명 정도 돈을 모아서 시음하는 것도 좋은 방법이다.

또 다른 나를 발견한다, 나의 분신

알터 에고 드 팔머

ALTER EGO de Palmer

〈신의 물방울〉이라는 인기 만화에 등장하면서 알려지기 시작한 알터 에고 드 팔머는 샤토 팔머의 세컨드 와인으로 유명하지만, 샤토 팔머의 또 다른 완벽한 와인이라는 평가가 더 합당하다. 알터 에고는 고대 라틴어로 'The other myself', 즉 또 다른 나의 모습, 분신이라는 의미를 가지고 있다. 사실 샤토 팔머는 이미 그 명성이 자자하지만 알터에고 드 팔머의 우수성은 국내에서 일부 마니아를 제외하곤 그리 많이 알려지지 않았다. 알터 에고는 샤토 팔머에서 선별된 포도로 만드는데 7,000~8,000 케이스 정도의 소량만 생산된다.

알터 에고 드 팔머는 격정적이고 강렬한 아로마(Aroma, 포도 자체의 향)와 우아한 부케(Bouquet, 와인의 발효, 숙성과정에서 형성된 향)가 뜨거운 기운으로 감싸주는 듯 짙은 타닌이 입안에 깊은 여운을 남긴다. 스모키하고 짙은 향, 감귤과 꽃향기, 산딸기향이 나며, 특히 2006년산의 경우 처음에는 자두향과 단내가 나지만 시간이 지나면서커피향이 묻어난다.

종류 | 레드 와인
원산지 | 프랑스, 마고 Margaux
등급 | AOC(그랑 크뤼 클라세 3등급인 샤토 팔머의 세컨드 와인)
포도 품종 | 메를로 Merlot 67%, 카베르네 소비뇽 Cabernet Sauvignon 33%
BODY | Full-Body
알코올 | 13%
음용 온도 | 16~18℃
용량 | 750mL
소비자 가격 | 250,000원
추천 팁 | 샤토 팔머를 경험하기 전에 먼저 알터 에고 드 팔머 와인에 대한 사전 정보를 머리에 담고 마시면 더 깊은 맛을 음미할 수 있다.

094

20세기의 10대 와인

에르미타주 라 샤펠

HERMITAGE La Chapelle

프랑스 론 지방의 와인은 최근 많은 이목을 받고 있는 와인 중 하나다. 론 지방은 북부론과 남부론으로 나뉘는데, 라 샤펠은 북부론의 에르미타주라는 지명에서 생산되는 와인이다. 에르미타주는 은자가 사는 오두막을 의미하며, 중세시대 기사가 지금의 이 지역에 오두막을 짓고 머물면서 포도밭과 생을 같이 했다는 데서 유래되었다고 한다. 교회를 의미하는 '라샤펠'은 에르미타주를 대표하는 최고의 와인으로, 시라 품종이 연출할 수 있는 모든 것을 갖춘 명작이다.
숙성이 진행됨에 따라 가죽 또는 사냥고기와 같은 풍모를 갖게 되는 와인으로, 보르도의 그랑 크뤼 1등급과 경쟁할 만큼 훌륭한 평가를 받고 있다. 또한 세계적인 와인 잡지인 와인 스펙테이터(Wine Spectator)가 라 샤펠 와인을 20세기 10대 와인으로 선정해 그 위상을 드높였다.

종류 | 레드 와인
원산지 | 프랑스, 에르미타주 Hermitage, 북부론 Northern Rhone
등급 | AOC
포도 품종 | 시라 Syrah 100%
BODY | Full-Body
알코올 | 13.5%
음용 온도 | 16~18℃
용량 | 750mL
소비자 가격 | 250,000원
추천 팁 | 에르미타주 최고의 와인으로 깊고 심오한 과실향과 숨겨진 미네랄 향을 음미하면서 보르도 와인과의 차이를 느껴보자.

095

태양왕 루이 14세 탄생을 기념하다

빈 드 랑팡 제쥐

Vigne de L'ENFANT JESUS

17세기 빈 드 랑팡 제쥐 와이너리의 소유주인 카르멜파 수도회가 불임으로 고생하던 앤 여왕에게 '루이 14세 출산'을 예언했다. 예언대로 앤 여왕은 결혼 23년만에 루이 14세를 출산했고, 이로 인해 이 와인은 '아기예수 (l'Enfant J sus)' 와인으로 불리게 되었다. 이러한 명칭에 대한 유래가 와전되어 종종 주변에선 '이 와인이 불임에 특효가 있느냐?'부터 시작하여 나이든 부부들 사이에선 '오늘 늦둥이 가지는 거야?'라는 우스갯소리를 낳기도 한다. 이처럼 단순히 와인을 마시기보다는 그 유래까지 살핀다면 와인의 역사와 깊이를 한층 더 가깝게 느낄 수 있다.

종류 | 레드 와인
원산지 | 프랑스, 본 Beaune, 코트 드 본 Cote de Beaune
등급 | AOC 프리미에 크뤼 Premier Cru
포도 품종 | 피노누아 Pinot Noir 100%
BODY | Medium-Body
알코올 | 13.5%
음용 온도 | 15~17℃
용량 | 750mL
소비자 가격 | 260,000원
추천 팁 | 단순히 와인만 마시는 것이 아니라 빈 드 랑팡 제쥐 와인에 얽힌 이야기를 화제로 재미있는 수다를 떨다보면, 일터에서 쌓인 하루의 피로를 날려버릴 수 있다.

윈스턴 처칠을 위한 샴페인

폴 로저 쿠베 써 윈스턴 처칠

Pol Roger Cuvee Sir Winston Churchill

와인 한 병을 고르더라도 재밌고 애절한 일화가 담긴 와인을 찾아다니는 사람들이 늘고 있다. 이들의 욕구를 채워 줄 와인이 바로 프랑스 샹파뉴의 폴 로저 가문에서 생산되는 '폴 로저 쿠베 써 윈스턴 처칠'이다. 처칠은 폴 로저 가문이 생산한 샴페인을 처음 마셨을 때의 느낌을 잊을 수 없어 평생 마실 와인으로 2만 병을 주문했을 정도로 즐겨 마셨다. 폴 로저 와인에 대한 사랑이 너무 깊은 나머지, 자신의 경주마 이름까지 '폴 로저'라고 지었다.

처칠의 폴 로저 샴페인에 대한 사랑의 보답으로 폴 로저 가문은 1965년 처칠경이 사망한 이후 25년간 영국에 출시되는 샴페인에 검은 리본을 달아 추모를 표했다고 한다. 뿐만 아니라 윈스턴 처칠을 영원히 기억할 수 있도록 사망 10주년이 되는 1975년에는 처칠의 이름을 딴 '쿠베 써 윈스턴 처칠'을 탄생시켰다. 깊은 무게감과 안정적인 구조감이 특징인 이 와인은 처칠에 대한 존경심의 표현으로 포도 품질이 좋은 해에만 선별적으로 출시하고 있다.

종류 | 발포성 와인

원산지 | 프랑스, 샹파뉴 Champagne

포도 품종 | 피노 누아 Pinot Noir 60%, 샤르도네 Chardonnay 40%

BODY | Full-Body

알코올 | 12.5%

음용 온도 | 8~10℃

용량 | 750mL

소비자 가격 | 300,000원

추천 팁 | 폴 로저 쿠베 써 윈스턴 처칠은 폴 로저 가문과 처칠의 돈독한 관계에서 탄생한 샴페인이다. 위대한 사상가이자 정치가였던 윈스턴 처칠의 철학과 삶을 생각하면서 즐긴다면 더 의미 있는 시간이 될 것이다.

097

이탈리아 와인의 꽃

주세페 마스카렐로 바롤로 몽프리바토
GIUSEPPE MASCARELLO Barolo Monprivato

이탈리아 와인에는 독특하면서도 훌륭한 와인들이 많은데 그 중 세계적으로 인정하는 바롤로 와인은 아름다움에 대한 최고의 찬사라 할 수 있는 꽃에 비유되는 살아 있는 생명수다. 와인에 깊게 심취해 있는 강호의 와인 마니아들 중에도 종종 좋아하는 와인에 대한 절정의 표현으로 깊은 계곡의 생기 있는 물을 마시는 것에 비유하곤 하는데, 나는 주세페 마스카렐로 바롤로 몽프리바토 와인에서 생동감 넘치는 시원한 계곡물이 입안을 가득히 적셔주는 느낌을 받았다.
이탈리아 최고의 레드 와인이 바롤로라면 바롤로 와인의 최고는 몽프리바토 포도밭에서 나온다고 할 수 있다. 작황이 훌륭한 해에만 선별적으로 와인을 출시하는 몽프리바토는 와인병마다 일련번호가 찍혀 있다.

종류 | 레드 와인
원산지 | 이탈리아, 피에몬테 Piemonte
등급 | DOCG
포도 품종 | 네비올로 Nebbiolo 100%
BODY | Full-Body
알코올 | 14%
음용 온도 | 15~18℃
용량 | 750mL
소비자 가격 | 320,000원
추천 팁 | 이탈리아 와인의 꽃인 바롤로로 와인의 절정을 느끼며 사랑하는 사람과 서로간의 감정을 표현하는 시간을 갖는 건 어떨까? 여력이 된다면 바르바레스코와 비교 시음하는 기회도 가져보자.

성공적인 비즈니스를 꿈꾸는

인시그니아

INSIGNIA

인시그니아를 생산한 조셉 펠프스 빈야드(Joseph Phelps vinard)는 '최초'라는 타이틀을 달고 다니는 대표적인 와이너리 중 하나다. 조셉 펠프스는 위험과 실패를 극복하고 도전정신과 실험정신으로 1978년 미국 최초의 메리티지(보르도 스타일 블렌딩) 와인 인시그니아를 생산했다. 그 정신을 받들어 새로운 일을 시작하거나 중대한 도전을 앞둔 사람에게 성공을 기원하며, 행운을 담아 선물하는 와인으로 인기가 높다. 은은한 국화향과 미네랄향이 잔잔한 서정시를 떠올리게 하는 인시그니아는 와인 스펙테이터(Wine Spectator) 선정 세계 100대 와인 중 10위권에 세 차례나 드는 기염을 토했다. 2002년에는 1위를 수상하는 영예를 안아 그 명성을 드높였다.

종류 | 레드 와인

원산지 | 미국, 나파 밸리 Napa Valley

포도 품종 | 카베르네 소비뇽 Cabernet Sauvignon 89%, 프티 베르도 Petit Verdot 8%, 말벡 Malbec 3%

BODY | Full-Body

알코올 | 14%

음용 온도 | 16~18℃

용량 | 750mL

소비자 가격 | 330,000원

추천 팁 | 새로운 일을 시작하거나 중대한 도전을 앞둔 사람에게 성공을 기원하며 행운의 의미를 담아 선물하기 좋은 와인으로, 국화향의 은은함이 마음의 평온함을 가져다준다.

099

은총의 전도사이자, 컬트 와인의 효시

그레이스 패밀리 카베르네 소비뇽

GRACE FAMILY Cabernet Sauvignon

소량 생산하는 고품질의 컬트 와인은 종류가 많지 않아 국내에선 찾아보기 힘들었는데, 최근 와인 붐이 일고 와인 애호가들의 관심 영역이 확대되면서 컬트 와인의 수요와 공급이 증가하고 있다. 가격이 비싼 고급 와인임에도 컬트 와인을 접할 기회가 많아지고 있는 것이다. 그레이스 패밀리 카베르네 소비뇽은 컬트 와인의 효시이자 봉사와 사랑, 자선을 상징하는 와인이다. 이 와인의 소유주인 그레이스 패밀리(Grace Family, 은총전도사)는 수익금의 전부를 기부금이나 자선 활동에 쓰고 있다. 힘들게 와이너리를 운영해서 번 돈을 봉사단체나 사회단체에 기부하는 일은 와인의 사회적 역할에 대해서도 매우 긍정적으로 작용한다.
오늘 과실의 완숙도와 풍부한 향미를 느끼면서 더불어 자선과 봉사활동에 동참할 수 있는, 그레이스 패밀리 카베르네 소비뇽을 만나보는 건 어떨까.

종류 | 레드 와인
원산지 | 미국, 나파 밸리 Napa Valley
포도 품종 | 카베르네 소비뇽 Cabernet Sauvignon 100%
BODY | Full-Body
알코올 | 13.9%
음용 온도 | 16~18℃
용량 | 750mL
소비자 가격 | 350,000원
추천 팁 | 품질도 좋고 자선과 봉사의 의미도 되새길 수 있는 와인을 마시고 와인의 이름처럼 진정한 그레이스 패밀리가 되길 바란다.

100

모자를 벗고 무릎을 꿇고 마셔라

샤토 풀리니 몽라셰 '몽라셰 그랑 크뤼'

Ch. Puligny MONTRACHET 'Montrachet Grand Cru'

세계적인 문호 보들레르는 '와인을 마셔라, 시를 마셔라, 순수를 마셔라'라고 표현했고, 파스퇴르 역시 '와인이 있는 곳에 슬픔과 걱정이 날아간다'는 말로 와인에 대한 칭송을 아끼지 않았다. 〈삼총사(1844)〉의 저자인 알렉산더 뒤마가 '모자를 벗고 무릎을 꿇고 마셔야 되는 와인'이라고 흥분을 감추지 못하고 숭배한 와인이 있으니, 그것이 바로 풀리니 몽라셰와 샤사뉴 몽라셰 마을의 그랑 크뤼 포도밭에서 태어난 몽라셰 와인이다.
몽라셰는 화이트 와인의 로마네 콩티(부르고뉴 지방 최고의 레드 와인이며, 세계에서 가장 비싼 와인)라는 별칭을 얻을 정도로 훌륭한 와인이다. 와인 애호가들에게 경제적으로 부담이 될 수 있으나 그 맛은 더 큰 가치로 보답할 것이다. 눈부신 황금빛 와인색처럼 풀리니 몽라셰 '몽라셰 그랑 크뤼' 와인은 구수한 토스트향, 아몬드향, 바닐라향 등 사람마다 다른 느낌을 받을 만큼 다양한 맛과 향을 가지고 있다.

종류 | 화이트 와인
원산지 | 프랑스, 부르고뉴 Bourgogne
등급 | AOC 그랑 크뤼 Grand Cru
포도 품종 | 샤르도네 Chardonnay 100%
BODY | Full-Body
알코올 | 13.5%
음용 온도 | 10~12℃
용량 | 750mL
소비자 가격 | 380,000원
추천 팁 | 친구들과 몽라셰 와인을 즐기면서 각자의 명언을 만들어 서로 의견을 나눠보고, 최고의 명언을 겨루는 재미있는 시간을 가져보는 건 어떨까.

101

700년 세월의 와인 역사가 살아 숨 쉬는 곳

샤토 파프 클레망

Ch teau Pape Cl ment

프랑스 페삭-레오냥 지역에서 생산되는 샤토 파프 클레망은 프랑스 와인 역사에서 빼놓을 수 없는 중요한 와인 중 하나다. 파프 클레망의 의미는 교황 클레망이란 뜻으로 1305년에 클레멘스 5세가 교황으로 임명되면서 지어진 이름이다. 클레멘스 5세는 프랑스 남부 보르들레에서 태어났으며, 1299년 보르도의 대주교가 되면서 페삭(Pessac) 포도원의 소유권을 선물 받았다.

700년이 넘는 긴 세월 동안 유구한 역사와 함께한 와인임을 다시 한 번 강조하고 싶어 100번째 와인으로 선정하였다. 클레망 와인은 스모크와 향신료 향이 특징이며, 무겁지만 부드럽고 중후한 타닌은 700년이 넘는 프랑스의 오랜 와인 역사에 걸맞게 전통적 향과 웅장한 카리스마를 느끼게 한다.

종류 | 레드 와인
원산지 | 프랑스, 페삭-레오냥 Pessac-L ognan
등급 | AOC
포도 품종 | 카베르네 소비뇽 Cabernet Sauvignon 60%, 메를로 Merlot 40%
BODY | Full-Body
알코올 | 11.5%
음용 온도 | 16~18℃
용량 | 750mL
소비자 가격 | 450,000원
추천 팁 | 샤토 파프 클레망은 그랑 크뤼 등급 와인으로 접할 기회가 많지는 않다. 중후한 무게감을 갖고 있는 이 와인을 한번 마셔본다면 쉽게 잊을 수 없는 깊은 맛과 향을 경험하게 될 것이다.

모두 아우르는 한 뿌리 경영철학

본드 이스테이트 베씨나

Bond Estates VECINA

유대와 결합을 의미하는 본드 이스테이트의 와인들은 여러 포도밭에서 다양한 특성을 가진 포도가 생산되기 때문에 이것을 하나로 연결시키기 위한 '한 뿌리' 경영 철학이 필요했다. 결국 '본드'라는 한 가지 브랜드로 멜버리, 베씨나, 세인트 이든 등 여러 종류의 훌륭한 와인을 탄생시켰다. 특히 베씨나는 스페인어로 '이웃'이란 의미로 본드의 정신적 유대를 상징하는 와인이다.
실제로 베씨나 와인이 생산되는 테라스 모양의 예쁜 언덕은 세계적인 할란 이스테이트의 포도밭과 이웃하고 있어 그 이름에도 걸맞다.

종류 | 레드 와인
원산지 | 미국, 나파 밸리 Napa Valley
포도 품종 | 카베르네 소비뇽 Cabernet Sauvignon 100%
BODY | Full-Body
알코올 | 14.5%
음용 온도 | 16~18℃
용량 | 750mL
소비자 가격 | 500,000원
추천 팁 | 아름다고 예쁜 언덕에서 태어난 베씨나는 이웃처럼 가까이 접할 수 있는 와인이다. 퇴근 후 편안한 마음으로 직장 동료나 직원들과 베씨나 와인을 마시면서 '한 뿌리' 경영 철학을 느껴보는 건 어떨까?

스페인 황실의 와인

페레즈 파스쿠아스 그랑 셀렉시온

Perez Pascuas Gran Selection

스페인의 고급 와인으로 유명한 리베라 델 두에로는 스페인 서북부 지방에 있는데, 페레즈 형제가 운영하는 와이너리인 비냐 페트로사는 스페인뿐만 아니라 세계적으로 유명한 브랜드다. 비냐 페트로사는 와이너리의 와인 저장고 오크통에 방문자들의 이름과 간단한 문구를 적어두는데, 많은 유명인사와 스포츠 선수들이 다녀간 흔적을 볼 수 있다.

입안 전체를 감싸는 포도의 온기가 목으로 넘어가는 순간까지 깊고 풍부한 구조감으로 감성을 흔들어 놓는 이곳의 와인은, 소유주의 자부심이 대단한 만큼 스페인 황실에서 주로 사용되고 있다. 특히 매년 크리스마스 때 교황 요한 바오로 2세가 즐겨마신다는 '페레즈 파스쿠아스 그랑 셀렉시온'은 60년된 포도나무에서 선택된 포도로만 만든 것으로, 한 해 2만 병 정도만 출시되는 귀한 와인이다.

종류 | 레드 와인
원산지 | 스페인, 리베라 델 두에로 Rivera del Duero
등급 | DO
포도 품종 | 템프라니뇨 Tempranillo 100%
BODY | Full-Body
알코올 | 13%
음용 온도 | 16~18℃
용량 | 750mL
소비자 가격 | 550,000원
추천 팁 | 페레즈 파스쿠아스 그랑 셀렉시온은 국내에 재고량이 얼마 되지 않아 구하기가 쉽지 않다. 아쉬운 대로 비냐 페트로사의 그랑 리세르바, 리세르바, 크리안자 등으로 이곳의 와인 스타일을 간접적으로 즐기는 것도 좋은 대체 방법이다.

세계적 와인 평론가가 극찬한 '열반의 경지'

콜긴 나인 이스테이트 시라
Colgin IX Estate Syrah

콜긴은 와인 애호가라면 알 만한 유명한 컬트 와인을 생산하는 와이너리다. 해발 280~430m 고도에 바위를 밀어내고 조성한 나인 이스테이트의 완벽함을 보고 세계적 와인 평론가인 로버트 파커는 "지금껏 본 적 없는 가장 완벽한 와인 양조를 위한, 열반의 경지(Winemaking Nirvana)다."라고 극찬했다. 로버트 파커는 아무리 좋은 와인도 가져오게 해서 시음을 하는데, 콜긴만은 직접 찾아가서 시음할 정도로 각별한 애착을 보였다.

나인 이스테이트의 소유주인 앤 콜긴 역시 자신이 만든 와인에 대한 애정이 남달랐는데, 특히 경매에서 콜긴 와인을 낙찰받은 사람들의 라벨에 키스하여 붉은 입술 무늬를 남기는 것으로도 유명하다. 콜긴 나인 이스테이트 시라는 프랑스 론 지방의 시라품종으로 만들어진 와인으로 짙은 흙냄새와 진한 커피향의 조화를 느낄 수 있다.

종류 | 레드 와인
원산지 | 미 국, 나파 밸리 Napa Valley
포도 품종 | 시라 Syrah 100%
BODY | Full-Body
알코올 | 15.8%
음용 온도 | 16~18℃
용량 | 750mL
소비자 가격 | 790,000원
추천 팁 | 세계적 평론가가 극찬한 나인 이스테이트의 와인을 직접 느끼고 평가할 기회를 하루라도 빨리 얻고 싶다면 유통 채널을 사전에 파악하도록 한다. 프랑스 론 지방의 시라 품종 묘목으로부터 만들어진 짙은 흙 냄새와 진한 커피향의 조화를 몸소 느끼고, 론의 시라 품종 와인과의 차이도 경험해 보자.

제퍼슨 대통령과 헤밍웨이를 사로잡은 우아한 여인

샤토 마고

CHATEAU MARGAUX

세계적으로 사랑을 받고 있는 샤토 마고는 많은 스토리를 가지고 있는 와인으로 유명하다. 독립선언문으로 유명한 미국의 3대 대통령 토머스 제퍼슨은 '프랑스 최고의 와인'이라며 찬사를 아끼지 않았고, 헤밍웨이는 자신의 손녀딸에게 마고라는 이름을 붙였을 정도로 샤토 마고에 심취했다. 평온한 검은색과 순수한 흰색을 동시에 생각나게 하는 샤토 마고는 우아하고 정제된 맛, 클래식한 느낌과 고결한 감성, 한 떨기 아름다운 꽃의 향연과 선율로 와인 애호가들을 유혹한다.

종류 | 레드 와인
원산지 | 프랑스, 마고 Margaux
등급 | 그랑 크뤼 클라세 Grand Cru Classe 1등급
포도 품종 | 카베르네 소비뇽 Cabernet Sauvignon 65%, 메를로 Merlot 25%, 카베르네 프랑 Cabernet Franc 5%, 프티 베르도 Petit Verdot 5%
BODY | Full-Body
알코올 | 12.5%
음용 온도 | 16~18℃
용량 | 750mL
소비자 가격 | 1,500,000원
추천 팁 | 경건한 마음으로 샤토 마고의 클래식한 느낌과 우아하고 고결한 감성을 끌어안아 보자. 가격이 부담스럽다면 샤토 마고의 세컨드 와인인 파피용 루즈로 맛과 향을 대신할 수도 있다.

세계 1위 와인, 신의 영역에 도전하다

샤토 페트뤼스

Ch. Petrus

세계 수많은 와인 중 최고의 와인은 과연 무엇일까? 각자의 취향과 입맛에 따라 다를 것이나, 나는 샤토 페트뤼스를 꼽는다. 샤토 페트뤼스라는 와인 이름은 교황 1세인 베드로에서 유래되었고, 상징 마크 역시 교황 베드로의 초상화이다. 샤토 페트뤼스는 한 병에 500만 원을 호가할 정도로 비싼 와인으로 유명하지만 그만큼 품질 면에서도 단연 최고다. 샤토 페트뤼스가 최고의 와인이 될 수 있었던 비결은 철저한 관리에 있다.

포도 품종은 와인맛을 결정하는 중요한 요소이므로 특히 포도 수확에 전력을 기울였다. 오후가 되어야 포도 이슬이 증발하고 포도알맹이가 마르면서 포도 숙성도가 높아져 최상의 맛을 내기 때문에, 그때 수확하기 위해 점심시간 전에는 농부를 포도밭에 보내지 않을 정도였다. 비가 올 때에는 헬리콥터를 이용해 바람을 일으켜서 포도를 건조시킨다고 하니, 포도 품질을 유지하기 위한 노력이 어느 정도인지 짐작할 수 있다.

종류 | 레드 와인
원산지 | 프랑스, 포므롤 pomerol
등급 | AOC
포도 품종 | 메를로 Merlot 100%
BODY | Full-Body
알코올 | 13.5%
음용 온도 | 16~18℃
용량 | 750mL
소비자 가격 | 3,500,000원
추천 팁 | 최근 페트뤼스를 찾는 사람들이 많아지자 중국에서 가짜 페트뤼스가 기승을 부리고 있다고 한다. 와인 영역에서조차 가짜를 확인해야 하는 현실이 안타깝지만 세심한 주의가 필요하다.

107

소량 한정생산으로 알려진 얄리 최고의 품격 와인!

얄리 플러스 리미티드 릴리즈

Yali PLUS Limited Release

얄리 시리즈 최고의 와인을 찾는다면 단연 얄리 플러스 리미티드 릴리즈다.
얄리 플러스 리미티드 릴리즈 와인은 가격적 부담은 있으나 20만 원대 내외 와인으로서 소량 한정 생산하는 희소성 있는 와인이다.
얄리 플러스 리미티드 릴리즈는 칠레의 가장 완벽한 와인 생산지 아팔타 (Apalta)의 최고의 포도만을 엄선하여 생산되었다. 프랑스 보르도 방식으로 블렌딩된 이 와인은 매해 블렌딩 비율이 달라진다. 수석와인 메이커 펠리페 토소가 단독으로 블렌딩 작업을 진행하여 제품이 갖는 고유의 독특한 특성을 유지하고자 한다. 얄리 리미티드 릴리즈는 연간 900 케이스만 생산되며 특별히 좋은 해의 빈티지만 한정 생산한다.

종류 | 레드 와인
원산지 | 칠레, 콜차구아 벨리 Cholchagua Valley
포도품종 | 카베르네소비뇽 Cabernet Sauvignon, 메를로 Merlot, 카베르네 프랑 Cabernet Franc, 쁘띠 베르도 Petit Verdot
BODY | Full- Body
알코올 | 14%
음용온도 | 16~18℃
용량 | 750mL
소비자가격 | 195,000원
추천 팁 | 최고의 포도만을 엄선하여 연간 900케이스만 한정 생산될 정도로 와인 메이커가 아끼는 와인이다. 처음부터 마지막잔까지 흐트러짐 없이 처음맛을 유지하는 힘을 가진 이 매력적인 와인은 메이커의 뜻대로 최고의 사람에게 최고의 맛을 선사하고 싶을 때 선물하기 좋은 와인이다.

천혜의 자연환경으로 탄생한 와인

알타비스타 프리미엄 말벡

Alta Vista Premium Malbec

15세기 중반 스페인 정복자들이 가지고 온 비니페라 포도종이 칠레를 통해 전래되면서 와인의 역사가 시작된 아르헨티나는 남미의 새로운 와인 산지로 떠오르는 곳이다. 그 중 가장 유명한 와인 산지는 멘도자(Mendoza)지역이다. 이 곳은 아르헨티나 와인 명산지로 포도 재배의 자연적 환경과 기후조건이 품질 좋은 와인생산에 도움을 주고 있다.
특히 안데스 산맥의 빙하가 녹은 물과 관개시설은 포도의 생육과 성장에 중요한 역할을 하고 있다. "대륙성 준 사막 기후"의 건조한 바람으로 인하여 병충해가 상대적으로 드물고 높은 고도와 맑은 공기 때문에 일조량이 풍부하다. 신선한 고지대의 밤 기온은 포도가 충분히 산도를 유지하며 신선한 향을 간직할 수 있게 만들어 준다고 한다.
이렇듯 와인이 탄생하는 과정에서 자연은 인간과 과학으로 극복할 수 없는 천혜의 힘이고 이 힘의 일부 도움을 받는 와인인 알타비스타 프리미엄 말벡이다.

종류 | 레드 와인
원산지 | 아르헨티나, 멘도자 Mendoza
포도 품종 | 말벡 Malbec 100%
BODY | Full-Body
알코올 | 14.5%
음용온도 | 16~18
용량 | 750mL
소비자 가격 | 48,000원
추천 팁 | 가톨릭교회 최초의 남미 출신 교황인 프란치스코 교황은 선출된 후 추기경들과의 첫 만남에서 고령인 자신을 오래된 와인에 비유하는 등 와인 사랑이 각별한 것으로 알려졌다.
그는 특히 모국 아르헨티나 와인인 알타 비스타 클래식 토론테스를 추기경 시절 소규모 연회에 특별 주문할 정도로 즐겨 마셨다고 하는데, 이 와인을 생산하는 곳에 프리미엄급 와인이 바로 알타비스타 프리미엄 말벡이다.

109

첫 와인 선택에서 실패하고 싶지 않다면 선택할 수 밖에 없는 와인!

비고르

Vigor

비고르는 매우 활기 넘치면서 따뜻한 온기를 가진 와인이다. 지금까지 많은 사람들과 이 와인을 즐기면서 부정적인 말이 없었다. 그래서 비고르는 많은 소비자들과 와인 애호가들이 선택한 사랑할 수 밖에 없는 와인이다.
비고르 제조사인 우마니론끼의 성공 비결은 바로 열정인데, 설립 이래 '최우수 품질 와인의 생산'을 목표로 내걸었으며, 포도의 신중한 선별과정, 빈 야드에서의 끊임없는 관리와 실험, 그리고 셀러에서의 엄격한 제조과정 등 그 노력과 성과는 40여년간 계속 이어오고 있다. 비고르는 보라빛을 띠는 루비 컬러의 레드와인으로 와인 양조에 사용되는 포도는 모두 손 수확한다. 강렬하고 세련된 아로마가 후각을 자극하며, 입안에서는 잘 익은 과실의 맛이 타닌과 잘 어울린다.

종류 | 레드 와인
원산지 | 이탈리아, 아브루초 Abruzzo
포도 품종 | Sangiovese 75% Merlot 25%
BODY | Medium-Body
알코올 | 13%
음용온도 | 15~17℃
용량 | 750mL
소비자가격 | 38,000원
추천 팁 | 네이블에서도 나타나듯 '힘'을 강조한 만큼 구조감이 단단한 와인이다. 산지오베제의 힘과 메를로의 부드러움이 적절한 조화를 이뤄 훌륭한 밸런스를 연출한다. 싱겁고 가벼운 와인이 질렸다면 강력추천!

부록

알아두면 도움되는 와인 용어

A

Adega 아데가 | 포르투갈어로 와인을 저장하고 보관하는 장소로 와인 생산 회사라는 의미도 있음.

Aged 에이지드 | 와인의 숙성을 의미하며 오크통과 병 속에서 완성도 있게 숙성이 잘 이루어진 와인. 예) Aged Twany Port 에이지드 토니 포트 : 포르투갈 토니 포트의 일종으로 10년, 20년, 30년, 40년 단위로 숙성함. Fine Old Twany 파인 올드 토니와 같은 말.

Alta vista premium malbec 알타비스타 프리미엄 말벡 | 아르헨티나의 와인 산지인 멘도자(mendoza)산.

Allegrini 알레그리니 | 유명한 와인 브랜드로 이탈리아 베네토 지방의 와인생산 회사.

Annata 아나타 | 이탈리아어로 포도의 수확 연도(빈티지)를 의미함.

Anthocyanin 안토시아닌 | 과일이나 채소의 주된 색소로 포도에서는 붉은색 성분의 색소를 가리킴.

Antioxidant 앤티악시던트 | 특정 물질을 첨가하여 공기 중 산소와의 결합을 방해하는 물질로, 와인 양조 과정에서 첨가되는 이산화황의 산화방지제가 대표적임.

Appearance 어피어런스 | 와인을 테이스팅할 때 많이 등장하는 단어로 와인의 외관을 표현할 때 쓰는 용어.

Artadi 아르타디 | 1985년 스페인 리오하 알라베사 지역의 소규모 와인 생산자들이 만든 그룹.

Assemblage 아상블라주 | 프랑스어로 섞는다는 의미로 영어의 블렌딩 Blending과 같은 뜻이며, 보르도와 샹파뉴 지방에서 와인을 만드는 과정 중 나무통에 들어 있는 와인끼리 혼합시키는 것을 말함.

Asz 아수 | 헝가리어로 포도 곰팡이 Botrytis cinerea, 보트리티스 시네리아의 영향을 받은 포도를 뜻하며 아수의 푸토뇨시 숫자가 많을수록 더 달콤하고 고급 와인임.

Austere 오스티어 | 와인에서 과일향이 적은 대신 산도나 타닌이 지나치게 강하게 느껴질 때 쓰이는 말.

A.V.A American Viticultural Areas | 미국 와인 생산지의 포도 재배 지역을 구분하는 것으로 유럽의 품질 체계처럼 양조 방법, 포도 품종 등에 대한 규정과 통제는 없음.

B

Bandol 방돌 | 프랑스 보르도나 부르고뉴만큼 우수한 프로방스 지방의 와인.

Banyuls 바뉠스 | 프랑스 랑그독 루시용에서 생산되는 달콤한 주정강화 와인.

Barbera 바르베라 | 색깔이 진하고 부드러운 이탈리아 피에몬테 지역의 레드 와인 품종. 테이블 와인으로 많이 이용됨.

Barolo 바롤로 | 이탈리아 피에몬테 지방에서 안개라는 뜻을 가진 네비올로 품종으로 만든 고급 와인. 복합적인 향과 강한 바디가 특징임.

Barossa Valley 바로사 밸리 | 오스트레일리아에서 가장 오래되고 잘 알려진 와인산지. 해발 240~300m에 포도밭이 조성되어 있음.

Barrel 배럴 | 와인을 보관하거나 숙성, 운송하는 나무통.

Barsac 바르삭 | 소테른과 바르삭을 통틀어 소테른이라고 불리며 보르도 스위트 화이트 와인의 명산지. 바르삭은 소테른보다 약간 북쪽에 위치하고 있으며, 샤토 클리망 Ch. Climens이 유명함.

Beaujolais Nouveau 보졸레 누보 | 프랑스 부르고뉴 보졸레 지방에서 나오며, 매년 11월 셋째 주 목요일에 전 세계적으로 판매가 시작되는 햇와인.

Beaunois 보누아 | 프랑스 샤블리 지역에서 샤르도네 품종을 일컫는 말.

Beerenauslese 베렌아우스레제 | 잘 익은 포도알맹이만을 선택적으로 수확해서 만든 와인이란 뜻으로, 독일의 와인 등급임. 포도알맹이가 쭈글쭈글해진 후 당도가 높을 때 선택적으로 수확하는 게 특징.

Bianco 비안코 | 이탈리아어로 흰색을 뜻하는 말. 화이트 와인을 표현할 때 쓰임.

Bitterness 비터니스 | 쓴맛을 뜻함.

Blanc de Blancs 블랑 드 블랑 | 프랑스 샹파뉴 지방에서 샤르도네로 만든 샴페인이 라는 뜻. 청포도로 만든 화이트 와인이라는 뜻.

Blanc de Noirs 블랑 드 누아 | 프랑스 샹파뉴 지방에서 피노 누아, 피노 뫼니에로 만든 샴페인으로 적포도로 만든 화이트 와인이라는 뜻.

Blanco 블랑코 | 스페인에서 흰색을 뜻하는 말. 화이트 와인을 표현할 때 쓰임.

Blending 블렌딩 | 서로 다른 와인 또는 포도 품종이 섞인 것을 일컫는 말. 프랑스에서 주로 사용함.

Blind test 블라인드 테스트 | 어떤 와인인지 알려주지 않은 상태에서 맛을 감정하고 평가하는 것. 천으로 라벨을 가리거나 잔에 와인을 따른 후 라벨을 안 본 상태에서 시음하는 것.

Body 바디 | 알코올 농도의 무게감을 표현하는 것으로 입안에 퍼지는 와인의 맛과 전체적인 느낌을 말함. Full-body, medium-body, light-body로 표현함.

Botte 보트 | 이탈리아에서 전통적으로 사용하는 커다란 통으로, 와인의 향에 직접 적인 영향을 끼치지 않음.

Bottling 보틀링 | 와인을 병에 넣는 것을 뜻함. 와인을 탁하게 만드는 물질이나 재발효가 일어날 수 있는 미생물을 완전히 제거하고 병에 넣음.

Bouchonn 부쇼네 | 코르크 마개가 부패하여 와인의 맛이 변질되는 것.

Bouquet 부케 | 와인이 발효와 숙성 과정을 거치는 동안 만들어지는 향을 말하며, 아로마 Aroma는 원료에서 나오는 향을 말함.

Breathing 브리딩 | 와인을 마시려고 코르크를 딴 상태에서 일어나는 공기와 와인과의 상호작용. 프랑스에서는 샹브레 Chambre라고 함.

Buttety 버터리 | 일반적으로 화이트 와인에서 감지되는 진하고 기름지면서도 맛이 있는 향을 의미함.

C

Cabernet sauvignon 카베르네 소비뇽 | 보르도 지방의 대표적인 품종으로 세계적인 와인 명산지에서 많이 재배되는 포도 품종. 이 품종으로 만든 와인은 대부분 드라이한 편임. 타닌이 많아 영 young 와인일 때는 떫은맛이 강하지만 숙성될수록 부드러워짐. 다양한 품종을 섞어서 복합적인 맛을 추구하기도 함.

Cave 카브 | 프랑스에서 와인을 제조하거나 저장하는 곳으로 대부분 지하에 있음.

이탈리아에서는 칸티나 Cantina라고 함.

Central Valley 센트럴 밸리 | 캘리포니아 최대의 와인 산지. 캘리포니아 포도의 80%를 생산하며, 병에 담겨 있지 않은 와인으로 원료 자체를 다량으로 수입하는 벌크 와인 Bulk Wine을 주로 생산함.

Chardonnay 샤르도네 | 가장 대표적인 화이트 와인 품종으로 샤블리와 부르고뉴의 대표적인 품종. 이 품종은 특유의 맛과 풍부한 향을 가지고 있으며 드라이한 타입.

Ch teau 샤토 | 일정 면적 이상의 포도밭을 갖추고, 와인을 제조할 수 있는 시설을 갖춘 곳을 뜻함. 성곽이나 대저택이란 뜻을 가지고 있음.

Chianti 키안티 | 이탈리아 토스카나 지방에서 산지오베제 포도 품종을 원료로 만든 와인. 영 와인으로 주로 마시며 신선하고 가벼운 게 특징.

Chianti Classico 키안티 클라시코 | 키안티 내 특정 지역에서 산지오베제 포도 품종을 원료로 만든 와인. 와인병에 검은 수탉이 그려져 있음.

Corkage 코르키지 | 식당에 와인을 주문하지 않고 손님이 직접 가지고 온 와인을 식당에서 따서 와인잔에 따라주고 서빙 봉사료로 받는 요금.

Crus class s 크뤼 클라세 | 보르도 메독 지역의 공식적인 등급 명칭을 말함.

Cult wine 컬트 와인 | 소량으로 생산되는 고품질의 카베르네 소비뇽을 주품종으로 하는 와인으로 희소 가치가 높은 캘리포니아 와인을 뜻함.

D

Decanter 디캔터 | 디캔팅할 때 쓰이는 용기. 호리병, 오리 등 여러 가지 모양이 있으며 포트와인의 침전물을 제거하기 위해 활용된 것이 시초가 됨.

Decanting 디캔팅 | 병 밑에 가라앉아 있는 와인의 침전물을 걸러내기 위해 위쪽의 맑은 와인만을 디캔터에 옮겨 담는 작업. 와인을 공기와 접촉시켜 맛과 향의 변화를 유도하려는 의도도 있음.

Dessert wine 디저트 와인 | 식사 후 마시는 스위트 와인.

Dolce 돌체 | 이탈리아에서 아주 달다는 뜻으로 쓰임. 식후 디저트 와인을 뜻함.

Dry 드라이 | 단맛이 느껴지지 않고 건조하다는 말로 쓰임. 프랑스에서는 sec 섹이라고 함. 섹은 '단맛이 없고 건조한' 이란 프랑스어.

E

Eiswein 아이스바인 | 일반적인 수확기에 포도를 수확하지 않고 겨울까지 기다린 후 얼려서 해동하지 않은 채로 즙을 짜서 만든 와인. 보통 12월이나 1월에 수확함.

Enoteca 에노테카 | 이탈리아에서 와인을 구매하거나 전시할 수 있는 곳.

Erraz riz 에라수리스 | 칠레의 유명한 와이너리 중 하나로 마울레 밸리에 위치함.

Espumoso 에스푸모소 | 스페인의 스파클링 와인을 말하며 샴페인 방식으로는 카바라 불림.

Eszancia 에센시아 | 곰팡이 낀 포도를 으깨 만든 주스를 말하며 이것으로 만든 와인을 토카이 에센시아라고 함.

F

Falerno del Massico 펠레르노 델 마시코 | 이탈리아 캄파냐 지방의 알리아니코로 만든 레드 와인과 팔란기나로 만든 화이트 와인.

Fara 파라 | 이탈리아 피에몬테 지방에서 네비올로 포도 품종으로 만든 와인.

Fass 파스 | 독일에서 나무통을 일컫는 말.

Fetzer Vineyads 펫저 빈야드 | 캘리포니아 유명 와이너리로 북부 해안 지방의 멘도시노 카운티에 위치하고 있으며, 위스키 잭 다니엘로 유명한 브라운 포먼 그룹.

Fiano 피아노 | 무거우면서 여운이 긴 화이트 품종으로 이탈리아 남부에서 재배됨.

Fiano di Avellino 피아노 디 아벨리노 | 피아노 품종으로 만든 이탈리아 캄파냐 지 방의 화이트 와인.

Ch.Figeac 샤토 퓌작 | 프랑스 생테밀리옹의 프리미에 그랑 크뤼 클라세 등급 와인. 샤또 피작의 경우 일반적인 생테밀리옹 와인으로는 드물게 카베르네소비뇽을 35% 정도 블렌딩함으로 해 온화하고 부드러우며 샤토 슈발 블랑과 함께 그라브 생테밀리옹에서 가장 유명한 와인.

Fining 파이닝 | 젤라틴, 카세인, 알부민 등의 첨가제를 섞어 넣어 와인이나 주스를 맑게 만드는 것.

Finish 피니시 | 와인을 마시고 난 후 마지막에 남는 여운을 '짧다' 또는 '길다' 라고 표현함.

Fino 피노 | 플로르를 번식시킨 후 15~18% 알코올 농도를 맞춘 후 숙성시킨 스페인 셰리 와인 중 하나.

Fitou 피투 | 프랑스 랑그독 루시용의 특산 품종인 Grenache 그르나슈와 Carignan 카리냥으로 만든 9개월 이상 숙성시킨 레드 와인.

Fixin 픽생 | 프랑스 부르고뉴 코트 드 뉘 Cotes De Nuits에 위치하고 있으며, 마르사네픽생 Marsannay-Fixin이라고 불림.

Flache 플라쉐 | 독일에서 병을 뜻함.

Flavored wine 플레이버드 와인 | 와인 발효 전후에 과실즙이나 쑥, 꿀 등 천연 향기를 첨가하여 향을 좋게 만든 가향 와인.

Fleshy 플레쉬 | 부드러움과 향이 잘 조화된 와인.

Fleur de Champagne 플뢰르 드 상파뉴 | 프랑스 상파뉴의 유명 메이커인 페리에주에 perri re Jou t의 고급 샴페인으로 꽃향기가 강한 것에서 유래한 이름.

Fliers 플라이어스 | 와인에 생성되는 좋지 않은 이물질.

Flor 플로르 | 와인 탱크의 뚜껑을 열어 놓은 채로 두면 와인 표면에 생기는 막. 주로 셰리 와인을 제조할 때 사용함.

Fl te 플뤼트 | 긴 샴페인잔과 독일에서 사용하는 목이 긴 병을 뜻함.

Folonari 폴로나리 | 이탈리아 베네토 지방의 유명한 와이너리.

Fonseca 폰세카 | 포트로 잘 알려진 포르투갈의 유명한 와이너리.

Foudre 푸드르 | 프랑스에서 큰 나무통을 이르는 말.

Frais 프레이 | 시원함과 신선함을 뜻하는 프랑스 말로 신선한 와인을 의미하기도 함.

Franciacorta 프란차코르타 | 이탈리아 롬바르디아 지역에서 샤르도네, 피노 비안코, 피노 네로 등으로 만든 화이트 와인과 스파클링 와인.

Franken Riesling 프랑켄 리슬링 | 화이트 와인 품종으로 프랑스 알자스, 독일, 오스트리아 등에서 재배.수확량이 많으며 일찍 수확함. 실바네르 Sylvaner라고도 함.

Free run juice 프리 런 주스 | 포도를으깬후압착하지않고자연적으로생긴주스.

Free run wine 프리 런 와인 | 압착하지 않고 레드 와인을 발효할 때 유출되는 와인.

Free SO2 프리 에스오투 | 항균력이 있는 분리된 형태의 SO_2. 반대로 Combined SO_2는 다른 물질과 결합하여 항균력이 없음.

Freixenet 프레이세넷 | 유명한 스페인 카바 상표. 코도르니우 Codorniu와 함께 80% 이상을 점유함.

Frescobaldi 프레스코발디 | 700년 이상 와인을 만들어온, 이탈리아 토스카나의 유서 깊은 전통 와이너리.

Frizzante 프리잔테 | 이탈리아에서 약발포성 와인을 뜻하는 말.

Fronsac 프롱삭 | 프랑스 보르도 리부르네에서 나오는 견고하고 묵직한 느낌의 레드 와인으로 그 자체만의 매운 향이 있음.

Fructose 프럭토스 | 과실에 들어 있는 당분의 하나로 과당이라고 함. 발효가 끝날 무렵 남아 있는 잔당은 대부분 과당이며 포도당보다 단맛이 2배로 높음.

Furmint 푸르민트 | 헝가리 토카이 지역 화이트 와인의 주품종임.

G

Gabiano 가비아노 | 레드 와인의 포도 품종인 바르베라로, 이탈리아 피에몬테 지방에서 만든 와인.

Gaillac 가이악 | 프랑스 남서부 지역의 와인 산지.

Gallcia 갈리시아 | 스페인 북부 지역의 와인 산지.

Gallo Nero 갈로 네로 | 이탈리아 키안티 클라시코에 붙어 있는 검은 수탉 마크.

Gamay 가메 | 가벼운 맛의 레드 와인 품종으로 프랑스 보졸레 지방에서 재배하며, 매년 11월 셋째 주 목요일에 출시되는 보졸레 누보의 주품종으로 사용됨.

Garganega 가르가네가 | 이탈리아 화이트 와인 품종이며 짙은 노란색이 특징임.

Gaz ifi 가제이피에 | 프랑스에서인공적으로와인에탄산가스를주입하는것.

Gelatine 젤라틴 | 파이닝 Finning하는 데 쓰이는 첨가제. 와인을 맑게 하는 데 쓰이는 첨가제로 콜라겐이 주성분인 뼈, 힘줄 등을 진공에서 장기간 가열하여 만듦.

Gemeinde 게마인데 | 독일의 안바우게비터 Anbaugebiete를 40개로 나눈 넓은 와인 생산 지역인 베라이히 Bereich를 1400개의 마을로 나눈 작은 마을 단위.

Generic wine 제너릭 와인 | 여러 가지 품종을 섞어 블렌딩하여 만든 와인으로 품종이 기재되지 않음.

Georges Duboeuf 조르쥬 뒤뵈프 | 매년 11월 셋째 주 목요일에 전 세계적으로 출시 되는 보졸레 누보를 유행시킨 프랑스 보졸레의 유명한 네고시앙t.

Geverey-Chambertin 주브레 샹베르탱 | 프랑스 코트 드 뉘 지역의 빌라주 와인.

Gewurztraminer 게부르츠트라미너 | 화이트 와인 품종으로 독일과 프랑스 알자스 지방의 대표 포도 품종임. 리슬링과 비슷하지만 리슬링보다 조금 자극적이며 초보자도 기억할 수 있을 정도로 개성이 강한 품종.

Gigondas 지공다스 | 그르나슈, 시라, 무르베드르 품종을 블렌딩하여 만든 프랑스 남부 론의 와인. 특히 레드 와인이 좋은 평을 얻고 있음.

Gippsland 깁스랜드 | 화이트 와인 품종인 샤르도네, 레드 와인 품종인 카베르네 소비뇽, 카베르네 프랑, 메를로, 피노 누아 등을 재배하는 오스트레일리아 빅토리아 주의 와인 산지.

Gl gg 글루그 | 향신료와 브랜디 등을 넣은 뜨거운 와인. 스웨덴의 겨울 음료.

Glucose 글루코스 | 과일에 많이 들어 있는 당분으로 녹말 분해 후 포도당이 됨. 와인 발효 과정에서 이스트가 포도당을 먼저 발효시킴.

Glycerine 글리세린 | 와인에 들어 있는 중요 성분으로 끈적끈적하며 단맛이 나는 액체를 말함. 글리세롤 glycerol이라고도 불림.

Godello 고데요 | 산도가 높은 것이 특징인 화이트 와인 포도 품종.

Golden Muscat 골든 머스캣 | 화이트 와인을 만드는 품종이며 식용 청포도 품종임.

Gusset 고세 | 프랑스 샹파뉴 지방의 유명 메이커로 그랑 밀레짐 Grand Mill sime으로 잘 알려져 있음.

Gran Coronas 그랑 코로나스 | 스페인의 고급 와인으로 베네데스 지방의 유명 와이너리인 미구엘 토레스 Miguel Torres 제품임. 100% 카베르네 소비뇽 품종으로 만듦.

Grand Reserva 그랑 레세르바 | 스페인 리오하 지역에서 5년 이상(오크통에서 최소한 2년 이상) 숙성시킨 레드 와인(화이트나 로제는 오크통에서 6개월 포함한 4년 이상)에 붙여지는 표기.

Grand Cru Class 그랑 크뤼 클라세 | 프랑스 보르도의 메독과 소테른 샤토의 등급을 말함. 메독 지역 그랑 크뤼 클라세 1등급으로는 샤토 마고, 샤토 라투르, 샤토 무통 로쉴드, 샤토 라피트 로쉴드, 샤토 오브리옹 등 5개 종류를 말함.

Grand Duroc Nilon 그랑 뒤록 닐롱 | 보르도 포이약 지역의 그랑 크뤼 클라세 5등급인 샤토 페데스클로 Ch.P desclaux의 세컨드 와인.

Grand Mill sime 그랑 밀레짐 | 프랑스 샹파뉴 지역의 유명 메이커인 고세 gusset의 프리스티지 쿠베(샴페인 메이커 중 고급 제품).

Ch.Grand-Pontet 샤토 그랑 퐁테 | 프랑스 생테밀리옹 지방의 그랑 크뤼 클라세로 잘 알려진 와인.

Grand Cru 그랑 크뤼 | 프랑스에서 고급 포도밭이라는 뜻으로 쓰임. 부르고뉴에서는 최고의 포도밭으로 쓰이며 생테밀리옹에서는 일반 생테밀리옹 와인보다 알코올 농도가 0.5% 높고 수확량이 적으며 프리미에 크랑 크뤼 클라세, 그랑 크뤼 클라세 다음 등급으로 쓰임.

Grenache 그르나슈 | 레드 와인 품종으로 바디가 강하며 색이 옅은 게 특징임. 세계에서 가장 많이 재배되는 레드 와인 품종으로 가르나차 Garnacha라고도 함.

Ch.Gruaud-Larose 샤토 그루오 라로즈 | 프랑스 생 줄리앙 지역의 그랑 크뤼 클라세 2등급 와인.

Gutsabfullung 구츠압퓔룽 | 독일에서 쓰이는 말로 포도 재배지에서 병입했다는 뜻.

Guyot 귀요 | 와인용 포도의 포도 수형.

H

Hargrave 하그레이브 | 미국 뉴욕의 유명 메이커임.

Harlan Estate 할란 에스테이트 | 미국 캘리포니아의 컬트 와인으로 1년에 1300상자 정도 소량 생산됨.

H rslevl 할르슐레벨뤼 | 화이트 품종으로 토카이 와인에 사용되는 품종.

Ch.Haut-Brion 샤토 오브리옹 | 프랑스 그라브 지역의 메독 그랑 크뤼 클라세 1등급 와인. 메독 지역이 아닌 다른 지역 와인 중 유일한 그랑 크뤼 클라세 1등급 와인.

Heidsieck & Co. Monopole 에이드시크 모노폴 | 프랑스 샹파뉴 지방에서 생산되는 디아망 블뢰 Diamant Bleu라는 프레스티지 쿠베를 가진 유명한 와이너리.

Hermitage 에르미타주 | 프랑스 북부 론 지방의 레드 와인은 전부 시라를 사용하는게 특징. 루산느와 마르산느를 혼합하는 경우도 있음.

House Wine 하우스 와인 | 레스토랑 같은 곳에서 와인잔별로 판매하는 저렴한 와인.

IGT Indicazione Geografica Tipica | 이탈리아 지방 와인을 말함. 이탈리아 와인 등급으로 프랑스의 뱅 드 페이 Vin de Pays와 비슷함.

I

Inglenook Vineyards 인글눅 빈야드 | 미국 나파 카운티의 유명 와이너리.

Insignia 인시그니아 | 조셉 펠프스 빈야드 Joseph Phelps Vineyards의 와인으로 유명한 고급 와인. 메리티지 와인(미국에서 보르도 스타일로 만든 레드 및 화이트 와인)임.

J

Jacobs Creek 제이콥스 크릭 | 오스트레일리아 바로사 밸리 지역의 유명 메이커인 올렌도 Orlando의 대표적 와인.

Joseph Phelps Vineyards 조셉 펠프스 빈야드 | 캘리포니아 나파 카운티의 유명한 와이너리며 보르도 스타일인 인시그니아가 유명함.

Joven 호벤 | 스페인에서 전혀 숙성을 하지 않거나 12개월 이하 숙성한 와인을 말함.

K

Kabinett 카비넷 | 독일 와인 등급 당도에 따라 분류에 속하는 와인으로 당도가 가장 낮고 과일 맛이 풍부함. 오스트리아에서도 쓰이는 등급으로 크발리테츠바인의 상위 등급에 해당됨.

Kanonkop Estate 캐논콥 에스테이트 | 남아프리카 공화국 스텔렌보쉬에서 유명한 와인 메이커이며, 피노타쥐와 카베르네 소비뇽을 블렌딩한 폴 소어 Paul Sauer가 유명함.

Kendall Jackson 캔달 잭슨 | 미국 캘리포니아의 유명한 와이너리. 샤르도네로 만든 화이트 와인과 레드 와인인 카디날이 잘 알려져 있음.

Kenwood Vineyards **켄우드 빈야드** | 미국 캘리포니아의 유명 와이너리. 소노마 밸리에 위치하고 있음.

Krug **크뤼그** | 프랑스 샹파뉴 지역의 유명한 와이너리로 그랑드 쿠베 grande Cuv e가 잘 알려져 있으며, 샴페인의 효시인 돔 페리뇽보다 비싼 가격으로 출시되고 있음.

L

Ch. Lafite-Rothschild **샤토 라피트 로쉴드** | 프랑스 포이약 지방 와인으로 그랑 크뤼 클라세 1등급 와인. 샤토 마고, 샤토 라투르, 샤토 무통 로쉴드, 샤토 오브리옹과 함께 메독 그랑 크뤼 클라세 1등급 와인.

Lambrusco **람부르스코** | 레드 와인 포도 품종으로 달콤한 맛이 특징.

Landwein **란트바인** | 독일 와인의 등급으로 타벨바인의 높은 등급임.

Languedoc-Russillon **랑그독 루시용** | 프랑스 남부 최대의 와인 산지이며 카리냥, 그르나슈 누아르, 시라 등의 포도 품종이 생산됨. 저렴한 가격의 프랑스 와인으로 우리 입맛에도 잘 맞음.

Late Harvest **레이트 하비스트** | 늦게 수확해서 만든 와인으로 당도가 높은 것이 특징이며 독일의 아우스레제와 비슷함.

Ch.Latour **샤토 라투르** | 그랑 크뤼 클라세 1등급 와인으로 프랑스 포이약 지방에 위치. 샤토 마고, 샤토 라피트 로쉴드, 샤토 무통 로쉴드, 샤토 오브리옹과 함께 메독 그랑 크뤼 클라세 1등급 와인.

Lessona **레쏘나** | 레드 품종인 네비올로로 만든, 이탈리아 피에몬테가 원산지인 레드 와인.

Lombardia **롬바르디아** | 이탈리아 북부에 위치한 와인 산지. 프란차코르타 Franciacorta라는 병 숙성 스파클링 와인으로 유명함.

M

Maccabeo **마카베오** | 화이트 와인 품종으로 비우라 Viura, 토카이 Tokay로도 불림. 산미가 거의 없고 향취가 풍부하며 힘찬 와인을 생산함.

M con **마콩** | 프랑스 부르고뉴 남부 지역으로 마코네가 중심 도시임. 레드, 화이트, 로제 등 다양한 와인을 생산하고 있으며 최근 저가의 화이트 와인이 인기 있음.

Malbec **말벡** | 프랑스 보르도와 아르헨티나에서 주로 재배되는 레드 와인 품종으로 타닌이 풍부함. 보르도에선 코 Cot라고 불림.

Malvasia 말바지아 | 레드 와인, 화이트 와인에 모두 쓰이는 포도 품종으로 말부아지 malvoise라고도 불림.

Margaux 마고 | 프랑스 오 메독 Haut-Medoc 지역의 유명 와인 산지. 석회석이 섞인 자갈층 위에 규산질 자갈이 덮인 토양으로, 부드러우며 우아하고 오래 둘수록 맛이 좋아지는 고급 와인을 만듦.

Ch.Margaux 샤토 마고 | 프랑스 마고 지역의 그랑 크뤼 클라세 1등급 와인. 샤토 라투르, 샤토 라피트 로쉴드, 샤토 무통 로쉴드, 샤토 오브리옹과 함께 메독 그랑 크뤼 클라세 1등급 와인.

Marsanne 마르산느 | 화이트 와인 품종으로 묵직한 맛이 특징이고 숙성되면 부드러운 맛을 자랑함.

M doc 메독 | 프랑스 보르도의 와인 산지로 세계 최고의 레드 와인 명산지. 라틴어로 medio aquae 물과 물 사이에서 유래된 말로 지롱드 강과 대서양 사이에 위치함.

Merlot 메를로 | 보르도 와인을 대표하는 레드 와인 품종으로, 부드럽고 원만한 맛을 낸다 하여 여성에 비유하기도 함. 카베르네 소비뇽과 블렌딩을 많이 하며 요즘에는 단일 품종으로 주로 사용됨.

Miguel Torres 미구엘 토레스 | 칠레의 유명 와이너리로 카베르네 소비뇽, 샤르도네, 리슬링 등이 유명함.

Mo t & Chandon 모 에 샹동 | 세계적으로 유명한 샴페인인 돔 페리뇽 dom P rignon을 만든 와이너리.

Montepulciano 몬테풀치아노 | 레드 와인 포도 품종으로 색이 진한 것이 특징이며 묵직한 맛을 자랑함. 이탈리아 토스카나의 지역 명칭을 뜻하기도 함.

Montes 몬테스 | 몬테스 알파와 몬테스 알파 M 등을 생산하는 칠레에서 유명한 와이너리로, 한국 와인 시장에 칠레 와인 열풍을 일으킨 선두주자.

Montrachet 몽라셰 | 그랑 크뤼 포도밭으로 퓰리니 몽라셰 Puligny-Montrachet와 샤산느 몽라셰 chassagne-Montrachet로 나누어짐. 넓게 펼쳐진 포도밭으로 인해 일대 지역의 나무들이 마치 민둥산처럼 보인다는 데서 유래한 지명.

Moscato 모스카토 | 식용, 건포도, 와인용 등 여러 용도로 쓰이는 포도를 한데 묶어서 쓴 말. 머스캣 Muscat또는 뮈스카라고도 함.

Mosel 모젤 | 독일의 와인 생산 지역으로 모젤 자아르 루버 mosel-saar-Ruwer의 약칭. 급경사지에 적합한 독일의 와인 생산 지역으로 라인 강의 지류인 모젤 강을 따라 형성된 포도밭을 일컬으며, 로마 시대부터 군단기지가 상주하여 일대 지역이 화이트 와인 생산지로 유명하다. 주로 리슬링 종류가 많이 재배되고 있음.

Mourv dre 무르베르드 | 레드 와인 포도 품종으로 색이 진하며 블렌딩용으로 많이 쓰임. 모나스트렐 monastrell이라고도 함.

Ch.Mouton-Rothschild 샤토 무통 로쉴드 | 그랑 크뤼 클라세 1등급 와인으로 프랑스 포이약 지방에 위치. 샤토 라피트 로쉴드, 샤토 마고, 샤토 라투르, 샤토 오브리옹과 함께 메독 그랑 크뤼 클라세 1등급 와인.

N

Napa 나파 | 미국 캘리포니아의 고급 와인 산지로 유명함. 이 곳에서 재배되는 품종의 60% 이상이 프랑스 포도 품종이며 나머지는 리슬링과 진판델 품종임. 나파란 인디언 말로 '풍부하다'라는 뜻임.

Nebbiolo 네비올로 | 이탈리아 피에몬테 지역에서 재배하는 레드 와인 포도 품종으로 안개라는 뜻을 지니고 있음.

N gociant 네고시앙 | 프랑스에서 포도를 구입하여 와인을 제조하거나 발효를 끝낸 중간 상태의 와인을 구입하여 판매하는 업자를 뜻하며, 자신의 포도밭을 가지고 있는 경우도 있음.

Negroamaro 네그로아마로 | 레드 와인 품종으로 이탈리아 토착 품종임. 두꺼운 포도껍질과 깊은 색을 지니고 있는 것이 특징.

O

Oak ballel 오크 배럴 | 와인을 숙성할 때 많이 쓰이는 오크나무로 만든 통. 흔히 말하는 오크통을 뜻함.

Opus One 오퍼스 원 | 로버트 몬다비와 샤토 무통 로쉴드의 합작품인 미국 나파의 유명 와인.

Organic wine 오게닉 와인 | 농약이나 비료 등을 사용하지 않은 포도로 만든 무공해 와인을 말함.

Orlando 올렌도 | 제이콥스 크릭 Jacobs Creek으로 유명한 오스트레일리아 와이너리.

P

Padthaway 패더웨이 | 오스트리아의 와인 산지로 대규모 와이너리가 많음.

Palomino 팔로미노 | 화이트 와인 품종으로 스페인의 대표 와인인 셰리의 주품종임.

Ch.Pape Clement 샤토 파프 클레망 | 프랑스 페삭-레오냥 Pessac-Leognan 지역에서 생산되는 그라브 그랑 크뤼 클라세 와인.

Petit Verdot 프티 베르도 | 레드 와인 품종으로 산도가 강한 것이 특징.

Pinot Gris 피노 그리 | 프랑스 알자스 지역 고급 품종으로 풍부하고 다양한 향을 지니고 있음. 화이트 와인 포도 품종으로 묵직한 맛이 특징이며, 이탈리아에선 피노 그리지오 Pinot Grigio라고 불림.

Pinot Noir 피노 누아 | 프랑스 부르고뉴 지방이 원산지인 정통 레드 와인 포도 품종으로 색이 옅은 게 특징. 세계 최고의 레드 와인을 만들며 부드러운 맛에 복합적인 향을 가짐. 이탈리아에선 피노 네로 Pinot Nero로 불림.

Pinotage 피노타쥐 | 레드 와인 포도 품종으로 피노 누아와 생소를 섞어 만든 품종.

Pr dikatswein 프레디카츠바인 | 오스트리아 등급 중에 가장 높은 등급.

Premiers Crus 프리미에 크뤼 | 프랑스 보르도와 소테른의 1등급 포도밭을 뜻하기도 하며 부르고뉴의 두 번째 등급의 포도밭을 뜻함.

Prestige Cuve 프레스트지 쿠베 | 프랑스 샹파뉴 지역의 각 와이너리에서 만든 고급 샴페인을 뜻함. 대표적인 예로 모 에 샹동의 돔 페리뇽이 있음.

Primitivo 프리미티보 | 레드 와인 포도 품종으로 색이 짙고 묵직한 맛이 특징이며 이탈리아 토착 품종임.

Q

Qmp Qualit twein mit Pr dikat, 크발리테츠바인 미트 프레디카트 | 독일 와인의 등급을 말함. 수확 방법과 당도에 따라 카비넷 Kabinett, 슈페트레제 Spatlese, 아우스레제 Auslese, 베렌아우스레제 Beerenauslese, 아이스바인Eisewein, 트로켄베렌아우스레제 Trockenbeerenauslese 6개 등급으로 나뉨.

Quatri mes Crus 카르티엠므 크뤼 | 프랑스 메독의 4등급 포도밭을 말함.

Quinta 킨타 | 포르투갈에서 포도밭이라는 뜻이지만, 프랑스 샤토와 유사한 개념으로 양조 시설을 갖춘 곳을 말함.

R

Ch.Rabaud-Promis **샤토 라보 프로미** | 프랑스 소테른 지역의 그랑 크뤼 클라세 1등급 와인.

Reserva **레세르바** | 스페인 레드 와인은 36개월 이상 숙성시킨 것 중 12개월 동안 나무통에서 숙성시킨 것을 말하며, 화이트와 로제는 24개월 중 6개월 이상을 나무통에 숙성시킨 것을 말함.

Reserva **헤세르바** | 포르투갈 와인 중에 규정 알코올 함량보다 0.5% 높은 좋은 해에 나온 고급 와인을 말함.

Reseve **리저브** | 미국 캘리포니아 등에서 고급 와인에 쓰이는 문구. 칠레 유명 와이너리인 칼리테라의 고급 와인.

Reserve **레제르브** | 프랑스에서 고급 와인이란 뜻. 법으로 규정된 것은 아님.

Ribera del Duero **리베라 델 두에로** | 스페인에서 최고의 와인을 생산하는 산지이며 이곳에서 나온 와인은 비싼 것으로 유명함.

Riesling **리슬링** | 화이트 와인 포도 품종으로 드라이한 맛에서 스위트한 맛까지 다양한 타입의 맛을 냄. 신선하고 향이 독특하며 포도 자체의 향을 지니고 있음.

Robert Mondavi **로버트 몬다비** | 미국 캘리포니아의 유명한 와이너리. 캘리포니아 와인을 세계적인 수준으로 올려놓은 와이너리.

La Roman e **라 로마네** | 프랑스 부르고뉴 코트 드 뉘 지역 본 로마네의 그랑 크뤼에 속함.

Romanee-Conti **로마네 콩티** | 부르고뉴 최고의 레드 와인으로 본 로마네의 그랑크뤼에 속하며 세계에서 가장 비싼 와인으로 알려져 있음.

Rosso **로소** | 이탈리아에서 '붉은'이라는 뜻으로 레드 와인을 표현할 때 쓰임.

Rosso di Montalcino **로소 디 몬탈치노** | 레드 와인 품종인 산지오베제를 가지고 이탈리아 토스카나의 몬탈치노 지역에서 생산되는 레드와인.

Rosso di Montepulciano **로소 디 몬테풀치아노** | 레드 와인용 품종인 산지오베제로 이탈리아 토스카나의 몬테풀치아노 지역에서 생산되는 레드 와인.

Rousanne **루산느** | 섬세한 아로마가 느껴지는 화이트 와인용 포도 품종으로 우아한 맛을 냄.

S

Saint-Emillon **생테밀리옹** | 프랑스 보르도의 유명한 와인 산지. 점토질 토양과 모래로 유명한 코트 지역과 자갈 토양으로 된 그라브 지역으로 나뉨. 생테밀리옹 와인은 대체로 온화하고 부드러운 것이 특징임.

Saint-Estephe **생테스테프** | 프랑스 보르도에 있는 와인 산지로 부르주아급 와인이 많은 곳. 배수가 잘 되고 완만한 경사를 이룬 곳이 많으며 최근 메를로 재배가 늘고 있음. 강하고 풍부한 와인으로 천천히 숙성되는 와인을 주로 만듦.

Sangiovese **산지오베제** | 레드 와인 품종이며 가볍고 신선한 맛이 특징. 이탈리아에서 네비올로와 더불어 가장 많이 재배되며 키안티, 몬테풀치아노의 주품종임.

Sassicaia **사시카이아** | 이탈리아 토스카나 지방의 슈퍼 투스칸 중 하나로 카베르네 소비뇽을 주품종으로 만든 이탈리아 와인 중 비싼 와인의 하나인 것으로 알려짐.

Sauternes **소테른** | 프랑스 보르도의 스위트 화이트 와인 명산지임. 포도를 늦게까지 수확하지 않고 기다리다 곰팡이가 낀 당도 높은 포도를 수확하여 특이한 방식으로 만듦.

Sauvignon Blanc **소비뇽 블랑** | 대표적인 화이트 와인 포도 품종으로 독특한 맛과 옅은 색이 특징. 화이트 와인 품종 중에 가장 개성이 뚜렷한 것으로 신선하고 강한 맛을 지니고 있음.

Second Wine **세컨드 와인** | 어린나무에서 수확한 포도로 만든 와인이나 와인을 똑같이 만들었어도 약간 질이 떨어진다고 판단되는 포도로 만듦. 최근엔 세컨드 와인의 품질이 좋은 평가를 받기도 함.

Semillon **세미용** | 화이트 와인 포도 품종으로 소비뇽 블랑과 블렌딩해서 많이 사용함. 세계 최고의 스위트 와인인 소테른의 보스트리스 곰팡이균 영향을 받은 와인을 만드는 데 쓰이는 중요한 품종.

Shiraz **쉬라즈** | 레드 와인 포도 품종으로 타닌이 풍부하고 강한 맛이 특징이며, 시라(Syrah)라고도 함. 오스트레일리아에서는 쉬라즈라고 부름.

Sommelier **소믈리에** | 레스토랑 또는 호텔 같은 곳에서 손님들에게 와인을 추천하고 와인 관리에 필요한 여러 가지 업무를 담당하는 사람.

Sparkling wine **스파클링 와인** | 샴페인과 같은 탄산이 들어 있으며 거품이 나는 발포성 와인을 말함.

Spatlese **슈페트레제** | 독일 와인 등급인 QmP 중의 하나로 정상적인 포도 수확기에 포도를 수확하지 않고 기다렸다가, 당도가 높아지면 수확하여 만든 와인으로 카비넷 다음 단계.

Super Tuscans **슈퍼 투스칸** | 이탈리아 토스카나 지역에서 DOC의 품질 체계 규정을 벗어나 만든 독특한 와인.

Superior **슈페리어** | 규정보다 1% 정도 알코올이 높은 와인.

T

Table Wine 테이블 와인 | 식사할 때 가볍게 마시는 저렴한 와인.

Tafel wein 타펠바인 | 재배지 구분이 없는 독일의 가장 낮은 등급 와인.

Ch.Talbo 샤토 탈보 | 프랑스 생 줄리앙 지방에 그랑 크뤼 클라세 4등급 와인. 프랑스와 영국 간의 영토 다툼으로 유명한 100년 전쟁 당시 영국 장군이었던 '탈보'에서 이름을 따서 만든 와인으로 유명함.

Tannin 타닌 | 포도의 떫은맛을 내는 주성분으로 가지, 씨 등에 들어 있음. 와인의 떫은맛을 내게 하는 요소로 오랜 숙성이 필요한 와인에 꼭 필요함.

Tasting 테이스팅 | 와인 라벨을 보지 않고 입이나 코를 이용해 와인의 향을 맡고 맛을 본 다음 평가하는 것.

Tastevin 타스트뱅 | 소믈리에가 목에 걸고 사용하는 테이스팅용 은제 그릇을 말함.

Tempranillo 템프라니요 | 레드 와인용의 조생종 품종으로 스페인에서 사용함. 색이 짙고 균형 잡힌 와인을 만듦.

Tokaji 토카이 | 헝가리 최고급 스위트 와인으로 푸르민트 furmint 포도를 사용하며 보트리티스 곰팡이균이 낀 것으로 만듦. 루이 15세가 퐁파두르 부인에게 '이 술은 와인의 왕이며, 왕들의 와인이다'라고 극찬하며 권했던 와인으로 유명함.

Toscana 토스카나 | 이탈리아의 유명한 와인 산지. 산지오베제로 만든 키안티, 키안티 클라시코가 유명함.

Trockenbeerenauslese 트로켄베렌아우스레제 | 독일 와인 등급인 QmP의 최상위 등급. 보트리티스 곰팡이균이 낀 포도를 건포도처럼 건조시킨 후 하나씩 수확하여 만든 와인으로 당도가 매우 높음.

U

Ugni Blanc 위니 블랑 | 화이트 와인 포도 품종으로 브랜디용으로 많이 재배되며 강한 신맛이 특징.

Ultra Brut 울트라 브뤼 | 전혀 달지 않은 샴페인을 뜻함.

V

Varietal wine 버라이어탈 와인 | 미국, 오스트레일리아 등에서 와인 라벨에 품종이 쓰여 있는 고급 와인.

Veneto 베네토 | 이탈리아의 와인 산지인 북동부 지방에 위치. 베네치아와 베로나가 있는 곳으로 이탈리아 와인 생산지 중 가장 규모가 큰 곳.

Vigor 비고르 | 이탈리아 아브루초(abruzzo)산. 우마니론끼사가 '최우수품질와인의 생산'을 목표로 40여년간 실험을 통해 생산된 강렬하고 세련된 아로마가 후각을 자극하는 와인.

Vin de Pays 뱅 드 페이 | 프랑스에서 지방 와인을 뜻하며 뱅 드 타블 바로 위 단계로 AOC 보다 품종 선택의 폭이 넓고 수율이 높음.

Vin de Table 뱅 드 타블 | 프랑스 품질 체계 중 가장 낮은 단계로 대중적인 와인.

Vineyard 빈야드 | 포도밭을 뜻함. 독일에서는 바인베이그 Weinberg라고 불림.

Vino da Tavola 비노 다 타블라 | 이탈리아 품질 체계 중 가장 낮은 등급. 프랑스 뱅드 타블 Vin datable과 같은 등급인 테이블 와인.

Vintage 빈티지 | 포도를 수확한 연도를 말함. 포도는 일조량이 풍부하고 강우량이 비교적 적어야 풍년이라고 하는데, 어떤 해에 나온 포도로 와인을 만들었는지 알기 위해 라벨에 표기함.

Vosne-Roman e 본 로마네 | 프랑스 부르고뉴 코트 드 뉘의 빌라주. 세계에서 가장 비싼 와인인 로마네 콩티가 유명함.

W

Wein 바인 | 독일에서 와인을 부르는 말.

Weinberg 바인베어그 | 독일에서 포도밭을 부르는 말. 빈야드 Vineyard라고도 함.

Weisswein 바이스바인 | 독일에서 화이트 와인을 뜻하는 말.

White port 화이트 포트 | 청포도로 만든 포트의 일종으로 드라이한 것과 스위트한 것 두 가지로 나뉨.

Wild yeast 와일드 이스트 | 야생 효모, 포도껍질에 묻어 있거나 흙이나 공기 중에 분포되어 있음.

Wine maker 와인 메이커 | 와인을 제조하는 사람을 일컬음.

Winery 와이너리 | 넓은 포도밭과 와인을 제조하는 장소를 갖춘 곳으로 최근엔 아름다운 자연을 배경으로 관광지 코스로도 인기가 좋음.

X

Xarel-lo **자렐로** | 화이트 와인용 포도 품종으로 스페인 베네데스에서 재배됨.

Yalumba **얄룸바** | 오스트레일리아의 유명한 와이너리로 바로사 밸리에 위치하며 스파클링 와인으로 유명함.

Y

Yali plus limited release **얄리 플러스 리미티드 릴리즈** | 칠레 콜차구아 벨리(Cholchagua Valley)산. 아팔타(apalta)에서 생산되는 최고의 포도만을 엄선하여 연간 900케이스만 한정하는 와인.

Young wine **영 와인** | 숙성이 오래되지 않은 젊은 와인을 일컫는 표현. 대표적인 영 와인으로 보졸레 누보가 유명함.

Z

Zinfandel **진판델** | 캘리포니아 특유의 레드 와인용 포도 품종. 처음에는 큰 병에 들어 있는 저그 와인을 만들다가 레드 와인용 단일 품종으로 자리 잡음.

와인 소주처럼 마셔라!

1판 1쇄 발행 _ 2013. 9. 10
2판 1쇄 발행 _ 2015. 3. 10

저　자 _ 이정창
발행처 _ 지구문화 JIGU CULTURE
발행인 _ 주병오

등록번호 _ 제9-57호
등록일자 _ 1979. 7. 13

경기도 파주시 회동길 209
파주출판문화정보산업단지

마케팅부 (031) 955-7566·7577
편집부 (031) 955-7731/FAX (031) 955-7730

값 19,000원
ISBN 978-89-7006-646-2

독자의견 전화 _ 031-955-7577
홈페이지 _ http://www.ji-gu.co.kr/
이메일 _ profjangchoon@hanmail.net